W9-DED-472

Communicating in Communicación
Spanish en inglés
for Medical para
Personnel personal médico
Second edición

PC
4120
.M3
T3
1984

Communicating
in Comunicación
Spanish en inglés
for Medical para
Personnel personal médico

Second edición

Julia Jordán Tabery
Professor of Spanish,
Houston Community College;
Assistant Professor of Spanish,
Houston Baptist University,
Houston, Texas

Marion R. Webb
Associate Professor of Spanish,
Houston Baptist University,
Houston, Texas

Beatriz Vásquez Mueller
Formerly Charge Nurse,
St. Joseph Hospital,
Houston, Texas

GOSHEN COLLEGE LIBRARY
GOSHEN, INDIANA

Little, Brown and Company
Boston / Toronto

Copyright © 1984 by Julia Jordán Tabery, Marion R. Webb, and Beatriz Vásquez Mueller

Second Edition

Previous edition copyright © 1972 by Beatriz Vásquez Mueller, Julia Jordán Tabery, and Marion R. Webb; 1975 by Julia Jordán Tabery, Marion R. Webb, and Beatriz Vásquez Mueller

All rights reserved. No part of this book may be reproduced in any form or by any electronic or mechanical means, including information storage and retrieval systems, without permission in writing from the publisher, except by a reviewer who may quote brief passages in a review.

Library of Congress Catalog Card No. 83-80285

ISBN 0-316-83104-2

Printed in the United States of America

DON

To our nurses — and all nurses

Contents

Materias

Preface

Medical personnel recognize the need to be able to communicate with their patients in a language the patient understands. A decade ago, when we wrote the initial materials that were to compose the first edition of this book, we planned a text that we thought would enable English-speaking medical personnel to learn to communicate with their Spanish-speaking patients. A bilingual format was conceived as a means to help career professionals to achieve immediate ability to function in Spanish, without great frustration over technical vocabulary. While the reception of the first edition and the accomplishments of our students have attested to the success of the concept, the materials have also been used for a purpose that we barely envisioned at the time: as the means of teaching English to Spanish-speaking medical personnel. Thus, with the encouragement of colleagues in Houston as well as in Mexico and Panama, this new bilingual edition was born as a text suitable for teaching both Spanish and English. The body of each lesson is bilingual—Spanish on the right-hand pages and English on the left-hand pages—but each lesson concludes with an explanation of grammar and pronunciation written in the language of the learner.

The bilingual teaching capability of the new text may be the most obvious change in the second edition, but there are other important changes as well. In the years following the publication of the first edition, many fields of medicine have expanded, and language teaching has taken new directions. The second edition incorporates important new vocabulary, including the names of new techniques now in use in medical fields. An eclectic approach to language teaching methodology focuses on functional course design, active language learning, and introductions to much of the basic grammar of the two languages of the text. The results of a study of over 200 medical personnel in 16 schools and hospitals in different parts of the United States have been utilized to place in sequence the most important vocabulary and career needs of medical personnel. We have also incorporated the suggestions of many teachers who have used the text: We have added explanations of many of the cultural attitudes that affect medical practice, supplemented the reading with varied selections on medical topics, included more practice situations, and broadened and further explained the grammar used.

However, the fundamental concept of the text remains the same. Medically oriented students can learn, in a limited time, the specialized vocabulary and structures needed to communicate with patients at the basic level. Emphasized are the structures and vocabulary most useful to fundamental communication between health care provider and patient, rather than those considered essential to a general study of language. A broad range of medical vocabulary is integrated into the structures most useful for functioning in specialized areas of language.

To serve the diverse needs of medical personnel, the text is designed to be used at any level of language study, for credit or noncredit courses, for in-service workshops, and for self-study. Students who have previously studied the language can review and improve their conversational skills while at the same time mastering areas of vocabulary new to them. Students who have no familiarity with the language can use the book as a conversational introduction to specialized areas of language, thus benefiting from the opportunity to acquire vocabulary that they can use immediately. Even advanced classes and bilingual students can profit from conversation practice with the technical vocabulary, much of which will be new to them.

This is a language text rather than a medical one, but experience has shown that students often do increase their general medical knowledge. The text does not teach medical information per se but, rather, uses medical vocabulary to give students facility in communicating their knowledge to patients and in understanding the needs that patients express. The lessons are arranged according to practical or medical topics in order to make this a useful reference book in the hospital. Within each lesson, the structures to be learned for the most part dictate the order of material. The bilingual format makes reference to vocabularies or previous lessons unnecessary—an asset to mature, career-oriented students, who, while highly motivated, may have insufficient study time for mastery of previous lessons. Thus, the high dropout rate common in adult language programs is avoided. The material is particularly appropriate for in-service training and for students who may study no more than one session or one semester of Spanish.

Many persons have helped in the preparation of this text. We wish to reaffirm our appreciation to those who helped make the first edition possible: at Little, Brown and Company, Sarah Boardman, Nancy Megley, and Elizabeth Humez; in Houston, Dorothy Caram, Dr. Carlos Monsanto, Diamantina Suarez, Josephine R. W. Rodgers, Judy Penney, and Mary Lou Moore, as well as the students, faculty, and staff at Texas Woman's University, Houston Baptist University, and St. Joseph Hospital. In the preparation of the second edition we particularly appreciate the help and encouragement of our editor, Barbara O. Ward, as well as Linda Hoffstein, Anne Harbour, Timothy Holt, Jane MacNeil, Amy Reiss, and Monty Najjar from the Medical Division of Little, Brown and Company. In addition, we want to express our appreciation for the help from the Secretarial Services of Houston Baptist University, particularly Pauline Wright, Director, as well as Jane Cherry, Nancy VanPelt, Marsha Pinnelli, Sabrina Danheim, and Ty Burns. Finally, we want to mention our colleagues who generously gave of their time to record the audio cassettes available as a supplement to this book: Dr. Carlos Monsanto, Diamantina Suarez, and Ileana Quirch.

J. J. T.
M. R. W.
B. V. M.

To the Student

Questions, answers, and conversations in which you participate actively will give you the necessary skills to function in everyday relationships with your patients. The emphasis in this book is on practicing communication, not on why you say things in certain ways. Grammar notes at the end of each lesson explain the basic structures practiced in the lesson.

Every language has different ways of saying the same thing, particularly when a language is spoken in many different countries, as are both Spanish and English. The structures given are the easiest correct ones and are selected to teach you to communicate at the basic level. While some of the answers may seem long and stilted for everyday conversation, repeating the whole answer gives you practice in mastering basic ways of saying things. When you use the language, you will shorten the structures naturally.

Whether you have studied Spanish before is unimportant. By the end of each lesson you should be able to engage in a situation dialogue in the role of either patient or hospital staff member. By the time you have studied the whole text you should be able to communicate with people concerning their basic needs and wants. Then, we hope, you will want to continue to study Spanish in its broader aspects.

Al estudiante

Preguntas, respuestas y conversaciones en las que Ud. participe activamente le proporcionarán la habilidad necesaria para funcionar adecuadamente en sus relaciones diarias con sus pacientes. El énfasis de este libro está en la práctica de communicación y no en el porqué se dicen las cosas de cierto modo. Las notas gramaticales al final de cada lección explican las estructuras básicas practicadas en la lección.

Cada lengua tiene diferentes maneras de decir la misma cosa, particularmente cuando una lengua se habla en muchos países como el inglés y el español. Las estructuras que se dan son las más fáciles que se pueden dar correctamente y se han seleccionado para enseñarle a comunicarse a un nivel básico. Aunque algunas respuestas parezcan largas y formales para una conversación corriente, su repetición le da a Ud. la práctica necesaria para dominar la forma básica de expresarse. Al usar el idioma, usted acorta las estructuras naturalmente.

Que haya estudiado Ud. inglés o no, no es importante. Al final de cada lección Ud. deberá poder mantener una conversación en su papel de paciente o como miembro del personal del hospital. Cuando haya estudiado el texto completo, Ud. deberá poder comunicarse con las personas con quienes Ud. se relacione con referencia a sus necesidades y deseos básicos. Entonces, esperamos que Ud. desee continuar el estudio del inglés en un aspecto más amplio.

Introduction

Twenty-one lessons organized according to medical or practical topics form the body of the text. In the second edition, the evaluation exercises have been incorporated into the body of each lesson, and pronunciation exercises and expanded grammar explanations conclude each lesson. Appendixes consist of lists of cognate words and vocabularies for Spanish-English and English-Spanish.

Format of the Lessons

New Material

The introduction of new structures and vocabulary immerses students immediately in communicative practice in the language. Questions and answers are in columns so that students are role playing a medical staff member and a patient or relative as they practice. The structures or vocabulary introduced will be in the column shaded in gray. A checkmark denotes the column that is to begin the conversation. The conversations are divided into numbered blocks that are easy to practice.

In the first question or answer of each practice exercise, a key structure is italicized. In the following questions or statements, the italicized structure is repeated with space for slotting in the new vocabulary to be practiced, which is grouped below the question or answer in which it is to be used. Students then repeat the italicized element along with each alternative, asking and answering questions. When there are several ways to say the same thing, or when an expression has more than one translation in the other language, the alternatives are separated by slash marks.

Practices

Each numbered block of new material is followed by exercises, called practices, that are designed to give students additional work with the new material.

Readings

Following the sections of new material and practices, readings on a variety of medical topics are presented. In the beginning, the readings are rather simple, and students are encouraged to try to puzzle out as much as they can. Later, the readings expose students to speech more typical of the native speaker, without regard to previously studied vocabulary and structure. In this way, students meet the real world of the patient who is a native speaker of the language. Frustration is kept at a minimum, nonetheless, since the readings are bilingual; students are encouraged to try to guess what they cannot understand, and thus confidence in their ability to understand the native speaker is increased.

Evaluation
The evaluation sections following the readings provide additional practice in the form of self-checks or tests on the material introduced in the lesson. There are two or three exercises dealing with the structure and vocabulary introduced in the lesson. A cumulative review replaces the evaluation exercises in Lessons 5, 10, and 15, and after Lesson 21 there is a complete review of all the text material.

Actions
In the actions section of each lesson, students practice grammar introduced in the lesson, particularly verb tenses. In some lessons, the actions section introduces the new verb tenses. Students practice verbs through building verb forms and sentences, choosing responses from different columns of the exercise.

Situation
The situations give students the opportunity for role playing in various career settings with formats for creating their own dialogues. The situations are constructed so that students utilize some of the questions and answers practiced on the theme of the lesson. To add more interest and reality, the role-playing situations are open-ended, so students decide the final outcome of the situations.

Combining Review
Beginning with Lesson 6, students are asked to review various sections of previous lessons and then to make up a conversation using questions and answers from the various sections. In this way, students systematically review and practice previously presented material.

Cultural Topics
It is recognized that patients' attitudes may affect their acceptance of the health care provided and that the practice of medicine is enhanced when medical personnel understand the cultural beliefs that patients bring to medical situations. The cultural topics in each lesson explore some of the attitudes held by Spanish-speaking people and some typically held by English-speaking people. Questions on the selections help students to understand important aspects of the selections and at the same time to consider their own reactions to cultural attitudes.

The cultural topics section completes the bilingual body of the text material.

Pronunciation and Grammar
In the remainder of each lesson are explanations of the pronunciation and basic grammar for the language being learned—explanations of Spanish pronunciation and grammar on the right-hand pages and of English pronunciation and grammar on the left-hand pages. These sections are explained in the language of the learners—in English for English speakers studying Spanish and in Spanish for Spanish speakers studying English.

The placement of these sections at the end of the lesson is not intended to indicate their order of presentation; presentation of the materials can be flexible to meet the needs of various teachers and students. The communicative learning activities are presented first in order to emphasize their importance and to signal to students the importance of immersing themselves in the language itself.

Pronunciation

In addition to explanations of the sounds of the language under study, the pronunciation section incorporates examples of words to be practiced. Beginning with Lesson 13, pronunciation practice consists of true-false statements using cognate words.

Grammar Notes

The grammar notes give brief explanations and examples of most of the basic grammar introduced in the text. While the organization of the text is functional rather than grammatical, much of the basic grammar of the language under study is briefly explained and examples are given. Teachers who want to offer a more grammatically oriented course may then expand on these explanations.

Reference Material

Cognate words, which form an important part of medical vocabulary, utilize knowledge that students already have. Many of the cognate words in Spanish are within the vocabulary of the average Spanish-speaking person because Spanish is a direct descendant of Latin and most of the words have come into the language through Latin. In English, many of the cognate words are normally restricted to medical or academic use because they have been replaced in everyday language by shorter words of Anglo-Saxon derivation. Cognates in the Appendix are listed in Spanish on the right-hand pages and in English on the left-hand pages. They are grouped according to endings that are equivalent in the two languages, but within each group they are alphabetized according to Spanish. Some cognate words that do not correspond in connotation are nonetheless included because knowing that equivalent forms do exist may be helpful to students.

Medical personnel often need to refer to numbers and time units; therefore, following the cognates are bilingual lists of numbers, days of the week, months of the year, seasons, and cardinal points.

The Spanish-English and English-Spanish vocabularies include words from the lessons supplemented by additional vocabulary and verb forms. Many useful words have been added in order to enhance the value of the text as a reference tool in the hospital.

How to Use This Text

Class Use

In the first few sessions of beginning classes, the instructor may want to give an overview of pronunciation and then to review one or more sounds in each class. Students should be encouraged to approximate new sounds, always striving to improve their pronunciation. Because good pronunciation takes time to develop, pronunciation is an ideal warmup and review, especially important and encouraging for beginning students. Those who are not language oriented gain confidence from pronunciation practice.

The new material section introduces the material to be mastered. Questions and answers are grouped in linguistic or subject matter segments of easy-to-practice length. The instructor may first want to model for the students, with the students repeating each question and answer. This step may be omitted if the students listen to the recorded lesson first. Then the instructor may ask the questions, letting the students respond, after which the roles may be reversed. After they are familiar with the new material, the students may cover the opposite page in order to focus their attention on the language being learned.

So that they truly have a chance to converse, at least part of each class period the students should work in conversation groups of two to five, taking turns answering and asking the questions in the language. An alternate method for a large class is to seat the students in conversation groups; after presentation of each conversation segment to the whole class, the students may turn to their groups for a few minutes of practice. Then the class may be called together for presentation of another segment of conversation. Once taught the technique of the conversation circle, students can work on their own with correction and supervision as needed. Grouping students in pairs and small groups allows the instructor to individualize the language learning experience. Groups may be heterogeneous, so that less able students are helped by stronger ones, or homogeneous, so that those who learn faster may progress more rapidly. Or the instructor may use a mixture of groups, regrouping students as progress indicates.

Experience shows that even adult students need to be trained to work efficiently in pairs or small groups. Students need to be made aware that the opposite pages in the native language are for reference only, never for oral practice, and should be covered from view as familiarity with the material increases.

Variety is important, and the instructor will want to stress the communicative aspects of the language as much as possible. For a change of pace, students can practice giving and responding to commands, role playing, and asking and answering additional questions.

The readings and the cultural topics may be used in or outside class. It may be helpful for students to hear some of the selections read in the language being studied. The questions may be used for discussion in either language; this will depend on the level of the students and the complexity of the readings. Practices and evaluations can be used for additional oral practice, as well as for checking mastery of vocabulary and structures. The exercises may be done as classwork or homework and used orally with books closed at the next class session. Whether the material is used as quizzes or exercises, students are encouraged to do the work with the translations covered from view and then to check their work. A typical lesson will necessitate from three to five class hours of practice, depending on the students and the amount of work accomplished outside of class.

The following is an example of a possible three-hour or three-class lesson plan:

Hour 1 (or Class 1)

1. Pronunciation warmup (5–10 min).
2. Previous lesson (10–15 min). Conversation to review and check mastery of previous lesson.
3. Introduction of new material and small group conversation (20–30 min). Students work in pairs or small groups.
4. Communicative activities from previous lesson (15–20 min). Complete situations or combining review from previous lesson.

Hour 2 (or Class 2)

1. Pronunciation warmup (5–10 min).
2. Review new material from this lesson introduced in previous hour or class (10–15 min).
3. Complete new material from current lesson (20–30 min). Small group conversation. Students work in pairs or groups.
4. Do reading or evaluation exercises in class (15–20 min).

Hour 3 (or Class 3)

1. Pronunciation warmup *or*, for change of pace, students give commands from previous lessons (5–10 min).
2. Review new material that has been practiced in previous lessons. Do a few of the practice exercises with books closed (10–20 min).
3. Go over actions, explain grammar as needed, assign situations (15–25 min).
4. Go over evaluations in class (10–20 min).
5. Reading and discussion of cultural material (10–20 min).

Intermediate and Advanced Classes

Complete mastery of the specialized vocabulary of this text is a challenge for advanced students. In addition, there are many areas in which the instructor may expand the text material presented. Grammar and structures practiced in each lesson may be correlated with a standard text at the beginning or intermediate level for amplified practice. An analysis of the new materials, readings, and cultural topics will reveal many complex structures that are suitable for more intense study and practice. In the evaluation practice, students may be asked to supply their own answers orally rather than choose from the ones given. In fact, a variety of practice material can be created from the text: students may be asked to rewrite sentences in different tenses, change persons and number, and practice substituting more complex structures.

Most challenging to advanced students will be the opportunity to do creative work. They may write and perform their own conversations, use the readings and cultural selections as models for original writings, and read and report on supplementary materials. Advanced students will enjoy learning from the many brochures available in both Spanish and English through medical societies and foundations.

In-Service Training

The techniques suitable for teaching regular classes are also appropriate for in-service training sessions and workshops. Because the material is sequenced in order of importance, in-service training sessions can introduce material that is most important to medical personnel, even if only a few sessions are available. A 10-hour session, for example, might work with the first four lessons. A long session might include a few more lessons. The first 12 lessons may be considered as a basic course that includes the general medical and practical vocabulary needed for functioning in the language. Native speakers recruited from the area can aid the instructor in small group practice and add valuable information concerning regional idiom.

Students at in-service training sessions tend to be highly motivated to learn, but these adults have the problem of combining extra study with demanding jobs. In addition, many in-service sessions meet only once a week. Students will learn more if the instructor divides the lessons practiced in class into six parts, one part assigned for study for 15 to 20 minutes each day until the next class meeting. Recordings of material practiced can be studied at odd moments during the week. Cassette recorders and tape decks can turn commuting time into valuable practice opportunities. The instructor may ask students to keep logs of time practiced in order to encourage the self-discipline necessary to profit from noncredit language study.

Self-Study

Any student who has had a basic introduction to the language he or she wants to learn, Spanish or English, can use the text for independent study. For the student learning Spanish, the high correspondence between the letters of the written language and the sounds of the spoken language makes the explanations of sounds and rules easy to practice. The student of English will need some guidance through the difficulties of English pronunciation.

There is a gradual buildup of pronunciation, vocabulary, and structures in each lesson that will enable the motivated student to master the material independently. The format provides a variety of ways the student can practice and check for mastery: cover the entire page of English or Spanish and practice writing or saying the other language; cover one column and give answers to questions; or even give questions that correspond to answers. The evaluations provide both exercises and self-testing.

A Word to the Foreign Language Teacher

Because of the pragmatic orientation of this text, the emphasis is somewhat different from the typical, grammatically structured text. The attempt to integrate selected Spanish structures into a given medical topic, while keeping the text basic and nongrammatical, has resulted in difficult choices at times. We have felt that we must use easy and idiomatic language, but at the same time we have tried to include anything pertinent to a given subject, even if difficult. For this reason, where the subject requires a quantity of new vocabulary, we have tried to use fewer structures; where the vocabulary is more limited or repeats that previously presented, we have included some complex but important structures. Some of the more complicated grammar is merely taught in phrases, with the understanding that for a more advanced class all structures can be analyzed and studied in detail.

Verb forms are somewhat more limited than in a standard text. With a few basic verb-plus-infinitive constructions a broad range of expressions can be covered. Emphasis is on the first- and third-person singular of the verb because these serve most conventional purposes between medical personnel and patient.

We have tried to be idiomatic in both languages; at times, therefore, the correspondences between the two languages represent idiomatic, conversational equivalents rather than exact translations. In such cases, however, the grammar explanations usually include the literal translation of the material under study.

When elements are given to place in longer sentences, the most natural short phrase in each language is used, even when the correspondence between languages is not exact. In this way, each segment of the sentence can be used by itself as a natural conversational phrase. Examples are:

Necesito	cambiarle	la bata.
I need to	change	your gown.
¿Que va a hacer?		Cambiarle la bata.
What are you going to do?		Change your gown.
¿Que va a cambiar?		La bata.
What are you going to change?		Your gown.

While we have included more than one name for some items (e.g., eight Spanish words for *bedpan*) when this seemed useful for communication, we have basically limited ourselves to standard usage in both Spanish and English.

Finally, we have attempted to write a text that is easy to teach and that does not demand technical knowledge either in language or in medicine. Both teachers and medical personnel who are bilingual can present the lessons easily by following the simple guidelines given here. These same principles should make the material easy for any student to master.

Communicating in Communicación Spanish en inglés for Medical para Personnel personal médico

Second edición

Lessons

Lecciones

Lesson 1
The Human Body: Parts of the Body

New Material

1.1 Communication

✔Hospital

Good morning, | ma'am.
| sir.
| miss.

Do you speak English?

Yes, a little. I understand more than I speak.

Yes, ma'am, gladly.

Yes, sir, gladly.

You say *bathroom*.

You say *hall*.

You say *bed*.

You're welcome.

Well, I have to go. Good-bye.

Patient

Good morning.

No, very little. Do you speak Spanish?

Please repeat.

How do you say *baño?*

How do you say *pasillo?*

How do you say *cama?*

Thanks a lot (miss/sir).

Good-bye.

Lección 1
El cuerpo humano: Partes del cuerpo

Materia nueva

1.1 Comunicación

Hospital

Buenos días, | señora.
| señor.
| señorita.

¿Habla usted inglés?

Sí, un poquito. Comprendo más que hablo.

Sí señora, con mucho gusto.

Sí señor, con mucho gusto.

Se dice *bathroom*.

Se dice *hall*.

Se dice *bed*.

De nada.

Bueno, adiós. Tengo que irme.

Paciente

Buenos días.

No, muy poco. ¿Habla usted español?

Repita, por favor.

¿Cómo se dice *baño*?

¿Cómo se dice *pasillo*?

¿Cómo se dice *cama*?

Muchas gracias, señorita/señor.

Adiós.

1.2 May I help you?

✔ Hospital	Patient
Hello, may I help you?	Do you understand Spanish?
A little.	I'm glad. A question, please.
Yes, ma'am.	What does *exit* mean?
It means *salida*.	What does *off* mean?
It means *apagado*.	What does *closed* mean?
It means *cerrado*.	Thanks.
Don't mention it.	Is there coffee?
Yes, there is.	Are there magazines?
Yes, there are.	
Mark your selection, please.	All right.
Do you like the food?	Yes, it's quite delicious.
I'm glad.	
Do you like the food?	No, I'm not hungry.
I'm sorry.	
Do you like the room?	Yes, it's stupendous. / marvelous. / fantastic.

1.3 What's the matter?

✔ Hospital	Patient
What's the matter?	I don't feel well.
Does your head ache?	Yes, my head aches.
Does your stomach ache?	Yes, my stomach aches.
Take this medicine, please.	Thank you.
Take this prescription to the pharmacy, please.	Thanks so much.
How do you feel today?	So-so.
I hope you feel better.	Thanks.
You're welcome.	

1.2 ¿En qué puedo servirle?

✔Hospital	Paciente
¡Hola! ¿En qué puedo servirle?	¿Comprende usted español?
Un poco.	Me alegro. Una pregunta, por favor.
Sí, señora.	¿Qué quiere decir *exit?*
Quiere decir *salida.*	¿Qué quiere decir *off?*
Quiere decir *apagado.*	¿Qué quiere decir *closed?*
Quiere decir *cerrado.*	Gracias.
No hay de qué.	¿Hay café?
Sí, hay.	¿Hay revistas?
Sí, hay.	
Marque su selección, por favor.	Está bien.
¿Le gusta la comida?	Sí, está muy sabrosa.
Me alegro.	
¿Le gusta la comida?	No, no tengo hambre.
Lo siento.	
¿Le gusta el cuarto?	Sí, está │ estupendo.
	maravilloso.
	fantástico.

1.3 ¿Qué le pasa?

✔Hospital	Paciente
¿Qué le pasa?	No me siento bien.
¿Tiene dolor de cabeza?	Sí, me duele la cabeza.
¿Le duele el estómago?	Sí, me duele el estómago.
Tome esta medicina, por favor.	Muchas gracias.
Lleve esta receta a la farmacia, por favor.	Muchas gracias.
¿Cómo se siente hoy?	Así, así.
¡Qué se mejore!	Gracias.
De nada.	

1.4 The Human Body: The Head

Students work in pairs. One gives the commands and the other performs them. Then change parts.

Student

Touch your head.

Touch your _____.

Student

Touch your cheek.

Touch your _____.

face	hair	cranium	chin	jaw
temple	lip	eyelash		
forehead	neck	tongue		pupil
mouth	eye	nose	ear	nostril
eyeball	tooth	eyebrow	Adam's apple	nape of the neck
eyelid	scalp			

Practice

Name the parts that are related to the eye.
Name the parts that are related to the mouth.
Name parts of the head.

1.4 El cuerpo humano: La cabeza

Estudiantes trabajan en pares. Uno da las órdenes y el otro las ejecuta. Después cambian papeles.

Estudiante

Toque la cabeza.

Toque _____.

la cara	el pelo	el cráneo
la sien	el labio	la pestaña
la frente	el cuello	la lengua
la boca	el ojo	la nariz
el globo del ojo	el diente	la ceja
el párpado	el cuero cabelludo	

Estudiante

Toque la mejilla/el cachete.

Toque _____.

la barba/	la mandíbula/
la barbilla/	la quijada
el mentón	la pupila
la oreja	la fosa nasal
la nuez de Adán	la nuca

Práctica

Nombre las partes que se relacionen con el ojo.
Nombre las partes que se relacionen con la boca.
Nombre las partes de la cabeza.

1.5 The Human Body: The Trunk

Students practice in pairs. Using Figure 1-1, you give the commands and your partner points the part of the body indicated and tells what it is.

✔ Student

Point out the chest.

Point out the _____.

shoulder	bust
abdomen	nipple
back	stomach
waist	trunk
skin	rib
breast	bone

Student

This is the chest.

This is the _____.

navel	pubic hair
spinal column	muscle
buttock	thorax
hip	
pelvis	
groin	

Practice

Answer the question by choosing the part of the trunk in which each part of the body is located.

Questions

Where is the spinal column?

Where is the buttock?

Where is the groin?

Where is the bust?

Where is the back?

Where is the chest?

Where is the waist?

Where is the rib?

Where is the pelvis?

Answers

In the back of the trunk.

In the front of the trunk.

In the front and in the back.

1.5 El cuerpo humano: El tronco

Estudiantes practican en pares. Usando Figura 1-1, usted da las órdenes y su pareja señala la parte del cuerpo indicada y dice qué es.

✔ Estudiante

Indique el pecho.

Indique _____.

Estudiante

Es el pecho.

Es _____.

el hombro	el busto	el ombligo	el pelo púbico
el abdomen	el pezón	la columna vertebral	el músculo
la espalda	el estómago	la nalga	el tórax
la cintura	el tronco	la cadera	
la piel	la costilla	la pelvis	
el seno	el hueso	la ingle	

Práctica

Conteste las preguntas escogiendo la parte del tronco en que cada parte del cuerpo está.

Preguntas

¿Dónde está la columna vertebral?

¿Dónde está la nalga?

¿Dónde está la ingle?

¿Dónde está el busto?

¿Dónde está la espalda?

¿Dónde está el pecho?

¿Dónde está la cintura?

¿Dónde está la costilla?

¿Dónde está la pelvis?

Respuestas

En la parte de atrás del tronco.

En la parte del frente del tronco.

En el frente y atrás del tronco.

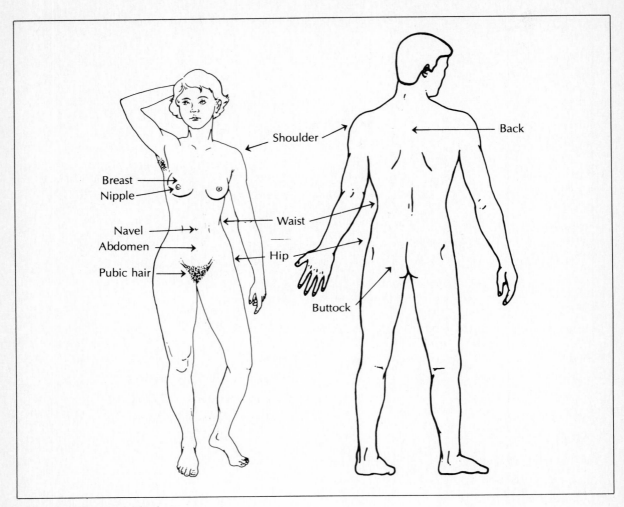

Figure 1-1. The human body.

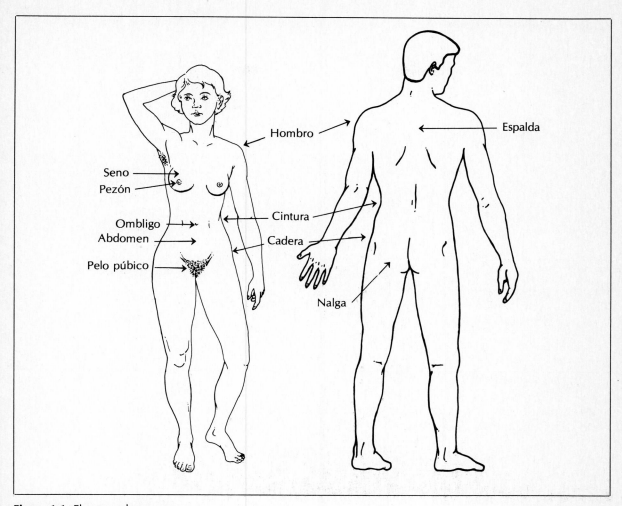

Figura 1-1. El cuerpo humano.

1.6 The Human Body: The Arm

Students practice in pairs. You give the commands and your partner performs them, naming the part of the body touched. Then change parts.

✔ Student

Touch your arm.

Touch your _____.

elbow	armpit
fist	finger
knuckle	nail
wrist	hand

Student

This is the arm.

This is the _____.

forearm	back of the hand
joint	thumb
	palm of the hand

Practice

Name the parts that are related to the hand.
Name the parts that are related to the arm.
Give the names of three joints.

1.7 The Human Body: The Leg

Students practice in pairs. Using Figure 1-1 you give the commands and your partner points to the indicated part of the body and says what it is.

✔ Student

Point out the leg.

Point out _____.

knee	ankle
heel	calf
thigh	shin

Student

This is the leg.

This is the _____.

foot	toe
crotch	toenail
instep	sole of the foot

Practice

What part of the leg corresponds to each of these parts of the arm?

the arm	the wrist	the forearm
the finger	the armpit	the palm of the hand

1.6 El cuerpo humano: El brazo

Estudiantes practican en pares. Usted da las órdenes y su pareja las ejecuta nombrando las parte del cuerpo que ha tocado. Entonces cambian papeles.

✔ Estudiante

Toque el brazo.

Toque _____.

el codo	la axila	el antebrazo	el dorso de la mano
el puño	el dedo	la coyuntura/	el pulgar
el nudillo	la uña	la articulación	la palma de la mano
la muñeca	la mano		

Estudiante

Es el brazo.

Es _____.

Práctica

Nombre las partes que se relacionen con la mano.
Nombre las partes que se relacionen con el brazo.
Dé el nombre de tres coyunturas.

1.7 El cuerpo humano: La pierna

Estudiantes practican en pares. Usando Figura 1-1 usted da las órdenes y su pareja señala la parte del cuerpo indicada y dice qué es.

✔ Estudiante

Indique la pierna.

Indique _____.

la rodilla	el tobillo	el pie	el dedo del pie
el talón	la pantorrilla	la entrepierna	la uña
el muslo	la espinilla	el empeine	la planta del pie

Estudiante

Es la pierna.

Es _____.

Práctica

¿Qué parte de la pierna corresponde a cada una de estas partes del brazo?

el brazo	la muñeca	el antebrazo
el dedo	la axila	la palma de la mano

1.8 Parts of the Body: Plurals

Students work in pairs. You give the commands and your partner performs them. Then change parts.

<u>Student</u>

Move your hand.

Move your _____.

hands	fingers	heels	tongue
foot	eyes	legs	toes
feet	eyelids	wrists	hips
arm	lips	joints	eyebrows
arms	ankles		

Practice

Change the following commands from the singular to the plural part of the body. Then give the command to another student.

Move your ankle.	Move your arm.	Move your hand.
Move your foot.	Move your wrist.	Move your toe.
Move your leg.	Move your finger.	Move your hip.

Reading

Pronounce the following sentences aloud. Then check the opposite page to see if you have understood them.

Nutrition is important.
The operation is necessary.
It's polio (poliomyelitis).
The situation is serious.
Are the attacks frequent?

1.8 Partes del cuerpo: Plurales

Estudiantes trabajan en pares. Usted da las órdenes y su pareja las ejecuta. Entonces cambian papeles.

<u>Estudiante</u>

Mueva la mano.

Mueva _____.

las manos	los dedos	los talones	la lengua
el pie	los ojos	las piernas	los dedos de los pies
los pies	los párpados	las muñecas	las caderas
el brazo	los labios	las coyunturas	las cejas
los brazos	los tobillos		

Práctica

Cambie las órdenes siguientes al plural de las partes del cuerpo dadas. Dé la orden a otro estudiante.

Mueva el tobillo.   Mueva el brazo.   Mueva la mano.
Mueva el pie.   Mueva la muñeca.   Mueva el dedo del pie.
Mueva la pierna.   Mueva el dedo.   Mueva la cadera.

Lectura

Lea las siguientes oraciones en voz alta. Compruebe en la página opuesta para ver si usted las ha entendido.

La nutrición es importante.
La operación es necesaria.
Es poliomielitis.
La situación es seria.
¿Son los ataques frecuentes?

Evaluation

A. Underline the part of the body that does not belong with each group.
   1. Ankle, wrist, leg, knee, foot
   2. Head, eyelid, eyelash, eye, hand
   3. Nail, armpit, chest, shoulder, back
   4. Waist, neck, buttock, hip, crotch
   5. Foot, sole of the foot, toe, heel, ear

B. Give each command using the plural of the part of the body.

Point out the arm.	Point out the hand.
Point out the ear.	Point out the foot.
Point out the eye.	Point out the buttock.
Point out the finger.	Point out the nail.
Point out the leg.	Point out the ankle.
Point out the hip.	Point out the shoulder.

Actions: Cognate Infinitives

Select a word from each column to form a sentence. *Shouldn't* is a contraction of *should not*.

You	should	prepare	analyze	this.
	should not	authorize	cause	well.
	shouldn't	calm	defecate	soon.
		eliminate	sterilize	now.
		examine	inoculate	
		operate	note	
		urinate	consult	

Situation

Choose parts and then give the situation in English. Where several completions are given, choose one, and then complete the conversation accordingly.

✔Hospital	Patient
Good morning,	sir.	Good morning.

Good morning, sir.
            ma'am.
            miss.

How are you?	Okay.
	Fine, thanks, and you?
	Not very well.
Do you need something?	Nothing, thanks.
Do you have pain?	I have a lot of pain in _____.
What's the matter with you?	

Evaluación

A. Subraye la parte del cuerpo que no pertenece a este grupo.
   1. Tobillo, muñeca, pierna, rodilla, pie
   2. Cabeza, párpado, pestaña, ojo, mano
   3. Uña, axila, pecho, hombro, espalda
   4. Cintura, cuello, nalga, cadera, entrepierna
   5. Pie, planta del pie, dedo del pie, talón, oreja

B. Dé las órdenes siguientes usando el plural de las partes del cuerpo.

Indique la cadera.	Indique la mano.
Indique la oreja.	Indique el pie.
Indique el ojo.	Indique la nalga.
Indique el dedo.	Indique la uña.
Indique la pierna.	Indique el tobillo.
Indique la cadera.	Indique el hombro.

Acciones: Infinitivos cognados

Seleccione una palabra de cada columna para formar una oración.

Usted	debe	preparar	analizar	esto.
	no debe	autorizar	causar	bien.
		calmar	defecar	pronto.
		eliminar	esterilizar	ahora.
		examinar	inocular	
		operar	notar	
		orinar	consultar	

Situación

Escojan papeles y den la situación en español. Donde se hayan dado varios complementos, escoja uno y complete la conversación apropiadamente.

Hospital

Buenos días, | señor.
            | señora.
            | señorita.

¿Cómo está usted?

¿Necesitas algo?

¿Tiene dolor?

¿Qué le pasa?

Paciente

Buenos días.

Bien.
Muy bien, gracias, ¿y usted?
No muy bien.

Nada, gracias.

Tengo mucho dolor en _____.

Pronunciación en inglés

Vocales y diptongos

El idioma inglés tiene los mismos sonidos vocálicos que el español, pero tiene además otros sonidos vocálicos. Algunas vocales en inglés son diptongadas pues la vocal se extiende de un sonido a otro dentro de la misma sílaba. Estos diptongos pueden representarse con una letra o dos. Es difícil para los hispano-hablantes aprender las vocales en inglés, no sólo porque el inglés tiene vocales que el español no tiene sino también porque en inglés no hay una correspondencia exacta entre los sonidos y las letras que los representan, como en español.

Otro problema que encuentra el que trata de aprender la pronunciación del inglés es que un sonido puede escribirse de diferentes maneras y una vocal o una combinación de letras puede ser pronunciada de varias maneras diferentes. Por eso es importante que usted escuche cuidadosamente a su profesor y trate de practicar frecuentemente las palabras que oiga. La práctica continuada de los sonidos que se describen en las explicaciones siguientes le permitirá producir sonidos que se aproximen a los de las vocales y diptongos en inglés.

Vocales largas y cortas

Tradicionalmente, las vocales en inglés se enseñan como un sistema de vocales largas y cortas. Larga quiere decir que la sílaba tiende a ser más demorada.

En Tabla 1-1 se muestran las formas gráficas de las vocales y ejemplos de palabras en inglés que representan sonidos similares en español si existieran.

Tabla 1-1. Vocales y largas y cortas en inglés

Representación gráfica	Sonido largo	Representación aproximada del sonido en español	Sonido corto	Representación aproximada del sonido en español
a	late	seis	lad	no existe
e	be	mi	bet	en
i	bite	baile	bit	no existe
o	go	no	got	padre
u	tuna	uno	cut	no existe

Pronunciation in Spanish

Vowels

Vowels in Spanish are pronounced clearly and concisely, in contrast with English vowels, which tend to be drawn out. In English, unstressed vowels may become an "uh" sound, as in "from *the* class" or "in a minute." In Spanish, the same clear, short sound is maintained even when the vowel does not receive the main emphasis in a word or phrase. There is a longer vowel sound in Spanish, which is formed by the combination of two vowels. You will study this longer vowel sound in later lessons.

---

a

Spanish *a* is similar to the English sound *ah,* as in *father,* but shorter.

a	lava	sala	nalgas
la	cama	dama	palma
las	pasa	barba	mal
va a	bata	llama	mañana
cara	nada	calma	mamá

---

o

In syllables that end in *o,* the Spanish *o* is similar to the English *o* in *pose,* but short and clipped.

no	tomo	globo	boca
lo	poco	codo	loco
yo	como	hombro	poco
ojo	pollo	doce	hombre

In other syllables, the Spanish *o* is similar to the English *o* in *for.*

español	con	buenos	pulmón
por favor	dolor	doctor	corazón

---

e

The Spanish *e* is similar to the English *a* in *made* in syllables that end in -e and in some other syllables. You will hear many variations, depending on the region the speaker is from.

de	que	flema	tiene
se	ve	pecho	pelo
fe	base	tome	pecho
me	pase	cure	jefe
le	feto	tengo	leche

Vocales largas y diptongos en sílabas tónicas

Todas las vocales largas y cortas en Tabla 1-1 así como las otras vocales y diptongos en inglés pueden ocurrir en sílabas tónicas. Una palabra puede tener más de una sílaba acentuada. Las palabras largas, especialmente, pueden tener acento primario, secundario y aun terciario.

No hay muchas reglas de acentuación en inglés. Es útil recordar que en su mayor parte, el acento en una palabra de dos sílabas cae en la primera sílaba. (Véase Lección 12, donde se explican otras reglas de acentuación en inglés.) En la mayoría de las palabras en inglés, simplemente hay que aprender la acentuación cuando se aprende la palabra.

En las descripciones que siguen, se explican la pronunciación de las vocales acentuadas y los diptongos en inglés, empezando con las vocales largas y cortas que se usan en Tabla 1-1. Recuerde que en el sistema de *vocales largas y cortas* hay muchas excepciones.

Reglas para la pronunciación de las vocales largas y cortas

1. Se dice que una vocal tiene sonido largo cuando:
   a. Es la vocal final de una sílaba.
   b. Va seguida de una e muda.
   c. Va seguida de una e muda más una consonante.
2. Se dice que una vocal es corta cuando va seguida en la misma sílaba por una consonante.

Mientras que estas reglas pueden servir al principiante como punto de referencia, a menudo no son aplicables for dos razones: (1) No incluyen todos los sonidos vocálicos que hay en inglés. (2) Hay un gran número de excepciones a las reglas.

a como en late: Sonido largo

La vocal *a* en inglés tiene un sonido similar a *ei* in *seis* cuando es la vocal final en una sílaba o cuando va seguida de la *e* muda o de una consonante y una *e* muda. Este sonido puede también estar representado por *ey, ai* o *ei* delante de una *g* o una *n*.

made	face	hair	date	eight
they	urinate	aide	say	vein

e como en be: Sonido largo

La vocal *e* en inglés tiene un sonido similar a la *i* de *mi* en español. Tiene este sonido con frecuencia cuando es la vocal final en la sílaba o cuando va seguida de la *e* muda o de una consonante y la *e* muda. Este sonido también puede estar representado por *ea, ee, ei,* o *ie*.

machine	easy	feel	here	receive	grief
seat	finger	feed	hear	weak	piece

In most of the other syllables that do not end in -e, the Spanish e is similar to the English e in *met*.

| el | usted | conceder | proponer |
| él | papel | disolver | ver |

---

i

The Spanish i is similar to the English i in *unique*. Y by itself, meaning *and*, has the same sound.

y	millón	tío	medicina
sí	ir	tía	quince
si	oír	frío	infección
mi	oído	difícil	nariz
mil	día	cinco	vista

---

u

The Spanish u is similar to the English oo in *boot*.

uno	cuña	fumo	cultura	cuna
una	uva	nunca	ninguno	muchos
uña	lucha	muchacha	pulmón	lunes
luna	mucho	gusto	pupila	octubre

Grammar/Structure Notes on Spanish

Infinitives

Infinitives are names of actions without beginning or end. They are verbs that have no time or person with them, and thus in a sense are infinite. In Spanish all infinitives end in -ar, -er, or -ir. In English such forms are usually given with *to*, as in *to examine;* or sometimes simply *examine* will be a better translation for the Spanish.

   Infinitives are important forms for students of Spanish to know. There are many things you can say by combining a few set verb forms with various infinitives, even though you cannot use verbs the way a native speaker does. However, it is not difficult to learn to recognize the basic verb, even when it is used in other forms.

Cognates

Cognates are words that look similar and have similar meanings in two languages. Some Spanish words sound even more similar to the English cognates than they look. Often, if a cognate is not immediately clear, you can see what it means if you cover the first or the last part of the word.

---

i como en bite: Sonido largo

La vocal *i* en inglés tiene un sonido similar al de *ai* en español en *baile*. Tiene este sonido con frecuencia cuando es la vocal final en la sílaba o cuando va seguida de la e muda o de una consonante y la e muda. Este sonido también puede estar representado por *ie, ay* y *Y*. La *i* tiene con frecuencia el sonido largo cuando va seguida de *gh, ld* y *nd*.

ice	high	mind	sight	cry
price	child	die	might	by

---

o como en go: Sonido largo

La vocal *o* en inglés tiene un sonido similar al de la o en español de *no,* pero es más alargada. La *o* puede tener este sonido cuando es la vocal final de la sílaba o cuando va seguida de una e muda o de una consonante y la e muda. Este sonido puede estar representado por *ow, oa* o por la o seguida de *l,* aunque estas combinaciones de letras pueden pronunciarse de otro modo.

go	goes	nose	boat	whole

---

u como en tuna: Sonido largo

La vocal *u* en inglés tiene un sonido similar al de la u en español de *tú.* La *u* puede tener este sonido cuando es la vocal final de una sílaba o cuando va seguida de la e muda o de la e muda más una consonante. Este sonido se representa más frecuentemente como *oo* que como *u*.

cool	tuna	shoe	true	room
boot	too	stew	school	moon

Notas gramaticales/estructuras en inglés

El tiempo presente

La forma básica del verbo en inglés es la forma *simple*. Palabras como *work, live, eat* y *walk* son ejemplos de las formas simples del verbo. El tiempo presente se basa en estas formas. En inglés los verbos en el tiempo presente tienen sólo dos formas: la forma simple y la forma simple más *-s* como se demuestra en los ejemplos siguientes.

Forma Simple		Forma Simple + s	
I work	John and Mary work	she works	Mary works
you work	John and I work	he works	John works
we work	you and I work	it works	the machine works
they work	you and John work		

Excepto por la tercera persona del singular que termina en *-s,* los verbos en inglés no dan indicación de la persona que ejecuta la acción. Por lo tanto, los verbos en inglés deben tener siempre un sujeto expreso, nombre o pronombre.

Nouns

In Spanish all nouns (names of things) are either masculine or feminine. This is usually a matter of grammatical form, not identifiable with sex except in the case of human beings and higher animals. Generally, nouns that end in -o are masculine, and nouns that end in -a are feminine. Those that end in consonants or -e are variable, and you will learn them by use. In this text the abbreviations m. and f. are used where helpful.

The

In Spanish there are four words for the English word *the: el* brazo, the arm; *la* pierna, the leg; *los* brazos, the arms; and *las* piernas, the legs. These articles *(el, la, los, las)* have forms that correspond to the nouns in gender (masculine or feminine) and in number (singular [one] or plural [more than one]).

Hay

Hay means both *there is* and *there are* in English. It is one of the most useful expressions you can know, because until you learn how to use Spanish verb forms for different persons and times, you can use *hay* to indicate a wide range of facts and questions.

Hay café.	There is coffee.
¿Hay café?	Is there coffee?
No hay café.	There isn't any coffee./There is no coffee.

Imperativos

Las oraciones imperativas usan la forma simple del verbo sin el sujeto pronominal: *touch, move.*

Palabras cognadas

Las palabras cognadas son palabras que tienen apariencia y significado semejante en dos lenguas. Algunas palabras cognadas en español suenan más semejantes al inglés de lo que aparecen. Si el significado de una palabra cognada no es evidente a primera vista, usted puede deducir su significado cubriendo la parte final de la palabra.

There is/there are

There is y *there are* son expresiones útiles que se traducen al español por *hay. There is* se usa cuando va seguido de un nombre en singular; *there are* se usa cuando va seguido de un nombre en plural.

There is coffee.	Hay café.
There are magazines.	Hay revistas.
There are no magazines.	No hay revistas.
Is there any coffee?	¿Hay café?

Nombres

Los nombres son palabras que se usan para nombrar personas, animales, cosas, ideas y acontecimientos. En inglés, los únicos nombres que indican género son los que se refieren a personas o a animales de alto nivel en la escala zoológica. Por eso el género de los nombres no afecta su forma gramatical y los adjetivos no cambian su forma para concordar con los nombres. Los artículos *el, la, los* y *las* se traducen como *the* en inglés.

Posesivos con partes del cuerpo

En inglés, los adjetivos posesivos *your* (su, sus), *my* (mi, mis), y sus otras formas se usan para designar las partes del cuerpo en vez del artículo que usa el español.

Touch your nose.	Toque la nariz.
Move your arm.	Mueva el brazo.

Nombres: Plurales

La mayoría de los nombres en inglés forman el plural añadiéndoles una *s*. La *s* puede tener tres pronunciaciones diferentes. Véase Lección 5 para obtener más detalles acerca de la pronunciación de las terminaciones en *s*. Algunos nombres tienen plurales irregulares.

Plurales regulares		Plurales irregulares	
heart	hearts	foot	feet
arm	arms	tooth	teeth
eye	eyes	man	men
shoulder	shoulders	woman	women

Lesson 2
The Human Body: Organs

New Material

Pairs of students practice using the accompanying figures. One student gives the commands. The other student performs the commands and says what the part is. Then change parts.

Lección 2
El cuerpo humano: Organos

Materia nueva

Pares de estudiantes practican usando las figuras. Un estudiante da las órdenes. El otro estudiante ejecuta las órdenes y dice qué parte es. Entonces cambian papeles.

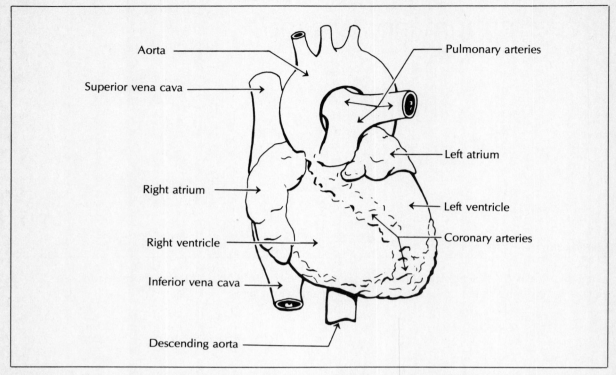

Figure 2-1. The heart. (From N. L. Caroline, *Emergency Care in the Streets.* Boston: Little, Brown, 1979. P. 28.)

2.1 The Circulatory System (Fig. 2-1)

✔Student   Student

Point out the heart.

Point out the _____.

      | veins
      | arteries
      | left ventricle

What circulates through the veins?   Blood.
                                              Plasma.

Where are | the red blood cells?   In the blood.
            | the white blood cells?   In _____.

Practice

Give a word related to the one that is given.

veins   white corpuscles   circulation

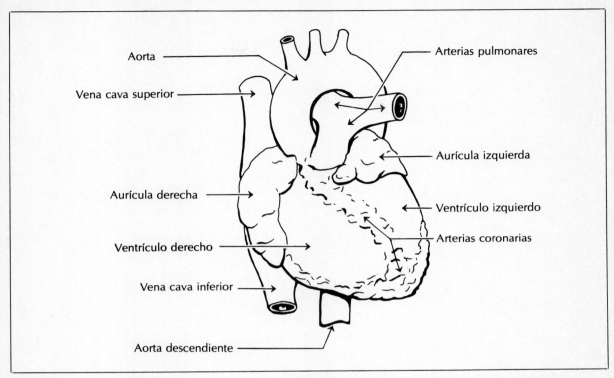

Figura 2-1. El corazón. (De N. L. Caroline, *Emergency Care in the Streets.* Boston: Little, Brown, 1979. Pág. 28.)

2.1 El aparato circulatorio (Fig. 2-1)

✔Estudiante   Estudiante

Indique el corazón.

Indique _____.

    | las venas
    | las arterias
    | el ventrículo izquierdo

¿Qué circula por las venas?   La sangre.
                                                         Plasma.

¿Dónde se encuentran | los glóbulos rojos?   En la sangre.
                       | los glóbulos blancos?   En _____.

Práctica

Dé una palabra relacionada con la que se da.

las venas   los glóbulos blancos   la circulación

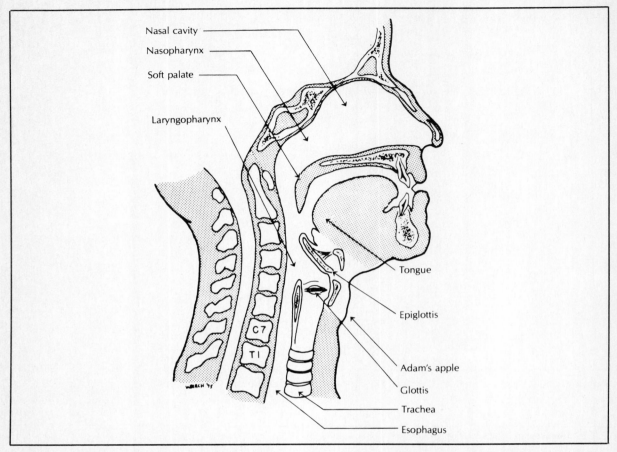

Figure 2-2. The upper airway. (From N. L. Caroline, *Emergency Care in the Streets.* Boston: Little, Brown, 1979. P. 135.)

2.2 The Respiratory System (Fig. 2-2)

✔ Student

Point out the soft palate.

Point out the _____.

| trachea | tongue |
| nose | nostrils |

Student

This is the soft palate.

This is the _____.

Practice

If a word is singular, change it to the plural. If it is plural, change it to the singular.

| nostril | bronchial tube | lungs |
| adenoids | tonsils | esophagus |

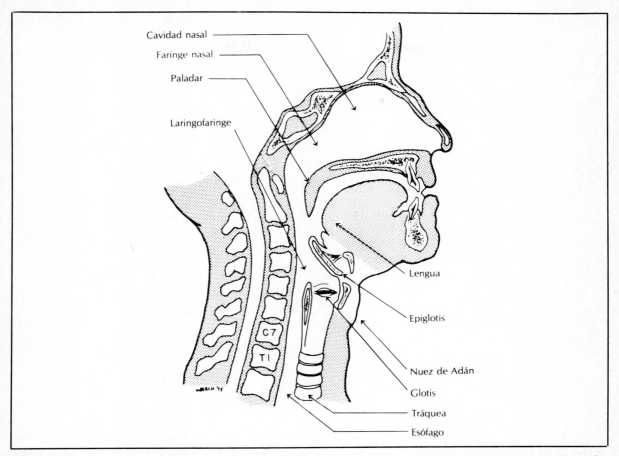

Cavidad nasal

Faringe nasal

Paladar

Laringofaringe

C7

T1

Lengua

Epiglotis

Nuez de Adán

Glotis

Tráquea

Esófago

Figura 2-2. Parte superior del aparato respiratorio. (De N. L. Caroline, *Emergency Care in the Streets*. Boston: Little, Brown, 1979. Pág. 135.)

2.2 El aparato respiratorio (Fig. 2-2)

✔ Estudiante

Indique el paladar.

Indique _____.

| la tráquea | la lengua |
| la nariz | las fosas nasales |

Estudiante

Es el paladar.

Es _____.

Práctica

Si la palabra es singular, cámbiela al plural. Si es plural cámbiela al singular.

| la fosa nasal | el bronquio | los pulmones |
| las adenoides | las anginas | el esófago |

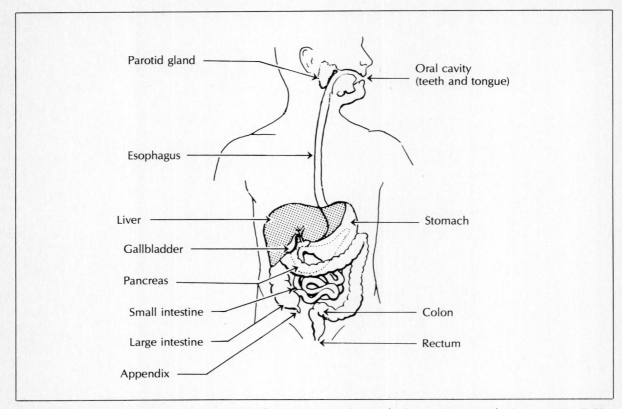

Figure 2-3. The digestive system. (From N. L. Caroline, *Emergency Care in the Streets*. Boston: Little, Brown, 1979. P. 32.)

2.3 The Digestive System (Fig. 2-3)

✓ Student

Point out the liver.

Point out the _____.

Student

This is the liver.

This is the _____.

stomach	gallbladder	colon	rectum
large intestine	pancreas	appendix	small intestine

Practice

In each group, choose the words that belong to the digestive system.

Rectum, lung, intestine, heart, gallbladder
Spleen, stomach, nostrils, arteries, liver

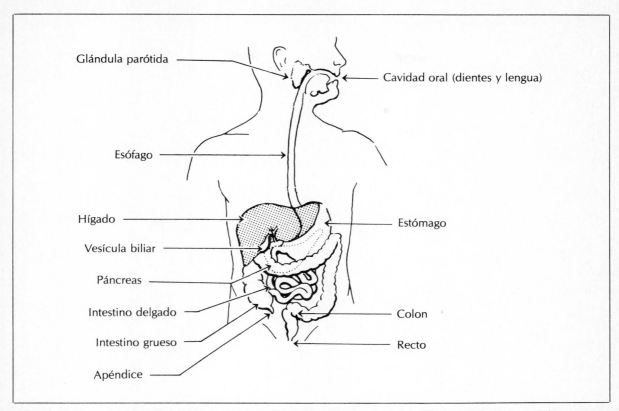

Figura 2-3. El aparato digestivo. (De N. L. Caroline, *Emergency Care in the Streets.* Boston: Little, Brown, 1979. Pág. 32.)

2.3 El aparato digestivo (Fig. 2-3)

✔ Estudiante

Indique el hígado.

Indique _____.

| el estómago | la vesícula |
| el intestino grueso | el páncreas |

Estudiante

Es el hígado.

Es _____.

| el colon | el recto |
| el apéndice | el intesto delgado |

Práctica

En cada grupo de palabras, escoja las palabras que pertenecen al aparato digestivo.

Recto, pulmón, intestino, corazón, vesícula biliar
Esplín, estómago, fosas nasales, arterias, hígado

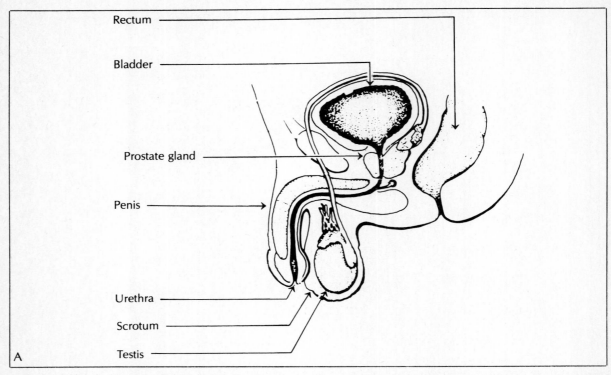

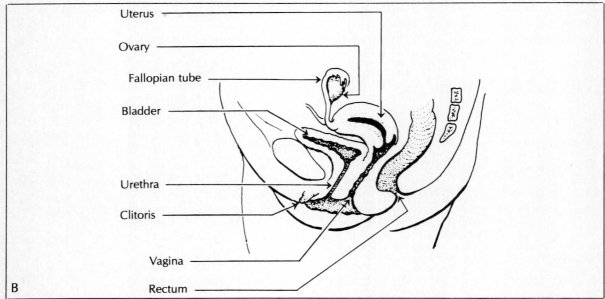

Figure 2-4. Male *(A)* and female *(B)* reproductive organs. (From N. L. Caroline, *Emergency Care in the Streets.* Boston: Little, Brown, 1979. Pp. 35, 36.)

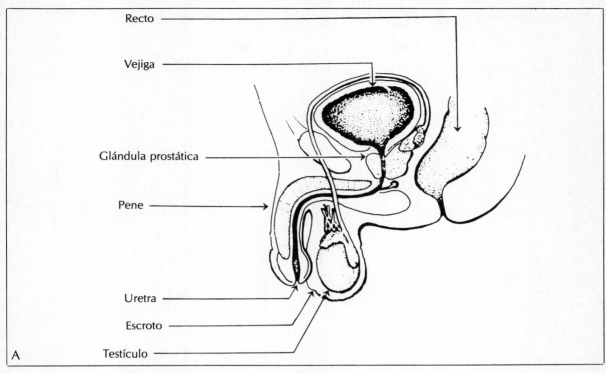

Recto

Vejiga

Glándula prostática

Pene

Uretra

Escroto

Testículo

A

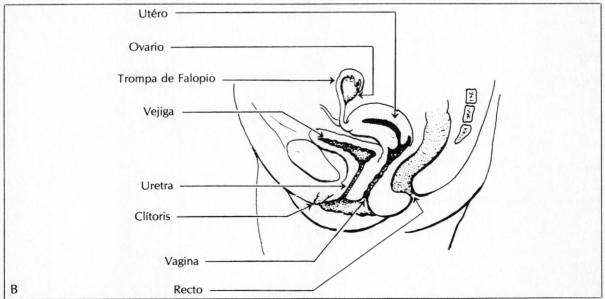

Utéro

Ovario

Trompa de Falopio

Vejiga

Uretra

Clítoris

Vagina

Recto

B

Figura 2-4. Organos reproductivos del hombre *(A)* y de la mujer *(B)*. (De N. L. Caroline, *Emergency Care in the Streets.* Boston: Little, Brown, 1979. Pág. 35, 36.)

2.4 The Genitourinary System (Fig. 2-4)

✔ Student

Point out the	testes.
	ovaries.
Point out the	urethra.
	bladder.

Point out the _____.

Student

These are the	testes.
	ovaries.
This is the	urethra.
	bladder.

This is the _____.
These are the _____.

uterus	fallopian tube	genitals	testicles
womb	vagina	penis	

Practice

Choose the words that belong to the genitourinary system.

Bladder, heart, urethra, kidney, trachea
Genitals, gallbladder, liver, uterus, penis
Womb, testicle, ovaries, skin, liver

2.5 The Nervous System (Fig. 2–5)

✔ Student

Point out the brain.
Point out the _____.

Student

This is the brain.
This is the _____.
These are the _____.

medulla	nerve roots
cerebellum	cerebrum

Practice

If the word is singular, make it plural. If it is plural, make it singular.

nerve	neurons
nerve ending	brains
	nerves

2.4 El aparato génitourinario (Fig. 2-4)

✔ Estudiante

Indique | los testículos.
         | los ovarios.

Indique | la uretra.
         | la vejiga.

Indique _____.

Estudiante

Son | los testículos.
     | los ovarios.

Es | la uretra.
   | la vejiga.

Es _____.

Son los _____.

| el útero | la trompa de Falopio | los genitales | los testículos |
| la matriz | la vagina | el pene | |

Práctica

Escoja las palabras que pertenezcan al aparato genitourinario.

La vejiga, el corazón, la uretra, el riñón, la tráquea
Los genitales, la vesícula, el hígado, el útero, el pene
La matriz, el testículo, los ovarios, la piel, el hígado

2.5 El sistema nervioso (Fig. 2-5)

✔ Estudiante

Indique el cerebro.

Indique _____.

Estudiante

Es el cerebro.

Es _____.

Son _____.

| la médula | las terminaciones nerviosas |
| el cerebelo | el cerebro |

Práctica

Si la palabra es singular, cámbiela al plural. Si es plural, cámbiela al singular.

el nervio
las terminaciones nerviosas

las neuronas
el cerebro
los nervios

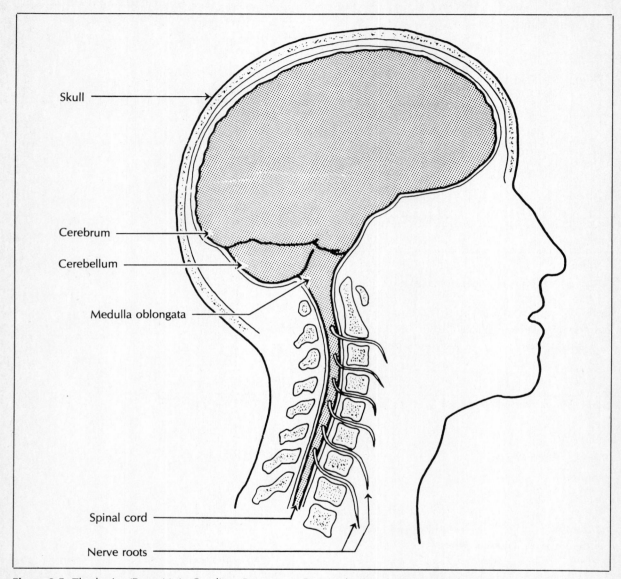

Skull

Cerebrum

Cerebellum

Medulla oblongata

Spinal cord

Nerve roots

Figure 2-5. The brain. (From N. L. Caroline, *Emergency Care in the Streets*. Boston: Little, Brown, 1979. P. 26.)

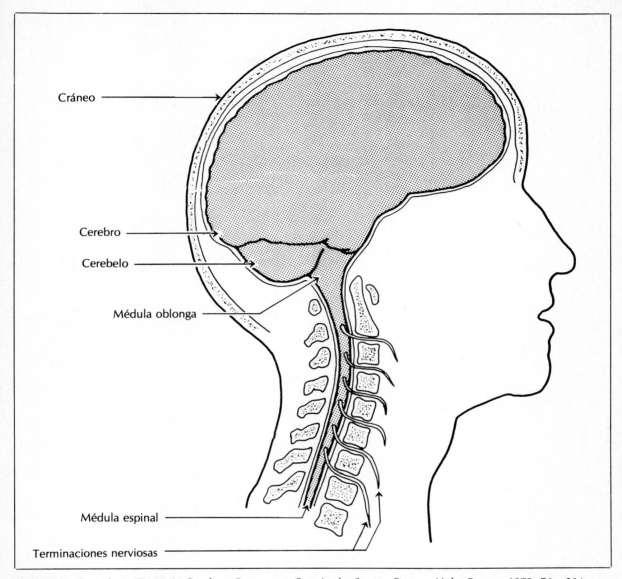

Cráneo

Cerebro

Cerebelo

Médula oblonga

Médula espinal

Terminaciones nerviosas

Figura 2-5. El cerebro. (De N. L. Caroline, *Emergency Care in the Streets*. Boston: Little, Brown, 1979. Pág. 26.)

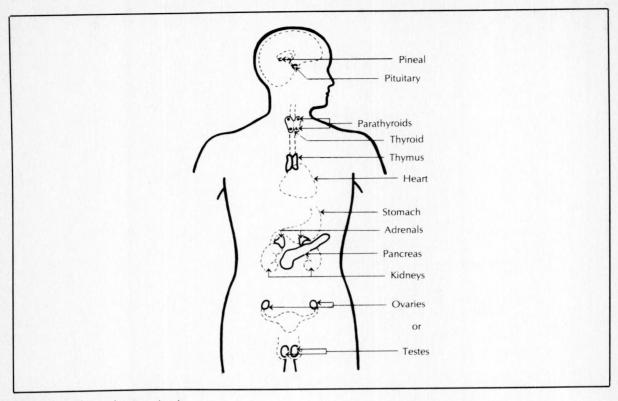

Figure 2-6. The endocrine glands.

2.6 The Endocrine Glands (Fig. 2-6)

✔ Student

Point out the pituitary.

Point out the _____.

| thyroid | adrenals |
| parathyroid | thymus |

Student

This is the pituitary.

This is the _____.

These are the _____.

| pancreas | ovaries |
| pineal gland | testes |

Practice

What word in column A can be associated with each word in column B?

A		B	
pancreas	suprarenals	growth hormone	thyroxine
ovaries	testicles	cortisone	estrogen
pituitary	thyroid	testosterone	insulin

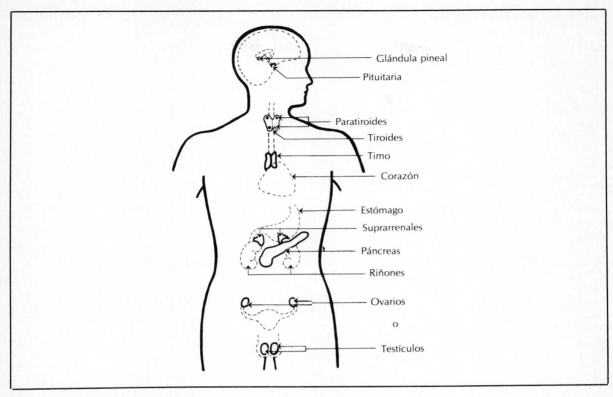

Figura 2-6. Las glándulas endocrinas.

2.6 Las glándulas endocrinas (Fig. 2-6)

✔Estudiante

Indique la pituitaria.

Indique _____.

la tiroides	el páncreas	
las paratiroides	la glándula pineal	

Estudiante

Es la pituitaria.

Es _____.

Son _____.

las suprarrenales	los ovarios
el timo	los testículos

Práctica

¿Qué palabra de la columna A puede asociarse con cada palabra de la columna B?

A		B	
el páncreas	las suprarrenales	hormona del crecimiento	tiroxin
los ovarios	los testículos	cortisona	estrógeno
la pituitaria	la tiroides	testosterona	insulina

2.7 Glands: Additional Vocabulary

✔Student

Point out the glands associated with

goiter.
menstrual flow/menstruation.
ovum.
sperm.

Student

It's the thyroid.
They're the ovaries.
They're the ovaries.
They're the testicles.

Practice

From the previous list, choose a word that can be associated with each of the following glands: testicle, ovary, thyroid.

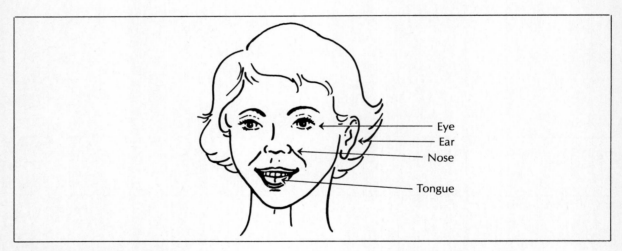

Eye
Ear
Nose

Tongue

Figure 2-7. The sensory organs.

2.8 The Senses (Fig. 2-7)

Student

Point out the organ associated with each sense.

Sight.   The eyes.
Hearing.   The ears.
Smell.   The nose.
Taste.   The tongue.
Touch.   The skin.

2.7 Glándulas: Vocabulario adicional

✓Estudiante

Indique la glándula que se asocia con

el bocio.
el flujo mensual/la menstruación.
el óvulo.
la esperma.

Estudiante

Es la tiroides.
Son los ovarios.
Son los ovarios.
Son los testículos.

Práctica

De la lista anterior, escoja la palabra que pueda asociarse con cada glándula: el téstículo, el ovario, la tiroides.

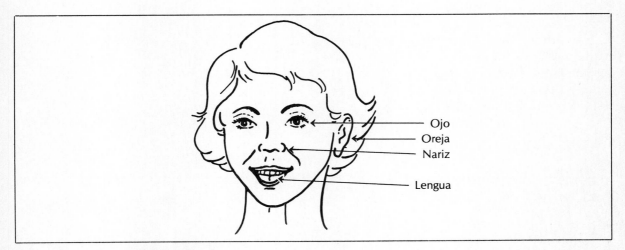

Figura 2-7. Los órganos de los sentidos.

2.8 Los sentidos (Fig. 2-7)

Estudiante

Indique el órgano que se asocia con cada sentido.

La vista.   Los ojos.
El oído.   Las orejas.
El olfato.   La nariz.
El gusto.   La lengua.
El tacto.   La piel.

GOSHEN COLLEGE LIBRARY
GOSHEN, INDIANA

Practice

Associate each organ with the sense it represents: nose, skin, tongue, eye, ear.

Reading

Consult the list of cognate infinitives in the Appendix and practice pronouncing some of them. The following sentences contain cognate verbs that have been changed from the infinitive form to show time and person. Underline the cognate verb or verbs in each sentence, and then guess at the general idea of what is being said. Check the opposite page to see how well you guessed.

The doctor prohibited my working.
Did you notice the symptoms?
I wish the doctor would stop the injections.
Did you decide to proceed with the operation?
I don't know if he will use a general anesthesia.
Be calm, ma'am. Don't worry about the child.
Let me examine your ears.
What does this medicine contain?
Have you noticed whether your stomach hurts before you eat?
We will consult the surgeon and other doctors.

Evaluation

A. To each group add at least one more word that might be associated with those given.
   1. The spleen, the liver
   2. The throat, the lungs
   3. The vagina, the uterus
   4. The penis, the testicles
   5. The intestines, the colon

B. Match each organ or part of the body in column A with its general location in column B.

A			B
wrist	ankle	ear	head
spleen	breast	thigh	chest
hand	eye	nostrils	abdomen
bronchial tubes	gallbladder	foot	arm
eyelash	knee	ear (inner)	leg
elbow			

Práctica

Asocie cada órgano con el sentido que representa: la nariz, la piel, la lengua, el ojo, la oreja.

Lectura

Consulte la lista de infinitivos cognados en el Apéndice y practique pronunciando algunos de ellos. Las siguientes oraciones contienen verbos cognados que han sido cambiados de la forma infinitiva para indicar tiempo y persona. Subraye el verbo o los verbos en cada oración y trate de captar la idea general de lo que dice la oración. Compruebe en la página opuesta para ver si ha comprendido bien.

El médico me prohibió trabajar.
¿Notaste los síntomas?
Ojalá que el médico suspenda las inyecciones.
¿Resolvió usted proceder con la operación?
No sé si usará anestesia general.
Cálmese, señora. No hay que preocuparse por el niño.
Pérmítame examinarle los oídos.
¿Qué contiene esta medicina?
¿Ha observado usted si le duele el estómago antes de comer?
Consultaremos con el cirujano y otros médicos.

Evaluación

A. Añada por lo menos una palabra que se pueda asociar con las otras dadas.
1. El esplín, el hígado
2. La garganta, los pulmones
3. La vagina, la matriz
4. El pene, los testículos
5. Los intestinos, el colon

B. Relacione cada órgano o parte del cuerpo en la columna A con la parte correspondiente en la columna B.

A			B
la muñeca	el tobillo	la oreja	la cabeza
el bazo	el seno	el muslo	el pecho
la mano	el ojo	las fosas nasales	el abdomen
los bronquios	la vesícula	el pie	el brazo
la pestaña	la rodilla	el oído	la pierna
el codo			

Actions

Select an element from each column in order to form a sentence.

The doctor	examines	this.
The nurse	operates	here.
The technician	analyzes	the patient.
The woman who is ill	notes	the man.
The patient	uses	a lot.
	diagnoses	a little.
	authorizes	
	explores	
	visits	
	vomits	

Situation

Choose parts and then give the conversation in Spanish. When several completions are given, choose one, and then complete the conversation accordingly.

✔ Hospital

Good afternoon. How do you feel?

Do you want something?

Okay. Have you _____?
| taken the medicine
| slept well
| rested well
| urinated
| had a bowel movement

Well, _____.
| let's see
| that's good

Patient

I feel _____.
| good
| better
| bad
| worse

Yes, I want _____.

Yes, thank you.
No, not yet.

Acciones

Seleccciones un elemento de cada columna para formar una oración.

El médico	examina	esto.
La doctora	opera	aquí.
La enfermera	analiza	al paciente.
El técnico	nota	al hombre.
La enferma	usa	mucho.
El paciente	diagnostica	poco.
	autoriza	
	explora	
	visita	
	vomita	

Situación

Escoja una parte de la conversación en español. Cuando haya varias opciones, escoja una y complete el diálogo apropiadamente.

Hospital

Buenos tardes. ¿Cómo se siente?

Paciente

Me siento _____.
| bien
| mejor
| mal
| peor

¿Desea algo?

Bueno. ¿Ha _____?
tomado la medicina
dormido bien
descansado bien
orinado
evacuado

Sí, deseo _____.

Sí, gracias.
No, todavía no.

Bueno, _____.
| vamos a ver
| está bien

Pronunciación en inglés

Vocales cortas en sílabas tónicas

a como en lad: Sonido corto

Este sonido no existe en español. Es un sonido entre *ei* de *seis* en español y *a* como en *padre,* pero se acerca más al sonido de la *a.* Para formar este sonido abra la boca manteniendo la lengua plana al frente pero arqueada detrás. (Diga *ah* y gradualmente contraiga la lengua hacia atrás.) Con frecuencia, la *a* es corta cuando va seguida de otra consonante en la misma sílaba.

pancreas	ask	bag	mask	matter
bad	man	cramps	pass	sad

e como en bet: Sonido corto

Este sonido es similar al de la *e* en español de *en.* La *e* tiene este sonido generalmente cuando va seguida de una consonante en la misma sílaba. Este sonido también puede escribirse *ea* antes de una *d.*

red	temple	elbow	defecate	breast	cerebellum
cell	neck	head	intestine	dress	medulla

i como en bit: Sonido corto

Este sonido no existe en español. Es un sonido entre el español *ei* como en *seis* y la *i* en español como en *mi.* Para producir este sonido, relaje los músculos de la boca, abra la boca y coloque la lengua más hacia abajo que en el sonido *i.* Este sonido corto de la *i* generalmente se encuentra en sílabas que terminan en consonante.

big	intestine	wrist	insomnia	chills
kit	skin	little	prescription	difficulty

o como en got: Sonido corto

Este sonido es semejante al de la *a* en *padre,* pero la pronunciación puede variar de acuerdo con la región de donde proceda el que habla. La *o* puede tener este sonido frecuentemente cuando va seguida de una consonante en la misma sílaba. Probablemente el sonido de la vocal *o* se representa con más frecuencia como *a* o *aw.*

arm	heart	cot	cart	vomit
jaw	father	palm	scarlet fever	operate

Pronunciation in Spanish

Consonants

___

b, v

In most dialects of Spanish, *b* and *v* have the same sounds. At the beginning of a word or breath group, or after *m* or *n, b* and *v* are similar to the English *b* in *but*. Almost bite your lips together; there is no puff of air with this sound, as there is with the English *b*.

va	bien	veinte	vejiga
boca	vista	brazo	bonito
bueno	hombro	vesícula	bazo

In all other positions, the Spanish *b* and *v* are similar to the English *b,* but with the lips not closed, allowing air to escape.

labio	la vejiga	a ver	dos bebés
cabeza	la barba	tobillos	por favor
la boca	la vista	nueve	débil

The following groups of words contrast the two sounds.

boca, la boca	vejiga, la vejiga
barba, la barba	bebé, bonito bebé,
	veinte bonitos bebés

___

r, rr

The Spanish *r* between vowels, or before a consonant, is similar to the English *d* sound in *Eddie* or the first *t* in *cut it,* said rapidly. The tongue taps once against the ridge above the front teeth.

hora	cintura	seguro	caloría
cara	vara	operar	pariente
oreja	nariz	útero	preparar

Spanish *rr* or *r* at the beginning of a breath group, or after *l, n* or *s,* is heavily trilled, with several quick taps of the tongue against the ridge above the front teeth. If you have trouble making this trilled *r* sound, practice by saying *cut it up* rapidly.

rodilla	el riñón	religión	honrado
rico	los riñones	relación	diarrea

u como en cut: Sonido corto

Este sonido no existe en español pero es quizás el sonido vocálico más frecuente en inglés. Es un sonido perezoso. Para articular este sonido abra la boca como para decir *u* en español pero abriendo la boca parcialmente. Entonces relaje la lengua y los músculos de la boca de modo que la lengua descanse en el suelo de la boca y deje que el aire salga. El resultado debe ser como un ronquido suave o un gruñido. Podemos llamar este sonido el sonido de "uh" porque es el sonido que los que hablan inglés usan cuando hacen una pausa de duda en la conversación mientras tratan de hallar la palabra exacta. Este sonido ocurre con frecuencia antes de *r* y *t*.

cut	her	heard	early	worried	verb
perfect	cot	learn	earth	shut	

Otras vocales y diptongos en sílabas tónicas

El sistema de vocales largas y cortas no incluye dos otras vocales que ocurren en inglés en sílabas acentuadas.

o como en ought

Este sonido no existe en español. Para articular este sonido diga *a* en español y entonces levante la lengua hacia el cielo de la boca y ponga los músculos de la boca en tensión empujando los labios hacia afuera. Los labios deben estar casi redondeados. Este sonido con frecuencia ocurre en sílabas que terminan en *ll*, *t* o *ght*. En algunos dialectos del inglés, este sonido tiene la tendencia a reemplazarse con la *o* larga. Note la combinación *ough* puede pronunciarse de diferentes modos en inglés.

call	taught	cost	daughter	off	across
brought	thought	cause	long	morning	wrong

u como en put

Este sonido no existe en español. Se encuentra entre el sonido en español de la *o* como en *no* y la *u* como en *tu*. Para articular este sonido empiece con la vocal *o* en español y a medida que usted la pronuncia, relaje los músculos de la boca ligeramente y baje la lengua un poquito. Este sonido ocurre con frecuencia en sílabas que terminan en consonantes oclusivas (stop) como *d, k, t* y antes de *ld*. Con frecuencia puede representarse como *u, oo,* o *ou*.

put	full	would	blood	bust	numb
tongue	could	should	foot	buttock	

Grammar/Structure Notes on Spanish

Verbs

It will be helpful for you to know the forms of Spanish verbs. The pattern that follows illustrates the present tense (or time) for verbs that end in *-ar,* such as the cognate infinitives you practiced in Lesson 1.

Spanish	English
usar	to use
uso	I use
usas	you use (familiar, one person, informal situations)
usa	you use (formal, one person, formal or professional situations)
	she uses
	he uses
	it uses
	Mary uses, etc.
usamos	we use
usan	you use (plural, more than one person addressed)
	they use
	Mary and John use, etc.

Spanish uses the familiar form of the verb with *tú* in addressing children, close friends, and relatives. The *usted* form is used with the third form of the verb with people in formal situations, with titles (señor, doctor) or with persons in prominent positions. When speaking with a patient, one would use the formal *you.*

It is not necessary to use pronouns (I, you, he, etc.) with Spanish verbs, but they are often used for politeness, clarity, or emphasis.

In Spanish, it is not necessary to add additional words, such as the English *do* for questions or negation. For example:

¿Uso esto?	Do I use this?
No uso esto.	I don't use this.
Uso esto mañana.	I'm using this tomorrow.

With parts of the body, the definite articles are used rather than the possessive adjectives:

Toque la cabeza.	Touch your head.
Mueva el brazo.	Move your arm.

Plural of Nouns

Nouns that end in a vowel add *-s* to form the plural: brazo, brazos.

Nouns that end in consonants add *-es,* and thus another syllable, to form the plural: pulgar, pulgares.

Otros diptongos en sílabas tónicas

Además de las vocales y diptongos ya descritos en relación con el sistema de vocales largas y cortas, el inglés tiene otros diptongos que tienen equivalencia en español.

---

ou

El sonido en inglés *ou* es semejante al sonido en español *au* como en *causa*.

count	house	now	sound	flower	brown
around	how	mouth	allow	about	loud

---

oi (oy)

El sonido en inglés *oi* es semejante al sonido en español *oi* como en *boina*.

voice	boy	employ	joy	soil
point	toy	noise	point	destroy

---

ew, u

El sonido en inglés *ew* como en *few* o *u* como en *cute* es semejante al sonido en español *yu* como en *yugo*.

mew	use	usual	spew
cue	pure	music	skewer

Notas gramaticales/estructuras en inglés

La tercera persona del singular

La única forma del verbo en el tiempo presente que tiene inflexión es la que se usa para hablar de una persona o cosa. Esta forma termina en *s* y va precedida de un nombre o un pronombre. (Véase Lección 10 en que se ofrece información acerca de la pronunciación de la *s* final.)

He, she uses.	Él, ella usa.
It uses.	Usa (en referencia a una cosa o animal).
The doctor explores.	El médico explora.
The patient vomits.	El paciente vomita.
Mary authorizes.	María autoriza.

Translations

While the translations in this text are accurate in content, they are sometimes approximate in the translation of grammatical structures. This is done so that the student of either language may learn the most idiomatic or typical conversational forms. At the same time, by consulting the opposite page, the student can understand an equivalent conversational form for what he or she is saying.

Indique el pecho.	Literally: Indicate the chest.
	Conversationally: Point out the chest.
Es el pecho.	Literally: It's the chest.
	More typically used in English: This is the chest.

Placement and Form of Adjectives

Adjectives are words that further describe or limit nouns and pronouns. In Spanish, descriptive adjectives are usually placed after the noun. If adjectives end in -*o* or -*a*, they show gender. Adjectives also agree in number, singular or plural, with the nouns they describe: el aparato respiratorio (masculine singular), las terminaciones nerviosas (feminine plural).

Not all adjectives end in -*o* or -*a*, however. Some end in -*e* or consonants. When describing a plural noun, an adjective adds -*s* if the last letter is a vowel and -*es* if the last letter is a consonant. In other words, adjectives form plurals in the same way nouns do.

Traducciones

Aunque las traducciones en este libro son exactas en contenido, algunas veces son aproximadas en la traducción de las estructuras gramaticales. Esto se hace para que el estudiante en cualquiera de las dos lenguas pueda aprender la forma más idiomática o típica de la conversación. Al mismo tiempo, consultando la página opuesta el estudiante puede entender el equivalente de lo que se dice en una forma conversacional.

Indique el pecho.	Literalmente: Indicate the chest.
	Conversacionalmente: Point out the chest.
Es el pecho.	Literalmente: It's the chest.
	Más típico del inglés: This is the chest.

Posición y forma del adjetivo

En inglés la posición típica del adjetivo es antes del nombre. Contrario a lo que ocurre en español, los adjetivos no cambian de forma para concordar con los nombres:

the respiratory system	el aparato respiratorio
the digestive system	el aparato digestivo
good appetite	buen apetito

Con frecuencia el inglés usa nombres para describir otros nombres en vez del adjetivo como en el español:

nerve endings	terminaciones nerviosas
white blood cells	glóbulos blancos (literalmente, glóbulos blancos de la sangre)

En otros casos, el inglés usa un nombre o un adjetivo cuando en español se usa una frase preposicional:

growth hormone	hormona del crecimiento

Lesson 3
Functions and Complications

New Material

3.1 Do you have a cold?

✔Hospital

Do you have a cold?

Do you have _____?

a cough	frequent head colds
a little coughing	a stopped-up nose
a lot of coughing	phlegm
many colds	shortness of breath
a head cold	expectoration when coughing

Patient

Yes, I have a cold.

Yes, I have _____.

mucus	chills
dizziness	asthma
sinus trouble	an ear infection
sweating	difficulty swallowing
fever	a bad taste in the mouth

Practice

What symptoms can be associated with each of the following: the nose? the throat? the mouth? colds?

Lección 3
Funciones y complicaciones

Materia nueva

3.1 ¿Tiene usted resfriado?

✔ Hospital

¿Tiene usted resfriado?

¿Tiene usted _____?

tos	mucosidad
un poco de tos	mareos
mucha tos	sinusitis
muchos resfriados	sudores
catarro	fiebre/calentura

Paciente

Sí, tengo resfriado.

Sí, tengo _____.

catarros frecuentes	escalofríos
la nariz tupida/tapada	asma
flema	infección en el oído
falta de aire	dificultad al tragar
expectoración al toser	mal gusto en la boca

Práctica

¿Qué síntomas pueden asociarse con cada uno de los siguientes: la nariz? la garganta? la boca? resfriados?

3.2 Do you have indigestion?

✔Hospital   Patient

Do you have indigestion?   *No, I don't have indigestion.*

Do you have _____?   *No, I don't have _____.*

nausea	a good appetite	a lot of saliva	a bad taste in your mouth
diarrhea	a bad appetite	a little saliva	colic
cramps	piles	a stomachache	hiccups
belching	hemorrhoids	acidity	flatulence
		obstruction in the esophagus	

Are you | hungry?   *No, I'm not _____.*
           | thirsty?
           | hot?
           | cold?

Practice

Choose the words in each group that can be associated with indigestion.

Nausea, eye, navel, belching, cramps
Stopped-up nose, bad taste in the mouth, poor appetite, head colds
Diarrhea, shortness of breath, ear infection, nausea

3.3 What's the matter?

✔Hospital   Patient

Do you have tingling?   *Yes, I have tingling.*
                                                             No, I don't have tingling.

Do you have _____?   *Yes, I have _____.*
                                                             No, I don't have _____.

hives	convulsions	itching	burning in the urethra
hemorrhaging	insomnia	a rash	numbness in the arm
fainting	vomiting of blood	blood in the urine	hot flashes
suppuration/discharge of pus			

Practice

What symptoms can be associated with: the skin? the bladder? the blood? the brain?

3.2 ¿Tiene usted indigestión?

✔ Hospital

¿Tiene Ud. indigestión?

¿Tiene Ud. _____?

náuseas	buen apetito	mucha saliva	mal gusto en la boca
diarrea	mal apetito	poca saliva	cólico
calambres	almorranas	dolor de estómago	hipo
eructos	hemorroides	acidez	flatulencia
		obstrucción en el esófago	

¿Tiene Ud. | hambre?
sed?
calor?
frío?

Paciente

No, no tengo indigestión.

No, no tengo _____.

No, no tengo _____.

Práctica

Escoja las palabras en cada grupo que pueden asociarse con indigestión.

Náuseas, ojo, ombligo, eructos, calambres
Nariz tupida, mal gusto en la boca, poco apetito, catarros
Diarrea, falta de aire, infección en el oído, náuseas

3.3 ¿Qué le pasa?

✔ Hospital

¿Tiene hormigueo?

¿Tiene Ud. _____?

urticaria	convulsiones	picazón	ardor en la uretra
hemorragia	insomnio	erupción	el brazo entumecido
desmayos	vómitos de sangre	sangre en la orina	rubores
supuración/ pus			

Paciente

Sí, tengo hormigueo.
No, no tengo hormigueo.

Sí, tengo _____.
No, no tengo _____.

Práctica

¿Qué síntomas pueden asociarse con: la piel? la vejiga? la sangre? el cerebro?

3.4 What problem do I have?

Hospital

✔Patient

What problem do I have?

A problem with hormones.

A problem with _____.

metabolism	endocrine secretion
goiter	hormone deficiency
iodine	hormone balance

Practice

What symptoms can be associated with: the thyroid? the pituitary? other glands?

3.5 What do you feel?

✔Hospital

Patient

Do you feel | burning when you urinate?
irritation when you urinate?
pain when you urinate?
sharp pain?

No, I don't feel anything.

Do you urinate frequently?

Do you have frequent bowel movements?

Do you cough frequently?

Do you spit blood often?

Do you expectorate frequently?

No, I don't urinate often.

No, I don't have frequent bowel movements.

No, I don't cough often.

No, I don't spit blood often.

No, I don't expectorate often.

Practice

Associate the symptoms with the organs:

Organs	Symptoms
kidneys	frequent coughing
intestines	frequent bowel movements
lungs	pain when urinating
	burning when urinating
	frequent expectoration
	diarrhea

3.4 ¿Qué tengo?

Hospital

Un problema con las hormonas.

Un problema con _____.

el metabolismo	la secreción endocrina
el bocio	la deficiencia hormonal
el yodo	el balance hormonal

✔ Paciente

¿Qué problema tengo?

Práctica

¿Qué síntomas pueden asociarse con: la tiroides? la pituitaria? otras glándulas?

3.5 ¿Qué siente?

✔ Hospital

¿Siente ardor	al orinar?
	irritación al orinar?
	dolor al orinar?
	dolor agudo?

¿Orina Ud. con frecuencia?

¿Evacúa Ud. con frecuencia?

¿Tose Ud. con frecuencia?

¿Escupe sangre con frecuencia?

¿Expectora Ud. con frecuencia?

Paciente

No, no siento nada.

No, no orino con frecuencia.

No, no evacúo con frecuencia.

No, no toso con frecuencia.

No, no escupo sangre con frecuencia.

No, no expectoro con frecuencia.

Práctica

Asocie los síntomas con los órganos.

Organos	Síntomas
riñones	toser con frecuencia
intestinos	evacuaciones frecuentes
pulmones	dolor al orinar
	ardor al orinar
	expectoración frecuente
	diarrea

3.6 How is the patient?

✓Hospital		Hospital
Is he	tired?	*No, he's not* tired.
	rested?	*Yes, he's* rested.
	nervous?	*No, he's not* nervous.
	constipated?	*Yes, he's* constipated.
Is she	tired?	*Yes, she's* tired.
	rested?	*No, she's not* rested.
	nervous?	*Yes, she's* nervous.
	constipated?	*Yes, she's* constipated.

Practice

Change each statement so that it refers to a person of the opposite sex.

She's constipated.   He's nervous.   He's constipated.

He's rested.   She's tired.   She's nervous.

Reading

The following conversation is between a doctor and a nurse about a patient. Read through the conversation to try to find the answers to the following questions:

Does the patient eliminate well?

Does she have bleeding now?

Where is the patient going to walk today?

Nurse: Let's see the patient in Room 214, Mrs. Reyes.

Doctor: May I have the information?

Nurse: Of course. Here it is.

Doctor: I see the patient is resting well and eliminates well.

Nurse: Yes, doctor.

Doctor: She doesn't have any more bleeding?

Nurse: She hasn't had any bleeding for six hours, but she coughs a lot and is weak. She eats little, and she's nervous.

Doctor: Has she had convulsions or fainting?

Nurse: She hasn't fainted for two days.

Doctor: I need to examine the patient tomorrow and observe other symptoms. Have her continue the same diet one or two more days. She can get up and walk.

Nurse: She does walk from the bed to the bathroom. Today she's going to walk in the hallway.

Doctor: Very well, nurse. Thank you.

Nurse: You're welcome, doctor. Let's go see Mr. Gómez.

3.6 ¿Cómo está el paciente?

✔ Hospital

¿Está	cansado?
	descansado?
	nervioso?
	estreñido?

¿Está	cansada?
	descansada?
	nerviosa?
	estreñida?

Hospital

No, no está cansado.
Sí, está descansado.
No, no está nervioso.
Sí, está estreñido.

Sí, está cansada.
No, no está descansada.
Sí, está nerviosa.
Sí, está estreñida.

Práctica

Cambie cada expresión para que se refiera a una persona del sexo opuesto.

Ella está estreñida.   El está nervioso.   El está estreñido.
El está descansado.   Ella está cansada.   Ella está nerviosa.

Lectura

La siguiente conversación es entre una doctora y una enfermera acerca de un paciente. Lea la conversación y trate de hallar las respuestas a las siguientes preguntas:
¿Elimina bien el paciente?
¿Tiene hemorragia?
¿Dónde va a caminar el paciente?

Enfermera: Vamos a ver a la paciente en el cuarto 214, la señora Reyes.
  Doctora: ¿Me permite la información?
Enfermera: Con mucho gusto. Aquí la tiene.
  Doctora: Veo que la enferma descansa bien y elimina bien.
Enfermera: Sí, doctora.
  Doctora: ¿Ya no tiene hemorragia?
Enfermera: Hace seis horas que no tiene hemorragia pero tose mucho y tiene debilidad. Como poco y está nerviosa.
  Doctora: ¿Ha tenido convulsiones o desmayos?
Enfermera: Hace dos días que no se desmaya.
  Doctora: Necesito examinar a la paciente y observar otros síntomas. Que continúe con la misma dieta uno o dos días más. Puede levantarse y caminar.
Enfermera: La señora camina de la cama al baño. Hoy va a caminar en los pasillos.
  Doctora: Muy bien, señor. Muchas gracias.
Enfermera: De nada, doctora. Vamos a ver al señor Gómez.

Evaluation

A. Choose the best answer or response to each question.
1. Do you have a cough?
   a. Yes, I have a cold.
   b. Yes, I have hives.
   c. Yes, I have burning when I urinate.
2. Do you have sweating?
   a. Yes, I have a fever.
   b. Yes, I'm constipated.
   c. Yes, I have a good appetite.
3. Do you have sinus trouble?
   a. No, I don't have frequent bowel movements.
   b. No, I don't have cramps.
   c. No, I have a cold.
4. Do you have itching?
   a. Yes, I'm dizzy.
   b. No, I don't have yellowish skin.
   c. Yes, I have hives.
5. Do you have hemorrhoids?
   a. No, I don't have pain in the lower back.
   b. Yes, I have piles.
   c. Yes, I'm nauseated.
6. Do you have a headache?
   a. No, I don't have a headache.
   b. No, I don't have pain in my muscles.
   c. No, I don't have blood in my urine.
7. Are you weak?
   a. Yes, and I have itching.
   b. Yes, and I feel dizzy.
   c. Yes, and I feel burning when I urinate.

B. What words are related to each underlined word?
1. *urinate:* burning, pain, irritation, cough
2. *chest:* lung, breast, finger, bust
3. *stomach:* intestine, diarrhea, leg, indigestion
4. *foot:* nail, hip, toe, heel

Evaluación

A. Escoja la mejor respuesta a cada pregunta.
   1. ¿Tiene usted tos?
      a. Sí, tengo catarro.
      b. Sí, tengo urticaria.
      c. Sí, tengo ardor al orinar.
   2. ¿Tiene usted sudores?
      a. Sí, tengo fiebre.
      b. Sí, estoy estreñido.
      c. Sí, tengo buen apetito.
   3. ¿Tiene usted sinusitis?
      a. No, no tengo evacuaciones frecuentes.
      b. No, no tengo calambres.
      c. No, no tengo resfriado.
   4. ¿Tiene picazón?
      a. Sí, tengo mareo.
      b. No, no tengo la piel amarilla.
      c. Sí, tengo urticaria.
   5. ¿Tiene hemorroides?
      a. No, no tengo dolor en la cintura.
      b. Sí, tengo almorranas.
      c. Sí, tengo náuseas.
   6. ¿Tiene dolor de cabeza?
      a. No, no tengo jaqueca.
      b. No, no tengo dolor en los músculos.
      c. No, no tengo sangre en la orina.
   7. ¿Tiene usted debilidad?
      a. Sí, tengo picazón.
      b. Sí, y tengo mareo.
      c. Sí, y tengo ardor al orinar.

B. ¿Qué palabras están relacionadas con la palabra subrayada?
   1. *orinar:* ardor, dolor, irritación, tos
   2. *pecho:* pulmón, seno, dedo, busto
   3. *estómago:* intestino, diarrea, pierna, indigestión
   4. *pie:* uña, cadera, dedo, talón

Actions

Choose a form from each column to form a complete sentence. φ simboliza que no se añade nada, que el espacio se deja en blanco.

I	chew	φ	this.
She	consult	-s	little.
He	examine		a lot.
	observe		frequently.
	practice		enough.
	breathe		with difficulty.
	use		
	vomit		
	visit		

Situation

Choose parts and then give the situation in English. Add your own conversation in the blanks.

Hospital: What's the matter, sir?
Patient: I have a lot of pain in_____ .
Hospital: What a shame!
Patient: I also have _____ .
Hospital: Hm. Do you have_____ ?
Patient: No, but I have _____ .
Hospital: Hm. Here is a prescription.
Patient: Thank you, but I have another problem. I also have _____ .
Hospital: Do you have_____ ?
Patient: _____ .
Hospital: Do you have_____ ?
Patient: _____ .
Hospital: _____ .
Patient: _____ .
Hospital: Well, I believe your problem is _____ .

Acciones

Escoja una forma de cada columna para formar una oración completa.

Yo	mastic-	o	esto.
Ella	consult-	a	poco.
El	examin-		mucho.
	observ-		con frecuencia.
	practic-		bastante.
	prepar-		con dificultad.
	respir-		
	us-		
	vomit-		
	visit-		

Situación

Escoja una parte de hospital o paciente y dé la situación en español. Añada su propia conversación en los espacios en blanco.

Hospital: ¿Qué le pasa, señor?
Paciente: Tengo mucho dolor en _____ .
Hospital: ¡Qué pena!
Paciente: También tengo _____ .
Hospital: Anjá. ¿Tiene usted _____ ?
Paciente: No, pero tengo _____ .
Hospital: Anjá. Aquí tiene una receta.
Paciente: Gracias, pero tengo otro problema. Tengo _____ .
Hospital: ¿Tiene usted _____ ?
Paciente: _____
Hospital: ¿Tiene usted _____ ?
Paciente: _____ .
Hospital: _____ .
Paciente: _____ .
Hospital: Bueno, creo que su problema es _____ .

Pronunciación en inglés
Vocales en sílabas átonas

En la mayoría de los dialectos del inglés las sílabas átonas tienen solamente dos sonidos vocálicos, la *i* corta de *bit* y la *u* corta de *cut* (véase Lección 1). El sonido de la *u* corta es mucho más común. Cualquiera de estos dos sonidos puede usarse en una sílaba átona sin que haya diferencia perceptible al oído de la persona que habla inglés.

En las palabras siguientes las sílabas tónicas están subrayadas, las sílabas átonas tienen los sonidos ya descritos.

u corta en sílabas átonas		i corta (o u) en sílabas átonas	
navel	*finger*	*intestine*	*contribution*
column	*shoulder*	*interesting*	*burning*
buttock	*colon*	*public*	*coughing*
ankle	*expectoration*	*biology*	*frequently*

Notas gramaticales/estructuras en inglés
Negativos

El auxiliar *do* o *does* se usa también en oraciones negativas. En esta lección la negación se usa seguida de la palabra *not*.

I have.   I do not have.

   Contrario a lo que ocurre en español, en inglés sólo se usa una palabra negativa en cualquier parte de la oración.

I do not have anything.   No tengo nada.

I have nothing.

Preguntas

Para iniciar una pregunta, en español se usa un signo de interrogación invertido, mientras que el inglés, aun en la expresión oral, usa una palabra especial cuando interroga. En el tiempo presente *do* (you, they, we, etc.) o *does* (he, she, it) se añade a la oración en las formas siguientes:

   1. En preguntas cerradas o que pueden ser contestadas con *sí* o *no,* el auxiliar *do* o *does* es la primera palabra de la pregunta, seguida por la oración en el orden regular:

You have an ear infection.   Usted tiene una infección en el oído.

Do you have an ear infection?   ¿Tiene Ud. una infección en el oído?

Pronunciation in Spanish

Consonants

d and t

The Spanish *d* at the beginning of a word or breath group, and after *l* or *n,* is similar to the English *d* in *dare.*

de	dar	dos	dolor
doce	diez	el dolor	con dolor
espalda	comprende	diarrea	dormir

In all other cases, the Spanish *d* is similar to the English *th* in *that.* At the end of a word, the Spanish *d* is a *very* weak *th* sound.

nada	médico	medicina	vida
rodilla	hígado	codo	sudor
ardor	mucosidad	usted	ciudad

The Spanish *t* is similar to the English *t* in *stock.* It does not have the puff of air associated with most English *ts.* Almost bite your tongue to keep the air from escaping.

tos	tres	treinta	tengo
tobillo	talón	estómago	tensión
intestino	tiene	católico	protestante

Grammar/Structure Notes on Spanish

Verbs: Tener (to Have)

In Spanish the verb *tener* has several different forms in the present tense to which endings used for regular -*er* verbs are added.

Spanish	English
ten*go*	I have
tien*es*	you have (familiar)
tien*e*	you have (formal)
ten*emos*	we have
tien*en*	you have (plural, more than one person addressed)
	they have

Sería útil pensar que en tales oraciones el *do* o *does* hace el papel del signo de interrogación.

2. Las preguntas abiertas o de respuesta libre empiezan con palabras interrogativas como *What* (¿Qué), *How* (¿Cómo), y otras; el auxiliar *do* o *does* se coloca inmediatamente antes del sujeto y la frase interrogativa comienza la pregunta:

How do you feel?   ¿Cómo se siente Ud.?

What problem do you have?   ¿Qué problema tiene?

Contracciones

En lenguaje informal, el inglés forma contracciones del verbo con otras palabras como en los ejemplos siguientes:

I do not have./I don't have.   No tengo.

He is tired./He's tired.   Está cansado.

She is nervous./She's nervous.   Está nerviosa.

El artículo indefinido a/an

En general, el artículo indefinido un/una se representa en inglés por una *a*: a cold, a stomachache, a heart.

Pero delante de una palabra que comienza con vocal o con sonido vocálico, se usa *an* en vez de *a*: an ear, an eye, an hour.

Si una vocal no tiene sonido vocálico va precedida por *a* (uniform, university).

Modismos con el verbo to be

Para describir estados del cuerpo como hambre, frío, y otros, el inglés usa el verbo *to be* (is, are) en vez de *to have*, tener.

I'm hungry.   Tengo hambre. (literalmente, Estoy hambriento.)

I'm cold.   Tengo frío.

No . . . nada

In Spanish the statement "No, no tengo nada" literally means, "No, I don't have nothing." The indefinite word *nada* follows the verb; the negation *no* immediately precedes the verb. In English we can say either "I have nothing" or "I don't have anything." The initial "No" is the same in both Spanish and English.

Adjectives

Adjectives are words that in some way describe or limit nouns (nurse, doctor, hospital) or pronouns (he, she, you). In Spanish adjectives that end in -*o* describe males or masculine nouns. Adjectives that end in -*a* describe females or feminine nouns.

Contraction al

When *a* (to) precedes *el (the,* masculine singular), the two words contract to form *al (to the):*

Va al hospital.   He's going to the hospital.

Al plus Infinitive

Al has a special meaning when it is used with an infinitive. It has something of the sense of *when* or *upon doing* something in English. For example, dificultad al tragar: difficulty when you swallow, difficulty in swallowing; ardor al urinar: burning when you urinate, burning when urinating.

Lesson 4
Medical History

New Material

4.1 What disease do you have?

✔ Hospital

Do you have heart trouble?

Do you have _____?

kidney disease	throat problems
liver disease	rheumatism
nervous disorders	epilepsy

Patient

No, doctor, I don't have heart trouble.

No, doctor, I don't have _____.

colitis	bursitis
diabetes	hoarseness
anemia	asthma

Practice

To what word in list A is each word in list B related?

A		B	
kidneys	colitis	throat	breathing
liver	anemia	blood	attacks
nerves	diabetes	joints	intestine
rheumatism	hoarseness	brain	urine
epilepsy	asthma	gallbladder	sugar

74

Lección 4
Historia médica

4.1 ¿De qué padece Ud.?

✔ Hospital

¿*Padece Ud.* del corazón?

¿*Padece Ud.* _____?

de los riñones	de la garganta
del hígado	de reumatismo
de los nervios	de epilepsia

Paciente

No, doctor, no padezco del corazón.

No, doctor, no padezco _____.

de colitis	de bursitis
de diabetes	de ronquera
de anemia	de asma

Práctica

¿Con qué palabra de la lista A se relaciona cada palabra de la lista B?

A

riñones	colitis
hígado	anemia
nervios	diabetes
reumatismo	ronquera
epilepsia	asma

B

garganta	respiración
sangre	ataques
articulaciones	intestino
cerebro	orina
vesícula	azúcar

4.2 What have you had?

✔ Hospital	Patient
Have you had childhood illnesses?	Yes, doctor, I've had childhood illnesses.
Have you had _____?	Yes, doctor, I've had _____.

blood diseases	German measles	epilepsy	diverticulitis
scarlet fever	diphtheria	anemia	colitis
tonsillitis	whooping cough	jaundice	appendicitis
measles	rheumatic fever		

Practice

Which of these symptoms are associated with the diseases listed in section 4.2?

fever	yellow skin	stomachache	chills
rash	cough	tiredness	

4.3 What symptoms have you had?

✔ Hospital	Patient
What have you had? Paralysis?	Yes, I've had paralysis. No, I haven't had paralysis.
What have you had? _____?	Yes, I have had _____. No, I haven't had _____.

Diabetes	Difficulty in breathing	Palpitations	Bluish lips and nails
Cancer	Pain in the chest	Shortness of breath	Swelling in the legs
High blood pressure	Pain in the region of the heart	Tiredness when walking	Swelling in the feet
A heart attack			

Practice

Give at least three answers to each question.

Where do you have pain?
Where do you have swelling?
When are you tired?
What's the matter with you?

4.2 ¿Qué ha tenido usted?

✓ Hospital

¿*Ha tenido usted* enfermedades de la infancia?

¿*Ha tenido usted* _____?

enfermedades de la sangre	rubéola/sarampión alemán
escarlatina	difteria
amigdalitis/tonsilitis	tos ferina
sarampión	fiebre reumática

Paciente

Sí, doctor, he tenido enfermedades de la infancia.

Sí, doctor, he tenido _____.

epilepsia	diverticulitis
anemia	colitis
ictericia	apendicitis

Práctica

¿Cuáles de estos síntomas se asocian con las enfermedades en sección 4.2?

fiebre	piel amarilla	dolor de estómago	escalofríos
erupción	tos	cansancio	

4.3 ¿Qué síntomas ha tenido usted?

✓ Hospital

¿Qué ha tenido usted?
  ¿Parálisis?

¿Qué ha tenido usted?
  ¿_____?

Diabetes	Dificultad al respirar
Cáncer	Dolor en el pecho
Alta presión	Dolor en la región del corazón
Un ataque al corazón	

Paciente

Sí, he tenido parálisis.
No, no he tenido parálisis.

Sí, he tenido _____.
No, no he tenido _____.

Palpitaciones	Los labios y las uñas azules
La respiración corta	Hinchazón en las piernas
Cansancio al caminar	Hinchazón en los pies

Práctica

Dé por lo menos tres respuestas a cada pregunta.

¿Dónde tiene dolor?
¿Dónde tiene hinchazón?
¿Cuándo tiene cansancio?
¿Qué le pasa?

4.4 What have you felt?

✔ **Hospital**

Have you felt pain in the legs?

Have you felt _____?

> pain in the chest
> weakness
> tiredness when walking
> palpitations

Have you slept well?

Have you _____ well?

eaten	chewed
rested	urinated *today?*
eliminated	had a bowel movement *today?*

Patient

No, I haven't felt pain in the legs.

No, I haven't felt _____.

Yes, I've slept well.
No, I haven't slept well.

Yes, I've _____ well.
No, I haven't _____ well.

Practice

Name a part of the body or an organ that can be associated with each action.

| eliminate | urinate | chew | rest |
| have a bowel movement | eat | ache | sleep |

4.5 How long?

✔ **Hospital**

How long have you had tonsillitis?

How long have you had this symptom?

How long have you had palpitations?

How long have you had paralysis?

How long have you had _____?

high blood pressure	pain in the region of the heart	swelling in the legs	swelling around the eyes
difficulty in breathing		swelling in the feet	
shortness of breath	cancer	swelling in the hands	a lump in your breast
pain in the chest	bluish lips and nails		this problem

Patient

For a day.
For a few days.

For a week.
For a few weeks.

For a month.
For a few months.

For a year.
For a few years.

For _____.

4.4 ¿Qué ha sentido usted?

✔ Hospital

¿Ha sentido usted dolor en las piernas?

¿Ha sentido usted _____?

> dolores in el pecho
> debilidad
> cansancio al caminar
> palpitaciones

¿Ha dormido bien?

¿Ha _____ bien?

comido	masticado
descansado	orinado hoy?
eliminado	evacuado hoy?

Paciente

No, no he sentido dolor en las piernas.

No, no he sentido _____.

Sí, he dormido bien.
No, no he dormido bien.

Sí, he _____ bien.
No, no he _____ bien.

Práctica

Nombre una parte del cuerpo o un órgano que se pueda asociar con cada acción.

| eliminar | orinar | masticar | descansar |
| evacuar | comer | doler | dormir |

4.5 ¿Desde cuándo?

✔ Hospital

¿Desde cuándo tiene usted amigdalitis/tonsilitis?

¿Desde cuándo tiene usted este síntoma?

¿Desde cuándo tiene usted palpitaciones?

¿Desde cuándo tiene usted parálisis?

¿Desde cuándo tiene usted _____?

Paciente

Hace un día.
Hace unos días.

Hace una semana.
Hace unas semanas.

Hace un mes.
Hace unos meses.

Hace un año.
Hace unos años.

Hace _____.

la presión alta	dolor en la región del corazón	hinchazón en las piernas	hinchazón en los ojos
dificultad al respirar	cáncer	hinchazón en los pies	un abultamiento en el seno
la respiración corta	los labios y las uñas azules	hinchazón en las manos	este problema
dolor en el pecho			

Practice

Give an appropriate answer to each question.

How long has the patient had fever?
How long has the patient had colic?
How long has the patient had a stomachache?
How long has the patient had cramps?
How long has the patient had insomnia?
How long has the patient had this symptom?

4.6 Numbers 0 to 50

Student

Count from zero to fifty.

0 zero				
1 one	11 eleven	21 twenty-one	31 thirty-one	41 forty-one
2 two	12 twelve	22 twenty-two	32 thirty-two	42 forty-two
3 three	13 thirteen	23 twenty-three	33 thirty-three	43 forty-three
4 four	14 fourteen	24 twenty-four	34 thirty-four	44 forty-four
5 five	15 fifteen	25 twenty-five	35 thirty-five	45 forty-five
6 six	16 sixteen	26 twenty-six	36 thirty-six	46 forty-six
7 seven	17 seventeen	27 twenty-seven	37 thirty-seven	47 forty-seven
8 eight	18 eighteen	28 twenty-eight	38 thirty-eight	48 forty-eight
9 nine	19 nineteen	29 twenty-nine	39 thirty-nine	49 forty-nine
10 ten	20 twenty	30 thirty	40 forty	50 fifty

Practice

Count from 0 to 15.
Count by twos from 1 to 21.
Count by twos from 2 to 20.
Count the books in the classroom.

Count from 10 to 50 by tens.
Count from 1 to 51 by tens.
Count the chairs in the classroom.
Count the students in the classroom.

Práctica

Dé una respuesta apropriada a cada pregunta.

¿Desde cuándo tiene el paciente calentura?
¿Desde cuándo tiene el paciente cólico?
¿Desde cuándo tiene el paciente dolor de estómago?
¿Desde cuándo tiene el paciente calambres?
¿Desde cuándo tiene el paciente insomnia?
¿Desde cuándo tiene el paciente este síntoma?

4.6 Números 0 a 50

Estudiante

Cuente de cero a cincuenta.

0 cero				
1 uno	11 once	21 veintuno	31 treinta y uno	41 cuarenta y uno
2 dos	12 doce	22 veintidós	32 treinta y dos	42 cuarenta y dos
3 tres	13 trece	23 veintitres	33 treinta y tres	43 cuarenta y tres
4 cuatro	14 catorce	24 veinticuatro	34 treinta y cuatro	44 cuarenta y cuatro
5 cinco	15 quince	25 veinticinco	35 treinta y cinco	45 cuarenta y cinco
6 seis	16 dieciséis	26 veintiséis	36 treinta y seis	46 cuarenta y seis
7 siete	17 diecisiete	27 veintisiete	37 treinta y siete	47 cuarenta y siete
8 ocho	18 dieciocho	28 veintiocho	38 treinta y ocho	48 cuarenta y ocho
9 nueve	19 diecinueve	29 veintinueve	39 treinta y nueve	49 cuarenta y nueve
10 diez	20 veinte	30 treinta	40 cuarenta	50 cincuenta

Práctica

Cuente de 0 a 15.
Cuente de dos en dos de 1 a 21.
Cuente de dos en dos de 2 a 20.
Cuente los libros en la sala de clase.

Cuente de 10 a 50 de diez en diez.
Cuente de 1 a 51 de diez en diez.
Cuente las sillas en la sala de clase.
Cuente los estudiantes en la sala de clase.

4.7 When do I take the medicine?

Hospital

No, at four.

No, at _____.

✔Patient

When do I take the medicine? At one?

When do I take the medicine? _____?

At four	At ten
At six	At five
At eight	At nine

Practice

Read the following times aloud.

3:00   12:00   8:00   6:00   5:00   9:00   10:00   1:00

Hospital

No, at noon.

No, at midnight.

✔Patient

When do I take the medicine?
Every two hours?

When do I take the medicine?
_____?

| Every four hours | After meals | Before going to bed | In the afternoon |
| Before meals | With meals | In the morning | At night |

Practice

Tell the patient at what time he or she is to take the medicine. Choose the correct word or expression from column B to complete each item in column A.

A	B	
At 2:00, at 4:00 at 6:00—or every _____ hours.	after	twenty
_____ meals.	noon	five
Before bedtime, at _____ P.M.	two	now
Every four hours—at ten, at two, at _____.	ten	six

4.7 ¿Cuándo tomo la medicina?

Hospital

No, a las cuatro.

No, a las _____.

✔ Paciente

¿Cuándo tomo la medicina? ¿A la una?

¿Cuándo tomo la medicina? ¿_____?

A las cuatro	A las diez
A las seis	A las cinco
A las ocho	A las nueve

Práctica

Lea en voz alta las horas siguientes.

3:00   12:00   8:00   6:00   5:00   9:00   10:00   1:00

Hospital

✔ Paciente

¿Cuándo tomo la medicina?
     ¿Cada dos horas?

No, al mediodía.

No, a medianoche.

¿Cuándo tomo la medicina?
     ¿_____?

| Cada cuatro horas | Después de las comidas | Antes de acostarse | Por la tarde |
| Antes de las comidas | Con las comidas | Por la mañana | Por la noche |

Práctica

Diga al paciente o a la paciente a qué hora debe tomar la medicina. Escoja la palabra o expresión que falta para completar la column A de las que se dan en la columna B.

A	B	
A las dos, a las cuatro a las seis—cada _____ horas.	después	veinte
_____ de las comidas.	mediodía	cinco
Antes de acostarse, a las _____ de la noche.	dos	ahora
Cada cuatro horas—a las diez, a las dos, y a las _____.	diez	seis

---

4.8 Hours and Minutes

✔Hospital   Patient

What time is it? | Is it one?   No, it's one-ten.
                   | Is it two?   No, it's two-twenty.
                   | Is it three?   No, it's three–twenty-five.

Practice

Read the following times aloud.

2:25   6:18   11:15   12:20   3:03   4:10

What time is it?
Is it half past five?   No, it's 5:35.
Is it 5:30?   No, it's 5:34.
Is it 5:40?   No, it's 5:45.

Practice

Read the following times aloud.

9:35   10:30   1:45   8:57   11:32   4:44

What time is it?
Is it twenty to five?   No, it's twenty-five to five.
Is it ten to five?   No, it's five to five.
Is it a quarter to five?   Yes, it's a quarter to five.

Practice

Give a time when each of the following activities might take place:

your morning bath   go to the bathroom   visiting hours
your breakfast   walk in the hall   take your nap
the doctor visits   lab work

4.8 Las horas y los minutos

✔Hospital

¿Qué hora es? | ¿Es la una?
| ¿Son las dos?
| ¿Son las tres?

Paciente

No, es la una y diez.
No, son las dos y veinte.
No, son las tres y veinticinco.

Práctica

Lea en voz alta las horas siguientes.

2:25   6:18   11:15   12:20   3:03   4:10

¿Qué hora es?

¿Son las cinco y media?

¿Son las cinco y treinta?

¿Son las cinco y cuarenta?

No, son las cinco y treinta y cinco.

No, son las cinco y treinta y cuatro.

No, son las cinco cuarenta y cinco.

Práctica

Lea en voz alta las horas siguientes.

9:35   10:30   1:45   8:57   11:32   4:44

¿Qué hora es?

¿Son las cinco menos veinte?

¿Son las cinco menos diez?

¿Son las cinco menos cuarto?

No, son las cinco menos veinticinco.

No, son las cinco menos cinco.

Sí, son las cinco menos quince.

Práctica

Diga la hora a la que se ejecutan las siguientes actividades:

su baño en la mañana   ir al baño   horas de visita
su desayuno   caminar en los pasillos   su siesta
la visita del médico   examen del laboratorio

Reading

Read the following conversation aloud. Try to capture the general idea of what is being said. Then answer the questions to check your comprehension.

Doctor: How do you feel today?

Patient: Not very well. I have a terrible cold. My whole body aches, my back and my throat hurt, and I have a stuffy nose and congestion in my chest. It's hard for me to breathe, and I cough a lot.

Doctor: That's bad. Do you have fever?

Patient: No, luckily.

Doctor: Well, you need to take these pills and this medicine for your cough. Also, you should stay in bed and rest, and drink a lot of liquids. Call my office Thursday to let me know how you are.

Patient: When do I take the medicine?

Doctor: Every 4 hours during the day.

Patient: Thanks a lot, doctor. Until Thursday.

Doctor: Until Thursday, sir/ma'am.

What symptoms does the patient have?

What does he need to take?

What should he do?

When should he call?

Lectura

Lea en voz alta la conversación siguiente.
Trate de captar la idea general de la conversación.

Doctor: ¿Cómo se siente usted hoy?

Paciente: No muy bien. Tengo un resfriado terrible. Me duele todo el cuerpo, la espalda y la garganta y tengo congestión en las fosas nasales y en el pecho. Tengo dificultad para respirar, y toso mucho.

Doctor: ¡Qué malo! ¿Tiene fiebre?

Paciente: No, afortunadamente.

Doctor: Pues, necesita usted tomar estas píldoras para la congestión en el pecho y esta medicina para la tos. También debe guardar cama y tomar muchos líquidos. Debe llamar a mi oficina el jueves para decir cómo está.

Paciente: ¿Cuándo tengo que tomar la medicina?

Doctor: Cada 4 horas durante el día.

Paciente: Muchas gracias, doctor. Hasta el jueves.

Doctor: Hasta el jueves, señor/señora.

¿Qué síntomas tiene el paciente?
¿Qué necesita tomar?
¿Qué debe hacer?
¿Cuándo debe llamar?

Evaluation

A. Select the word or expression closest in meaning to the one underlined.
1. I have *tonsillitis.*
    a. arthritis.
    b. paralysis.
    c. inflammation of the tonsils.
2. *Do you rest well?*
    a. Do you sleep well?
    b. Do you feel good today?
    c. Does your waist hurt?
3. It's an analysis to see if you have *diabetes.*
    a. concentrated urine.
    b. cholesterol in the blood.
    c. sugar in the blood.
4. How long have you had *yellowish skin?*
    a. jaundice?
    b. hives?
    c. whooping cough?
5. Do you *have* heart disease?
    a. have pain
    b. suffer from
    c. have swelling
6. *Have you had* pain in your legs?
    a. Have you slept
    b. Have you eliminated
    c. Have you felt

B. Find the related word in column B for each disease or symptom in column A.

A		B	
weakness	rheumatism	skin	difficulty breathing
sore throat	acne	malignant tumor	intestine
shortness of breath	epilepsy	blood	attacks
palpitations	diverticulitis	heart	tiredness
cancer	high blood pressure	joints	tonsillitis

C. Choose the correct time in words from column B for each hour in column A.

A	B
11:30	It's eleven-forty.
5:15	It's five-fifteen.
10:40	It's one-ten.
1:20	It's ten-forty.
6:45	It's six-forty.
	It's one-twenty.
	It's eleven-thirty.
	It's twelve-thirty.
	It's a quarter to seven.

Evaluación

A. Escoja la palabra o frase semejante en significado a la que se subraya.
1. Tengo *amigdalitis.*
   a. artritis.
   b. parálisis.
   c. tonsilitis.
2. *¿Descansa usted bien?*
   a. ¿Duerme usted bien?
   b. ¿Se siente bien hoy?
   c. ¿Le duele la cintura?
3. Es un análisis para ver si tiene *diabetes.*
   a. la orina concentrada.
   b. colesterol en la sangre.
   c. azúcar en la sangre.
4. ¿Desde cuándo tiene *la piel amarilla?*
   a. ictericia?
   b. urticaria?
   c. tos ferina?
5. *¿Padece* usted del corazón?
   a. ¿Tiene dolor
   b. ¿Sufre
   c. ¿Tiene hinchazón
6. *¿Ha tenido* dolor en las piernas?
   a. ¿Ha dormido
   b. ¿Ha eliminado
   c. ¿He sentido

B. Encuentre la palabra en la columna B relacionada con la enfermedad o síntoma en la columna A.

A		B	
debilidad	reumatismo	la piel	dificultad al respirar
dolor de garganta	acné	tumor maligno	intestino
respiración corta	epilepsia	la sangre	ataques
palpitaciones	diverticulitis	el corazón	cansancio
cáncer	alta presión	las articulaciones	amigdalitis

C. Escoja la hora correcta en la columna B para cada hora indicada en la columna A.

A	B
11:30	Son las once y cuarto.
5:15	Son las cinco y quince.
10:40	Es la una y diez.
1:20	Son las diez y cuarenta.
6:45	Son las seis y cuarenta.
	Es la una y veinte.
	Son las once y media.
	Son las doce y treinta.
	Son las siete menos cuarto.

Actions

Select an element from each column in order to form a sentence.

You have	analyzed	this./?
I have	authorized	well./?
Have you	caused	now./?
	eliminated	already./?
	operated	
	repaired	
	breathed	
	prepared	

Situation

Choose parts, and then give the conversation in English. When several completions are given, choose one, and complete the conversation accordingly. Add additional information where indicated.

Hospital (knocks at door):   May I come in?
  Patient: Come in.

Hospital: How are you getting along?
             How's it going?
  Patient: So-so.
             All right.
             Very well.
Hospital: What can I do for you?
             How do you feel today?
  Patient: I need _____ (ice/water/a blanket/a sedative).
             I have _____ (pain/a headache/less pain).
             I'm _____ (cold/hot/sleepy).
Hospital: Gladly.
             Right away.
             I'm sorry.
             I'll bring it right away.
             The doctor says you can't have it.

  Patient: _____
Hospital: _____
  Patient: _____
Hospital: _____
  Patient: Thanks a lot.
Hospital: You're welcome.

Acciones

Seleccione un elemento de cada columna para formar una oración.

Usted ha	analizado	esto./?
He	autorizado	bien./?
¿Ha	causado	ahora./?
	eliminado	ya./?
	operado	
	reparado	
	respirado	
	preparado	

Situación

Escoja una parte y presente la conversación en español. Cuando haya varias opciones, escoja una y complete la conversación apropiadamente. Añada información adicional en los espacios indicados.

Hospital (llama a la puerta):   Con permiso.
Paciente: Adelante.
      Pase.
Hospital: ¿Cómo le va?
      ¿Qué tal?
Paciente: Así-así.
      Regular.
      Muy bien.
Hospital: ¿En qué puedo servirle?
      ¿Cómo se siente hoy?
Paciente: Necesito _____ (hielo/agua/una frazada/un calmante).
      Tengo _____ (dolor/dolor de cabeza/menos dolor).
      Tengo _____ (frío/calor/sueño).
Hospital: Con mucho gusto.
      Ahora mismo.
      Lo siento.
      En seguida se lo traigo.
      El médico dice que no debe tenerlo.

Paciente: _____
Hospital: _____
Paciente: _____
Hospital: _____
Paciente: Muchas gracias.
Hospital: De nada.

Introduction to Cultural Topics

In general, crosscultural medical services are offered to ethnic or social groups outside of the mainstream of power, money, and the dominant culture. It is generally believed that the ethnic groups who receive the services either do not participate in established medicine or participate only to a limited extent because of superstition, misunderstanding, or lack of social intercourse, all of which should somehow be avoided. Yet an ailing person who finds himself/herself in an environment that is foreign in culture, language, and customs is placed under conditions of emotional stress. Seldom, however, do we doubt aspects of our own culture.

The cultural topics in the following lessons give the medical profession insights into the patient in his/her totality in the social context.

Pronunciación en inglés

Consonantes

th

La combinación *th* tiene dos sonidos en inglés, uno sonante y uno mudo. Cuando un sonido es sonante, el aire vibra entre las cuerdas vocales a medida que se expulsa de los pulmones, como en el sonido de la *z*. Cuando un sonido es mudo, el aire no vibra al pasar por las cuerdas vocales somo en el sonido de la *s*. Es difícil saber cuando la *th* es sonora o muda, por lo tanto usted necesita aprender el sonido cuando aprende la palabra. Para formar este sonido coloque la boca como para pronunciar una *d* y entonces coloque la punta de la lengua entre los dientes de arriba y emita el sonido.

La *th* sonora puede encontrarse al principio de palabras o algunas veces cuando es seguida por una *e*.

this	these	the	that
those	bathe	either	thy

La *th* muda puede encontrarse también al principio de palabras o al final de palabras o sílabas.

think	bath	healthy	ether
thank	teeth	third	thigh

Contraste las palabras siguientes:

Mudas	Sonoras
teeth	to teethe
bath	to bathe
thigh	thy
thought	though
ether	either

Introducción a los tópicos culturales

Generalmente se ofrecen servicios médicos crosculturales a grupos étnicos o sociales que están fuera de la corriente del poder, el dinero y la cultura dominante. Es creencia general que los grupos étnicos que reciben estos servicios no participan en la medicina establecida o participan sólo en parte a causa de superstición, poco entendimiento a falta de relaciones sociales, lo que desearíamos evitar de algún modo. Una persona enferma que se encuentra en un ambiente extraño en cultura, lengua y costumbres está bajo condiciones de tensión emocional. Sin embargo, raramente dudamos de los aspects de nuestra propia cultura.

Los tópicos culturales en las lecciones siguientes ofrecen a las personas en la profesión médica la oportunidad de comprender al paciente en su totalidad en el contexto social.

Pronunciation in Spanish

Consonants

j, ge, gi

The Spanish *j*, *ge*, and *gi* are similar to German *ach* as in *Bach*. The sound is much harsher than an English *h*.

ojo	rojo	hijo	hija
ceja	oreja	vejiga	digestión
Jorge	gente	indigestión	religión

g, gue, gui

The Spanish *g*, when not before *e* or *i*, is similar to the English *g* in *go* at the beginning of a breath group or after *n*.

gracias	glóbulo	tengo	con gusto
sangre	garganta	Gómez	González

In other positions, the Spanish *g* is much softer than the English *g*. The back of the tongue does not touch the roof of the mouth, and there is a slight flow of air. (This is between vowels, before or after consonants other than *n*, and when not at the beginning of a breath group.)

tragar	agua	pulgada	mucho gusto
hígado	estómago	nalga	hormigueo

When *g* is followed by *ue* or *ui*, the *u* has no sound of its own. The *g* then has the same sound described in the previous two cases.

guitarra	aguijón	guerra	guiño

Notas gramaticales/estructuras en inglés

Verbos: El tiempo presente perfecto del indicativo

El tiempo presente perfecto o antepresente (present perfect) se forma usando *has* (he, she, name) o *have* (you, we, etc.) y el participio pasado:

I have used.	He usado.
She has come.	Ha venido. .

   Cuando el participio pasado es regular, termina en *-ed,* pero hay varios verbos de uso común que tienen participio irregular:

We have taken.	Hemos tomado.
They have seen.	Han visto.

En una oración negativa, *not* se coloca entre el auxiliar *have* o *has* y el participio pasado:

I have not had scarlet fever.	No he tenido escarlatina.

Not puede escribirse como contracción con *have* o *has:*

He hasn't had scarlet fever.	No ha tenido escarlatina.
You haven't had scarlet fever.	Usted no ha tenido escarlatina.

Desde cuando: How long?

Para indicar el tiempo en que una acción ha estado en progreso y continúa al presente, el inglés usa el tiempo presente perfecto:

How long have you had diabetes?	¿Desde cuando tiene Ud. diabetes?

Las horas

Hay varios modos de decir el tiempo en inglés:

Después de la hora:	It's 2:20.	Son las dos y veinte.
	It's twenty after two.	
	It's twenty past two. (Informal)	
Antes de la hora:	It's 2:40.	Son las dos y cuarenta.
	It's twenty to three.	Son las tres menos veinte.
		Faltan veinte para las tres.

Grammar/Structure Notes on Spanish

Verbs: Present Perfect Tense

The present perfect tense is formed by using the present tense of the auxiliary verb *haber* with the past participle. The regular past participle is formed by removing the infinitive ending *(-ar, -er, -ir)* and adding *-ado* to *-ar* verbs and *-ido* to *-er* and *-ir* verbs.

Spanish	English
he usado	I have used
has usado	you have used (familiar)
ha usado	you have used (formal)
	she has used
	he has used
	it has used
	Mary has used, etc.
hemos usado	we have used
han usado	you have used (plural, more than one person addressed)
	they have used
	Mary and John have used, etc.

Telling Time

To ask what time it is, one traditionally says *¿Qué hora es?* (What hour is it?) The answer to the question uses *la* or *las*, referring to *la hora* or *las horas*. The literal meaning is:

Es la una (hora).	It's the one (hour).
Son las dos (horas).	They are the two (hours).

Minutes after the hours may be given by adding *y* (and) and the minutes. After thirty minutes, the hour may be given: (a) by reading the time digitally: *Son las dos y cuarenta.* It's two-forty. Or (b) by giving the next hour minus the minutes before it: *Son las tres menos veinte.* It's three minus twenty.

Grammar Reference

For additional information on points of grammar used in this lesson, consult a grammar text on the following: present perfect tense; numbers 0 to 50; and telling time.

Contraction del

When *de* and *el* are used together, they are contracted to *del*.

Padece del corazón.   He suffers from heart disease.

Del and *al* are the only two contractions in Spanish.

Desde cuándo

To tell how long something has been in progress, Spanish generally uses the present tense.

¿Desde cuándo tiene usted diabetes?   How long have you had diabetes?

Hace una semana.   For a week. (Literally, It makes a week.)

Lesson 5
The Family

Last names are not translated from one language to another. First names sometimes have no exact equivalent. Nonetheless, in order to facilitate learning the language under study, names have been assigned in Spanish on the Spanish pages and in English on the English pages.

New Material

5.1 Who is it?

✔ Hospital

Are you the patient?

Patient

Yes, I'm the patient.

Are you _____?
| the doctor

the nurse
the special nurse

Yes, I'm _____.

| the responsible party

What is the patient's name?

What is | your father's name?
         | your mother's name?

What is your name?

His name is John Jones.

His name is _____.

Her name is _____.

My name is _____.

Lección 5
La familia

Los apellidos no se traducen de una lengua a otra y los nombres algunas veces no tienen equivalencia exacta. Sin embargo, para facilitar el aprendizaje en la lengua que se estudia, se han asignado nombres en español en las páginas en español y en inglés en las páginas en inglés.

Materia nueva

5.1 ¿Quién es?

✔Hospital

¿Es Ud. | el paciente?
| la paciente?

¿Es Ud. _____?
el médico   la enfermera
la doctora   el enfermero
                    la enfermera especial

¿Cómo se llama el paciente?

¿Cómo se llama | su padre?
| su madre?

¿Cómo se llama usted?

Paciente

Sí, soy | el paciente.
| la paciente.

Sí, soy _____.
el responsable
la responsable

Se llama Juan Gómez.

Se llama _____.

Me llamo _____.

Practice

From column B select any appropriate answer for a question in column A.

A	B
What is the doctor's name?	Her name is Mary Elizabeth Hill.
What is the patient's name?	His name is Michael Denton.
What is the name of the responsible party?	Her name is Ann Romberg.
What is the nurse's name?	His name is Fred Golden.
What is your father's name?	His name is Charles Redford.

5.2 Numbers

Hospital	Patient

What age is your father? — *He's* fifty-one years old.

What age are you? — *I'm* _____.

What is your house *number?* — *It's number* fourteen twenty-eight.

What is _____ number? — *It's number* _____.

| your telephone | your insurance | your apartment |
| your Social Security | your credit card | your driver's license |

Where do you live? — *I live in* Los Angeles.

Where do you live? — *I live in* _____.

What is your address? — *I live at* Four-Ten Main Street.

What is your address? — *I live at* _____.

Practice

Give aloud the following numbers.

Your age (or the age you'd like to be)

Your telephone number

A credit card number

Your driver's license number

Your Social Security number

Práctica

De la columna B escoja cualquier respuesta apropiada para una pregunta en la columna A.

A _____

¿Cómo se llama la doctora?
¿Cómo se llama el paciente?
¿Cómo se llama el responsable?
¿Cómo se llama la enfermera?
¿Cómo se llama su padre?

B _____

Se llama María Isabel Jiménez.
Se llama Miguel Delgado.
Se llama Ana Rodríguez.
Se llama Fernando González.
Se llama Carlos Reyes.

5.2 Números

✔Hospital

¿Qué edad tiene su padre?

¿Qué edad tiene Ud.?

¿Cuál es el número de su casa?

¿Cuál es el número de _____?

Paciente

Tiene cincuenta y un años.

Tengo _____.

El es número catorce veintiocho.

Es el número _____.

| su teléfono | su seguro | su apartamento |
| su seguro social | su tarjeta de crédito | su licencia de manejar |

¿Dónde vive Ud.?

¿Dónde vive Ud.?

¿Cuál es su dirección?

¿Cuál es su dirección?

Vivo en Los Angeles.

Vivo en _____.

Es la calle Principal cuatro diez.

Es la calle _____.

Práctica

Dé en voz alta los siguientes números.

Su edad (o la edad que quiere tener)

El número de su teléfono

El número de una tarjeta de crédito

El número de su licencia de manejar

El número de su seguro social

5.3 Personal Data

✔Hospital

Do you have family here?

Do you have _____?

| friends here | insurance | Medicaid |
| children | Medicare | a preference |

What is your religion?

Patient

No, I don't have family here.

Yes, I have family here.

No, I don't have _____.

Yes, I have _____.

I have no preference.

I'm Protestant.

I'm _____.

Christian	Catholic
Muslim	Jewish
Hindu	Buddhist

Practice

Use the name of a religion to complete the answer of the question.

What is your religion?

Mary Jones is _____.

The family is _____.

Edward Marks is _____.

John Golden is _____.

Steven Long is _____.

Mildred Smith is _____.

5.3 Datos personales

✔ Hospital

¿*Tiene Ud.* familia aquí?

¿*Tiene Ud.* _____?

| amigos aquí | seguro | Medicaid |
| hijos | Medicare | preferencia |

¿*Cuál es su religión?*

Paciente

No, no tengo familia aquí.

Sí, tengo familia aquí.

No, no tengo _____.

Sí, tengo _____.

No tengo preferencia.

Soy protestante.

Soy _____.

cristiano/	católico/
cristiana	católica
mahometano	judío/
hindu	judía
	budista

Práctica

Use el nombre de una religión para completar la respuesta a la pregunta.

¿Cuál es su religión?

María Gómez es _____.

La familia es _____.

Eduardo Márquez es _____.

Juan González es _____.

Estéban López es _____.

Milena García es _____.

5.4 Work

Hospital	Patient
Where does the patient work?	He/She *works at* Sears Department Store.

Where does | the man *work?*
the woman
the young lady

He/She *works at* _____.
the First National Bank
the _____ Office
the _____ Supermarket
the _____ School
the _____ Company
the _____ Plant

Where do you work?

I work at _____.

What work does the patient *do?*

He's/She's a student.

What work does | the man *do?*
the woman

He's/She's _____.

a secretary	a workman
a businessman	a manager
a lawyer	an engineer
an executive	a cashier
a clerk	a salesman
a housewife	a teaching assistant
a technician	a domestic servant
a teacher	a driver

Practice

Associate the place with the person who might work there.

A		B	
bank	school	technician	housewife
supermarket	office	student	manager
store	plant	clerk	businessman
hospital	home	nurse	workman

5.4 El trabajo

✔Hospital   Paciente

¿Dónde trabaja | el paciente?   Trabaja en la tienda Sears.
               | la paciente?

¿Dónde trabaja | el señor?   Trabaja en _____.
               | la señora?   el Primer Banco Nacional
               | la señorita?   la oficina de _____
                                                           el supermercado _____
                                                           la escuela de _____
                                                           la compañía de _____
                                                           la planta de _____

¿Dónde trabaja Ud.?   Trabajo en _____.
¿Qué trabajo hace el paciente?   Es estudiante.
¿Qué trabajo hace | el señor?   Es _____.
                  | la señora?

secretario	obrero
hombre de negocios	gerente
abogada	ingeniero
ejecutiva	cajero
dependiente	vendedor
ama de casa	profesor ayudante
técnico	sirviente doméstico
profesora	chófer

Práctica

Asocie el lugar con la persona que pueda trabajar allí.

A

banco	escuela
supermercado	oficina
tienda	planta
hospital	casa

B

técnico	ama de casa
estudiante	gerente
dependiente	hombre de negocios
enfermera	obrero

5.5 More Personal Data

✔Hospital

What is he to you?

What is his relationship to you?

What is your insurance company?

Do you want a private room, a double room, or a ward?

Who is going to pay the hospital bill?

Whom should we notify in case of emergency?

What is your marital status?

Patient

He's my son.

It's the _____ Company.

I want a private room.

The insurance company.

My husband/wife.

I'm _____.

| divorced | widowed |
| separated | unmarried |

Practice

Find the related words in columns A and B.

A		B	
room	marital status	married	private
responsible party	pay	insurance	my husband

5.6 The Family

Pairs of students practice using the family tree (Fig. 5-1). You give the commands and your partner performs them. Then you change parts.

✔Student

Point out | the father.
           | the mother.

Point out _____.

the son	the cousin
the daughter	
the brother	the son-in-law
the sister	the nephew

Student

He's the father.
She's the mother.

He's/She's _____.

the niece	the sister-in-law
the mother-in-law	the daughter-in-law
the father-in-law	
the brother-in-law	

5.5 Más datos personales

✔Hospital

¿Qué es de Ud.?

¿Qué parentesco tiene con Ud.?

¿Cuál es su compañía de seguros?

¿Quiere cuarto privado, doble o
  multiple?

¿Quién va a pagar el hospital?

¿A quién se notifica en caso de emergencia?

¿Cuál es su estado civil?

Paciente

Es mi hijo.

Es la Compañía _____.

Quiero un cuarto privado.

La compañía de seguros.

A mi esposo/mi esposa.

Soy _____.

divorciado/	viudo/
divorciada	viuda
separado/	soltero/
separada	soltera

Práctica

Encuentre las palabras relacionadas en las columnas A y B.

A		B	
cuarto	estado civil	casado	privado
el responsable	pagar	seguros	mi esposo

5.6 La familia

Pares de estudiantes practican usando el árbol de la familia (Fig. 5-1). Ud. da las órdenes y su pareja las ejecuta. Después cambian papeles.

✔Estudiante

Indique | el padre.
         | la madre.

Indique _____.

el hijo	el primo/
la hija	la prima
el hermano	el yerno
la hermana	el sobrino

Estudiante

Es | el padre.
    | la madre.

Es _____.

la sobrina	la cuñada
la suegra	la nuera
el suegro	
el cuñado	

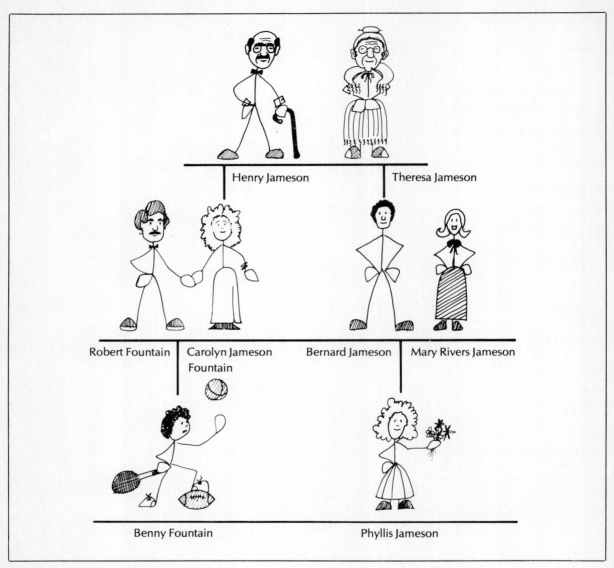

Figure 5-1. The Jameson family.

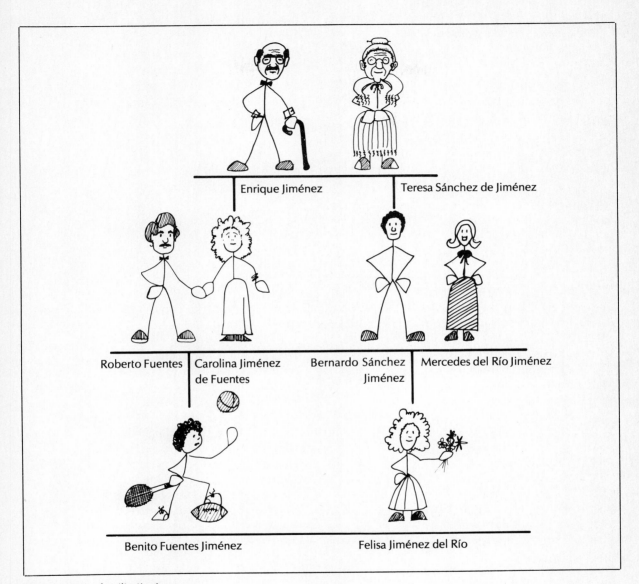

Enrique Jiménez   Teresa Sánchez de Jiménez

Roberto Fuentes   Carolina Jiménez   Bernardo Sánchez   Mercedes del Río Jiménez
                   de Fuentes   Jiménez

Benito Fuentes Jiménez   Felisa Jiménez del Río

Figura 5-1. La familia Jiménez.

5.7 The Family Tree: The Jameson Family

✔ Hospital

| *Who is* | the grandfather? |
| | the grandmother? |

Who is _____?

the husband	the brother
the wife	the sister
the son	the son-in-law
the daughter	the cousin

Patient

The grandfather is Julius Martin.
The grandmother is Stella Ramsey Martin.

The husband is _____.

The wife is _____.

the nephew	the mother-in-law
the niece	the brother-in-law
the daughter-in-law	the sister-in-law
the father-in-law	

Practice

Looking at the family tree in Figure 5-1, answer the following questions. The names in Spanish are not translations, but are provided for practice in the language being learned.

What is Theresa to Benny?	Theresa is the grandmother of Benny.
What is Benny to Theresa?	Benny is the grandson of Theresa.
What is Theresa to Mary?	Theresa is the _____ of Mary.
What is Mary to Theresa?	Mary is the _____ of Theresa.
What is Robert to Benny?	Benny is the _____ of Robert.
What is Benny to Robert?	Robert is the _____ of Benny.
What is Henry to Phyllis?	Phyllis is the _____ of Henry.
What is Phyllis to Henry?	Henry is the _____ of Phyllis.
What is Henry to Robert?	Robert is the _____ of Henry.
What is Robert to Henry?	Henry is the _____ of Robert.
What is Bernard to Carolyn?	Carolyn is the _____ of Bernard.
What is Carolyn to Bernard?	Bernard is the _____ of Carolyn.
What is Benny to Phyllis?	Phyllis is the _____ of Benny.
What is Phyllis to Benny?	Benny is the _____ of Phyllis.
What is Robert to Phyllis?	Phyllis is the _____ of Robert.
What is Phyllis to Robert?	Robert is the _____ of Phyllis.
What is Robert to Carolyn?	Carolyn is the _____ of Robert.
What is Carolyn to Robert?	Robert is the _____ of Carolyn.
What is Mary to Phyllis?	Phyllis is the _____ of Mary.
What is Phyllis to Mary?	Mary is the _____ of Phyllis.
What is Robert to Mary?	Mary is the _____ of Robert.
What is Mary to Robert?	Robert is the _____ of Mary.

5.7 *El árbol de la familia: La familia Jiménez*

✔ Hospital

¿Quién es | el abuelo?
         | la abuela?

¿Quién es _____?

Paciente

El abuelo es Julián Martínez.

La abuela es Estela Ramírez de Martínez.

El esposo es _____.

La esposa es _____.

el esposo	el hermano	el sobrino	la suegra
la esposa	la hermana	la sobrina	el cuñado
el hijo	el yerno	la nuera	la cuñada
la hija	el primo/la prima	el suegro	

Práctica

Mirando el árbol de la familia en Figura 5-1 conteste las preguntas siguientes. Los nombres en inglés no son traducciones, sino que se dan como práctica en la lengua que se aprende.

¿Qué es Teresa de Benito?   Teresa es la abuela de Benito.
¿Qué es Benito de Teresa?   Benito es el nieto de Teresa.
¿Qué es Teresa de Mercedes?   Teresa es la _____ de Mercedes.
¿Qué es Mercedes de Teresa?   Mercedes es _____ de Teresa.
¿Qué es Roberto de Benito?   Roberto es _____ de Benito.
¿Qué es Benito de Roberto?   Benito es _____ de Roberto.
¿Qué es Enrique de Felisa?   Enrique es _____ de Felisa.
¿Qué es Felisa de Enrique?   Felisa es _____ de Enrique.
¿Qué es Enrique de Roberto?   Enrique es _____ de Roberto.
¿Qué es Roberto de Enrique?   Roberto es _____ de Enrique.
¿Qué es Bernardo de Carolina?   Bernardo es _____ de Carolina.
¿Qué es Carolina de Bernardo?   Carolina es _____ de Bernardo.
¿Qué es Benito de Felisa?   Benito es _____ de Felisa.
¿Qué es Felisa de Benito?   Felisa es _____ de Benito.
¿Qué es Roberto de Felisa?   Roberto es _____ de Felisa.
¿Qué es Felisa de Roberto?   Felisa es _____ de Roberto.
¿Qué es Roberto de Carolina?   Roberto es _____ de Carolina.
¿Qué es Carolina de Roberto?   Carolina es _____ de Roberto.
¿Qué es Mercedes de Felisa?   Mercedes es _____ de Felisa.
¿Qué es Felisa de Mercedes?   Felisa es _____ de Mercedes.
¿Qué es Roberto de Mercedes?   Roberto es _____ de Mercedes.
¿Qué es Mercedes de Roberto?   Mercedes es _____ de Roberto.

5.8 Who and How Many?

✔ Hospital	Patient
How many children *do you have?*	*I have* three children/sons.
How many daughters *do you have?*	*I have* three daughters.
How many _____ *do you have?*	*I have* _____.

brothers	uncles	cousins	nephews
sisters	aunts		nieces

What relationship is the patient to you?	*I'm his/her* neighbor.

I'm his/her _____.

friend	stepfather
boyfriend	half brother
girlfriend	half sister
stepmother	uncle by marriage
	aunt by marriage

Who are the grandparents?	*They're* Julius and Stella Martin.
Who are _____?	*They're* _____.

the parents	the brother(s) and sister(s)	the nephew(s) and niece(s)
the children	the aunt(s) and uncle(s)	

Reading

To understand conversation in a language you are not thoroughly familiar with, it is helpful to keep in mind the context, that is, what you know about the situation and the people who are speaking. Imagine that the following conversation takes place between a pretty young nurse and an amiable older man who likes to tease.

Read the conversation aloud, using the key words and the cognate words to help you understand the meaning. Can you understand the general ideas, except perhaps the last line? From the context given, try to guess the last line before looking at the translation.

Patient: Oh, miss!
 Nurse: What's the matter with you, sir?
Patient: I feel really bad.
 Nurse: Why? Is it your head? Is it your throat? Do you have a stomachache?
Patient: It's more than that. I'm weak and nervous, and I have chills.
 Nurse: Now just be calm, sir. I'll ask the doctor about it.
Patient: Just a moment. I have pain in the area of my heart, too.
 Nurse: Your condition is serious. When do you have these symptoms?
Patient: Well . . . when I see you.

5.8 ¿Quiénes y cuántos?

Hospital	Paciente
✔ Hospital	Paciente
¿Cuántos hijos *tiene Ud.?*	*Tengo* tres hijos.
¿Cuántas hijas *tiene Ud.?*	*Tengo* tres hijas.
¿Cuántos _____ *tiene Ud.?*	*Tengo* _____.
¿Cuántas _____ *tiene Ud.?*	

hermanos	tíos	primos	sobrinos
hermanas	tías	primas	sobrinas

¿Qué es Ud. del paciente?	*Soy* | el vecino.
	| la vecina.
¿Qué es Ud. de la paciente?	*Soy* _____.

el amigo/la amiga	el padrastro
el novio	el medio-hermano
la novia	la media-hermana
la madrastra	el tío político
	la tía política

¿Quiénes son los abuelos?	*Son* Julián y Estela Martínez.
¿Quiénes son _____?	*Son* _____.

los padres	los hermanos	los sobrinos
los hijos	los tíos	

Lectura

Para comprender la conversación en una lengua que no es completamente conocida para uno, es útil recordar el contexto, es decir, lo que uno sabe acerca de la situación y la gente que habla. Imagine que la conversación siguiente tiene lugar entre una enfermera joven y atractiva y un hombre mayor afable con un buen sentido del humor.

Lea la conversación en alta voz usando las palabras clave y las cognadas para ayudarle a comprender el significado. ¿Puede usted entender las ideas generales excepto quizás la última línea? De acuerdo con el contenido, trate de adivinar la última línea antes de mirar la traducción.

Paciente:	¡Ay, señorita!
Enfermera:	¿Qué le pasa señor?
Paciente:	Es que me siento muy mal.
Enfermera:	¿Por qué? ¿Es la cabeza? ¿Es la garganta? ¿Tiene dolor en el estómago?
Paciente:	Es más que eso. Tengo debilidad, nerviosidad, y escalofríos.
Enfermera:	¡Cálmese, señor! Tengo que consultar con el médico.
Paciente:	Un momento. También tengo dolor en el corazón.
Enfermera:	Su condición es seria. ¿Cuándo tiene esos síntomas?
Paciente:	Pues . . . cuando la veo a usted.

Evaluation

A. Choose the answer that best completes the sentence.
1. The brother of your father is your _____.
   a. grandfather.
   b. uncle.
   c. cousin.
   d. brother-in-law.
2. The mother of your husband is your _____.
   a. grandmother.
   b. mother-in-law.
   c. aunt.
   d. granddaughter.
3. The father of your son is your _____.
   a. brother-in-law.
   b. cousin.
   c. husband.
   d. relative.

4. My granddaughter is the daughter of my _____.
   a. son.
   b. neighbor.
   c. friend.
   d. cousin.
5. The mother of my mother is my _____.
   a. daughter.
   b. grandmother.
   c. daughter-in-law
   d. sister-in-law.

B. Choose the best answer for each question.
1. What's his name?
   a. John.
   b. Call the doctor.
   c. I'm the patient.
   d. He's my husband.
2. Do you have family?
   a. Yes, I have a pain here.
   b. I'm twenty-five years old.
   c. Yes, I have three sons.
   d. I want to introduce you to my husband.
3. What kind of work does your husband do?
   a. Housewife.
   b. Lawyer.
   c. He's Protestant.
   d. A double room.

4. What's his relationship to you?
   a. He's not my neighbor.
   b. He's an engineer.
   c. It's private.
   d. He's my brother-in-law.
5. What is your religion?
   a. It's double.
   b. He's the relative.
   c. I'm Catholic.
   d. He doesn't have an insurance policy.

Review

Choose the answer that best completes the sentence.

1. The elbow and the wrist are joints of the _____.
   a. arm.
   b. leg.
   c. knee.
2. The ankle and the knee are joints of the _____.
   a. leg.
   b. heel.
   c. hip.

3. The ear, the throat, and the nose are parts of the _____.
   a. trunk.
   b. neck.
   c. head.
4. The palm of the hand is similar to the _____ of the foot.
   a. sole.
   b. nose.
   c. back.

Evaluación

A. Escoja la respuesta que mejor complete la oración.

1. El hermano de su padre es su _____.
   a. abuelo.
   b. tío.
   c. primo.
   d. cuñado.
2. La madre de su esposo es su _____.
   a. abuela.
   b. suegra.
   c. tía.
   d. nuera.
3. El padre de su hijo es su _____.
   a. cuñado.
   b. cuñado.
   c. esposo.
   d. pariente.

4. Mi nieta es la hija de mi _____.
   a. hijo.
   b. vecino.
   c. amigo.
   d. primo.
5. La madre de mi madre es mi _____.
   a. hija.
   b. abuela.
   c. nuera.
   d. cuñada.

B. Escoja la mejor respuesta a cada pregunta.

1. ¿Cómo se llama?
   a. Juan.
   b. Llame al médico.
   c. Soy el paciente.
   d. Es mi esposo.
2. ¿Tiene usted familia?
   a. Sí, tengo un dolor aquí.
   b. Tengo veinticinco años.
   c. Sí, tengo tres hijos.
   d. Quiero presentarle a mi esposo.
3. ¿Qué trabajo hace su esposo?
   a. Ama de casa.
   b. Abogado.
   c. Es protestante.
   d. Un cuarto doble.

4. ¿Qué parentezco tiene con Ud.?
   a. No es mi vecino.
   b. Es ingeniero.
   c. Es privado.
   d. Es mi cuñado.
5. ¿Qué religión tiene?
   a. Es doble.
   b. Es el pariente.
   c. Soy católico.
   d. No tiene póliza de seguro.

Repaso

Escoja la respuesta que mejor complete la oración.

1. El codo y la muñeca son articulaciones del _____.
   a. brazo.
   b. pierna.
   c. rodilla.
2. El tobillo y la rodilla son coyunturas de la _____.
   a. pierna.
   b. talón.
   c. cadera.

3. El oído, la garganta y la nariz son partes de _____.
   a. el tronco.
   b. el cuello.
   c. la cabeza.
4. La palma de la mano es similar a la _____ del pie.
   a. planta.
   b. nariz.
   c. espalda.

5. The liver and _____ are parts of the digestive system.
   a. the testicles
   b. the stomach
   c. the foot

6. _____ are organs of the reproductive system
   a. The arms
   b. The eyes
   c. The genitals

7. _____ is not a reproductive organ.
   a. The uterus
   b. The penis
   c. The bladder

8. He/She has diarrhea. Probably he/she has an infection in _____.
   a. the mouth.
   b. the intestines.
   c. the ear.

9. He/She has an obstruction in the _____.
   a. cough.
   b. cranium.
   c. esophagus.

10. He/She has hives. And he/she has _____.
    a. itching.
    b. a good appetite.
    c. cramps.

11. He/She has indigestion and _____.
    a. a problem with belching.
    b. phlegm.
    c. nervousness.

12. _____ blood in the urine?
    a. Does he/she have
    b. Does he/she feel
    c. Fever

13. At what time do I take the medicine? Every _____ hours.
    a. twenty-eight
    b. three
    c. eleven-fifteen

14. What time is it? It's _____.
    a. three.
    b. twenty-five.
    c. before going to bed.

15. It's twelve. It's _____.
    a. noon.
    b. thirty-five.
    c. thirteen.

16. At what time do I take the medicine?
    a. Each.
    b. Gladly.
    c. In the afternoon.

17. _____ is a childhood disease.
    a. Measles
    b. Diverticulitis
    c. Swelling

18. He/She has yellowish skin. It's possible that he/she has _____.
    a. rheumatic fever.
    b. jaundice.
    c. chills.

19. The patient suffers from _____ and therefore he can't move his legs.
    a. diabetes
    b. epilepsy
    c. paralysis

20. He/She suffers from _____. He/She has a lot of pain in his/her shoulder.
    a. bursitis.
    b. hoarseness.
    c. whooping cough.

5. El hígado y _____ son partes del aparato digestivo.
   a. los testículos
   b. el estómago
   c. el pie

6. _____ son órganos del aparato reproductivo.
   a. Los brazos
   b. Los ojos
   c. Los genitales

7. _____ no es un órgano reproductivo.
   a. La matriz
   b. El pene
   c. La vejiga

8. Tiene diarrea. Probablemente tiene infección en _____.
   a. la boca.
   b. los intestinos.
   c. el oído.

9. Tiene obstrucción en el _____.
   a. tos.
   b. cráneo.
   c. esófago.

10. Tiene urticaria. Y tiene _____.
    a. picazón.
    b. buen apetitio.
    c. calambres.

11. Tiene indigestión y _____.
    a. eructos.
    b. flema.
    c. nerviosidad.

12. ¿_____ sangre en la orina?
    a. Tiene
    b. Siente
    c. Fiebre

13. ¿A qué hora tomo la medicina? Cada _____ horas.
    a. veintiocho
    b. tres
    c. once y quince

14. ¿Qué hora es? Son _____.
    a. las tres.
    b. las veinticinco.
    c. antes de acostarse.

15. Son las doce. Es _____.
    a. mediodía.
    b. treinta y cinco.
    c. trece.

16. ¿A qué hora tomo la medicina?
    a. Cada.
    b. Con mucho gusto.
    c. Por la tarde.

17. _____ es una enfermedad de la infancia.
    a. El sarampión.
    b. La diverticulitis
    c. La hinchazón

18. Tiene la piel amarilla. Es posible que tenga _____.
    a. fiebre reumática.
    b. ictericia.
    c. escalofríos.

19. El paciente padece de _____ y por eso no puede mover las piernas.
    a. diabetes
    b. epilepsia
    c. parálisis

20. Sufre de _____. Tiene mucho dolor en el hombro.
    a. bursitis.
    b. ronquera.
    c. tos ferina.

Situation

Complete the following interview with appropriate answers.

Hospital: Good morning.
Patient: _____

Hospital: How are you?
Patient: _____

Hospital: Come in and sit down, please.
Patient: _____

Hospital: I need some information. Your complete
name, please.
Patient: _____

Hospital: Age?
Patient: _____

Hospital: Address?
Patient: _____

Hospital: Telephone number?
Patient: _____

Hospital: Social Security number?
Patient: _____

Hospital: Religion?
Patient: _____

Hospital: Occupation?
Patient: _____

Hospital: Place of employment?
Patient: _____

Hospital: Insurance company?
Patient: _____

Hospital: Number of your policy?
Patient: _____

Hospital: Responsible party?
Patient: _____

Hospital: Closest relative?
Patient: _____

Hospital: Address of the relative?
Patient: _____

Hospital: Have you been admitted previously?
Patient: _____

Hospital: Why have you come to the hospital?
Patient: _____

Hospital: Family doctor?
Patient: _____

Hospital: Who is your doctor here?
Patient: _____

Hospital: Thank you. Wait in the outer room until they
call you.
Patient: _____

Situación

Complete la entrevista siguiente con las respuestas adecuadas.

Hospital: Buenos días.
Paciente: _____

Hospital: ¿Cómo está Ud.?
Paciente: _____

Hospital: Pase y siéntese, por favor.
Paciente: _____

Hospital: Necesito alguna información. ¿Su nombre
completo, por favor?

Paciente: _____

Hospital: ¿Edad?
Paciente: _____

Hospital: ¿Dirección?
Paciente: _____

Hospital: ¿Número de teléfono?
Paciente: _____

Hospital: ¿Número de seguro social?
Paciente: _____

Hospital: ¿Religión?
Paciente: _____

Hospital: ¿Ocupación?
Paciente: _____

Hospital: ¿Lugar de empleo?
Paciente: _____

Hospital: ¿Compañía de seguros?
Paciente: _____

Hospital: ¿Número de la póliza?
Paciente: _____

Hospital: ¿Persona responsable?
Paciente: _____

Hospital: ¿Pariente más cercano?
Paciente: _____

Hospital: ¿Dirección del pariente?
Paciente: _____

Hospital: ¿Ha sido admitido anteriormente?
Paciente: _____

Hospital: ¿Por qué viene al hospital?
Paciente: _____

Hospital: ¿Médico de la familia?
Paciente: _____

Hospital: ¿Cuál es su médico aquí?
Paciente: _____

Hospital: Muchas gracias. Espere en la sala hasta que
lo/la llamen.
Paciente: _____

Cultural Topics

The Family

Family bonds are very important for the Hispanic people. Loyalty to family is placed above pleasure and personal interests. The family honor is sacred and restrains the actions of parents and children. Paternal authority rules undisputed although the mother indirectly exerts a great influence on the head of the family and on her children as friend and adviser.

The functions of men and women are well defined. There are certain characteristics associated with the man's behavior. He must be strong and decisive without showing weakness or emotion. He is even forgiven for going around with other women. On the other hand, gentleness, softness, tenderness, gaiety, and modesty are expected from women.

Hispanic families for the most part are extended families in which mother, father, and children as well as grandparents or an aunt or uncle may live together under one roof. Families of English-speaking Americans, on the other hand, are usually nuclear families consisting of mother, father, and children. Increasingly common in the United States are single-parent families in which a single parent lives alone with a child or two.

English-speaking American families reflect the basic American values of self-reliance and independence. For children, becoming self-reliant and independent is considered an important part of growing up. Therefore, these values limit the demands that family members make on one another.

In the English-speaking American family, the father typically heads the family, but he seeks advice from the other family members before making important decisions. Often family responsibilities and decisions are shared by the family members.

The typical American English-speaking family is loosely bound together by bonds of respect and love that are democratic and horizontal. The typical Hispanic family is closely knit by interdependent bonds of honor and love that are hierarchical and vertical.

Questions

What is very important for Hispanic people?
What is the father's authority like?
How does the mother exert her influence?
How can the nuclear family and the extended family be compared?
What values does the American English-speaking family reflect?
How are decisions made in the American English-speaking family?
Explain the concepts horizontal and vertical in reference to the family.

Tópicos culturales

La familia

Los lazos familiares son muy importantes para los hispanos. La lealtad a la familia se pone por encima de gustos e intereses personales. El honor de la familia es sagrado y contiene las acciones de padres e hijos. La autoridad paterna reina sin disputa aunque la madre indirectamente ejerce una gran influence sobre el jefe de la familia y como consejera y amiga de los hijos.

Las funciones de los hombres y las mujeres están muy bien diferenciadas. Hay ciertas características que se asocian con la conducta del varón. Debe ser fuerte y decisivo sin demostrar debilidad o emoción. Hasta se le perdona que sea mujeriego. Se espera en cambio de la mujer gentileza, suavidad, sentimiento, alegría y pudor.

Las familias hispanas, en su mayoría son familias extendidas en las que padre, madre e hijos así como abuelos o una tía o un tío viven juntos bajo un mismo techo. Por otra parte, las familias americanas de habla inglesa generalmente son familias nucleares que consisten solamente de padre, madre e hijos. Ultimamente, y en números crecientes en los Estados Unidos se encuentran familias con un solo adulto, en que el padre o la madre vive sólo con uno o más hijos.

Las familias americanas de habla inglesa reflejan los valores básicos americanos de confianza en uno mismo e independencia individual. La confianza en uno mismo y la independencia personal son cualidades esenciales en el proceso del crecimiento y desarrollo del individuo. Estos valores limitan las exigencias que los miembros de la familia se imponen unos a otros.

Típicamente, en la familia americana de habla inglesa el padre dirige la familia, pero solicita consejo de los otros miembros de la familia antes de hacer una decisión importante. Con frecuencias las responsabilidades y las decisiones son compartidas entre los miembros de la familia.

La típica familia americana de habla inglesa está unida por lazos de respeto y amor que son valores horizontales y democráticos. La típica familia hispánica está fuertemente unida por lazos de interdependencia, de honor y amor que son verticales y jerárquicos.

Preguntas

¿Qué es muy importante para los hispanos?

¿Cómo es la autoridad del padre?

¿Cómo la madre ejerce su influencia?

¿Cómo se comparan la familia nuclear y la familia extendida?

¿Qué valores refleja la familia americana de habla inglesa?

¿Cómo se hacen las decisiones en la familia americana de habla inglesa?

Explique el concepto horizontal y vertical en lo que se refiere a la familia.

Pronunciación en inglés

Consonantes

sh

Este sonido no existe en español exepto en palabras de otras lenguas como Washington y Shakespeare. El sonido *sh* también se escribe *ti,* o *ci* seguido de *a* o *o.*

shin	eyelash	shortness	facial	invitation
shoulder	English	washes	attraction	

s

Al principio de una palabra y antes de consonantes, el sonido *s* en inglés es semejante al sonido de la *s* en español en *sí.* Este sonido se conoce como el sonido de la *s.*

serum	sat	serious	smell	support
scar	serve	sign	skin	spoon

Cuando una *s* ocurre al final de una palabra y es siempre parte de esa palabra, no hay modo de determinar si la *s* se pronuncia como *s* o como *z.* En estos casos usted necesita practicar su pronunciación a medida que aprende estas palabras.

sonido de s	sonido de z
yes	is
us	his
this	was

(Véase Lección 10 donde se explica la pronunciación de la *s* como plural o determinante de persona gramatical.)

Cuando al sonido de la *s* en inglés le siguen las letras *io* o *u,* tiene un sonido que no existe en español. Este sonido es como entre el *yo* enfático en español y el de la *sh* en inglés. Podemos llamarlo el sonido de *zh.*

vision	collision	seizure	occasion	azure
pleasure	provision	leisure	measure	

ss

La pronunciación de la doble *ss* es semejante a la de la *s* sencilla en *sí.*

address	pressure	weakness
hoarseness	class	shortness

Pronunciation in Spanish

Consonants

c, z, k

In Spanish America, *c* before *e* or *i* and the letter *z* in any position are similar to the English *s* in *saw*. (In Castillian Spanish, these letters are similar to the *th* in *thin*.)

diez	once	doce	cinco
bazo	nariz	taza	Martínez

The Spanish *c* in all other positions (i.e., before a consonant, or before *a, o* or *u*, is similar to the English *k* sound as in scan. The Spanish *k* has the same sound.

con	codo	casa	cada
cuatro	casado	comer	kilómetro

h, ch

The Spanish *h* is always silent.

hay	hijo	hospital	ahora
habla	hija	hermano	hermana

The Spanish *ch* is similar to the English *ch* in *church,* but slightly less harsh.

mucho	mucha	muchacho	fecha

s

The Spanish *s* is usually similar to the English *s* in *salt*.

seis	es	fosa nasal	resfriado
siete	son	espalda	sangre

Before voiced consonants *(b, v, d, g, l, m, n)*, the Spanish *s* sounds more like the English *s* in *disease* (like the English *z* sound), although there are some variations from dialect to dialect.

los brazos	las manos	las niñas	más despacio

---

s, z

Entre vocales y cuando no está en posición inicial y antes de *m* o después de *b* + vocal, el sonido de la *s* en inglés es semejante al de la *s* en *desde* en español. Este sonido se conoce como sonido de *z*. El sonido de la *z* a veces puede escribirse con la letra *z*. La pronunciación de este sonido depende del dialecto de la persona que habla.

rose	nausea	visit	rheumatism	nose
metabolism	disease	pleasure	zebra	crazy
hazy	zenith			

Notas gramaticales/estructuras en inglés

El verbo ser: to be

Hay solamente un verbo *to be* en el tiempo presente, pero es irregular y tiene tres formas diferentes. Todas las formas pueden formar contracción como se indica en los ejemplos:

I am	I'm
you are, we are, they are	you're, we're, they're
he, she, the nurse, the doctor, it *is*	he's, she's, it's

El posesivo con nombres

En inglés, el posesivo con nombres se indica por medio del apóstrofe seguido de una *s* (*'s*) después del nombre de la persona que posee algo o tiene algo. El nombre de la persona precede la cosa poseída:

the doctor's name	el nombre del médico
your sister's name	el nombre de su hermana

El apóstrofe sigue el plural de nombres o personas si más de una persona posee o tiene el objeto:

the nurses' care	el cuidado de las enfermeras
the parents' insurance	el seguro de los padres

Grammar/Structure Notes on Spanish

Verbs: llamarse

This verb literally means "to call oneself," but in English a good translation would be "to be named." *¿Cómo se llama?* literally means "How do you call yourself?" *Me llamo* means "I call myself." In standard English we would say: "What is your name?" and "My name is _____." In later lessons you will practice more with these reflexive verbs, as they are called.

ser

The verb to be is irregular in most languages. The forms in Spanish are:

Spanish	English
soy	I am, am I?
eres	you (familiar, first-name basis) are, are you? aren't you?
es	you are (formal basis); he/she is
somos	we are
son	they are, you (plural) are

The verb *ser* is used to identify who and what people are, and where they are from, as the following examples illustrate:

¿Es usted el médico?	Are you the doctor?
¿Quién es el médico?	Who is the doctor?
El paciente es de México.	The patient is from Mexico.

Usted

Usted, you (formal) is commonly abbreviated *Ud.* or *Vd.* In this text beginning with Lesson 5, the abbreviation *Ud.* is used.

Adjetivos posesivos

El adjetivo posesivo en español *su* puede traducirse al inglés de varias maneras, dependiendo de cómo se use:

What is her name?	¿Cuál es su nombre? (el nombre de ella)
What is his name?	¿Cuál es su nombre? (el nombre de él)
What is your name?	¿Cuál es su nombre? (el nombre de usted)
What is their name?	¿Cuál es su nombre? (el nombre de ellos)

Interrogativos

Las palabras interrogativas son la clave para hacer o responder preguntas, puesto que todas las preguntas, excepto las que pueden contestarse con *si* o *no* comienzan con palabras interrogativas. Recuerde que en inglés el auxiliar *do* o *does* se coloca entre la palabra interrogativa y el sujeto de la oración.

What?	¿Qué?	Where from	¿De dónde?
Why?	¿Por qué?	Who?	¿Quién?
How?	¿Cómo?	Whom?	¿A quién? ¿A quiénes?
When?	¿Cuándo?	Which?	¿Cuál? ¿Cuáles?
Where?	¿Dónde?	How much?	¿Cuánto?
Where to?	¿Adónde?	How many?	¿Cuántos?

Meaning of Masculine Plural Nouns in Spanish

Masculine plural nouns that refer to people may refer only to males or to both males and females, as the following examples illustrate:

los hijos	children, sons, son and daughter, sons and daughter, son and daughters, sons and daughters
los tíos	uncles, uncle and aunt, uncles and aunts, uncle and aunts, uncles and aunt
los padres	parents, fathers, father and mother, fathers and mothers, etc.
los hermanos	brothers, brother and sister, brothers and sisters, etc.

Possessive Adjectives

The possessive adjective *su* may mean his, her, your, or their. When the noun that follows it is plural, the possessive adjective ends in *-s*.

su seguro	his, her, your, or their insurance
sus licencias	his, her, your, or their licenses

Possession with Nouns

Spanish has no apostrophe. To show possession with nouns, turn the phrase around, using the preposition *of* and the article. El nombre del doctor (literally, the name of the doctor) becomes the doctor's name. El seguro de los padres (literally, the insurance of the parents) becomes the parents' insurance.

Question Words

Interrogative words are the keys to answering as well as asking questions, since all questions except those that can be answered *yes* or *no* begin with interrogative words. You will want to learn these interrogatives in Spanish.

¿Qué?	What?
¿Por qué?	Why?
¿Cómo?	How?
¿Cuándo?	When?
¿Dónde?	Where?
¿Adónde?	Where to?
¿De dónde?	Where from?
¿Quién? (sing.), ¿Quiénes? (pl.)	Who?
¿A quién? (sing.), ¿A quiénes? (pl.)	Whom?
¿Cuál? (sing.), ¿Cuáles? (pl.)	Which? (or What? in the sense of which one or which ones)
¿Cuánto? (m. sing.), ¿Cuántos? (m. pl.) ¿Cuánta? (f. sing.), ¿Cuántas? (f. pl.)	How much? How many?

Lesson 6
Getting Acquainted with the Hospital

New Material

6.1 Point Out (Fig. 6-1)

Hospital

The hallway *is here.*

The waiting room *is there.*

_____ *is* | *here.*
| *there.*

✔ Patient

Point out the hallway, please.

Point out the waiting room, please.

Point out _____, please.

the admissions office	the x-ray department
the elevator	the operating room
the stairs	the intensive care
the foyer	unit
the emergency room	the employee
the laboratory	lounge
	the stock room
	the outpatient
	clinic

6.2 On the Ground Floor

Pairs of students practice. One student gives the commands. The other performs them, using a table and a bottle of medicine. Then change parts.

✔ Student

Put the medicine | on the table.
| under the table.
| beside the table.
| next to the table.
| near the table.

Student

Put the medicine | far from the table.
| behind the table.
| in front of the table.
|
| to the left of the table.
| to the right of the table.

Lección 6
Conociendo el hospital

Materia nueva

6.1 Indique (Fig. 6-1)

Hospital

El pasillo *está aquí.*

La sala de espera *está allí.*

_____ está | *aquí.*
             | *allí.*

✔ Paciente

Indique el pasillo, por favor.

Indique la sala de espera, por favor.

Indique _____, por favor.

la oficina de admisiones	el departamento de rayos X
el elevador/el ascensor	la sala de operaciones
las escaleras	la sala de cuidado intensivo
el vestíbulo	la sala de enfermeras
la sala de emergencias	el cuarto de provisiones y materiales
el laboratorio	la clinica de pacientes externos

6.2 En la planta baja

Pares de estudiantes practican. Un estudiante da las órdenes. El otro las ejecuta usando una mesa y un frasco de medicina. Después cambian papeles.

✔ Estudiante

Ponga la medicina | en la mesa.
                       | debajo de la mesa.
                       | al lado de la mesa.
                       | junto a la mesa.
                       | cerca de la mesa.

Estudiante

Ponga la medicina | lejos de la mesa.
                       | detrás de la mesa.
                       | delante de la mesa/en frente de la mesa.
                       | a la izquierda de la mesa.
                       | a la derecha de la mesa.

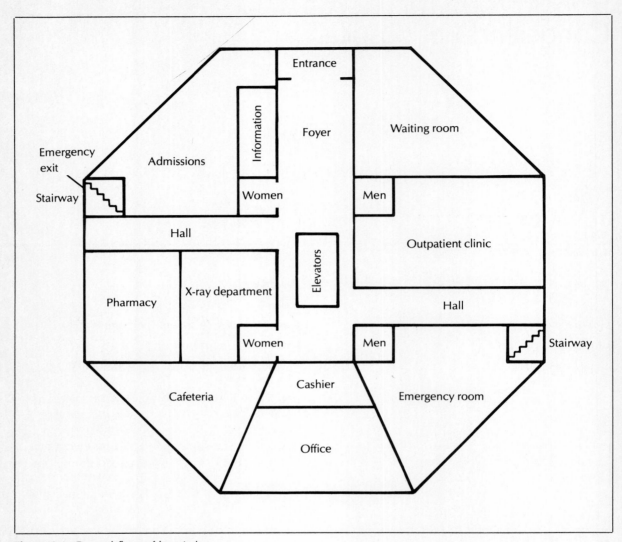

Figure 6-1. Ground floor of hospital.

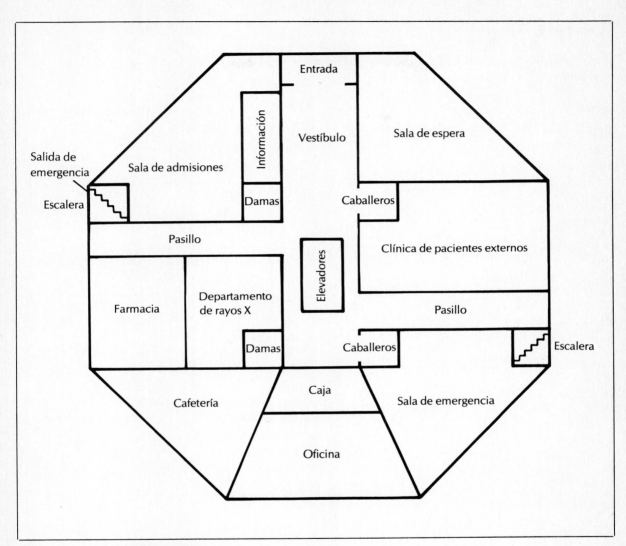

Figura 6-1. La planta baja del hospital.

6.3 Where is it?

Students work in pairs or small groups. Using Figures 6-1 and 6-2, explain the locations asked for. Then change parts.

Hospital	✔ Patient
	Where is the laboratory?
It's on the second floor.	*Where is* the cafeteria?
It's below the laboratory.	*Where is* the lounge?
It's upstairs.	*Where is* the outpatient clinic?
It's downstairs.	
	Where is the waiting room?
It's to the left of the outpatient clinic.	*Where is* the emergency room?
It's across from the cafeteria.	*Where is* the recovery room?
It's _____.	*Where is* _____?
It's _____.	

the laboratory	the intensive care unit
the operating room	the cashier
the gift shop	
the elevator	the restroom
the hallway	the foyer
the stairway	the information desk
the pharmacy	

6.4 How do I get there?

Hospital	✔ Patient
	How do I get to the admissions office?
Go straight ahead.	*How do I get to* the emergency exit?
Turn to the right.	*How do I get to* the restroom?
Turn to the left.	*How do I get to* the nurses' station?
It's on the corner.	*How do I get to* the laboratory?
It's just past the waiting room.	

Practice

Pairs of students practice using Figures 6-1, 6-2, and 6-3. Point to a place that you imagine yourself to be. Ask your partner how to get to another place in the hospital. Then change parts.

6.3 ¿Dónde está?

Estudiantes trabajan en pares o grupos pequeños. Usando Figuras 6-1 y 6-2, explique los lugares que se piden. Después cambian papeles.

Hospital   ✔ Paciente

                                                  ¿Dónde está el laboratorio?

Está en el segundo piso.   *¿Dónde está* la cafetería?

Está debajo del laboratorio.   *¿Dónde está* la sala de enfermeras?

Está arriba.   *¿Dónde está* la clínica de pacientes externos?

Está | en la planta baja.
       | en el primer piso.   *¿Dónde está* la sala de espera?

Está a la izquierda de la clínica de pacientes
externos.   *¿Dónde está* la sala de emergencias?

Está en frente de la cafetería.   *¿Dónde está* la sala de recuperación?

Está _____.   *¿Dónde está* _____?

Está _____. | el laboratorio | la sala de cuidado
                                                  | la sala de operaciones | intensivo
                                                  | la tienda de flores y | la oficina de pagos/la
                                                  | regalos | cajera
                                                  | el elevador | el servicio
                                                  | el pasillo | el vestíbulo
                                                  | las escaleras | la oficina de
                                                  | la farmacia | información

6.4 ¿Cómo llego allí?

Hospital   ✔ Paciente

                                                  ¿Cómo llego a la oficina de admisiones?

Siga derecho.   *¿Cómo llego* a la salida de emergencia?

Doble a la derecha.   *¿Cómo llego* al cuarto de baño?

Doble a la izquierda.   *¿Cómo llego* al puesto de enfermeras?

Está en la esquina.   *¿Cómo llego* al laboratorio?

Está después de la sala de espera.

Práctica

Pares de estudiantes practican usando Figuras 6-1, 6-2, y 6-3. Indique un lugar en el que usted se imagina estar. Pregúntele a su pareja cómo llegar a otro lugar en el hospital. Después cambian papeles.

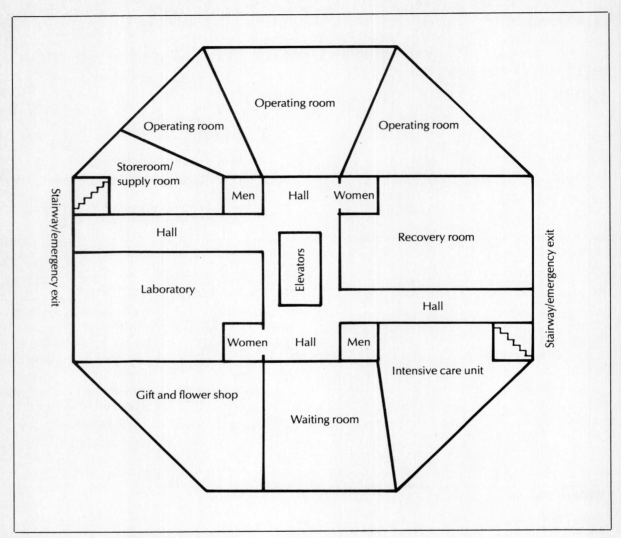

Figure 6-2. Second floor of hospital.

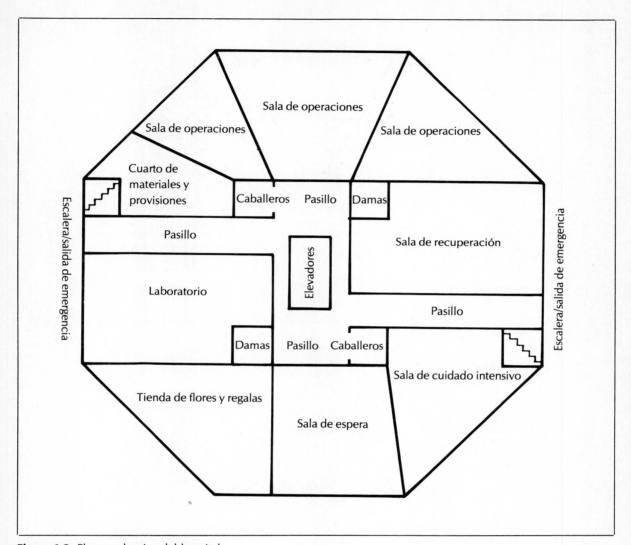

Figura 6-2. El segundo piso del hospital.

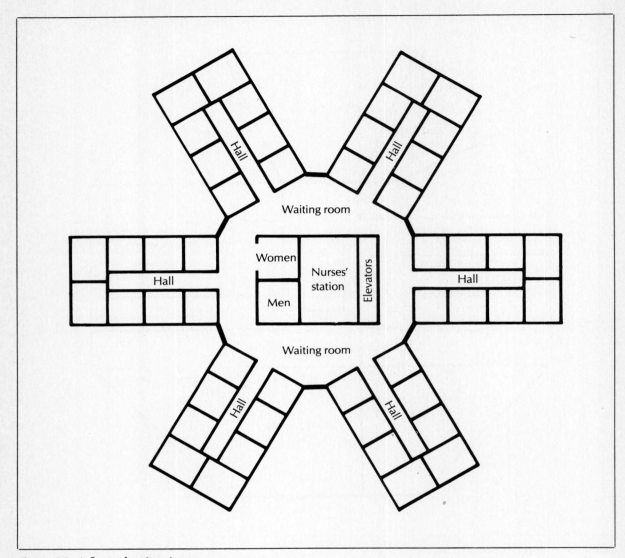

Figure 6-3. A floor of patients' rooms.

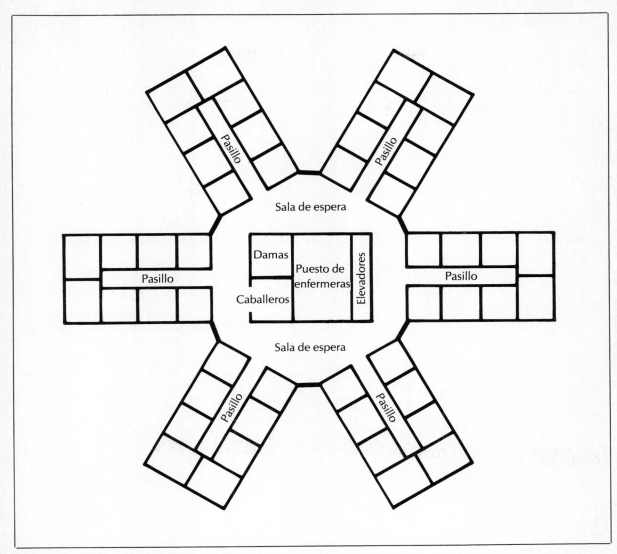

Figura 6-3. Un piso de cuartos para pacientes.

6.5 Days of the week

<u>Hospital</u>

No, probably | on Tuesday.
                | on Wednesday.
                | on Thursday.
                | on Friday.
                | on Saturday.
                | on Sunday.

Today is _____.
Tomorrow is _____.
The day after tomorrow is _____.
Yesterday was _____.
The day before yesterday was _____.

✔ <u>Patient</u>

When will I be dismissed? | On Monday?
                             | On Tuesday?
                             | On Wednesday?
                             | On Thursday?
                             | On Friday?
                             | On Saturday?

What day is | today?
               | tomorrow?
               | the day after tomorrow?

What day was | yesterday?
                | the day before yesterday?

Practice

Answer the questions orally.

If today is Tuesday, what day is tomorrow?
If yesterday was Wednesday, what day is today?
If tomorrow is Saturday, what day is the day after tomorrow?
If yesterday was Sunday, what was the day before yesterday?
If today is Friday, what day is tomorrow?
If today is Sunday, what day is tomorrow?
If today is Monday, what day is the day after tomorrow?
If tomorrow is Thursday, what day is the day after tomorrow?

6.5 Los días de la semana.

Hospital

No, probablemente | el martes.
                   | el miércoles.
                   | el jueves.
                   | el viernes.
                   | el sábado.
                   | el domingo.

Hoy es _____.
Mañana es _____.
Pasado mañana es _____.
Ayer fue _____.
Anteayer fue _____.

✔ Paciente

¿Cuándo me dan de alta? | ¿El lunes?
                         | ¿El martes?
                         | ¿El miércoles?
                         | ¿El jueves?
                         | ¿El viernes?
                         | ¿El sábado?

¿Qué día es | hoy?
            | mañana?
            | pasado mañana?
¿Qué día fue | ayer?
             | anteayer?

Práctica

Conteste las preguntas oralmente.

Si hoy es martes, ¿qué día es mañana?
Si ayer fue miércoles, ¿qué día es hoy?
Si mañana es sábado, ¿qué día es pasado mañana?
Si ayer fue domingo, ¿qué día fue anteayer?
Si hoy es viernes, ¿qué día es mañana?
Si hoy es domingo, ¿qué día es mañana?
Si hoy es lunes, ¿ué día es pasado mañana?
Si mañana es jueves, ¿qué día es pasado mañana?

6.6 Months and seasons

✔ Hospital

In what month is your birthday?

Patient

It's in	January.	August.
	February.	September.
	March.	October.
	April.	November.
	May.	December.
	June.	
	July.	

In what season is your birthday?

It's	in the spring.
	in the summer.
	in the fall.
	in the winter.

What day is your birthday?

It's *June* first.

It's the _____.

second	tenth
third	fifteenth
fourth	twenty-first
fifth	twenty-third
sixth	twenty-fourth
seventh	twenty-fifth
eighth	thirtieth
ninth	

Practice

What are the months of summer? fall? winter? spring?

6.7 The weather

Hospital

✔ Patient

What's the weather today?

It's hot.

It's _____.

cold	good weather
cool	bad weather
windy	sunny

It's	raining.
	snowing.

6.6 Los meses y las estaciones

✔Hospital

¿En qué mes es su cumpleaños?

¿En qué estación es su cumpleaños?

¿Qué día es su cumpleaños?

Paciente

Es en | enero.   agosto.
febrero.   septiembre.
marzo.   octubre.
april.   noviembre.
mayo.   diciembre.
junio.
julio.

Es en | la primavera.
el verano.
el otoño.
el invierno.

Es el primero *de junio.*

Es el _____.

dos	diez
tres	quince
cuatro	veintiuno
cinco	veintitrés
seis	veinticuatro
siete	veinticinco
ocho	treinta
nueve	

Práctica

¿Cuáles son los meses del verano? ¿otoño? ¿invierno? ¿primavera?

6.7 El tiempo

Hospital

Hace calor.

Hace _____.

frío	buen tiempo
fresco	mal tiempo
viento	sol

Está | lloviendo.
nevando.

✔Paciente

¿Cómo está el tiempo hoy?

Practice

Match each month with weather that might be typical of it.

It is very hot.	October
It's sunny.	April
It's windy.	July
It's raining.	January
It's snowing.	August
It's cool.	March

Numbers: 10 to 100

10	ten	60	sixty
20	twenty	70	seventy
30	thirty	80	eighty
40	forty	90	ninety
50	fifty	100	one hundred

6.8 Temperatures

<u>Hospital</u>

<u>Patient</u>

What temperature does the thermometer outdoors show?

It shows 22 degrees.

It shows _____ *degrees* | Celsius.
| centigrade.

14	26
36	33
10	24

It shows _____ *degrees Fahrenheit.*

32	96
45	65
78	56

<u>Doctor</u>

What temperature does the patient have?

What temperature does the patient have?

<u>Nurse</u>

He/She has forty degrees.

He/She has _____ *degrees.*

| thirty-seven and a half
| ninety-eight point six
| ninety-nine four

Práctica

Escoja un mes en que las expresiones de tiempo siguientes sean típicas.

Hace mucho calor.	octubre
Hace sol.	abril
Hace viento.	julio
Está lloviendo.	enero
Está nevando.	agosto
Hace fresco.	marzo

Números: De 10 a 100

10	diez	60	sesenta
20	veinte	70	setenta
30	treinta	80	octienta
40	cuarenta	90	noventa
50	cincuenta	100	cien

6.8 Temperaturas

Hospital

Indica 22 grados.

Indica _____ grados │ Celsios.
                        │ centígrados.

│ 14 │ 26
│ 36 │ 33
│ 10 │ 24

Indica _____ grados Fahrenheit.

│ 32 │ 96
│ 45 │ 65
│ 78 │ 56

Médico

¿Qué temperatura tiene el paciente?

¿Qué temperatura tiene el paciente?

Paciente

¿Qué temperatura │ *indica el termómetro?*
                    │ *indica afuera?*

Enfermera

Tiene cuarenta *grados.*

Tiene _____ *grados.*
  │ treinta y siete y medio
  │ noventa y ocho seis
  │ noventa y nueve cuatro

Practice

Read aloud the temperatures indicated.

100°F	65°F	42°F
36°C	19°C	−20°F
83°F	13°C	

Reading

Notice the correspondences of the following endings that are typical of many cognate words:

English:	-ance	-ence	-ia
Spanish:	-ancia	-encia	-ia

Consult the lists of cognate words in the Appendix for more examples. The selection that follows uses some of these cognate words. Read the selection and then answer the questions that follow it.

They took my neighbor to the hospital in an ambulance. It was an emergency. Luckily, her sister-in-law was visiting her, and she called my neighbor's husband at work to tell him. The woman is suffering from heart trouble, and they had to take her to the intensive care unit.

You know that the intensive care unit is only for patients who are critically ill and need special attention and equipment. The patients are admitted by a doctor's orders. Special nurses watch these patients carefully. There is oxygen available for every patient in case it is needed in an emergency, and a hospital doctor is available at all hours.

I would like to visit my neighbor, but only one person can visit a patient when she's in intensive care.

Her husband took her a suitcase with clothing. She doesn't need a nightgown right now, but she wants her toothbrush, makeup, a comb, and a hairbrush. She can only have a few things there.

Questions

What happened to the neighbor, and where is she now?
What is available in this unit?
What does the neighbor need?

Práctica

Lea en alta voz las temperaturas indicadas.

100°F	65°F	42°F
36°C	19°C	− 20°F
83°F	13°C	

Lectura

Note las correspondencias entre las siguientes terminaciones que son típicas de muchas palabras cognadas:

Inglés:	-ance	-ence	-ia
Español:	-ancia	-encia	-ia

Consulte las listas de palabras cognadas en el Apéndice que contiene más ejemplos. La selección que sigue usa algunas de esas palabras cognadas. Lea la selección y después conteste las preguntas que le siguen.

A mi vecina la llevaron al hospital en una ambulancia. Fue un caso de emergencia. Afortunadamente su cuñada estaba de visita en su casa y llamó al esposo de mi vecina al trabajo para darle la información. La señora padece del corazón y la han tenido que llevar a la unidad de cuidados intensivos.

Usted sabe que la unidad de cuidados intensivos es sólo para pacientes en estado crítico que necesitan atención y equipo especiales. Los pacientes son admitidos por orden médica. Enfermeras especializadas vigilan con cuidado a estos pacientes. Hay oxígeno disponible para cada enfermo en caso de que se necesite de urgencia, y un médico del hospital está disponible a todas horas.

Me gustaría visitar a mi vecina, pero sólo una persona puede entrar a visitar a un enfermo cuando está en la sala de cuidados intensivos.

Su esposo le llevó una maleta con su ropa. Ella no necesita una bata de dormir inmediatamente, pero quiere su cepillo de dientes, maquillaje, un peine y un cepillo de cabeza. Sólo muy pocas cosas puede tener allí.

Preguntas

¿Qué le pasó a la vecina y dónde está ella ahora?
¿Qué hay disponible en esa unidad?
¿Qué necesita la vecina?

Evaluation

A. Choose the best answer to each question:
1. Where should I pay? Pay _____.
   a. It's a private hospital.
   b. At the cashier.
   c. To the nurse.
   d. A minimum deposit.
2. On _____ and Sundays the doctor doesn't have office hours.
   a. Tuesdays
   b. Saturdays
   c. Wednesdays
   d. Mondays
3. Today is Wednesday. Come back tomorrow. Come back _____.
   a. Tuesday.
   b. Thursday.
   c. Monday.
   d. Friday.
4. The day after Monday is _____.
   a. Tuesday.
   b. Sunday.
   c. Saturday.
   d. Friday.
5. The month after March is _____.
   a. February.
   b. April.
   c. May.
   d. January.
6. The month before May is _____.
   a. April.
   b. July.
   c. March.
   d. June.

B. Give in English the number of days that each month has, using the following expressions: 31 days, 30 days, less than 30 days.
1. August _____
2. October _____
3. June _____
4. April _____
5. November _____
6. December _____
7. February _____
8. January _____
9. September _____
10. March _____
11. May _____
12. July _____

C. Use a box and a pen. Put the pen in the places indicated and then explain where the pen is.
1. The pen is _____.
   - on the box.
   - behind the box.
   - to the left of the box.
   - to the right of the box.
   - in front of the box.
   - in the box.
   - under the box.

Evaluación

A. Escoja la mejor respuesta para cada pregunta:
   1. ¿Dónde se paga? Pague _____.
      a. Es un hospital privado.
      b. A la cajera.
      c. A la enfermera.
      d. Un depósito mínimo.
   2. Los _____ y domingos el médico no tiene horas de consulta.
      a. martes
      b. sábados
      c. miércoles
      d. lunes
   3. Hoy es miércoles. Vuelva mañana. Vuelva el _____.
      a. martes.
      b. jueves.
      c. lunes.
      d. viernes.

   4. El día después del lunes es el _____.
      a. martes.
      b. domingo.
      c. sábado.
      d. viernes.
   5. El mes después de marzo es _____.
      a. febrero.
      b. abril.
      c. mayo.
      d. enero.
   6. El mes antes de mayo es _____.
      a. abril.
      b. julio.
      c. marzo.
      d. junio.

B. Dé en español el número de días que tiene cada mes usando las siguientes expresiones: 31 días, 30 días, menos de 30 días.

   1. Agosto _____
   2. Octubre _____
   3. Junio _____
   4. Abril _____
   5. Noviembre _____
   6. Diciembre _____

   7. Febrero _____
   8. Enero _____
   9. Septiembre _____
   10. Marzo _____
   11. Mayo _____
   12. Julio _____

C. Use una caja y una pluma. Ponga la pluma en los lugares indicados y explique dónde está la pluma.
   1. La pluma está _____.

   | encima de la caja.
   | detrás de la caja.
   | a la izquierda de la caja.
   | a la derecha de la caja.
   | en frente de la caja.
   | en la caja.
   | debajo de la caja.

Combining Review

Review the following sections: 1.1, 1.2, 3.6, 4.4, 4.6. Choose at least one question, answer, or statement from each section. By combining the statements, make up a conversation. You may use the sections in any order and add whatever vocabulary you want. The purpose of this practice is to review previously studied structures. A sample conversation from these sections might be as follows. (The numbers in parentheses are the sections from which the statements are drawn.)

Doctor:	Good morning (ma'am). (1.1)
Woman:	Good morning, doctor. (1.1)
Doctor:	What seems to be the problem? (1.3)
Woman:	My stomach hurts. (1.3)
Doctor:	Have you eliminated well? (4.4)
Woman:	No, doctor, I'm constipated. (3.6)
Doctor:	Take this medicine, please. (1.3)
Woman:	When shall I take the medicine? (4.6)
Doctor:	Before bedtime. (4.6)

Now, create a conversation. Remember, review the sentences. Use your imagination. No two conversations are the same.

Actions

Students practice in pairs or in small groups. One student gives the commands. The other performs them. Then change parts.

Sit down, *please*.
Stand up.
Turn to the right.
Go the corner.
Go toward the door.
Stop.
Get up on the table.

Take this off.
Put this on.
Lie down.
Breathe deeply.
Answer me.
Repeat.

Combinación de Repaso

Repase las siguientes secciones: 1.1, 1.2, 3.6, 4.4, 4.6. Escoja por lo menos una pregunta, respuesta o espresión de cada sección. Prepare una conversación combinando las expresiones que haya elegido. Puede usar las secciones en cualquier orden y añadir cualquier vocabulario que usted desee. El propósito de esta práctica es repasar estructuras estudiadas previamente. (Los numéros en los paréntesis indican las secciones de las cuales las expresiones han sido seleccionadas.)

Doctor: Buenos días, señora. (1.1)
Señora: Buenos días, doctor. (1.1)
Doctor: ¿Qué le pasa? (1.3)
Señora: Me duele el estómago. (1.3)
Doctor: ¿Ha eliminado bien? (4.4)
Señora: No, doctor, estoy estreñida. (3.6)
Doctor: Tome esta medicina, por favor. (1.3)
Señora: ¿Cuándo tomo la medicina? (4.6)
Doctor: Antes de acostarse. (4.6)

Ahora, cree una conversación. Recuerde repasar las oraciones. Use su imaginación. No hay dos conversaciones exactamente iguales.

Acciones

Estudiantes practican en pares. Un estudiante da una orden. El otro estudiante la ejecuta. Entonces cambian papeles.

Siéntese, *por favor*.
Levántese.
Doble a la derecha.
Vaya a la esquina.
Vaya hacia la puerta.
Deténgase.
Súbase a la mesa.

Quítese esto.
Póngase esto.
Acuéstese.
Respire profundamente.
Contésteme.
Repita.

Situation

You take the part of the receptionist at the information desk. Other group members take the parts of visitors to the hospital. Use Figures 6-1, 6-2, and 6-3. Visitors to the hospital ask you how to get to various places and you tell them. Then they thank you.

Visitor 1:   Where is the telephone, please?
Hospital: _____

Visitor 2:   Where is Room 305, please?
Hospital: _____

Visitor 3:   Where is the intensive care unit, please?
Hospital: Please speak more slowly.

Visitor 3   (Repeating):_____
Hospital: _____

Visitor 4:   How do I get to the outpatient clinic?
Hospital: Repeat, please.

Visitor 4:   _____
Hospital: _____

Visitor 5:   How do I get to the flower shop?
Hospital: _____

Visitor 5:   Thank you. Good night.
Hospital: _____

Visitor 6:   _____
Hospital: _____

Situación

Usted hace el papel de recepcionista en el puesto de información. Otros miembros del grupo hacen el papel de visitantes en el hospital. Use Figuras 6-1, 6-2, y 6-3. Los visitantes en el hospital le preguntan cómo llegar a varios lugares y usted les dice. Entonces ellos le dan las gracias.

Visitante 1: ¿Dónde está el teléfono, por favor?
Hospital: _____

Visitante 2: ¿Dónde está el cuarto 305, por favor?
Hospital: _____

Visitante 3: ¿Dónde está la unidad de cuidado intensivo, por favor?
Hospital: Favor de hablar más desbadio.

Visitante 3: (Repitiendo): _____
Hospital: _____

Visitante 4: ¿Cómo se llega a la clínica de pacientes externos?
Hospital: Repita, por favor.

Visitante 4: _____
Hospital: _____

Visitante 5: ¿Cómo llego a la tienda de flores y regalos?
Hospital: _____

Visitante 5: Gracias. Buenas noches.
Hospital: _____

Visitante 6: _____
Hospital: _____

Cultural Topics

Those trained in medical professions often have attitudes toward health care different from those of the patients they treat. The attitudes that patients bring with them, however, may affect their acceptance of the health care provided. Medical personnel have become increasingly aware of the need to take into account the beliefs and attitudes of the patients they treat. Some practices that patients cling to may be considered ineffective, although innocuous, by the medical profession.

In the middle and upper classes in urban areas, attitudes toward medical practice are largely the same for English-speaking and Spanish-speaking people. Many people, for example, believe that such products as health foods, vitamins, and food supplements will keep them especially healthy. Yet the medical profession tends to maintain that extra food supplements are not needed for people with well-balanced diets. Nonetheless, health food stores thrive in most cities.

Attitudes toward health depend on the affluence and level of sophistication of the people, as well as their tendency to keep family traditions through the generations. Among poor people from rural areas, many folk-healing practices still prevail. Such deeply held beliefs change slowly because they are learned in the heart of the family and handed down by word of mouth century after century. A very old belief in Hispanic culture, dating from medieval times, is *mal de ojo* or evil eye. Typically it is believed that a baby, for example, is given mal de ojo when a stranger or unknown person admires but does not touch the baby. The child becomes ill and may have a high temperature, or perhaps colic. An accepted cure for mal de ojo is to rub an unbroken egg over the child's body. The egg is then broken into a glass of water which is placed near or under the child's bed. If the egg "cooks" during the night, the child is cured. The child's temperature goes down, and he has been cured of the evil eye.

Before we dismiss such practices as mere superstitions, psychologists tell us that we should consider the psychosomatic effects of practices that people really believe can cure them. In this sense, the sophisticated person who uses health foods and the uneducated person who clings to traditional cures have something in common. Both the health food extremist and the practitioner of folk cures are convinced that health care demands more than the practice of modern medicine. Therefore, the practice of medicine is enhanced when medical personnel understand the cultural beliefs that the patient brings to the medical situation.

Pronunciacion en inglés

Consonants

r

El sonido de la r en inglés se hace en la parte de atrás de la boca moviendo la lengua hacia atrás. Para pronunciar la r en inglés primero pronuncie la vocal a. A medida que pronuncia la a haga una curva con la punta de la lengua hacia arriba y deslice los lados de la lengua hacia atrás. Cuando la r ocurre antes de una vocal, los labios están más redondeados.

rest	rectum	rheumatic	arm	nerve
rash	result	thyroid	ear	sharp
rib	room	Rh factor	hearing	sperm
diarrhea	operate	heart	liver	

Tópicos culturales

Los que practican la profesión médica tienen con frecuencia una actitud hacia el cuidado de la salud diferente de la de los pacientes que ellos tratan. Las actitudes que los pacientes traen, sin embargo, pueden afectar la aceptación de los cuidados médicos que ellos reciben. El personal médico se está dando más cuenta de la necesidad de tomar en consideración esas actitudes. Algunas prácticas a que los pacientes se adhieren son consideradas por la profesión médica como inefectivas, aunque inocuas.

En áreas urbanas, en las clases media y alta, las actitudes hacia la práctica de la medicina en general son las mismas para las personas de habla inglesa que para los hispano-hablantes. Mucha gente cree, por ejemplo, que tales productos como alimentos saludables, vitaminas y suplementos nutritivos los mantienen especialmente saludables. Sin embargo, la profesión médica cree que los suplementos nutritivos no son necesarios para las personas que tienen una dieta balanceada. Pero las tiendas que venden "productos saludables" prosperan en la mayoría de las ciudades.

Las actitudes hacia la salud dependen de la afluencia y sofisticación de las personas así como de su tendencia a mantener las tradiciones familiares a través de las generaciones. Entre la gente pobre de las áreas rurales, muchas prácticas de curanderismo todavía prevalecen. Tales creencias cambian poco porque han sido aprendidas en el seno de la familia y transmitidas oralmente a través de los siglos. Una vieja creencia en la cultura hispánica que data de tiempos medievales es el mal de ojo. Se cree, por ejemplo, que a un bebé le pueden echar mal de ojo cuando un extraño o desconocido admira al niño pero no lo toca. El niño puede enfermarse y darle fiebre o cólico. Una cura aceptada para el mal de ojo es darle pases con un huevo al cuerpo del niño. Entonces se rompe el huevo y se pone en un vaso de agua debajo de la cama del niño. Si el huevo "se cocina" durante la noche, al niño le baja la temperatura y se cura.

Antes de descontar tales prácticas como meras supersticiones, los psicólogos nos dicen que debemos considerar los efectos psicosomáticos de prácticas en que la gente cree. En este sentido, la persona sofisticada que usa alimentos saludables y los menos educados que se adhieren a las prácticas tradicionales de curanderismo tienen algo en común. Ambos, el creyente en la medicina por alimentos y el que practica el curanderismo, están convencidos de que el cuidado de la salud exige más que la práctica de la medicina moderna. Los beneficios de la práctica de la medicina se aumentan cuando el personal médico comprende las creencias culturales que el paciente trae consigo.

Pronunciation in Spanish

Consonantes

n

The Spanish *n* is similar to the English *n* in *no,* except as noted below.

no	unos	bien	noventa	nariz
en	unas	noche	ciento	nasal
nada	son	nueve	necesito	poner

---

t

En la mayoría de las posiciones, el sonido de la *t* en inglés es semejante al de la *t* en español en tú, excepto en la posición de la lengua. Esta se apoya contra la parte interior de los dientes de arriba y entonces se expulsa el aire al final del sonido.

tepid	tension	table	testicle	tissue
top	stomach	tooth	touch	tip

En sílabas átonas en el medio de una palabra, hay otra *t* en inglés que es casi como la *d* en la palabra en español *da*. Este sonido es pronunciado rápidamente y sin el soplo de aire. Puede escribirse *t*, *tt* o unirse a una consonante.

better	forty	attitude
butter	atom	pretty

Notas gramaticales/estructuras en inglés

Significados del verbo ser: to be

El verbo *to be* en inglés incluye el significado de varios verbos en español:

He is the patient.	Es el paciente.
He is tired.	Está cansado.
He is cold.	Tiene frío.
It's cold.	Hace frío.

Fechas y días del mes

Los días de la semana y los meses del año se escriben con mayúscula en inglés: Monday, lunes; March, marzo.

En inglés, típicamente la fecha sigue al día del mes.

En conversación, los días del mes se dan generalmente con el número ordinal en vez de con el número cardinal:

Today is March fourteenth.

Al escribirse, las fechas se dan con números cardinales: March 24, 1984, o 24 March 1984.

The Spanish *n* becomes an *m* sound before consonants formed with both lips *(b, v, m, p)*.

un vaso	un brazo	un poco
un pobre	un pie	un metro

The Spanish *n* is similar to the English *n* in sing before *c, qu, g,* and *j.*

tengo	sangre	un kilo	con José
blanco	naranja	un gramo	con Jorge

ñ

The Spanish *ñ* is similar to the English *ny* in *canyon.*

año	niño	señora	piñata
uña	niña	señorita	puño
baño	señor	piña	mañana

---

l

The Spanish *l* is similar to the English *l* in *lit.* The sides of the tongue, or one side of the tongue, is lifted toward the upper teeth.

el	los	dolor	flor	labio
la	las	mal	salir	piel

---

ll

The Spanish *ll,* as pronounced by most speakers, is similar to the English *y* in *yet.* In some regions, however, there is an *l* sound with the *y,* similar to the English *lli* in *million.* Sometimes, especially at the beginning of a word or breath group, the sound is similar to the English *j* as in *jargon.*

llamar	anillo	sellos	rodilla	servilleta
cepillo	tobillo	cuello	zapatillas	cuchillo

Verbos con preposiciones

En inglés hay muchos verbos que requieren una preposición para completar el concepto. Los verbos con preposición muchas veces se traducen al español por medio de un verbo reflexivo:

Sit down. Siéntese.
Take this off. Quítese esto.

Con frecuencia se usa un nombre o un pronombre entre el verbo y la preposición, como en el ejemplo que precede. No hay modo de saber cuáles son los verbos de dos palabras; hay que aprenderlos por medio de la práctica.

y

The Spanish *y* before a vowel is similar to the English *y* in *yet*. In some regions the sound is similar to the English *j* in *jargon*. The sound is more or less the same as the *ll*.

yo	yema	yarda	yodo	yerto
ya	mayo	yerno	yeso	yugular

At the end of a word and in the word *y* (and), the Spanish *y* is similar to the Spanish *i*; that is, similar to the English *i* in *machine*, though run together with the previous vowel.

y	hay	hoy	muy	voy	estoy

Grammar/Structure Notes on Spanish

Ordinal/Cardinal Numbers

Spanish uses cardinal numbers (three, four, five) rather than ordinal numbers (third, fourth, fifth) in giving dates, except for the first day of the month: June first, el primero de junio; June second, el dos de junio; June third, el tres de junio.

Dates

In Spanish the date precedes the month: el 2 de junio; el 3 de junio. The names of the months are not capitalized.

Hace for weather

To express weather conditions, Spanish uses a form of *hacer, to make,* rather than a form of *to be:* Hace frío—literally, it makes cold; it's cold.

Lesson 7
Serving the Patient

New Material

7.1 Does it hurt?

Hospital			Patient	
Does your head *hurt?*			*Yes, my* head *hurts.*	
Does your _____ hurt?			Yes, my _____ hurts.	
stomach	back		eye	
throat	waist		leg	
incision	arm		foot	
Do your eyes hurt?			Yes, my eyes hurt.	
Do your _____ hurt?			Yes, my _____ hurt.	
feet	shoulders		legs	
ears	knees		wrists	

Practice

Point out to another student parts of his/her body, and ask, Does your _____ hurt? or Do your _____ hurt? as appropriate. Then change parts. Each student should ask at least five questions.

Lección 7
Sirviendo al paciente

Materia nueva

7.1 ¿Le duele?

✔Hospital

¿*Le duele* la cabeza?

Le duele _____?

el estómago	la espalda	el ojo
la garganta	la cintura	la pierna
la herida	el brazo	el pie

¿Le duelen los ojos?

¿Le duelen _____?

los pies	los hombros	las piernas
los oídos	las rodillas	las muñecas

Paciente

Sí, *me duele* la cabeza.

Sí, me _____.

Sí, me duelen los ojos.

Sí, me duelen _____.

Práctica

Indique a otro estudiante partes de su cuerpo y pregúntele, ¿Le duele _____? o ¿Le duelen _____? según sea apropiado. Entonces cambien papeles. Cada estudiante debe hacer por lo menos cinco preguntas.

7.2 Medicines

<u>Hospital</u>

You should take aspirin.

You should take _____.

an antihistamine	these pills
an antibiotic	these tablets
an antacid	these lozenges
bicarbonate of soda	these capsules
a laxative	milk of magnesia

You may use them.

It can have secondary effects.

You shouldn't scratch it.

You should use ointment.

You should use _____.

germicidal powder.
a disinfectant powder.
salve.

You should use these drops.

You should use liniment.

You should take cough syrup.

You should gargle.

Yes, but it isn't serious.

You can use disinfectant soap.

You can use _____.

liquid disinfectant	alcohol
bleach	iodine
hydrogen peroxide	Merthiolate
ammonia	this solution
this mixture	

✔ Patient

What should I take?

I prefer to use generic drugs.

What effects can the drug have?

The rash itches.

What should I use?

My ear hurts.

My back hurts.

My throat hurts.

I have an injury.

How should I disinfect it?

7.2 Medicinas

Hospital

Debe tomar la aspirina.

Debe tomar _____.

antihistamina	estas píldoras
un antibiótico	estas tabletas
un antiácido	estas pastillas
bicarbonato	estas cápsulas
un laxante	leche de magnesia

Usted puede usarlas.

Puede tener efectos secundarios.

No debe rascarse.

Debe usar ungüento.

Debe usar _____.

polvo germicida.
un polvo desinfectante.
bálsamo/pomada.

Debe usar estas gotas.

Debe usar linimento.

Debe tomar jarabe para la tos.

Debe hacer gárgaras.

Sí, pero no es seria.

Puede usar jabón desinfectante.

Puede usar _____.

líquido desinfectante	alcohol
cloro	yodo
agua oxigenada	mertiolato
amoníaco	esta solución
esta mezcla	

✔ Paciente

¿Qué debo tomar?

Prefiero tomar drogas genéricas.

¿Qué efectos puede tener la droga?

Me pica la erupción.

¿Qué debo usar?

Me duelen los oídos.

Me duele la espalda.

Me duele la garganta.

Tengo una herida.

¿Cómo debo desinfectarla?

Practice

What words in each series are related to the italicized word?

Capsule: pill, throat, lozenge, leg, tablet
Liquid: syrup, drops, aspirin, ointment
Cold: cough syrup, aspirin, soap, gargle

7.3 Colors

<u>Hospital</u>

Take the red liquid, *please.*

Take _____, please.

the yellow liquid	the green liquid
the white liquid	the brown liquid
the black liquid	the gray liquid
the purple liquid	the orange liquid
the blue liquid	the pink liquid

Yes, take the red one.

Yes, take _____.

The yellow one	The purple one	The brown one	The pink one
The white one	The blue one	The gray one	
The black one	The green one	The orange one	

✔<u>Patient</u>

What medicine am I to take?

What tablet should I take? The red one?

What tablet should I take? _____?

Practice

Pair a medicine from list A with a color from list B. Read the phrase aloud with the words in their correct order.

A		B	
the liquid	the ointment	gray	brown
the capsule	the syrup	white	orange
the laxative	milk of magnesia	black	green
the tablet	the salve	yellow	blue

Práctica

¿Qué palabra de cada serie se relaciona con la palabra subrayada?

Cápsula: píldora, garganta, pastilla, pierna, tableta
Líquido: jarabe, gotas, aspirina, ungüento
Resfriado: jarabe para la tos, aspirina, jabón, gárgaras

7.3 Colores

Hospital   ↙ Paciente

                                                      ¿Qué medicina tengo que tomar?

Tome el líquido rojo, *por favor.*

Tome _____, *por favor.*

el líquido amarillo	el líquido verde
el líquido blanco	el líquido café
el líquido negro	el líquido gris
el líquido morado	el líquido anaranjado
el líquido azul	el líquido rosado

                                                      ¿Qué tableta debo tomar? ¿La roja?

Sí, tome la roja.   *¿Qué tableta debo tomar? ¿_____?*

Sí, tome _____.

La amarilla	La morada	La café	La rosada
La blanca	La azul	La gris	
La negra	La verde	La anaranjada	

Práctica

Paree una medicina de la lista A con un color de la lista B. Lea la frase en alta voz con las palabras en el orden correcto.

A

el líquido	el ungüento
la cápsula	el jarabe
el laxante	la leche de magnesia
la tableta	el bálsamo

B

gris	café
blanco	anaranjado
negro	verde
amarillo	azul

7.4 Medicines: When and How Much

Hospital   ✓ Patient

                                               When do I have to take the medicine?

Every hour.

_____.

Every two hours.	According to the doctor.
Every three hours.	According to the symptoms.
According to the label.	According to the pain.
According to the prescription.	Follow the instructions verbatim.

                                               How much do I have to take?

One teaspoonful.
Two teaspoonfuls.
Two tablets.

                                               Do they sell it in bottles or packets?

They sell it in child-proof bottles.

Practice

Write the instructions for the use of the following medicines: aspirin, cough syrup, antibiotics, eardrops.

7.5 The Hospital Room

Students work in pairs. One student gives the commands, and the other student executes them and identifies the item indicated (Fig. 7-1). Then change parts.

✓Student   Student

Point out the bed.   *This is* the bed.

Point out the _____.   *This is the* _____.

head of the bed	toilet/commode	window	call button
foot of the bed	bathtub/tub	door	outlet
night table	shower	closet	wall
tray table	lavatory	lamp	
bathroom	faucet	television	

7.4 Medicina: Cuándo y cuánta

Hospital

✔Paciente

¿Cuándo tomo la medicina?

Cada hora.

_____.

Cada dos horas.	De acuerdo con el médico.
Cada tres horas.	De acuerdo con los síntomas.
De acuerdo con la etiqueta.	De acuerdo con el dolor.
De acuerdo con la receta.	Siga las instrucciones al pie de la letra.

¿Cuánto debo tomar?

Una cucharadita.
Dos cucharaditas.
Dos tabletas.

¿Se venden en frascos o en paquetes?

Se venden en frascos a prueba de niños.

Práctica

Escriba instrucciones para el uso de las siguientes medicinas: aspirina, jarabe para la tos, antibióticos, gotas para el oído.

7.5 El cuarto de hospital

Estudiantes trabajan en pares. Un estudiante da las órdenes y el otro estudiante las ejecuta e identifica el objeto indicado (Fig. 7-1). Entonces cambian partes.

✔Estudiante

Indique la cama.

Indique _____.

Estudiante

Es la cama.

Es _____.

la cabecera de la cama	el inodoro	la ventana	el timbre
los pies de la cama	la bañadera/la tina	la puerta	el enchufe
la mesa de noche	la ducha/la regadera	el closet/el guardarropa/	la pared
la mesa de servir	el lavabo	el ropero/el armario	
el baño	la llave/la pila	la lámpara	
		la televisión	

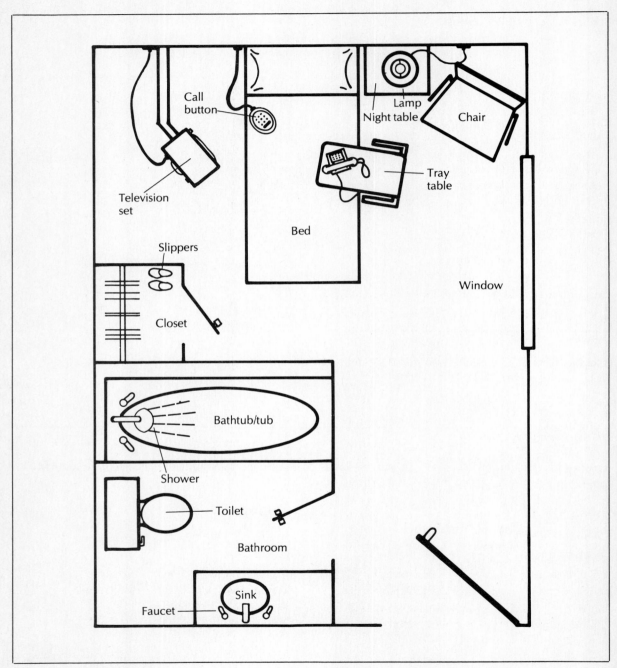

Figure 7-1. A hospital room.

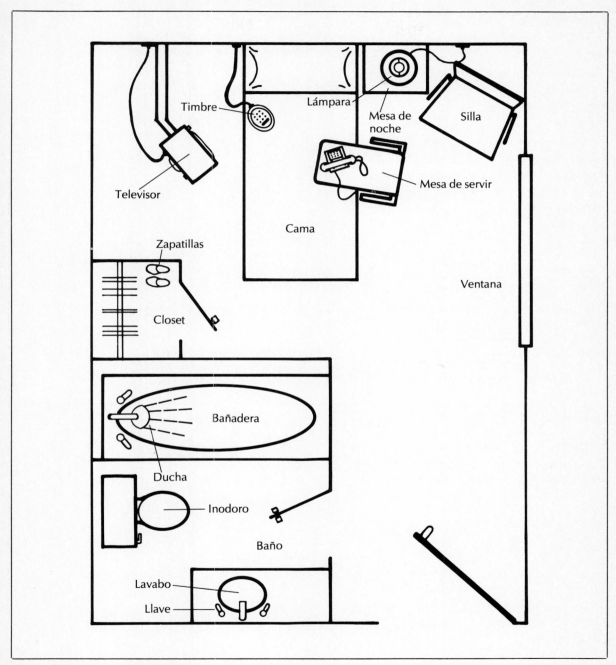

Figura 7-1. Un cuarto de hospital.

7.6 Things to Take to the Hospital

✔ Family

What are you going to take to the hospital?
   Your robe?

What are you going to take the hospital?
   _____?

Your slippers	Deodorant
Your nightgown	Toothpaste
Your pajamas	Talcum powder
	Perfume
A toothbrush	Cosmetics
A comb	
A razor	

Patient

Yes, I'm going to take my robe.

Yes, I'm going to take _____.

Practice

Associate each article that you practiced in the above section with a part of the body on which it may be used:

teeth   armpit   body   hair   feet   chin

7.7 Women's Clothing

✔ Hospital

Ma'am, what do you want to put on?
   Your dress?

Ma'am, what do you want to put on?
   _____?

Your skirt	Your bra
Your blouse	Your slip
Your suit	Your panties
Your pantsuit	Your hose/stockings
Your pants/slacks	Your coat
Your shoes	

Patient

Yes, my dress.
No, not my dress.

Yes, my _____.
No, not my _____.

7.6 Que llevar al hospital

✔ Familia

¿Qué va a llevar al hospital?
  ¿La bata?

¿Qué va a llevar al hospital?
  ¿_____?

Las zapatillas	El desodorante
La camisa de dormir	La pasta de dientes
La pajama/La pijama	El talco
/La payama	El perfume
El cepillo de dientes	Cosméticos
El peine	
Maquinilla de afeitar	

Paciente

Sí, voy a llevar la bata.

Sí, voy a llevar _____.

Práctica

Asocie cada artículo que usted practicó en la sección precedente con una parte del cuerpo en la que pueda usarse:

dientes   axila   cuerpo   pelo   pies   barba

7.7 Ropa de mujer

✔ Hospital

Señora, ¿qué quiere ponerse?
  ¿El vestido?

Señora, ¿qué quiere ponerse?
  ¿_____?

La falda	El sostén
La blusa	La enagua
El traje	Las pantaletas
El traje pantalón	Las medias
Los pantalones	El abrigo
Los zapatos	

Paciente

Sí, el vestido.
No, el vestido no.

Sí, _____.
No, _____ no.

Practice

From the following lists, pair an article of clothing and a color. Read each pair preceding it with *the*. Use the appropriate order:

the + color + clothing

Clothing		Colors	
blouse	dress	gray	black
shoes	slippers	green	yellow
coat	skirt	white	blue
hose	suit	brown	purple

7.8 Men's Clothing

✔ Hospital

Sir, what do you want to put on?
    Your suit?

Sir, what do you want to put on?
    _____?

Your shirt	Your sweater
Your pants/slacks	Your belt
Your jacket	Your undershirt
Your vest	Your athletic support
Your tie	Your shorts
	Your socks

Patient

Yes, my suit.

No, not my suit.

Yes, my _____.

No, not my _____.

Practice

Associate each article of clothing that you have practiced in the above section with a part of the body on which it may be used.

the legs	the waist	the lower part	the torso
the neck	the feet	of the trunk	the chest

Práctica

De la siguientes listas, paree una prenda de vestir y un color. Lea cada par precediéndolo con *el, la, los,* o *las.* Use el orden apropiado:

el, la, los, las + ropa + color

Ropa		Colores	
blusa	vestido	gris	negro
zapatos	zapatillas	verde	amarillo
abrigo	falda	blanco	azul
medias	traje	café	morado

7.8 Ropa de hombre

🖎 Hospital

Señor, ¿qué quiere ponerse?
  ¿El traje?

Señor, ¿qué quiere ponerse?
  ¿_____?

La camisa	El suéter
Los pantalones	El cinturón
La chaqueta	La camiseta
El chaleco	El soporte
La corbata	Los calzones/los calzoncillos
	Las medias/los calcetines

Paciente

Sí, el traje.

No, el traje *no.*

Sí, _____.

No, _____ no.

Práctica

Asocie cada artículo de vestir que usted ha practicado en la sección precedente con una parte del cuerpo en que pueda usarse.

las piernas	la cintura	la parte inferior	el torso
el cuello	los pies	del tronco	el pecho

7.9 Articles of Value

<u>Hospital</u>   ✔ <u>Patient</u>

Please put away my watch.

Of course. I'll put it in the safe-deposit box.   *Please put away _____.*

| my ring | my bracelet |
| my money | my checkbook |

Of course. I'll put it in the safe-deposit box.   *Please put away _____.*

| my billfold | my ring (with jewels) |
| my purse/handbag | my bracelet |

Please put _____ away.

Surely. I'll put them in the drawer.

my contact	my books
lenses	my earrings
my glasses	my documents
my cosmetics	

Practice

Choose from the list in column B a place where each of the items in column A might be kept.

A

money	ring	clothing
billfold	documents	checkbook
purse	books	glasses
watch	cosmetics	bracelet

B

purse	safe-deposit box
billfold	closet
drawer	

7.10 Bring me, please.

<u>Hospital</u>   ✔ <u>Patient</u>

Would you bring me a towel, please?

A towel? Gladly.   *Would you bring me _____, please?*

_____? Gladly.

a glass	a washcloth	some water	some bathroom tissue
a pitcher	a mirror	some ice	some sanitary napkins
a magazine	a blanket	some scissors	some tissues/Kleenex
a newspaper	a pillow	some stamps	the flowers
a vase	some lotion	some stationery	
a pen		some tampons	

7.9 Artículos de valor

Hospital

✔Paciente

Favor de guardar el reloj.

Claro. Lo pongo en la caja de valores.

Favor de guardar _____.

el anillo	el brazalete
el dinero	el libro de cheques

Claro. La pongo en la caja de valores.

Favor de guardar _____.

la billetera	la sortija
la bolsa/la cartera	el brazalete

Favor de guardar _____.

Cómo no. Los pongo en la gaveta.

los lentes de contacto	los libros
los anteojos/los espejuelos	los aretes
los cosméticos	los documentos

Práctica

Escoja de la lista en la columna B un lugar donde cada uno de los objetos en la columna A pueda guardarse.

A

dinero	anillo	ropa
billetera	documentos	libro de cheques
bolsa	libros	espejuelos
reloj	cosméticos	brazalete

B

bolsa	caja de valores
billetera	armario
gaveta	

7.10 Tráigame, por favor.

Hospital

✔Paciente

¿Me trae una toalla, por favor?

¿Una toalla? Con mucho gusto.

Me trae _____, por favor?

¿_____? Con mucho gusto.

un vaso	una toallita	agua	papel para el baño
un jarro	un espejo	hielo	toallitas sanitarias
una revista	una frazada/una colcha	unas tijeras	pañuelos de papel/Kleenex
un periódico	una almohada	unos sellos	las flores
un florero	loción	papel para escribir	
una pluma		tampones/tapones	

Practice

Choose a word or phrase from those you have just practiced to complete each of the following sentences.

Are you thirsty? Here is _____.
Do you want to read? Here is _____.
Do you want to wash your face? Here is _____.
Do you want to comb your hair? Here is _____.
Is it your menstrual period? Do you need _____?
Here is a _____ for the flowers.
Does it itch? Do you want some _____?
Are you cold? Here is _____.

Reading

Read through the following sentences. Try to capture a general idea of what is being said through the use of cognate words.

Disinfectants

1. The proper use of a disinfectant in the laundry can prevent or reduce the spread of bacteriological infections.
2. Some disinfectants that are effective in reducing the number of bacteria in clothing are bleach, pine oil, and the quaternary disinfectants such as benzalkonium. The quaternary disinfectants, used especially in hospitals, should be put only in the final rinse of the laundry.
3. These disinfectants can be bought in supermarkets, drugstores, or in stores that sell cleaning products.
4. *Warning:* Disinfectants should be kept out of the reach of children.

Questions

Below are listed the key words from each numbered section of the reading. Notice that most of the key words are cognates. Using the key words, answer the question on each section of the reading.

1. *use disinfectant(s) laundry prevent reduce infections*
   What can using disinfectants in the laundry do?

2. *disinfectants effective bleach pine oil quaternary final rinse*
   What are some effective disinfectants and when are they used?

3. *disinfectants can be bought supermarkets pharmacies*
   Where can the disinfectants be bought?

4. *warning disinfectants out reach children*
   What is the warning?

Práctica

Escoja una palabra o frase de las que ha practicado en la sección previa para completar cada una de las siguientes oraciones.

¿Tiene sed? Aquí está _____.
¿Quiere leer? Aquí tiene _____.
¿Quiere lavarse la cara? Aquí tiene _____.
¿Quiere peinarse? Aquí tiene _____.
¿Tiene su período? ¿Necesita _____?
Aquí tiene un _____ para las flores.
¿Le pica? Aquí tiene _____.
¿Tiene frío? Aquí tiene _____.

Lectura

Lea las siguientes oraciones. Trate de comprender la idea general de lo que se dice por medio del uso de las palabras cognadas.

Desinfectantes

1. El uso apropiado de un desinfectante en el lavado de ropa puede prevenir o reducir la propagación de infecciones bacteriológicas.
2. Algunos desinfectantes efectivos en reducir el número de bacterias en la ropa son cloro, aceite de pino y los cuaternarios, como benzylkonyum. Los desinfectantes cuaternarios, usados especialmente en los hospitales, deben ponerse solamente en el enjuague final del lavado.
3. Estos desinfectantes pueden comprarse en los supermercados, en las farmacias o en los establecimientos que venden materiales de limpieza.
4. *Advertencia:* Los desinfectantes deben estar fuera del alcance de los niños.

Preguntas

A continuación se escriben las palabras clave en cada sección enumerada en la lectura. Note que la mayoría de las palabras son palabras cognadas. Usando las palabras cognadas, conteste la pregunta en cada sección de la lectura.

1. *uso   desinfectante(s)   lavado de ropa   prevenir   reducir   infecciones*
   ¿Qué hace el uso de desinfectantes en el lavado?

2. *desinfectantes   efectivos   cloro   aceite de pino   cuaternarios   enjuague final*
   ¿Cuáles son algunos desinfectantes efectivos y cuándo se usan?

3. *desinfectantes   comprarse   supermercados   farmacias*
   ¿Dónde pueden comprarse los desinfectantes?

4. *advertencia   desinfectantes   fuera   alcance   niños*
   ¿Cuál es la advertencia?

Evaluation

A. Select the best answer to complete each sentence.
  1. A man does not use _____.
     a. a vest.
     b. men's shorts.
     c. a bra.
     d. a belt.
  2. If you're going to wear a suit, you might also wear _____.
     a. a tie.
     b. a skirt.
     c. pajamas.
     d. a robe.
  3. If a woman is going to the hospital, she doesn't need to take _____.
     a. a nightgown.
     b. slippers.
     c. robe.
     d. earrings.
  4. If you're going to the bathroom, you can put on your _____.
     a. bracelet.
     b. checkbook.
     c. slippers.
     d. glasses.
  5. You have your money in _____.
     a. your billfold.
     b. your ring.
     c. undershirt.
     d. your watch.

B. Find a word in column B that is related in some way to each word in column A.

A		B	
men's shorts	shirt	purse	ring
coat	jeweled ring	blouse	scarf
girdle	glasses	contact lenses	undershirt
hose	handbag	bra	shoes

C. Select from column B the best response to each statement in column A.

A	B
My head aches.	You should use disinfectant powder.
I have a sore throat.	You have to take a laxative.
My back hurts.	You should use liniment.
My skin itches.	For a headache, you should take aspirin.
My eyes hurt.	You should gargle.
My incision hurts.	Do you need glasses?
I'm constipated.	If you have a lot of pain, you should take this pill.

Evaluación

A. Escoja la respuesta que mejor complete la oración.

1. Un hombre no usa _____.
    a. un chaleco.
    b. calzoncillos.
    c. sostén.
    d. cinturón.
2. Si va a ponerse el traje, puede ponerse también _____.
    a. la corbata.
    b. la falda.
    c. las pijamas.
    d. la bata.
3. Si una señora va al hospital no necesita llevar _____.
    a. camisa de noche.
    b. zapatillas.
    c. bata.
    d. aretes.
4. Si usted va al baño debe ponerse _____.
    a. la pulsera.
    b. el libro de cheques.
    c. las zapatillas.
    d. los anteojos.
5. Usted tiene el dinero en _____.
    a. la billetera.
    b. el anillo.
    c. la camiseta.
    d. el reloj.

B. Encuentre una palabra en la columna B que se relacione de algún modo con una palabra en la columna A.

A		B	
calzoncillos	camisa	bolsa	anillo
abrigo	sortija	blusa	bufanda
faja	anteojos	lentes de contacto	camiseta
medias	cartera	sostén	zapatos

C. Escoja en la columna B la mejor respuesta para cada expresión en la columna A.

A	B
Me duele la cabeza.	Hay que usar polvo desinfectante.
Me duele la garganta.	Tiene que tomar un purgante.
Me duele la espalda.	Debe usar linimento.
Me pica la piel.	Para la jaqueca tiene que tomar aspirina.
Me duelen los ojos.	Hay que hacer gárgaras.
Me duele la herida.	¿Necesita anteojos?
Estoy estreñido.	Si tiene mucho dolor debe tomar esta pastilla.

D. Answer each question with any appropriate color, according to the example.
Example: What skirt are you going to put on? The red one.

1. What dress are you going to put on?
2. What robe are you going to put on?
3. What shoes are you going to put on?
4. What suit are you going to put on?
5. What uniform are you going to put on?
6. What shirt are you going to put on?
7. What tie are you going to put on?
8. What blouse are you going to put on?
9. What socks are you going to put on?

Combining Review

Review the following sections: 1.2, 1.5, 2.4, 2.6, 3.2, 4.5, 4.7, 5.4, 6.3. Choose at least one question, answer, or statement from each section. By combining the statements, make up a conversation. You may use the sections in any order and add any additional vocabulary you want. The purpose of this practice is to review previously studied structures and then to practice some of them through using them in a conversation.

Actions

Students practice in pairs or small groups. One person chooses a word from each column to form a question. The other person chooses a word from each column to form an answer. In pairs or small groups, take turns answering and asking the suggested questions.

I want to	go	with me./?
I don't want to	decide	this./?
Do you want to	describe	the meal./?
Don't you want to	discuss	the medicine./?
I should	dissolve	the diet./?
I shouldn't	include	it./?
Should I	omit	them./?
Should you	permit	
You should	prohibit	
You shouldn't	repeat	
	follow	

D. Conteste cada pregunta con cualquier color apropiado según el ejemplo.
Ejemplo: ¿Qué falda va a ponerse? La falda roja.

1. ¿Qué vestido va a ponerse?
2. ¿Qué bata va a ponerse?
3. ¿Qué zapatos va a ponerse?
4. ¿Qué traje va a ponerse?
5. ¿Qué uniforme va a ponerse?
6. ¿Qué camisa va a ponerse?
7. ¿Qué corbata va a ponerse?
8. ¿Qué blusa va a ponerse?
9. ¿Qué calcetines va a ponerse?

Combinación de repaso

Repase las secciones siguientes: 1.2, 1.5, 2.4, 2.6, 3.2, 4.5, 4.7, 5.4, 6.3. Escoja por lo menos una pregunta, respuesta o expresión de cada sección. Prepare una conversación combinando las expresiones que haya elegido. Puede usar las secciones en cualquier orden y añadir cualquier vocabulario que usted desee. El propósito de esta práctica es repasar estructuras estudiadas previamente y entonces practicar algunas de ellas usándolas en una conversación.

Acciones

Estudiantes practican en pares o grupos pequeños. Una persona escoge una palabra de cada columna para formular una pregunta. La otra persona escoge una palabra de cada columna para formular la respuesta. En pares o grupos pequeños, tomen turnos preguntando y contestando las preguntas.

Quiero	ir	conmigo./?
No quiero	decidir	esto./?
¿Quiere	describir	la comida./?
¿No quiere	discutir	la medicina./?
Debo	disolver	la dieta./?
No debo	incluir	-lo/-la./?
¿Debo	omitir	-los/-las./?
¿Debe	permitir	
Usted debe	prohibir	
Usted no debe	repetir	
	seguir	

Situations

1. You are the pharmacist in a local drugstore. Several different clients come in to buy medicines. Each one tells you the medical problem and asks what medicine you suggest. Clients ask for: medicine for a cold, medicine for a child who has diarrhea, something for allergies, something to disinfect a cut, something for constipation, and something for sore muscles.
2. You are the mother or father of a teenage daughter who is to have minor surgery. She wants to take all of her cosmetics and articles for her hair, as well as several changes of wardrobe. You discuss with her why she doesn't need all these things.
3. In the children's wing of a hospital, two children have been sharing a room and now it is time for them to leave the hospital. Now they argue over which toy belongs to whom. These are the toys:

a red ball	a doll in a yellow dress
a green ball	a tan teddy bear
a gray mouse	a black teddy bear
a doll in a blue dress	a brown teddy bear

Using pieces of construction paper to represent the toys, decide who may have what.

Cultural Topics

Curanderismo

Curanderismo, or folk healing, is an art that has been preserved as an old tradition in Spanish-speaking countries. It is a deeply rooted belief in some segments of the population; nevertheless, there are many people who are cosmopolitan and do not share such beliefs.

The curandero/curandera, or spiritual counselor, exercises a great influence on his/her clients and in the community as a whole. The influence of the curandero makes him the patriarch, arbiter of disputes among families and friends and the wise guide in the solution to the problems of life in general. He is respected for his religious practices.

The patient or his/her family may seek the help of the curandero before going to the pharmacy or consulting the doctor. The curandero, after determining the complaints of the patient, prescribes medicinal herbs, potions, massages, ointments, salves, and, of course, amulets and prayers. The effect of the medicines is increased by the curative powers of the curandero; the faith in the effectiveness of the remedies that he prescribes sometimes produces miraculous results. The success in some cases reinforces the belief in curanderismo. But if the curandero sees that he cannot cure the patient, he may advise him to seek medical help.

Those who believe in curanderismo may seek medical attention as a last resource; they are fatalists who believe that health is a question of chance.

There are also English-speaking Americans who believe in faith-healing, although in general they are members of evangelical sects. Such people seek the advice of the faith healer after seeking medical assistance if that assistance has not produced positive results.

Situaciones

1. Usted es el farmacéutico de una farmacia local. Varios clientes vienen a comprar medicinas. Cada uno le dice los problemas médicos que tiene y le pregunta que medicina le sugiere. Los clientes piden: medicinas para el resfriado, medicina para un niño que tiene diarrea, algo para las alergias, algo para desinfectar una herida, algo para el estreñimiento y algo para el dolor en los músculos.
2. Usted es la madre o el padre de una hija jovencita que va al hospital para una operación. Ella quiere llevar todos sus cosméticos y artículos para el cuidado del cabello así como varios cambios de ropa. Usted discute con ella por qué ella no necesita todas esas cosas.
3. En la sala de niños de un hospital, dos niños han estado compartiendo un cuarto y ahora es el momento de salir del hospital. Ellos discuten sobre qué juguetes le pertenecen a cada uno. Estos son los juguetes:

una pelota roja	una muñeca con un vestido amarillo
uno pelota verde	un osito color café claro
un ratoncito gris	un osito negro
una muñeca con un vestido azul	un osito color café

Usando pedazos de papel de colores para representar los juguetes, decida qué puede tener cada uno.

Tópicos culturales

El curanderismo

El curanderismo es un arte y se ha conservado como una vieja tradición en los países hispanos. Esta es una creencia muy arraigada en algunos segmentos de la población, sin embargo, hay una gran parte del pueblo que es cosmopolita y no comparte esas creencias.

El curandero/a o consejero/a espiritual ejerce una gran influencia sobre sus clientes y en su comunidad en general. Su influencia traspasa los límites de las enfermedades físicas. El llega a convertirse en patriarca, árbitro de disputas entre familiares y amigos y guía sabio en la solución de problemas de la vida en general. Se le respeta por sus prácticas religiosas.

El enfermo o sus familiares acuden al curandero antes de ir a la farmacia o a la consulta del médico. El curandero, después de determinar lo que aqueja al paciente, le receta hierbas medicinales, pociones, masajes, ungüentos, pomadas y, por supuesto, amuletos y oraciones. El efecto de las medicinas es aumentado por los poderes curativos del curandero y la fe en la efectivdad de los remedios produce a veces resultados milagrosos. El éxito en algunos casos refuerza la creencia en el curanderismo. Pero si el curandero comprende que no puede curar al paciente, le aconseja que busque asistencia médica.

Los que creen en el curanderismo recurren al médico como último recurso, son fatalistas y creen que la salud es cuestión de suerte.

Hay anglos (americanos de habla inglesa) que también creen en las curas por la fe, aunque en general son miembros de las religiones evangélicas. Ellos recurren al consejo del que cura por la fe después de buscar asistencia médica si ésta ha fallado en producir resultados positivos.

Questions

1. What belief is deeply rooted in some segments of the Hispanic population?
2. Who is the curandero? How is he considered in his community?
3. Among people who believe in curanderos, whose help is sought first—the doctor's or the curandero's?
4. What does the curandero prescribe?
5. Why are the results sometimes successful?
6. What may the curandero do if he cannot cure the patient?
7. Do you believe that health is a question of chance?
8. Do Anglos believe in faith-healing?
9. When do Anglos seek faith-healing?
10. Do you believe in curanderismo or folk healing?
11. Do you know a curandero?

Pronunciación en inglés

g

Cuando es seguida por una consonante, *a, o,* o *u,* o al final de una palabra, el sonido de la g en inglés se pronuncia como la g en español en *gracias.* A este sonido de g nos vamos a referir como el sonido de la g.

good	gland	gallbladder	gout	groin
gums	gain	gargle	gonorrhea	gray

Cuando la g ocurre delante de *e* or *i* o en palabras de una sílaba tiene el mismo sonido: *girl, give, get;* pero hay varias exepciones como *germ, gem.*

g, j

Cuando a la g le sigue la *e* o la *i* en inglés (excepto en los ejemplos arriba mencionados) tiene un sonido semejante al de la *y* en el *yo* enfático. Es el sonido de la *y* que hallamos en algunos dialectos del español, como en Argentina.

discharge	indigestion	vagina	generous	general
region	hemorrhage	religion	germ	genius

Preguntas

1. ¿Qué creencia es muy arraigada en algunos segmentos de la población hispana?
2. ¿Quién es el curandero? ¿Cómo se considera en su comunidad?
3. ¿Qué ayuda se busca primero—la del médico o la del curandero?
4. ¿Qué receta el curandero?
5. ¿Por qué a veces los resultados tienen éxito?
6. ¿Qué hacen los curanderos si no pueden curar al paciente?
7. ¿Cree Ud. que la salud es cuestión de suerte?
8. ¿Creen los anglos en curas por la fe?
9. ¿Cuándo buscan los anglos la cura por la fe?
10. ¿Cree Ud. en el curanderismo?
11. ¿Conoce Ud. un curandero?

Pronunciation in Spanish

f

The Spanish *f* is similar to the English *f* in *fit*.

flema	familia	federal	florero
fiebre	firmar	por favor	fosa nasal

p

The Spanish *p* is similar to the English *p* in *spot*, but there is no puff of air with this sound as there is in an English *p*.

para	peso	pastel	problema
pera	pecho	papá	sarampión

qu

The Spanish *qu* (always in this combination) is pronounced like the English *k*, as in *kit*.

que	quiero	queso	tranquilo
quien	quiere	quieto	aquí

---

j

La *j* tiene el mismo sonido de la *g* seguida por *e* o *i*.

jump	jeans	adjust	jack
jet	just	January	joy

Notas gramaticales/estructuras en inglés

Verbos auxiliares de modo: Modals

Los verbos auxiliares de modo o modales, expresan obligación, posibilidad, probabilidad, futuro y condición. Se usan con la forma simple del verbo.

You may use the medicine.	Ud. puede usar la medicina (Ud. tiene permiso).
You can use the medicine.	Ud. puede usar la medicina (es posible).
You should take the medicine.	Ud. debe tomar la medicina (deber).
I'll take the medicine.	Tomaré la medicina (futuro).
I would take the medicine.	Tomaría la medicina (condición).

Con frecuencia, los modales expresan conceptos que en español se representan por medio del verbo más infinitivo o por los tiempos futuro o condicional. En oraciones complejas, los modales se usan con frecuencia cuando el español usa el modo subjuntivo. Al igual que con *be* y *do,* los modales pueden formar contracción con *not:* You should, You shouldn't; You can, You can't.

Tener que (to have to) y deber de (must)

Dos expresiones idiomáticas que indican obligación en inglés funcionan en gran modo como los modales. Como ellos, también usan la forma simple del verbo.

Do I have to take the medicine?	¿Tengo que tomar la medicina?
Must I take the medicine?	¿Debo tomar la medicina?

Adjetivos posesivos con artículos de ropa de uso personal

Como con las partes del cuerpo, el posesivo se usa en vez del artículo definido para referirse a la ropa de uso personal.

Do you want to put on your suit?	¿Quiere ponerse el traje?
No, not my suit.	No, el traje, no.

x

The Spanish x is usually similar to a weak English gs as in *wigs*. Before a consonant, it often sounds like an *s*. In some regions of Spanish America, x is almost like the English x in *exam* or the *cs* in *ecstasy*.

examen	axila	extenso	exclamar
examinar	óxido	exterior	expectoración

w

There is no *w* in Spanish except in a few foreign words or words of foreign origin.

Washington   wagneriano

Grammar/Structure Notes on Spanish

Verb + Infinitive Constructions

You can increase your ability to communicate in Spanish by learning to use the verb + infinitive constructions that occur frequently in Spanish. In some cases, another word is inserted between the verb and the infinitive.

Debe tomar la medicina.	You should take the medicine.
Debo tomar la medicina.	I should take the medicine.
Tengo que tomar la medicina.	I have to take the medicine.
Tiene que tomar la medicina.	You have to take the medicine.
¿Qué va a ponerse?	What are you going to put on?
Voy a ponerme esto.	I'm going to put this on.

As may be seen from the examples, after forms of the verb *tener, que* must precede the infinitive. After forms of *ir (voy, va)*, there must be an *a* before the infinitive.

Favor de

Favor de is a shortened form of the polite phrase *Hágame el favor de,* which literally means "Please do me the favor of." *Favor de* followed by the infinitive is an easy way to give a command, since it avoids the rather difficult command forms.

Favor de guardar esto.	Please put this away.
Favor de usar esto.	Please use this.

Pronombres impersonales: They, you

El inglés usa con frecuencia un pronombre impersonal—*they, you* en construcciones en que en español se usa *se*.

Where do they sell alcohol?	¿Dónde se vende alcohol?
Where can you buy Band-Aids?	¿Dónde se compran curitas?

Ponerse

In English, one says "put on" but *ponerse* really means "to put oneself." Spanish often uses reflexive pronouns (*se* = oneself) where English uses prepositions (on).

Definite Article Used with Articles of Clothing

While in English we must say "I'm going to put on *my* skirt," Spanish uses the definite article *(el, la, los, las)*. It isn't necessary to use the possessive *my* or *your* because the reflexive pronoun *se* makes clear whose article of clothing it is.

Grammar/Structure Reference

For additional reference on the points of grammar or structure used in this lesson, consult a grammar text on the following points: *ir a* + infinitive, reflexive verbs, and definite article with articles of clothing.

Lesson 8
Basic Procedures

New Material

8.1 Vital Signs

<u>Doctor</u>

He's/She's in | critical condition.
           | serious condition.

His/Her condition is | serious.
                | good.
                | stable.

He/She is getting | worse.
             | better.

His/Her pulse is weak.

His/Her pulse is _____.

         | very weak.
         | rapid.
         | slow.

I can't feel a pulse.

He/She has low blood pressure.

He/She has _____ blood pressure.

    | very low | high
    | normal | very high

No, his/her respiration is slow.

No, his/her respiration is _____.

       | very slow
       | rapid

✔ <u>Nurse</u>

How is the patient?

How is his/her pulse?

How is his/her blood pressure?

Is his/her respiration normal?

Lección 8
Procedimientos básicos

Materia nueva

8.1 Signos vitales

Doctora

✔ Enfermera

¿Cómo está el/la paciente?

Está en estado | crítico.
                | grave.

Su condición es | seria.
              | buena.
              | estable.

Está | empeorando.
     | mejorando.

¿Cómo tiene el pulso?

Tiene el pulso débil.

Tiene el pulso _____.

          | muy débil.
          | rápido.
          | lento.

No se le siente el pulso.

¿Cómo tiene la presión?

Tiene la presión baja.

Tiene la presión _____.

          | muy baja | alta
          | normal | muy alta

¿Tiene la respiración normal?

No, tiene la respiración lenta.

No, tiene la respiración _____.

          | muy lenta
          | rápida

Is his/her temperature normal?

Yes, he/she has normal temperature.

No, he/she has _____.

| fever | very low |
| high fever | temperature. |

Yes, take his/her vital signs.

Yes, take his/her _____.

Shall I take his/her vital signs?

Shall I take his/her _____?

| pulse |
| blood pressure |
| temperature |

Practice

Associate a word in line 1 with a word in line 2.

1. critical   normal   rapid   high   low   fever
2. pulse   blood pressure   respiration   state   temperature

8.2 Here it is

Hospital

✔Patient

Can I go to the bathroom?

No, you have to use the bedpan.

No, you have to use the urinal.

Here is the basin/emesis basin.

Here is the washbasin.

I need to vomit.

I need to wash.

Practice

Choose a phrase from column B to complete each sentence in column A.

A	B
Put the bedpan	on the night table.
Put the washbasin	in the glass.
Put the emesis basin	in the bathroom.
Put the thermometer	under the bed.

¿Tiene la temperatura normal?

Sí, tiene la temperatura normal.

No, tiene _____.

| fiebre | la temperatura |
| fiebre alta | muy baja |

¿Le tomo los signos vitales?

Sí, tómele los signos vitales.

Sí, tómele _____.

¿Le tomo _____?

| el pulso |
| la presión |
| la temperatura |

Práctica

Asocie una palabra en la línea 1 con una palabra en la línea 2.

1. crítico normal rápido alto/a bajo/a fiebre
2. pulso presión arterial respiración estado temperatura

8.2 Aquí lo tiene

Hospital

No, tiene que usar el bacín/el bidet/la cuña/la chata/la taza/la paleta/la silleta.

No, tiene que usar el orinal/el pato.

Aquí tiene la vasija de vomitar.

Aquí tiene la bandeja para el baño.

✔Paciente

¿Puedo ir al baño?

Necesito vomitar.

Necesito lavarme.

Práctica

Escoja una frase de la columna A para completar cada oración en la columna B.

A	B
Ponga el bacín	en la mesa de noche.
Ponga la bandeja	en el vaso.
Ponga la vasija de vomitar	en el baño.
Ponga el termómetro	debajo de la cama.

8.3 Yes, please

Hospital	Patient
May I open the drapes/curtain/blinds?	Yes, please open them/it.
May I _____?	Yes, please _____ it.

close the door	turn off the light	turn off the television	raise the head of the bed
turn on the light	bring the robe	change the bed	lower the head of the bed

Hospital	Patient
May I put the flowers here?	Yes, please put them there.
May I _____?	Yes, please _____ them.

bring the medicines	bring the pills	change the sheets
change the towels	put the tablets here	bring a pillow

Hospital	Patient
Shall I turn on the television?	Yes, please turn it on.
Shall I _____?	Yes, please _____ it _____.

turn off the television	turn off the heat	bring the bedpan
turn on the air conditioning	ring the bell	

Hospital	Patient
Can you raise your arms?	Yes, I can raise them.
Can you _____?	Yes, I can _____ them.

lower your arms	move your fingers	lower your feet
open your eyes	raise your feet	close your eyes

Practice

Answer each question, using *it* or *them* in your answer, according to the example.

Do you want to use the bedpan?	Yes, I want to use it.
Do you want to take the pain killer?	
Do you want to see your children?	
Do you want to call your parents?	
Do you want to write your address?	
Do you want to move your leg?	
Do you want to raise your arms?	
Do you want to bend at the waist?	
Do you want to call the doctor?	
Do you want to call the nurse?	

8.3 Sí, cómo no

✔ Hospital

¿*Puedo* abrir la cortina?

¿*Puedo* _____?

cerrar la puerta	apagar la luz
encender la luz	traer la bata

¿*Puedo* poner las flores aquí?

¿*Puedo* _____?

traer las medicinas	traer las píldoras
cambiar las toallas	poner las tabletas aquí

¿*Puedo* poner el televisor?

¿*Puedo* _____?

apagar el televisor	apagar la calefacción
poner el aire acondicionado	tocar el timbre

¿*Puede* levantar los brazos?

¿*Puedo* _____?

bajar los brazos	mover los dedos
abrir los ojos	levantar los pies

Paciente

Sí, favor de abrirla.

Sí, favor de _____.

apagar el televisor	levantar la cabecera de la cama
cambiar la cama	bajar la cabecera de la cama

Sí, favor de ponerlas.

Sí, favor de _____.

cambiar las sábanas
traer una almohada

Sí, favor de ponerlo.

Sí, favor de _____.

traer el bacín

Sí, puedo levantarlos.

Sí, puedo _____.

bajar los pies
cerrar los ojos

Práctica

Conteste las preguntas. Use *lo, la, los,* o *las* en la respuesta, según el ejemplo.

¿Quiere Ud. usar el bacín?   Sí, quiero usarlo.

¿Quiere Ud. tomar el calmante?

¿Quiere Ud. ver a sus hijos?

¿Quiere Ud. llamar a sus padres?

¿Quiere Ud. escribir la dirección?

¿Quiere Ud. mover la pierna?

¿Quiere levantar los brazos?

¿Quiere doblar el tronco?

¿Quiere llamar al médico?

¿Quiere llamar a la enfermera?

8.4 What do you need?

✔Hospital

Do you need to sleep?

Do you need to _____?

spit	urinate
go to the	have a bowel
bathroom	movement
vomit	rest

Yes, you need to go to the laboratory.

Yes, you need to _____.

Patient

Yes, I need to sleep.

Do I need to go to the laboratory?

Do I need to _____?

sign the authorization	wait outside
sign the permit	leave now
pay in the office	walk in the hall

Practice

Choose a completion from column B for each sentence in column A.

A

I want to go
I need to sign
You should pay
You can wait
You can walk
You need to urinate
You can rest

B

to the laboratory.
in the halls.
outside.
frequently.
in the office.
to the bathroom.
in the bed.
the permit.

8.4 ¿Qué necesita Ud.?

Hospital	Paciente
¿Necesita Ud. dormir?	Sí, necesito dormir.
¿Necesita Ud. _____?	Sí, necesito _____.

escupir	orinar
ir al	evacuar
baño	descansar
vomitar	

¿Necesito ir al laboratorio?

Sí, Ud. necesita ir al laboratorio.

Sí, Ud. necesita _____.

¿Necesito _____?

firmar la autorización	esperar afuera
firmar el permiso	salir ahora
pagar en la oficina	andar en el pasillo

Práctica

Escoja una frase de la columna B que pueda completar cada oración de la columna A.

A	B
Quiero ir	al laboratorio.
Necesito firmar	en los pasillos.
Ud. debe pagar	afuera.
Puede esperar	frecuentemente.
Puede andar	en la oficina.
Necesita orinar	ir al baño.
Puede descansar	en la cama.
	el permiso.

8.5 Visiting Hours

Hospital

Yes, you can visit at any hour.
No, you can visit from two to four.
No, you can visit _____.

No, you can't visit in the morning.
You visit at two.
You _____.

There are several.
They're flexible.
Yes, one person can be with the patient at night.
No, children under 15 years of age cannot visit.
Only the family can visit.
No, you have to wait in the lobby.

✔ Patient

When can you visit? All day?
When can you visit? _____?

| in the afternoon
| after 2 P.M.
| later
| after 7 P.M.

Can you visit at any hour?
When do you visit?
When do you _____?

eat	change the nursing shift
leave	turn out the lights
open the pharmacy	close the doors
serve breakfast	serve the meal
serve lunch	serve dinner

What are the rules?

Can I be with my child at night?
May I bring my children?
May my husband have visitors?

Practice

Give hours for the following:

general visiting hours	the pharmacy
visits to the intensive	the laboratory
care unit	meals

8.5 Horas de visita

Hospital   ✔Paciente

                                           ¿Cuándo se puede visitar? ¿Todo el día?

Sí, se puede visitar a todas horas.   *¿Cuándo se puede visitar? ¿_____?*

No, se puede visitar de dos a cuatro.

No, se puede visitar _____.   por la tarde
                                           después de las dos
                                           más tarde
                                           después de las siete de
                                               la noche

                                           ¿Se puede visitar a cualquier hora?

No, no se puede visitar por la mañana.   *¿Cuándo se visita?*

Se visita a las dos.   *¿Cuándo _____?*

_____.

se come	se cambia el turno de enfermeras
se sale	se apagan las luces
se abre la farmacia	se cierran las puertas
se sirve el desayuno	se sirve la comida
se sirve el almuerzo	se sirve la cena

                                           ¿Cuáles son las reglas?

Hay varias.

Son flexibles.   ¿Puedo estar con mi hijo de noche?

Sí, una persona puede estar con el paciente de noche.   ¿Puedo traer a mis hijos?

No, menores de quince años no pueden visitar.   ¿Puede mi esposo recibir visitas?

Sólo la familia puede visitar.

No, tiene que esperar en el pasillo.

Práctica

Diga cuáles son las horas:

visitas en general	la farmacia
visitas a la unidad	el laboratorio
de cuidado intensivo	las comidas

Reading

General Hospital

Authorization for the Surgeon to Operate

Date _____ 19 _____ Hour _____

I, _____ hereby give my consent for the surgical procedure known as
    (name of patient)
_____. I certify that the reasons such a procedure is
    (type of operation or procedure)
considered necessary, its advantages and possible complications, as well as alternate treatments,

have been explained to me by _____, and in view of this
    (name of doctor or surgeon)

information, I the undersigned authorize _____ to perform under
    (name of surgeon)

whatever anesthesia he/she believes necessary the above-mentioned operation and also to do any

additional procedures that may be therapeutically necessary, based on what is discovered in the

course of the operation. I also authorize the surgeon, or the hospital, to dispose of the tissues

removed surgically in the usual manner in such cases.

Witness_____   Signed _____
    (patient or nearest relative)

Witness_____   _____
    (relationship)

The authorization must be signed by the patient or by the nearest relative if the patient is a minor or is
physically or mentally incapacitated.

Questions

What has been explained to the patient?
What anesthesia may the doctor use?
When does the nearest relative have to sign the authorization?

Lectura

Hospital General

Autorización al cirujano para operar

Fecha _____ 19 _____ Hora _____

Yo, _____, por este medio doy mi consentimiento para el procedimiento qui-
    (nombre de paciente)
rúrgico conocido como _____. Certifico que las razones
                          (tipo de operación o procedimiento)
por las cuales tal procedimiento se considera necesario, sus ventajas y posibles complicaciones, así
como los tratamientos alternos, me han sido explicados por _____,
                                                              (nombre del médico o del cirujano)
y en vista de esta información, el firmante autoriza a _____ para efec-
                                                          (nombre de cirujano)
tuar bajo la anestesia que crea necesaria la operación arriba mencionada y también para efectuar los
procedimientos adicionales que puedan ser terapéuticamente necesarios basados en lo que se
descubra en el curso de la operación. También autorizo que el cirujano, o el hospital, disponga de los
tejidos removidos quirúrgicamente del modo acostumbrado en tales casos.

Testigo _____   Firmado _____
                                                          (paciente o pariente más cercano)
Testigo _____   _____
                                                              (relación de parentesco)

La autorización tiene que ser firmada por el paciente o por el pariente más cercando en caso de ser el
paciente menor de edad o cuando el paciente esté física o mentalmente incompetente o incapacitado.

Preguntas

¿Qué se le ha explicado al paciente?
¿Qué anestesia puede usar el médico?
¿Cuándo tiene que firmar la autorización el pariente más cercano?

Evaluation

A. Select the best answer to each question or statement.
1. How is his/her pulse?
   a. Very low.
   b. He/She has very high fever.
   c. Very slow.
2. May one see the patient?
   a. Yes, after two.
   b. Yes, if you wear a vest.
   c. Yes, if you don't go to the bathroom.
3. When may you visit in the hospital?
   a. On the dresser.
   b. Gladly.
   c. In the afternoon.
4. You need to sleep.
   a. Well, I'm going to turn out the light.
   b. Well, I'm going to turn on the light.
   c. Well, I'm going to turn on the television.
5. Where shall I put the flowers?
   a. From eleven to twelve.
   b. On the pillow.
   c. Outside.
6. When will the meal be served?
   a. Gladly.
   b. Lie down.
   c. Right away.

B. Which question is most appropriate for each response given?
1. Yes, this afternoon.
   a. Can I have visitors?
   b. What are the rules?
   c. What if I don't have insurance?
2. No, please lower it.
   a. May I close the door?
   b. May I turn off the light?
   c. Shall I raise the head of the bed?
3. I need to change the bed.
   a. What time is it?
   b. What do you need?
   c. When may I see the patient?

Combining Review

Review the following sections: 5.1, 5.2, 5.3, 5.4, 5.5, 6.1, 6.7, 6.8. Choose at least one question, answer, or statement from each section. By combining the statements, make up a conversation. You may use the sections in any order and add any additional vocabulary you want. The purpose of this practice is to review previously studied structures and then to practice some of them through using them in a conversation.

Evaluación

A. Escoja la mejor respuesta a la pregunta u oración.
1. ¿Cómo tiene el pulso?
   a. Muy bajo.
   b. Tiene la fiebre muy alta.
   c. Muy lento.
2. ¿Se puede ver al paciente?
   a. Sí, después de las dos.
   b. Sí, si llevan el chaleco.
   c. Sí, si no van al baño.
3. ¿Cuándo se puede visitar en el hospital?
   a. En el tocador.
   b. Con mucho gusto.
   c. Por la tarde.
4. Ud. necesita dormir.
   a. Pues, voy a apagar la luz.
   b. Pues, voy a encender la luz.
   c. Pues, voy a poner el televisor.
5. ¿Dónde pongo las flores?
   a. De once a doce.
   b. En la almohada.
   c. Afuera.
6. ¿Cuándo se sirve la comida?
   a. Con mucho gusto.
   b. Acuéstese.
   c. En seguida.

B. ¿Qué pregunta corresponde mejor a cada respuesta?
1. Sí, esta tarde.
   a. ¿Puedo tener visitas?
   b. ¿Cuáles son las reglas?
   c. ¿Y si no tengo seguro?
2. No, favor de bajarla.
   a. ¿Puedo tener visitas?
   b. ¿Puedo apagar la luz?
   c. ¿Puede levantar la cabecera de la cama?
3. Necesito cambiar la cama.
   a. ¿Qué hora es?
   b. ¿Qué necesita?
   c. ¿Cuándo se puede ver al paciente?

Combinación de repaso

Repase las secciones siguientes: 5.1, 5.2, 5.3, 5.4, 5.5, 6.1, 6.7, 6.8. Escoja por lo menos una pregunta, respuesta o expresión de cada sección. Prepare una conversación combinando las expresiones que haya elegido. Puede usar las secciones en cualquier orden y añadir cualquier vocabulario que usted desee. El propósito de esta práctica es repasar estructuras estudiadas previamente y entonces practicar algunas de ellas usándolas en una conversación.

Actions

Choose an element from each column to form a complete sentence.

I	eat	-s	this.
You	open		that.
He/She	should		early.
	want to		late.
	have		wait outside.
	see		fever.
	feel		a lot.
	can		something.
	move		the television/TV.
	drink		
	spit		
	sleep		

Situation

You are a volunteer worker in the hospital. You are trying to help a very difficult patient. You offer to do all kinds of things for her/him. Whatever you offer to do, she/he wants the opposite. Finally, what do you do?

   You are the doctor. You call the nurse to ask the patient's vital signs. She gives them to you. Then a reporter from the newspaper calls you to ask you what condition the patient is in. You give the reporter a general idea, but he/she asks for more specific information. You tell him that you cannot release that information, but he/she keeps insisting. What happens?

Acciones

Escoja un elemento de cada columna para formar una oración completa.

Yo	com-	-o	esto.
Usted	abr-	-e	eso.
Él/Ella	debe-		temprano.
	quier-		tarde.
	tien-		esperar afuera.
	ve-		fiebre.
	sient-		mucho.
	pued-		algo.
	muev-		el televisor.
	beb-		
	escup-		
	duerm-		

Situación

Usted está de voluntaria en un hospital. Ud. está tratando de ayudar a un paciente muy majadero. De todo lo que Ud. le ofrece él quiere lo contrario. ¿Qué hace Ud.?

Ud. es el médico y llama a la enfermera para preguntarle los signos vitales del paciente. Ella se los dice. Entonces llama un periodista para preguntar la condición del paciente. Ud. le da una idea general pero él quiere una información más específica. Ud. le dice que no le puede dar esa información, pero él insiste. ¿Qué pasa?

Cultural Topics

Don Pedro Jaramillo

When a curandero becomes very famous, it is because he is considered a saintly man who can perform great miracles. Such a man was Don Pedro Jaramillo, who was born more than 150 years ago and practiced curanderismo in southern Texas near a small town called Falfurrias.

Little is known of Don Pedro's life, other than that he was born on a ranch near Guadalajara, Mexico, in 1830, and later came to Falfurrias, where he worked as a shepherd on the Los Olmos ranch. When he was about 50, he suffered a serious injury to the head, from which he healed himself by putting mud on his face from a nearby lagoon. From that time on he was known as a curandero.

He gained fame as a devout religious man, a wise counselor, and a miracle worker. Pictures in his later years show him to have been a gaunt, bearded man. Today, pictures and statues of this famous curandero, often revered as a saint, are sold in herb shops and supermarkets in many parts of Texas. Not only was he devout, but Don Pedro was a religious man as well. He contributed the bell tower to the Catholic church in Falfurrias.

Stories of his cures are legendary. He is said to have cured with herbs, prayers, and advice many of the people who came to him in ill health. Sometimes his cures were astonishing. He is said to have cured one woman who came to him with severe migraine headaches by telling her that the solution to her problem was to go home and chop off her head. The woman became extremely angry at him, raging and turning red. But she never suffered another migraine headache. Another story was that a childless couple who wanted to have children consulted Don Pedro. He asked them how many children they wanted to have. The woman said, "Three." Don Pedro told the woman to go home and drink a glass of water every night before going to bed, and that in nine or ten months she would have a child. Nine months later she gave birth to triplets with Don Pedro at her side to help her through labor.

Even today, many people visit the grave of Don Pedro; it has become a popular shrine. Many people feel they have been cured by this miraculous man and have left testimonies in the form of crutches and tokens. Perhaps these miraculous cures could be explained as psychosomatic healing.

Questions

When does a curandero become very famous?
Where did Don Pedro Jaramillo practice curanderismo?
What happened to him when he was 50 years old? How did he heal himself?
How do Don Pedro's pictures show him?
Where are his pictures and statues sold?
Give an example of one of his cures.
Have people forgotten Don Pedro?
How might some of his cures be explained?

Tópicos culturales

Don Pedro Jaramillo

Cuando un curandero se hace muy famoso es porque se considera un hombre de santidad que puede realizar grandes milagros. Tal hombre fue don Pedro Jaramillo. Don Pedro nació hace más de 150 años y practicó el curanderismo cerca del pueblecito de Falfurrias en el sur de Texas.

Poco se sabe de la vida de don Pedro, sólo que nació en un rancho cerca de Guadalajara, México en 1830 y que más tarde fue a Falfurrias donde trabajó como pastor de cabras en el rancho Los Olmos. Cuando tenía 50 años sufrió una herida seria en la cabeza, que curó él mismo poniéndose compresas de una laguna cercana. Desde entonces se dio a conocer como curandero.

Obtuvo fama como hombre religioso, sabio consejero, y hacedor de milagros. Retratos de sus últimos años lo muestran como un hombre enjuto y barbudo. Hoy retratos y estatuas de este famoso curandero se venden en herbarios y supermercados en muchos pueblos en Texas. Su devoción religiosa lo llevó a contribuir la campana de la torre de la iglesia católica de Falfurrias.

Los cuentos de sus curas son legendarios. Se dice que curaba con hierbas, oraciones y consejo a muchos que acudían a él con mala salud. Algunas veces sus curas eran asombrosas. Dicen que curó a una mujer que fue a verlo con dolores de cabeza severos diciéndole que la solución de su problema era volver a casa y cortarse la cabeza. Le mujer se puso furiosa y violenta con él y se enrojeció, pero más nunca sufrió de jaqueca. Otros famoso cuento es el de una pareja que deseaba tener hijos fue a consultar a don Pedro. El le preguntó cuántos hijos querían y la mujer dijo "tres." Don Pedro le dijo que fuera a su casa y tomara un vaso de agua todas las noches antes de acostarse y que en nueve meses tendría un hijo. A los nueve meses dio a luz trillizos con don Pedro a su lado para ayudarla en el parto.

Aun hoy mucha gente visita la tumba de don Pedro la que se ha convertido en un altar. Muchos creen que han sido curados por este hombre milagroso y han dejado allí su testimonio, sus muletas y mandas. Quizás podríamos explicar algunas de esas curas milagrosas como curas psicosomáticas.

Preguntas

¿Cuándo un curandero se hace muy famoso?
¿Dónde practicó el curanderismo don Pedro Jaramillo?
¿Qué le pasó cuando tenía como 50 años?
¿Cómo muestran a don Pedro sus retratos?
¿Dónde se venden sus retratos y estatuas?
Dé un ejemplo de una de sus curas.
¿Ha olvidado la gente a don Pedro?
¿Cómo podrían explicarse algunas de esas curas?

Pronunciación en inglés

Consonantes

---

v

El sonido de la *v* en inglés no tiene equivalente en la mayoría de los dialectos del español. Para pronunciar la *v*, primero diga *be* en español y entonces dígalo otra vez casi mordiéndose el labio inferior. Deslice los dientes de arriba sobre el labio inferior somo si fuera a pronunciar una *f*.

vowel	vein	victim	vagina	vomit
varices	venereal	vital	very	

Contraste los sonidos de la *b* y la *v* en las palabras siguientes:

bowel – vowel   berry – very
base – vase   bite – vital

---

b

En inglés la *b* es semejante a la *b* en español en posición inicial como en *bacín*, excepto que el sonido es explosivo en inglés.

back	beard	bath	belt	baby
bandage	bathroom	bag	basin	bed

---

k

La *k* en inglés se pronuncia como la *k* en español de *kilómetro*. De ahora en adelante vamos a referirnos a este sonido como el sonido de la *k*. La combinación *ck* en posición final en una sílaba o palabra tiene la misma pronunciación. La *k* es muda cuando va delante de una *n*.

kidney	kind	kilogram	Kremlin	knee
knife	knob	knot	knight	ticket
back	clock	tick	package	

Pronunciation in Spanish

Emphasis and Accent Marks

There are three simple rules that tell you which syllable in a Spanish word to emphasize.

1. Words that end in a *vowel, n,* or *s* are stressed on the next to the last syllable.

ba-ta	*ho*-ra	a-*mi*-go	*co*-me	*co*-men
her-*ma*-no	*ho*-ras	a-*mi*-gos	co-*me*-mos	la-va-*ma*-nos

2. Words that end in a *consonant other than n or s* are stressed on the last syllable.

pa-*pel*	us-*ted*	re-*loj*	sa-*lir*	des-can-*sar*
hos-pi-*tal*	mu-co-si-*dad*	su-*dor*	ar-*dor*	to-*mar*

3. Any word that is an exception to these two rules has a written accent mark over the stressed vowel.

méd-i-co	ba-*cín*	lo-*ción*	des-crip-*ción*	a-*quí*
a-*diós*	es-*tó*-ma-go	*hí*-ga-do	*vó*-mi-to	te-*lé*-fo-no

Other Uses of Accent Marks

Accents are used to differentiate words that are spelled the same but have different meanings.

él he	sí yes	sé I know	más more
el the	si if	se oneself	mas but

An accent is used on the stressed syllable of an interrogative or exclamatory word.

¿Quién?	¿Cuándo?	¿Qué día?	¿Cuál?
¿Quiénes?	¿Cuántos?	¡Qué día!	¿Por qué?

---

c

La c en inglés se pronuncia como la k cuando va seguida de *a, o,* o *u.*

care	clean	coffee	colon	cramp
cup	closet	calm	clock	cornea

La c en inglés tiene un sonido semejante a la c en español de *cena* cuando va seguida de *e, i,* o *y.*

cell	receive	circle	city	cytology
cervix	center	cirrhosis	cyst	

---

h

La h en inglés tiene un sonido semejante a la g en español en la palabra *gentil,* pero es menos áspera. Se pronuncia más hacia el frente de la boca que la *j* en español.

hair	half	have	headache	hand
hall	happy	head	health	hill

---

ch

En la mayoría de los casos el sonido en inglés de la *ch* es semejante al de la *ch* de *mucho* en español. La *ch* en inglés es un poquito más áspera. La lengua se coloca más tensamente contra el cielo de la boca.

chin	chew	watch	choose	choke
chest	itching	discharge	chair	checkup

Hay algunas excepciones, sin embargo. Algunas veces la *ch* puede tener un sonido más suave como en *machine* y algunas veces puede pronunciarse como k como por ejemplo en *anchor.*

Vowel Combinations and Accent Marks

When two vowels come together, they may form two separate syllables or one rather long syllable.

If the accent mark is on the *i* or *u* of such a combination, the two vowels form two separate syllables.

día	enfermería	cirugía	aún	Raúl
tío	compañía	radiología	ataúd	García

If the accent mark is on the *a, e,* or *o,* the two vowels are pronounced as one extended syllable and the whole syllable is stressed.

moción	posición	emoción
náuseas	antibiótico	sufrió

You will practice the pronunciation of two-vowel combinations in the following lessons.

Grammar/Structure Notes on Spanish

Verb + Infinitive Constructions

In Lesson 7 you practiced several verb + infinitive constructions: *tener que* + infinitive, *deber* + infinitive, and *ir a* + infinitive. In this lesson you have practiced several more of these useful verb + infinitive constructions:

¿Puedo cerrar la puerta?	May/Shall I close the door?
¿Puedo ir al baño?	Can I go to the bathroom?
¿Quiere usar el bacín?	Do you want to use the bedpan?
¿Necesito dormir?	I need to sleep.

Notas gramaticales/estructuras en inglés

May, Can, Shall

Algunas personas que hablan inglés hacen una distinción entre *may* y *can*. *May* puede usarse para pedir permiso y como forma de cortesía. *Can* se usa para indicar posibilidad.

May I open the window?	¿Puedo abrir la ventana?
(Would you like me to do it?)	¿Quiere que le abra la ventana?
Can you lift your arms?	¿Puede levantar los brazos?
(Is it physically possible to lift your arms?)	

Shall es otra forma cortés de decir ¿Quiere que le . . . ? (Would you like me to . . . ?)

Shall I turn off the air conditioning?	¿Quiere que apague el aire acondicionado?

Shall, may y *can* son modales y se usan con la forma simple del verbo.

   Dos modismos útiles que se comportan como modales son *want to* y *need to*. Ambos van seguidos de la forma simple del verbo.

Do you want to use the bedpan?	¿Quiere usar el bacín?
Do you need to use the bedpan?	¿Necesita usar el bacín?

Verbos de dos palabras: Turn on, turn off

En la Sección 8.3 usted practicó los verbos de dos palabras *turn on* y *turn off*. La preposición que se usa para completar el significado del verbo puede ir inmediatamente después del verbo o puede ir después del complemento directo.

May I turn off the light?	¿Puedo apagar la luz?
May I turn the light off?	

Direct Object Pronouns

The direct object answers the question, What? or What person? for the verb: "Please sign the permit."
"Sign what?" "The permit." *Permit* in this sentence answers the question of what you will sign, and so it is
the direct object of the verb. In the sentence, "Please sign it," *it* is the direct object pronoun. In "Please
sign them," *them* is the direct object pronoun. In this lesson you practiced the following direct object
pronouns: *la, lo, las,* and *los.*

Favor de cerrar la puerta.	Favor de cerrar*la.*	Please close it (f.).
Favor de firmar el permiso.	Favor de firmar*lo.*	Please sign it (m.).
Favor de traer las medicinas.	Favor de traer*las.*	Please bring them (f.).
Favor de mover los pies.	Favor de mover*los.*	Please move them (m.).

Reflexive Pronoun Se as Impersonal

In Spanish, the impersonal reflexive pronoun *se* (literally, oneself), is used much as the English *you* or
they in a general sense:

¿A qué hora se cierra la farmacia?   At what time do "they"/"you" close the pharmacy?

This construction literally means "At what time does the pharmacy close itself?"

Lesson 9
Medical Examinations

New Material

9.1 A Telephone Interview

Receptionist

Good morning. Dr. Mendell's office.

What may I do for you?

Yes, I have the order here. When can you come?

All right. Can you come on Thursday?

At eight in the morning.

You may come here.

Just don't eat anything before you come. You shouldn't eat or drink anything after midnight.

Patient

Good morning. This is Mrs. Oates.

The doctor recommended some examinations for me.

Next week?

Yes, that's fine. At what time?

Do I come to the doctor's office or the hospital?

Do I have to follow any special instructions?

All right. I'll do that. Good-bye.

Practice

Complete the expressions given with any appropriate ending.

You can come _____.

He recommended _____.

What _____?

When can I _____?

_____ Office.

Lección 9
Exámenes médicos

Materia nueva

9.1 Una entrevista telefónica

Recepcionista

Buenos días. Es la oficina del Dr. Mendoza.

Hola, Sra. Ochoa. ¿En qué puedo servirle?

Sí, aquí está la orden. ¿Cuándo puede venir?

Está bien. ¿Puede venir el jueves?

A las ocho de la mañana.

Puede venir aquí.

Solamente debe venir en ayunas. No debe comer o beber nada después de medianoche.

Paciente

Buenos días. Habla la Sra. Ochoa.

El médico me recomendó unos exámenes.

¿La semana entrante?

Sí, está bien. ¿A qué hora?

¿Voy al consultorio o al hospital?

¿Tengo que seguir instrucciones especiales?

Muy bien. Así lo haré. Hasta luego.

Práctica

Complete las expresiones dadas con cualquier terminación apropiada.

Puede venir _____.

Me recomendó _____.

¿En qué _____?

¿Cuándo puedo _____?

La oficina de _____.

9.2 A Physical Examination

Hospital	Patient
You need a physical examination.	Do I need a complete physical?
Yes, we're going to take some tests.	What do I need to do?
Go into this room, please.	Through here?
Yes, please. Take off all your clothes and put on this robe.	All my clothing?
Yes, we need to give you a complete examination.	

Practice

Complete each sentence in column A by choosing a phrase from column B.

A	B
Take off	an examination.
Put on	on Thursday.
Go in	eat anything.
You should come	this robe.
You can come	without eating anything.
We're going to give you	in here.
You shouldn't	your clothes.

9.2 Exámenes médicos

✓Hospital

Usted necesita un reconocimiento médico.

Sí, le vamos a hacer unos exámenes.

Pase a este salón, por favor.

Sí, por favor. Quítese toda la ropa y póngase esta bata.

Sí, necesitamos hacerle un examen completo.

Paciente

¿Necesito un reconocimiento completo?

¿Qué necesito hacer?

¿Por aquí?

¿Toda la ropa?

Práctica

Complete cada oración en la columna A escogiendo una expresión en la columna B.

A

Quítese
Póngase
Pase
Debe venir
Puede venir
Le vamos a hacer
No debe

B

un reconocimiento.
el jueves.
comer nada.
la bata.
en ayunas.
por aquí.
la ropa.

9.3 Telling the Patient What to Do

Four students practice. Student 1 gives the commands. Student 2 performs the commands. Students 3 and 4 comment about the actions. Then change parts.

✔ Students 1 and 2	Student 3	Student 4
Sit on the table.	Where does the patient sit?	On the table.
Breathe deeply.	How does she breathe?	Deeply.
Hold your breath.	What does she hold?	Her breath.
Put your chin on the bar.	Where does she put her chin?	On the bar.
Lean close to the x-ray plate.	What does she lean close to?	The x-ray plate.
Open your mouth, exhale, and say "ah."	What does she exhale?	Air.
	What does she say?	Ah.
Turn your head so we can examine your ears.	What does she turn?	Her head.
	Why does she turn her head?	So he can examine her ears.
Stick out your tongue.	What does she stick out?	Her tongue.
Let's see your eyes.	What does she open?	Her eyes.
Put your feet in the stirrups.	Where does she put her feet?	In the stirrups.
Get off the table.	What does she get off of?	The table.
Pass me the stethoscope.	What does she pass him?	The stethoscope.
Give me a tongue depressor, please.	What does she give him?	A tongue depressor.
Give me your arm so I can take your blood pressure.	Why does she give him her arm?	So he can take her blood pressure.
Raise your sleeve.	What does she raise?	Her sleeve.
Bend your arm.	What does she bend?	Her arm.
Make a fist.	What does she make?	A fist.
Open your hand.	What does she open?	Her hand.

Practice

Give commands that relate to the following objects and parts of the body.

on the table	your sleeve	your eyes	in the stirrups
your breath	the stethoscope	your head	the x-ray plate
a fist	your tongue	off the table	on top of the bar

9.3 Dándole instrucciones al paciente

Cuatro estudiantes practican. Estudiante 1 da las órdenes. Estudiante 2 las ejecuta. Estudiantes 3 y 4 comentan acerca de las acciones. Después cambian papeles.

Estudiantes 1 y 2	Estudiante 3	Estudiante 4
Siéntese en la mesa.	¿Dónde se sienta el paciente?	En la mesa.
Respire profundamente.	¿Cómo respira?	Profundamente.
Sujete la respiración.	¿Qué sujeta?	La respiración.
Ponga la barba en la barra.	¿Dónde pone la barba?	En la barra.
Acérquese a la placa de rayos X.	¿A qué se acerca?	A la placa de rayos X.
Abra la boca, exhale y diga "ah."	¿Qué exhala?	Aire.
	¿Qué dice?	Ah.
Vire la cabeza para examinarle los oídos.	¿Qué vira?	La cabeza.
	¿Por que vira la cabeza?	Para examinarle los oídos.
Saque la lengua.	¿Qué saca?	La lengua.
¡A ver los ojos!	¿Qué va a abrir?	Los ojos.
Ponga los pies en los estribos.	¿Dónde pone los pies?	En los estribos.
Bájese de la mesa.	¿De dónde se baja?	De la mesa.
Páseme el estetoscopio.	¿Qué le pasa a él?	El estetoscopio.
Déme un depresor de lengua, por favor.	¿Qué le da ella a él?	Un depresor de lengua.
Déme el brazo para tomarle la presión.	¿Por qué le da el brazo?	Para tomarle la presión.
Levántese la manga.	¿Qué se levanta?	La manga.
Doble el brazo.	¿Qué dobla?	El brazo.
Cierre el puño.	¿Qué cierra?	El puño.
Abra la mano.	¿Qué abre?	La mano.

Práctica

Dé órdenes que se relacionen con los siguientes objetos y partes del cuerpo.

en la mesa	la manga	los ojos	los estribos
la respiración	el estetoscopio	la cabeza	la placa de rayos X
el puño	la lengua	de la mesa	encima de la barra

9.4 The Blood

Hospital   ✔Patient

                                                Are you going to take blood?

Yes, we're going to take your blood.   Are you going to measure the coagulation?

Yes, we're going to measure the coagulation.   *Are you going to do _____?*

Yes, we're going to do _____.

| a complete blood analysis | a platelet count | a red blood cell count |
| a count | a white blood cell count | a test for sugar |

Practice

Underline the words that belong to this subject.

| count | corpuscles | expectoration | platelets | analysis |
| fainting | coagulation | gallbladder | measure | belching |

9.5 Other Examinations

✔Hospital   Patient

Please go the bathroom.   Where is it?

Please urinate in this receptacle.   And if I can't?

Please bring a sample.   When?

We're going to measure your albumin.   What does that show?

We're going to do a urinalysis.   Do I really need it?

We're going to do an analysis.   Of what?

| Of the smear.   Why?
| Of the sputum.   When?
| Of the vomit.   Why?
| Of the stool sample.   What do you suspect?

We're going to measure your metabolism.   Is it my thyroid?

We're going to give you a mammography.   To examine my breasts?

We're going to do a CAT scan (Computed *Axial*
    Tomography).   Why?

We're going to do the rabbit test.   To see if I'm pregnant?

We're going to take an x-ray.   Why?

We're going to give you an injection.   With that syringe?

9.4 La sangre

Hospital   ✔ Paciente

                                           ¿Me van a sacar sangre?

Sí, le vamos a sacar sangre.   ¿Me van a medir la coagulación?

Sí, le vamos a medir la coagulación.   *¿Me van a hacer _____?*

Sí, le vamos a hacer _____.

| un análisis completo | un conteo de plaquetas | un conteo de glóbulos rojos |
| un conteo | un conteo de glóbulos blancos | un examen para medir la azúcar |

Práctica

Subraye las palabras que pertenezcan a este tópico.

| conteo | glóbulos | expectoración | plaquetas | análisis |
| desmayos | coagulación | vesícula biliar | medida | eructar |

9.5 Otros exámenes

✔ Hospital   Paciente

Favor de ir al baño.   ¿Dónde está?

Favor de orinar en este recipiente.   ¿Y si no puedo?

Favor de traerme una muestra.   ¿Cuándo?

Le vamos a medir la albúmina.   ¿Qué muestra?

Le vamos a hacer un análisis de orina.   ¿De veras lo necesito?

Le vamos a hacer un análisis.   ¿De qué?

Del unto.	¿Por qué?
Del esputo.	¿Cuándo?
Del vómito.	¿Por qué?
Del excremento.	¿Qué sospecha usted?

Le vamos a medir el metabolismo.   ¿Es la tiroides?

Le vamos a hacer una mamografía.   ¿Examinarme los senos?

Le vamos a hacer un examen CAT (*Tomografía
    Axial Computerizada*).   ¿Por qué?

Le vamos a hacer el examen del conejo.   ¿Para ver si estoy en estado?

Le vamos a hacer una radiografía.   ¿Por qué?

Le vamos a poner una inyección.   ¿Con esa jeringuilla?

Conversation

Practice section 9.5 again, this time giving answers to the questions.

Practice

Associate a word from column A with one from column B.

A		B	
sputum	smear	uterus	lungs
urinate	x-ray	kidneys	stomach
vomit	albumin	urine	mouth

Reading

Memorial Medical Testing Center*

Hello, and welcome to Memorial Medical Testing Center. Please be seated and make yourself comfortable. If you will give me your history, I will go over it to make sure you answered each question.

While I am checking your history and preparing your chart, I will give you a summary of the testing you will be receiving.

The first thing we will do is take a urine sample. We will test you for your vital signs, and take your height and weight. Then you will be given a hearing test and a vision screening test. Then we will give you an electrocardiogram, or a heart-tracing test, and your eyes will be tested for glaucoma. After that, you will have a chest x-ray and a lung-screening test.

There will be little physical discomfort from these tests. After I have finished preparing your chart, I will ask you to sign a consent form. This form is just to give us permission to administer the testing and to release the results to your doctor.

Then I will ask you for the fee, make out your receipts, and give them to you. Afterward, I will call the technician, and she will start the testing.

Questions

What information are they going to take?
What are they going to explain to you?
What analysis are they going to do first?
What else are they going to examine?
What is an electrocardiogram?
What x-ray are they going to take?
What do you have to sign?
Who is going to receive the results?

---

* This reading has been reprinted with permission of Memorial Hospital System, Memorial Hospital Southwest, Houston, Texas.

Conversación

Practique la sección 9.5 otra vez, pero esta vez dando las respuestas a las preguntas.

Práctica

Asocie una palabra de la columna A con una palabra de la columna B.

A		B	
esputo	unto	útero	pulmones
orinar	rayos X	riñones	estómago
vómito	albúmina	orina	boca

Lectura

Centro de Exámenes Médicos Memorial*

Bienvenido al Centro de Exámenes Médicos Memorial. Siéntese, por favor, y póngase cómodo. Ahora yo tomaré sus datos personales y usted me ayudará para estar segura de que ha contestado todas las preguntas.

Mientras reviso su historia clínica y preparo su hoja de registro, yo le explicaré los exámenes que le van a hacer.

El primero es el análisis de orina para el cual usted nos da una muestra. Después le tomaremos sus signos vitales (el pulso, la presión, etc.) y lo mediremos y lo pesaremos. Entonces le haremos el examen para medir su capacidad de oír y su visión. Luego le haremos el electrocardiograma o un trazado del funcionamiento del corazón y le haremos una prueba para ver si tiene síntomas de glaucoma. Después le haremos una radiografía del pecho y una prueba para medir su capacidad vital, o sea el aire que puede contener en sus pulmones.

Estos exámenes le causan muy poca molestia física. Después de haber preparado su historia clínica, le pediré que firme una autorización. Esta forma es para darnos el permiso para someterse a los exámenes y enviarle los resultados a su médico.

Entonces le pediremos su pago y le daremos los recibos. Después llamaré a la persona que le va a hacer los exámenes y ella comenzará a examinarlo.

Preguntas

¿Qué datos van a tomar?
¿Qué le van a explicar?
¿Qué análisis van a hacer primero?
¿Qué más van a examinar?
¿Qué es un electrocardiograma?
¿Qué radiografía le van a hacer?
¿Qué tiene que firmar?
¿Quién va a recibir los resultados?

---

* Esta lectura se imprime con permiso de Memorial Hospital System, Memorial Hospital Southwest, Houston, Texas.

Evaluation

A. Choose the best completion for each sentence.
1. You should come _____.
   a. in pajamas.
   b. without eating.
   c. in the stirrups.
   d. on the plate.
2. Please make a _____.
   a. head.
   b. smear.
   c. elbow.
   d. fist.
3. I'm going to measure _____.
   a. the albumin.
   b. the rabbit.
   c. the count.
   d. the microscope.
4. Please roll up _____.
   a. the bathroom.
   b. the sputum.
   c. your sleeve.
   d. the urine.
5. This examination is to find out if you're _____.
   a. in the bathroom.
   b. happy.
   c. pregnant.
   d. pressure.

B. Match the related words in columns A and B.

A	B
toilet	anesthesia
gestation	pregnant
relative	in the office
heart	cousin
laboratory	circulation
operation	bathroom
syringe	analysis
to pay	injection

C. Complete each command in column A by choosing a completion from column B.

A	B
Put your feet	the table.
Stick out	say "ah."
Get off	your clothes.
Hold your	sleeve.
Take off	your arm.
Open your mouth and	a fist.
Raise your	in the stirrups.
Give me	your tongue.
Turn	breath.
Make	your head.

Evaluación

A. Escoja la respuesta que mejor complete cada oración.
   1. Debe venir _____.
      a. en pijamas.
      b. en ayunas.
      c. en los estribos.
      d. en la placa.
   2. Favor de cerrar _____.
      a. la cabeza.
      b. el unto.
      c. el codo.
      d. el puño.
   3. Voy a medirle _____.
      a. la albúmina.
      b. el conejo.
      c. el recuento.
      d. el microscopio.
   4. Favor de levantarse _____.
      a. el baño.
      b. el esputo.
      c. la manga.
      d. la orina.
   5. Este examen es para ver si usted está _____.
      a. en el baño.
      b. feliz.
      c. en estado.
      d. presión.

B. Encuentre la palabra relacionada en las columnas A y B.

A	B
el inodoro	la anestesia
gestación	embarazada
el pariente	en la oficina
el corazón	el primo
el laboratorio	la circulación
la operación	el baño
la jeringuilla	el análisis
pagar	la inyección

C. Complete cada orden en la columna A escogiendo una expresión en la columna B.

A	B
Ponga los pies	la mesa.
Saque la lengua	diga "ah."
Bájese de	la ropa.
Sujete	la manga.
Quítese	el brazo.
Abra la boca y	el puño.
Levántese	en los estribos.
Déme	la lengua.
Doble	la respiración.
Cierre	la cabeza.

Combining Review

Review the following sections: 1.3, 1.7, 2.1, 3.3, 3.6, 4.3, 4.7, 5.6, 6.2, 7.6. Choose at least one question, answer, or statement from each section. By combining the statements, make up a conversation. You may use the sections in any order and add any additional vocabulary you want. The purpose of this practice is to review previously studied vocabulary and structures, and then to practice some of them through using them in a conversation.

Actions

Choose an element from each column to form a complete sentence.

We	bring	this.
You and I	stop	these.
He and I	are	here.
The doctor and I	sterilize	there.
The nurse and I	analyze	now.
My husband and I	investigate	soon.
You and your husband	prepare	that.
The nurses	avoid	those.
All of you	put	
You and your son		
You and the patient		
The patients		
She and you		

Situation

You are a laboratory technician. A patient comes to the laboratory with orders for you to give her several examinations. You ask her for the paper and tell her to take off her clothes and put on a gown. You tell her that you are going to give her an x-ray and you give her the instructions to prepare for it.

The patient asks you what examinations you are going to do. You tell her that you are going to give her several examinations. After naming each examination, the patient asks you why, and you have to explain it to her. Naturally, you become disgusted with so many questions. How does this situation end?

Combinación de repaso

Repase las secciones siguientes: 1.3, 1.7, 2.1, 3.3, 3.6, 4.3, 4.7, 5.6, 6.2, 7.6. Escoja por lo menos una pregunta, respuesta o expresión de cada sección. Prepare una conversación combinando las expresiones que haya elegido. Puede usar las secciones en cualquier orden y añadir cualquier vocabulario que usted desee. El propósito de esta práctica es repasar el vocabulario y las estructuras de las lecciones estudiadas previamente y entonces practicar algunas de las formas usándolas en una conversación.

Acciones

Escoja un elemento de cada columno para formar una oración completa.

Nosotros/as	tra-	-amos	esto.
Ud. y yo	suspend-	-emos	estos.
El y yo	est-	-an	aquí.
El doctor y yo	esterliz-	-en	allí.
La enferma y yo	analiz-		ahora.
Mi esposo y yo	investig-		pronto.
Ud. y su esposo	prepar-		eso.
Las enfermeras	evit-		esos.
Uds.	pon-		
Ud. y su hijo			
Ud. y el paciente			
Los pacientes			
Ella y Ud.			

Situación

Ud. es un técnico de laboratorio. Una paciente llega al laboratorio con las órdenes para que le hagan varios exámenes. Ud. le pide el papel y le dice que se quite la ropa y se ponga una bata. Ud. le dice que le va a hacer una radiografía y le da las instrucciones para preparala.

   La paciente le pregunta qué exámenes le van a hacer. Ud. le dice que le va a hacer varios exámenes. Después de nombrar cada examen, la paciente le pregunta para qué, y Ud. tiene que explicárselo. Naturalmente Ud. se enfada de tantas preguntas. ¿Cómo termina esta situación?

Cultural Topics

Maimonides

In Hispanic culture, the profession of medicine is a very ancient and respected career. One doctor who represents this long tradition is the famous Spanish doctor, Maimonides. Maimonides was a Jewish doctor who lived in Spain during the Middle Ages. His full name was Moses ben Maimon. He was born in Córdoba, Spain, in 1135 of a wealthy family. From the time he was a young man, he was admired for his intelligence, his honesty, and his love of work.

At that time, Spain was under Arabic domination that lasted seven centuries (711–1492). During the time Maimonides lived, Spain was ruled by a repressive Arab regime, and in some regions there was persecution of Jews. The family of Maimonides chose to emigrate from Córdoba, leaving all their wealth behind.

For several years Maimonides' family wandered through different parts of Spain, which at that time was not a united country but a conglomeration of small kingdoms. Meanwhile, Maimonides began to study the books of the famous Greek physicians Hippocrates and Galen and of his Spanish predecessor, Avicenna. His brother, a rich merchant, who paid for his studies, died and Maimonides had to find a way to make a living; thus, he turned to caring for the ill. He quickly demonstrated his talent in practical medicine and his fame extended not only among Jews, but among Arabs and Christians as well. His concept of how to treat patients may be considered modern because he examined and studied his patients thoroughly before prescribing for them, and he tried to prevent as well as to cure illnesses. He believed that a well-ordered life and a balanced diet were the best ways of preventing illnesses. He also understood the value of faith healing, although he himself did not accept superstitions.

He went to Egypt as the chief doctor to the sultan of Cairo. In addition to his work in the palace of the sultan he maintained a private practice, and his fame attracted people of all social classes and religions.

Besides being a doctor, he was a philosopher and theologian. His doctrines were well known in the Arab and Christian worlds. He wrote many books; among his most famous are *The Guide of the Perplexed* and the *Book of Precepts.* In all his works he tried to inculcate good and justice.

He died in Egypt at 70 years of age, admired and respected by all who knew him.

Questions

What is a very respected profession in Hispanic culture?

Who was Maimonides?

What qualities did Maimonides have?

How long did the Arab domination of Spain last?

Why did the family of Maimonides have to flee?

What was Spain like at that time?

Where did Maimonides find information for his medical studies?

Why did Maimonides have to earn a living?

Who were his patients?

What ideas did Maimonides have about curing the ill?

Besides medicine, in what other areas of learning was Maimonides well known?

What was the object of his works?

Tópicos culturales

Maimónides

En la cultura hispana la profesión de médico es una carrera muy antigua y respetada. Un médico que representa esa larga tradición es el famoso médico español, Maimónides. Maimónides fue un médico judío que vivió en España durante la Edad Media. Su nombre completo era Mosés Ben Maimón. Nació en Córdoba, España en 1135 de una familia acomodada. Desde joven fue admirado por su inteligencia, su honestidad y su amor al trabajo.

Durante esa época, España estaba bajo la dominación árabe que duró siete siglos (711–1492). Durante la vida de Maimónides, la península estaba gobernador por reinos árabes muy represivos y en algunas regiones se perseguían a los judíos. La familia de Maimónides optó por emigrar de Córdoba dejando toda su fortuna detrás.

Por varios años la familia de Maimónides anduvo errante por diferentes partes de España que entonces no era un país unido sino un conglomerado de pequeños reinos. Mientras tanto Maimónides comenzó a estudiar los libros de los famosos médicos griegos Hipócrates y Galeno y su antecesor español Avicena. Su hermano, comerciante rico, quien le pagaba los estudios murió. Maimónides tuvo que buscar un modo de ganarse la vida, así se dedicó a curar enfermos. Pronto demostró su talento en su práctica médica y su fama se extendió no sólo entre los judíos, sino también entre los árabes y los cristianos. Tenía un concepto de cómo tratar a los enfermos que puede considerarse moderno pues reconocía y estudiaba a sus pacientes detalladamente antes de recetar y trataba de prevenir más bien que curar las enfermedades. Creía que una vida ordenada y una dieta balanceada eran el mejor modo de prevenir las enfermedades. También comprendía el valor de las curas por la fe aunque él mismo no aceptaba la superstición.

Fue a Egipto como médico de cabecera del sultán del Cairo. Además de su trabajo en el palacio del sultán tenía su consulta particular a la que acudían gentes de todas clases, religiones y de todo nivel social atraídas por su fama.

Además de médico, fue filósofo y teólogo. Sus doctrinas fueron conocidas en todo el mundo árabe y cristiano. Escribió muchas obras; entre las más famosas se encuentran la *Guía de los perplejos* y el *Libro de los preceptos*. En todas sus obras trata de inculcar el bien y la justicia.

Murió en Egipto a los 70 años de edad admirado y respetado por todos los que lo conocieron.

Preguntas

¿Cuál es una profesión muy apreciada en la cultura hispana?

¿Quién fue Maimónides?

¿Qué caulidades tenía Maimónides?

¿Cuánto tiempo duró la dominación árabe en España?

¿Por qué tuvo que huir la familia de Maimónides?

¿Cómo era España en aquella época?

¿Dónde encontró Maimónides información para sus estudios médicos?

¿Por qué tuvo Maimónides que ganarse la vida?

¿Quiénes eran sus pacientes?

¿Qué ideas tenía Maimónides acerca de la cura de los enfermos?

Además de médico, ¿en qué otras áreas del saber fue conocido Maimónides?

¿Cuál era el objetivo de sus obras?

Pronunciación en inglés

Consonantes

w

La *w* en inglés es semejante a la *u* en español como en la palabra *hueso,* excepto como en los ejemplos que se citan debajo.

wait	weak	wish	woman
weight	waist	wife	work

En la combinación *wr,* la *w* es muda, así que el sonido es el de la *r*.

wrong	wrist	write	wrap

En la combinación *wh,* en algunos dialectos la pronunciación es la misma que en la *w* seguida por una vocal. En otros dialectos, la combinación *wh* tiene el sonido de *ju* en *jueves,* pero un poquito más suave.

where	when	which	whether
why	what	who	white

l

La *l* en inglés es semejante a la *l* en español de *la*.

larynx	labor	lavatory	blood	tonsillitis
late	lame	duly	malignant	eliminate

En ciertas posiciones en sílabas átonas después de *t, d,* o *n,* el sonido de la *l* parece ser transpuesto con la *e* que le sigue produciendo el efecto de *uh* antes de la *l*.

little	fiddle	crinkle	brittle	ankle

d

La *d* en inglés se semejante a la *d* en español al principio de una palabra o grupo de letras. Entre vocales, la *d* en inglés es más bien áspera, no suave como en español.

deaf	dressing	elder	indicate	Adam
delirious	drug	folder	endure	edify
doses	adrenaline	mold	mind	odor

Pronunciation in Spanish

Vowels

ai

The Spanish vowel combination *ai,* also spelled *ay,* is similar to the English *aye.*

ay	baile	traigo	Jaime	vainilla
hay	caigo	aire	paisaje	naipe

ia

The Spanish vowel combination *ia* is similar to the English *ya* as in *yard.* (See also the cognates that end in *ia* in the appendix. All end in this sound.)

gracias	farmacia	diarrea	anestesia	resfriado
familia	media	emergencia	estudiante	urticaria

ie

The Spanish vowel combination *ie* is similar to the English *ye* as in *yet.*

bien	viene	siente	pariente	diez
quien	tiene	paciente	pie	diente

ei

The Spanish vowel combination *ei,* also spelled *ey,* is similar to the English *ei* in *vein.*

peine	seis	treinta	ley	veintiséis
peinar	veinte	afeitar	béisbol	rey

Notas gramaticales/estructuras en inglés

Going to: Ir a

Las formas en inglés que terminan en *ing* son equivalentes a las formas en español que terminan en *an-do* o *iendo,* pero se usan algunas veces de un modo diferente. Por ejemplo, *We're going* en inglés es comparable a *Vamos a* en español:

We're going to take some tests.	Le vamos a hacer unos exámenes.
We're going to do a blood count.	Le vamos a hacer un conteo.

Omisión del complemento inderecto pronominal

En los ejemplos que preceden se nota que el pronombre complemento directo necesario en esta construcción en español, no se necesita en inglés. A menudo los pronombres personales (directo, indirecto y reflexivo) se omiten en inglés pero se usan en español.

Sit down.	Siéntese.
We are going to take your blood pressure.	Le vamos a tomar la presión.
Do you have the order? Yes, I have.	¿Tiene la orden? Sí, la tengo.

Do, Make: Hacer

Ambos, *do* y *make* se traducen al español como *hacer.* Aunque hay muchas excepciones a la regla, *do* se usa al referirse a acciones generales y al hacer cosas intangibles. *Make* tiene un sentido más concreto y se usa para indicar cosas que puedan construirse, edificarse, cambiarse, arreglarse o hacerse en un lugar especial.

I'm going to make coffee.	Voy a hacer café.
What are you going to do (to me)?	¿Qué me van a hacer?

Grammar/Structure Notes on Spanish

Ud. Commands

The form of the verb we use when we tell people to do something is called a command, or the imperative form of the verb. You have practiced this form in some of the previous lessons, but because it is a rather complex form, you have also learned an easy way to give commands: *favor de* + the infinitive, as in *Favor de abrir la mano* (Please open your hand). In this lesson, however, you practiced many verbs in the true imperative form. You used commands such as:

Abra la boca.	Open your mouth.
Respire profundamente.	Breathe deeply.
Vire la cabeza.	Turn your head.

If you compare these command forms with the form of the verb you practiced in the early lessons of the text, you will notice that the vowels in the endings are exchanged. That is, the as and the es in the statement and command form are reversed:

Statement Form	Command Form
(él) abre, he opens	¡Abra (Ud.)! Open!
(ella) respira, she breathes	¡Respire (Ud.)! Breathe!
(Ud.) vira, you turn	¡Vire (Ud.)! Turn!

When the verb has a reflexive pronoun (yourself) with it, that pronoun is attached to the command, if it is an affirmative command. An affirmative command tells you to do something: siéntese, sit down (literally, "Seat yourself"); bájese, get down (literally "lower yourself"). You will practice more with reflexive pronouns in Lesson 10.

Indirect Object Pronouns

While a direct object is the thing or person that receives the action of the verb, the indirect object tells *who* received the *object* of the action. In this lesson, you practiced the indirect object *le*, which may have various translations in English or may not even be translated.

Le vamos a hacer unos exámenes.	We're going to give *you* some examinations.
Le vamos a sacar sangre.	We're going to take your blood. (Literally, We're going to take the blood from you.)
Le vamos a dar una radiografía.	We're going to give you an x-ray. (Or, We're going to give an x-ray to you.)

Preposiciones

Las preposiciones en inglés presentan muchos problemas a la persona que habla español. En su mayoría, las preposiciones hay que aprenderlas a medida que usted aprende la lengua. Usted ha practicado el uso de preposiciones de varios modos:

Verbos de dos palabras (Lección 8): look at — mirar.

Verbos con preposiciones (algunas veces usando las mismas preposiciones que usa el español, pero otras veces son diferentes o se omiten) (Lección 6):

We're going *to* do the analysis. Le vamos a hacer el análisis.
You need to rest. Usted necesita descansar.

En esta lección usted ha practicado cuatro preposiciones de uso común en inglés: *in, into, at,* y *to.*

The patient is in *the hospital* (está adentro). *In* simplemente indica el lugar en que el paciente está.

The patient is going into *the hospital today* (va a entrar). *Into* se usa con verbos de movimiento para indicar la acción de entrar.

The patient is at *the hospital* (en la proximidad del hospital). *At* indica solamente el lugar, pero no significa que el paciente esté dentro del hospital sino en un lugar en la proximidad del hospital. *At* a veces indica la dirección que el paciente pensó tomar, pero no dice nada de entrar en el hospital. Significa que por lo menos llegó allí.

The patient is going to *the hospital* (va al hospital). *To* tiene el mismo significado que en español, en que dice el lugar o destino a que el paciente se dirige.

Lesson 10
Medical Emergencies

New Material

10.1 In the Emergency Room

✔Nurse

What was it?

I'm sorry.

My heavens!

What a shame!

Heaven help us!

Let me help!

What happened?

Was it serious?

Did he/she lose consciousness?

Did he/she need a transfusion?

Relative

It was | a shot.
a gunshot wound.
a stabbing.
a reaction to the medicine.
an automobile accident.

He/She tried | to commit suicide.
to shoot himself/herself.
to kill himself/herself.
to walk and he/she fell.

He/She tripped and fell.

He/She had | a heart attack.
an epileptic seizure.
tremors.
convulsions.
a diabetic coma.
a hemorrhage.

Lección 10
Emergencias médicas

Materia nueva

10.1 En el salón de emergencias

✔Enfermera

¿Qué pasó?

Lo siento.

¡Dios mío!

¡Qué lástima!

¡Válgame Dios!

¡Déjeme ayudar!

¿Qué le pasó?

¿Fue serio?

¿Perdió el conocimiento?

¿Necesitó una transfusión?

Pariente

Fue | un tiro.
una herida de bala.
una puñalada.
una reacción contra la medicina.
un accidente de automóvil.

Trató de | suicidarse.
darse un tiro
matarse
caminar y se cayó.

Tropezó y se cayó.

Tuvo un | ataque al corazón/cardíaco.
ataque epiléptico.
temblores.
convulsiones.
un coma diabético.
una hemorragia.

Practice

A. Repeat the above conversation, this time answering the questions in the left-hand column.

B. The following sentences describe conditions of various patients. What are some possible causes of these conditions?
1. The patient is unconscious.
2. The patient is dying of a gunshot wound.
3. They gave him a transfusion.
4. She has to walk with crutches.
5. He can't breathe.
6. She has contusions on the face and two broken ribs.
7. She has a rash all over her body.
8. The patient has tremors.
9. The patient has a severe chest pain.

10.2 When did it happen?

✔Hospital

When did he/she fall?

When did he/she _____?

cut himself/ herself	kill himself/ herself
burn himself/ herself	break his/her leg
twist a muscle	injure himself/ herself
hurt himself/ herself	die
get beaten	

Relative

He/She fell | an hour ago.
| a few minutes ago.

Practice

Choose a place where each emergency in Section 10.2 might have happened.

in a fire   in the street   in a football game
in school   in a factory   on a ski slope
in the office   in a bar   at home

Práctica

A. Repita la conversación previa contestando esta vez las preguntas en la columna de la izquierda.

B. Las siguientes oraciones describen las condiciones de varios pacientes. ¿Cuáles son algunas causas posibles de esas condiciones?

1. El paciente está inconciente.
2. El paciente se está muriendo de una herida de bala.
3. Le dieron una transfusión.
4. Tiene que caminar con muletas.
5. Le falta la respiración.
6. Tiene contusiones en la cara y dos costillas rotas.
7. Tiene una erupción por todo el cuerpo.
8. El paciente tiene temblores.
9. El paciente tiene dolores fuertes en el pecho.

10.2 ¿Cuándo pasó?

✔Hospital

¿Cuándo se cayó?

¿Cuando se _____?

cortó	se mató
se quemó	se rompió la
se torció un	pierna
músculo	se lastimó
se hirió/	se murió
lastimó	
se dio	
golpes	

Pariente

Se cayó hace | una hora.
| unos minutos.

Práctica

Escoja un lugar donde pueda haber ocurrido cada una de las emergencias en la Sección 10.2.

en un fuego	en la calle	en un juego de fútbol
en la escuela	en una fábrica	en una loma de esquiar
en la oficina	en un bar	en la casa

10.3 Fractures

✔ Hospital

What happened?

He/She fractured a leg.

He/She fractured _____.

the clavicle	the tibia
the fibula	the breast bone/
the femur	sternum
the ulna	the radius
	the rotula

It's | a major fracture.
        | a minor fracture.

Yes, it is.

No, it isn't.

He put | a cast on the leg.
         | a plaster mold on it.
         | a splint on it.

He said to use crutches.

He said to put on a sling.

He gave him/her medicine for the pain.

Relative

He/She broke an arm.

What did he/she fracture?

How serious is it?

Is it | compound?
        | total?
        | multiple?

What did the doctor do?

Practice

In each group of words, underline those that are related to this section.

A. broke bent cracked turned fractured spent
B. crutches hip mold plaster cramps
C. pathologic simple compound plaster cast multiple total

10.3 Fracturas

✓Hospital

¿Qué pasó?

Se fracturó una pierna.

Se fracturó _____.

la clavícula	la tibia
la fíbula/	el esternón
el peroné	el radio
el fémur	la rótula
la ulna/el cúbito	

Es una fractura | mayor.
| menor.

Lo es.

No, no lo es.

Le | enyesó la pierna.
| puso un molde de yeso.
| entablilló la pierna.

Dijo que usara muletas.

Dijo que se pusiera un cabestrillo.

Le dio medicina para el dolor.

Pariente

Se rompió un brazo.

¿Qué se fracturó?

¿Es seria?

¿Es | compuesta?
| total?
| múltiple?

¿Qué hizo el doctor?

Práctica

Subraye las palabras que se relacionen con esta sección.

A. rompió   dobló   quebró   viró   fracturó   pasó
B. muletas   caderas   molde   yeso   calambres
C. patológico   simple   compuesta   molde de yeso   múltiple   total

10.4 First Aid

Hospital

He/She has	allergies.
	a nosebleed.
	sunstroke.
	heat prostration.
	fainting.
	burns.
	a minor lesion.
	a major lesion.
	poison ivy.
	a rash from a poisonous plant.

↙ Hospital

What's the matter with the patient?

	From what?
	When did it begin?
	What did he/she do?
	Why?
	Very frequently?
	How did it happen?
	On the leg?
	Where?
	On what part of his/her body?
	When did it begin?

Practice

A. Practice the conversation in Section 10.4 again, this time giving answers to the questions in the right-hand column. Then change parts.

B. Tell what the paramedic did when he found a patient with:
1. a nosebleed
2. sunstroke
3. a fracture
4. a gunshot wound
5. a heart attack

10.5 What shall we do?

Hospital

We mustn't move him/her.

We must ask for help.

We have to put on a tourniquet.

We have to give him/her artificial respiration.

We have to give him/her mouth-to-mouth resuscitation.

We have to give him/her cardiopulmonary resuscitation (CPR).

We have to use a Heimlich maneuver.

↙ Hospital

Is it dangerous?

From whom?

Where is it?

What shall I do?

Why?

10.4 *Primeros auxilios*

<u>Hospital</u>

Tiene | alergia.
| hemorragia nasal.
| insolación.
| postración del calor.
| desmayos.
| quemaduras.
| una lesión menor.
| una lesión mayor.
| tiene una erupción de hiedra venenosa.
| tiene una erupción de una planta venenosa.

✔<u>Hospital</u>

¿Qué tiene el paciente/la paciente?

¿De qué?
¿Cuándo comenzó?
¿Qué hizo?
¿Por qué?
¿Muy seguidos?
¿Cómo sucedió?
¿En la pierna?
¿Dónde?
¿En qué parte del cuerpo?
¿Cuándo le comenzó?

Práctica

A. Pratique la conversación en la Sección 10.4 otra vez, esta vez dé las respuestas a las preguntas en la columna de la derecha. Después cambie papeles con su compañero.

B. Diga lo que el paramédico hizo cuando encontró a un paciente con:
1. hemorragia nasal
2. insolación
3. una fractura
4. una herida de bala
5. un ataque al corazón

10.5 *¿Qué hacemos?*

<u>Hospital</u>

No hay que moverlo.

Hay que pedir ayuda.

Hay que ponerle un torniquete.

Hay que darle respiración artificial.

Hay que darle respiración boca a boca.

Hay que darle resucitación cardiopulmonar (CPR).

Hay que usar el procedimiento de Heimlich.

✔<u>Hospital</u>

¿Es peligroso?

¿A quién?

¿Dónde está?

¿Qué hago?

¿Por qué?

Practice

A. What should be done for the patient in each of the following cases?
   1. He/She has a nosebleed.
   2. Possibly he/she has a broken clavicle.
   3. There is a terrible accident.
   4. It looks as though he/she isn't breathing.
   5. He's/She's choking from something he/she ate.

B. Practice the conversation in Section 10.5 again. This time give answers to the questions in the right-hand column. Then change parts.

10.6 Poisons

✔Paramedic

What happened to him/her?

The child took	poison.
	bleach.
	lye.

When did he/she take it?

Do you have the label from the bottle?

We must take him to the hospital.

The nearest hospital.

They'll	give him/her an antidote.
	wash out his/her stomach.
	give him/her oxygen.
	give him/her an emetic.
	give him/her some tranquilizers.
	observe him/her.

Relative

The boy took drugs.

A few minutes ago.

Here it is. What can you do?

What hospital?

What will they do?

Practice

Find a word in column B that can be associated with each word in column A.

A		B	
1. pills	4. emetic	a. stomach	d. vomit
2. drugs	5. breathing	b. bottle	e. abuse
3. wash out	6. label	c. tranquilizers	f. oxygen

Práctica

A. ¿Qué hay que hacerle al paciente en cada uno de los casos siguientes?

1. Le sangra la nariz.
2. Posiblemente tiene la clavícula rota.
3. Hay un accidente terrible.
4. Parece que no respira.
5. Se está ahogando.

B. Practique la conversación en la Sección 10.5 otra vez. Esta vez dé las respuestas a las preguntas en la columna de la derecha. Entonces cambien partes.

10.6 Venenos

Paramédico	Pariente
¿Qué le pasó?	El joven tomó drogas.
	El niño tomó | veneno.
	cloro.
	lejía.
¿Cuándo se lo tomó?	Hace unos minutos.
¿Tiene la etiqueta del frasco?/de la botella?	Aquí la tiene. ¿Qué se puede hacer?
Hay que llevarlo/la al hospital.	¿A qué hospital?
Al hospital más cercano.	*¿Qué le van a hacer?*
Van a | darle un antídoto.	
lavarle el estómago.	
darle oxígeno.	
darle un emético.	
darle tranquilizantes.	
observar*lo/la*.	

Práctica

Encuentre una palabra en la columna B que pueda asociarse con cada palabra de la columna A.

A

1. píldoras   4. emético
2. drogas   5. respiración
3. lavarle   6. etiqueta

B

a. estómago   d. vómito
b. botella   e. abuso
c. tranquilizantes f. oxígeno

10.7 Condition of the Patient

Paramedic	Relative
	✔ How is he/she?
He's/She's nervous.	*How is* | he/she?
He's/She's _____.	| the boy/girl?

crying	dehydrated
quiet	drunk
semicomatose	injured

What did they do to him/her?

They knifed/stabbed him/her.

They raped her.

They attacked him/her.

They kidnapped/abducted him/her.

How serious is the injury?

It's | deep.
\| serious.
\| light.

He's/She's bleeding.

Practice

Find a word in column B that can be associated with each word in column A.

A		B	
1. stabbed	4. intoxicated	a. abducted	d. calm
2. quiet	5. kidnapped	b. unconscious	e. hemorrhage
3. semicomatose	6. blood	c. wound	f. drunk

10.7 Condición del paciente

Paramédico

Está nervioso.

Está _____.

lloroso/a	deshidratado/a
quieto/a	borracho/a
semicomatoso/a	lastimado/a

¿Qué le hicieron?

Es | profunda/grave.
      | seria.
      | leve.

Se está desangrando.

Pariente

¿Cómo está?

¿Cómo está | él/ella?
              | el niño/la niña?

Le dieron una puñalada.

La violaron.

Lo/la atacaron.

Lo/la raptaron/secuestraron.

¿Cómo es la herida?

Práctica

Encuentre una palabra en la columna B que pueda asociarse con una palabra de la columna A.

A

1. puñalada	4. intoxicado
2. quieto	3. raptado
3. semicomatoso	6. sangre

B

a. secuestrado	d. tranquilo
b. inconsciente	e. hemorragia
c. herida	f. borracho

10.8 What did he/she take?

<u>Hospital</u>

How frightening! | *Did he/she take it?*
            | *Did he/she take them?*

How frightening! Did he/she swallow it?

✔ <u>Relative</u>

He/She took poison.

He/She took _____.

drugs	carbon
sleeping pills	tetrachloride
bleach	insecticide
turpentine	medicines
	tranquilizers

He/She swallowed | a pin.
                  | a coin.
  | a marble.
  | a button.

Practice

Answer the questions according to the example.

Did he take poison? Yes, he took it.
Did he take tranquilizers?
Did he swallow the buttons?
Did he take the medicine?
Did he swallow the marbles?

Did he take poisons?
Did he swallow a marble?
Did he take the tranquilizer?
Did he take the drugs?

10.8 ¿Qué tomó?

Hospital

¡Qué susto! | ¿Lo/La/Los/Las tomó?

Pariente

Tomó veneno.

Tomó _____.

drogas	tetracloruro de carbón
píldoras para dormir	insecticida
cloro	medicinas
trementina	tranquilizantes

¡Qué susto! ¿Se lo/la tragó?

Se tragó | un alfiler.
una moneda.
un mármol.
una canica.
un botón.

Práctica

Conteste las preguntas según el ejemplo.

¿Tomó veneno? *Sí, lo tomó.*
¿Tomó tranquilizantes?
¿Tragó los botones?
¿Tomó la medicina?
¿Tragó los mármoles?

¿Tomó veneno?
¿Tragó una canica?
¿Tomó el tranquilizante?
¿Tomó las drogas?

10.9 They must give it.

✔Hospital

He/She must have the treatment.

He/She must have _____.

| the antidote
| the emetic
| the sedative
| the medicine
| the tablet

He/She must have _____.

| the treatments
| the results
| the tourniquets
| the medicines
| the pills

Hospital

They already gave it to him/her.

They already gave them to him/her.

Practice

Change the sentences according to the example:

He broke his nose. He broke it.
She broke the radius.
She broke the tibia.
He broke his ribs.
She broke her leg.

She broke some bones.
He broke the kneecap.
She broke her ankles.
He broke his clavicle.

Reading

The following sentences include cognate words that end in *-íon, -ía,* and *-ína,* among others. (See Appendix, p. 564.) Read each of the following sentences and decide if it is *true* or *false.*

1. Coagulation is a reaction in the urine.
2. One function of the digestive system is defecation.
3. Insulin is a vitamin that helps one's vision.
4. The doctor does a biopsy in order to diagnose cretinism.
5. An antispasmodic is for controlling cramps.
6. A laparoscopy is a deficiency of the circulatory system.
7. Syphilis is a very contagious venereal disease.
8. The rabbit test is for seeing if a person has anorexia.
9. If your patient has diarrhea you should give him an emetic.
10. A person who has hypoglycemia should have a diet high in protein.

10.9 Hay que dárselo.

✔ Hospital

Hay que darle el tratamiento.

Hay que darle _____.

| el antídoto
| el emético
| el calmante
| la medicina
| la tableta

Hay que darle _____.

| los tratamientos
| los resultados
| los torniquetes
| las medicinas
| las píldoras

Hospital

Ya se lo dieron.

Ya se los/las dieron.

Práctica

Cambie las oraciones de acuerdo con el ejemplo.

Se rompió la nariz. Se la rompió.
Se rompió el radio.
Se rompió la tibia.
Se rompió las costillas.
Se rompió la pierna.

Se rompió unos huesos.
Se rompió la rótula.
Se rompió los tobillos.
Se rompió la clavícula.

Lectura

Las siguientes oraciones incluyen palabras cognadas que terminan en *-ión, -ía,* y en *-ina* entre otras. (Véase el apéndice, pág. 565.) Lea cada una de las siguientes oraciones y decida si es verdad o mentira.

1. La coagulación es una reacción de la orina.
2. Una función del aparato digestivo es defecación.
3. La insulina es una vitamina que ayuda con la visión.
4. El médico hace una biopsia para diagnosticar el cretinismo.
5. Un antiespasmódico es para controlar los calambres.
6. Una laparoscopía es una deficiencia del aparato circulatorio.
7. La sífilis es una enfermedad venérea muy contagiosa.
8. El examen del conejo se hace para ver si una persona tiene anorexia.
9. Si su paciente tiene diarrea usted debe darle un emético.
10. Una persona con hipoglucemia debe de tener una dieta alta en proteína.

Evaluation

A. Choose the word most similar in meaning to the one italicized.
  1. The girl has *convulsions*.   a. light
  2. You need to rest; you're *fatigued*. b. grave
 ·3. We've got to ask for *help*.   c. fits
  4. He has a *serious* illness.   d. tired
  5. The injury is *minor*.   e. assistance
  6. The baby has a *rash* on its back.   f. eruption
  7. He has a *cut* on his arm.   g. broken
  8. He's *fractured* a bone.   h. injury

B. Fill the blank with the correct word, according to the example.
  Example: I'm going to give *you the tourniquet*. I'm going to give *it to you*.
  1. I'm going to give *you the label*.   I'm going to give _____ to you.
  2. I'm going to give *you the treatments*.   I'm going to give _____ to you.
  3. I'm going to give *you the medicine*.   I'm going to give _____ to you.
  4. I'm going to give *you the antidote*.   I'm going to give _____ to you.
  5. You're going to give *me the bandage*.   You're going to give _____ to me.
  6. You're going to give *me the pills*.   You're going to give _____ to me.
  7. You're going to give *me the bottles*.   You're going to give _____ to me.
  8. You're going to give *me the bottle*.   You're going to give _____ to me.
  9. You're going to give *me the alcohol*.   You're going to give _____ to me.

C. In the following exercise, three of the choices can correctly complete the sentence. Cross out the one that cannot, and then read the sentence with each correct choice.
  1. He has a _____ fracture.
     a. multiple
     b. hot
     c. complete
     d. compound
  2. We must take him to the _____ room.
     a. emergency
     b. trauma center
     c. intensive care
     d. ambulance
  3. He has a bean in his _____.
     a. nose.
     b. throat.
     c. face.
     d. ear.
  4. We must give him the antidote because he took _____.
     a. a reaction.
     b. poison.
     c. lye.
     d. carbon tetrachloride.
  5. The child swallowed _____.
     a. a pin.
     b. an accident.
     c. a coin.
     d. a marble.

Evaluación

A. Escoja una palabra de significado semejante a la palabra subrayada.

1. La muchacha tiene *convulsiones*.
2. Necesita descanso; esta *fatigado*.
3. Hay que pedir *ayuda*.
4. Tiene una enfermedad *seria*.
5. La lesión es *menor*.
6. El bebé tiene *salpullido* en la espalda.
7. Tiene una *cortada* en el brazo.
8. Se ha *fracturado* un hueso.

a. leve
b. grave
c. ataques
d. cansado
e. socorro
f. erupción
g. quebrado
h. herida

B. Llene el espacio en blanco con la palabra correspondiente según el ejemplo.

Ejemplo: Le voy a dar el torniquete. *Se lo voy a dar.*

1. Le voy a dar *la etiqueta*.   Se _____ voy a dar.
2. Le voy a dar *los tratamientos*.   Se _____ voy a dar.
3. Le voy a dar *la medicina*.   Se _____ voy a dar.
4. Le voy a dar *el antídoto*.   Se _____ voy a dar.
5. Me va a dar *la venda*.   Me _____ va a dar.
6. Me va a dar *las píldoras*.   Me _____ va a dar.
7. Me va a dar *los frascos*.   Me _____ va a dar.
8. Me va a dar *la botella*.   Me _____ va a dar.
9. Me va a dar *el alcohol*.   Me _____ va a dar.

C. En el siguiente ejercicio tres de las respuestas pueden completar correctamente la oración. Tache la palabra que no es correcta y entonces lea la oración con cada respuesta correcta.

1. Tiene una fractura _____.
   a. múltiple.
   b. caliente.
   c. completa.
   d. compuesta.
2. Hay que llevarlo a la sala de _____.
   a. urgencia.
   b. emergencia.
   c. cuidado intensivo.
   d. ambulancia.
3. Tiene un frijol en _____.
   a. la nariz.
   b. la garganta.
   c. la cara.
   d. el oído.

4. Hay que darle el antídoto porque tomó _____.
   a. una reacción.
   b. veneno.
   c. lejía.
   d. tetracloruro de carbón.
5. El niño tragó _____.
   a. un alfiler.
   b. un accidente.
   c. una moneda.
   d. un mármol.

Review

A. Select the most suitable completion for the following statements or questions.

1. What work does your husband do? He's _____.
   a. the patient.
   b. a businessman.
   c. my husband.
2. I want a _____ room.
   a. private
   b. every two hours
   c. on terms
3. Who is the patient? She's _____.
   a. the insurance policy.
   b. the responsible party.
   c. my husband's mother.
4. Why have you come to the hospital? Because _____.
   a. I'm Protestant.
   b. my husband isn't here.
   c. I have pains in my abdomen.
5. Please sign _____.
   a. the anesthesia.
   b. the doctor.
   c. the permit.
6. Visiting hours are _____.
   a. from 2 to 4 P.M.
   b. from 2 to 4 A.M.
   c. from 11 to 12 P.M.

7. Is he your husband's brother? Yes, he's my _____.
   a. nephew.
   b. brother-in-law.
   c. cousin.
8. How long have you had _____ when you cough?
   a. nervousness
   b. expectoration
   c. digestion
9. Please _____ on the table.
   a. pain
   b. measure
   c. get up
10. For three days I've had _____ when I swallow.
   a. difficulty
   b. air
   c. colic
11. Do you need a _____ for vomit?
   a. glass
   b. machine
   c. basin
12. I've been _____ a lot, and I need to change my gown.
   a. sweating
   b. belching
   c. instruments

B. Choose the best response to each statement or question.

1. I have a sore throat.
   a. You should use ointment.
   b. Do your eyes hurt?
   c. You should gargle.
   d. You have to take a laxative.
2. It itches.
   a. Yes, it's whooping cough.
   b. Yes, it's pneumonia.
   c. Yes, it's measles.
   d. Yes, it's cholera.
3. I'm constipated.
   a. You need milk of magnesia.
   b. You have to use ointment.
   c. It's the yellow tablet.
   d. I'm going to give you a bath.
4. What pill should I take?
   a. The red liquid.
   b. Disinfectant powder.
   c. Cough syrup.
   d. The red tablet.

5. I have a headache.
   a. She has to take your blood pressure.
   b. You need to gargle.
   c. Yes, it itches.
   d. You have to take aspirin.
6. When do I take the medicine?
   a. According to the label.
   b. One tablespoonful.
   c. In a bottle.
   d. Two pills.
7. Have you had childhood illnesses?
   a. Yes, cough and headache.
   b. Yes, anthrax and typhoid.
   c. Yes, chickenpox and German measles.
   d. Yes, malaria and yellow fever.
8. I haven't had my period.
   a. Why should you have lost weight?
   b. You might be pregnant.
   c. Is it contagious?
   d. Was the injury serious?

Repaso

A. Seleccione la mejor terminación para las siguientes oraciones o preguntas.

1. ¿En qué trabaja su esposo? Es _____.
   a. el paciente.
   b. un hombre de negocios.
   c. mi esposo.
2. Deseo un cuarto _____.
   a. privado.
   b. cada dos horas.
   c. a plazos.
3. ¿Quién es la paciente? Es _____.
   a. la póliza de seguros.
   b. el responsable.
   c. la madre de mi esposo.
4. ¿Por qué viene al hospital? Porque
   _____.
   a. soy protestante.
   b. mi esposo no está aquí.
   c. tengo dolor en el abdomen.
5. Favor de firmar _____.
   a. la anestesia.
   b. el doctor.
   c. el permiso.
6. Las horas de visita son _____.
   a. de dos a cuatro de la tarde.
   b. de dos a cuatro de la mañana.
   c. de once a doce de la noche.

7. ¿Es el hermano de su esposo? Sí, es mi _____.
   a. sobrino.
   b. cuñado.
   c. primo.
8. ¿Desde cuándo tiene _____ cuando tose?
   a. nerviosidad
   b. expectoración
   c. digestión
9. Favor de _____ a la mesa.
   a. dolor
   b. medir
   c. subir
10. Hace tres días que tengo _____ al tragar.
    a. dificultad
    b. aire
    c. cólico
11. ¿Necesita _____ para vomitar?
    a. un vaso
    b. una máquina
    c. una vasija
12. He _____ mucho y necesito cambiarme la bata.
    a. sudado
    b. eructado
    c. instrumentos

B. Escoja la mejor respuesta a cada oración o pregunta.

1. Tengo dolor de garganta.
   a. Debe usar ungüento.
   b. ¿Le duelen los ojos?
   c. Debe hacer gárgaras.
   d. Tiene que tomar un purgante.
2. Me pica.
   a. Sí, es tos ferina.
   b. Sí, es pulmonía.
   c. Sí, es sarampión.
   d. Sí, es cólera.
3. Estoy estreñido.
   a. Necesita leche de magnesia.
   b. Tiene que usar el ungüento.
   c. Es la tableta amarilla.
   d. Voy a darle un baño.
4. ¿Qué píldora debo tomar?
   a. El líquido rojo.
   b. Polvo desinfectante.
   c. Jarabe para la tos.
   d. La tableta roja.

5. Tengo dolor de cabeza.
   a. Ella tiene que tomarle la presión.
   b. Necesita hacer gárgaras.
   c. Sí, le pica.
   d. Tiene que tomar aspirina.
6. ¿Cuándo tomo la medicina?
   a. Según la etiqueta.
   b. Una cucharada.
   c. En una botella.
   d. Dos píldoras.
7. ¿Ha tenido usted enfermedades de la niñez?
   a. Sí, tos y dolor de cabeza.
   b. Sí, ántrax y tifoidea.
   c. Sí, varicela y rubeóla.
   d. Malaria y fiebre amarilla.
8. No he tenido el período.
   a. ¿Por qué ha perdido tanto peso?
   b. Usted puede estar en estado.
   c. ¿Es contagioso?
   d. ¿Fue una herida grave?

C. What was done to the patient in each case? Choose answers from column B.

A	B
1. He had a fracture.	a. They gave him/her artificial respiration.
2. He had sunstroke.	b. They applied pressure to the injury.
3. She had a nosebleed.	c. They put a splint on the fracture.
4. She cut a finger.	d. They applied pressure to his/her nose.
5. He was burned.	e. They put ice on it.
6. She almost drowned.	f. They laid him in the shade.

Combining Review

Review the following sections: 1.1, 1.8, 2.3, 3.5, 4.5, 5.8, 6.8, 7.7, 8.5.

Choose at least one question, answer, or statement from each section. By combining the statements, make up a conversation. You may use the sections in any order you want and add additional vocabulary as needed. The purpose of this practice is to review previously studied structures and vocabulary and then to practice some of them through using them in a conversation.

Actions

In each section, choose a word or phrase from each column to form a complete sentence.

A

The child	fractured	his	knee.
The workman	cut	her	hand.
The woman	burned	your	foot.
The man	twisted		fingers.
You	injured		ribs.
	broke		ankles.

B

The children	fractured	it.
The workmen	cut	them.
The women	burned	
The men	twisted	
You	injured	
	broke	

C. ¿Qué se le ha hecho al paciente en cada caso? Escoja las respuestas de la columna B.

A	B
1. Tuvo una fractura.	a. Le dieron respiración boca a boca.
2. Tuvo una isolación.	b. Le aplicaron presión a la herida.
3. Tuvo hemorragia nasal.	c. Le entablillaron la fractura.
4. Se cortó un dedo.	d. Le aplicaron presión en la nariz.
5. Se quemó.	e. Le pusieron hielo.
6. Por poco se ahoga.	f. Lo acostaron en la sombra.

Combinación de repaso

Repase las secciones siguientes: 1.1, 1.8, 2.3, 3.5, 4.5, 5.8, 6.8, 7.7, 8.5.

Escoja por lo menos una pregunta, respuesta u oración de cada sección. Haga una conversación combinando las oraciones que haya seleccionado. Puede usar las secciones en cualquier orden que desee y añadir vocabulario adicional si se necesita. El propósito de esta práctica es repasar material previamente estudiado y practicar alguno usándolo en la conversación.

Acciones

En cada sección, escoja una palabra o una frase de cada columna para formar una oración completa.

A

El niño	se	fracturó	la rodilla.
El obrero		cortó	la mano.
La señora		quemó	el pie.
El señor		torció	los dedos.
Ud.		lastimó	las costillas.
		rompió	los tobillos.

B

Los niños	se	lo	fracturaron.
Los obreros		la	cortaron.
Las señoras		los	quemaron.
Los señores		las	torcieron.
Uds.			lastimaron.
			rompieron.

C

The criminal	robbed	the silver.
The thief	attacked	the man.
The delinquent	abducted	the girl.
	raped	the money.
	killed	the woman.
	assaulted	the child.
		the store.

D

The criminals	robbed	him.
The thieves	attacked	her.
The delinquents	abducted	it.
	kidnapped	
	raped	
	killed	
	assaulted	

Situation

Students work in groups to prepare the situation for presentation to the class.

You are the doctor on duty in the emergency room of a general hospital. They bring in a man on a stretcher. He has been in an automobile accident. After examining him you find that he is badly injured; he has internal bleeding, various fractures, and blows to the head. After you have treated him, you have to explain his condition to his wife and what you have done for the patient. The wife is understandably upset and has many questions for you.

C

El criminal	robó	la plata.
El ladrón	atacó	al señor.
El delincuente	raptó	a la muchacha.
	violó	el dinero.
	mató	a la señora.
	asaltó	al niño.
		la tienda.

D

Los criminales	lo	robaron.
Los ladrones	la	atacaron.
Los delincuentes		raptaron.
		secuestraron.
		violaron.
		mataron.
		asaltaron.

Situación

Estudiantes trabajan en grupos para preparar la situación para presentarla a la clase.

Ud. es el médico/la médico de turno en la sala de emergencia en el hospital general. Traen un hombre en una camilla. Ha estado en un accidente de automóvil. Después de examinarlo Ud. encuentra que el hombre está mal herido con hemorragia interna, varias fracturas, y golpes en la cabeza. Después de atenderlo, Ud. tiene que explicarle a su esposa la condición del paciente y lo que Ud. le he ha hecho. Se comprende que la esposa está preocupada y tiene muchas preguntas para Ud.

Cultural Topics

Attitudes Toward Death

When we study ancient cultures, we find that man has always regarded death with displeasure. The awareness of death is one of the basic characteristics of mankind, and thus every culture has its own ways of facing death.

At the present time, some advanced cultures simply deny death and thereby deny one of the fundamental aspects of life. Rather than letting the understanding of death and suffering be a strong incentive for a positive and creative life, the individual is forced to repress such awareness. But, although they may be hidden, repressed feelings do not cease to exist. Death is terrible and horrifying, and the fear of death is a universal fear even when we think that we have overcome it at every level.

In Anglo-Saxon society there is a general tendency to repress emotions. This is so much the case that to be "emotional" has come to be considered as unstable, psychotic, or even crazy.

Among certain groups, speaking of death is taboo and discussions about the subject are "morbid." Children are excluded from them with the excuse that it would be too much for them. In order to avoid anxiety and confusion, children are not allowed to visit their parents in the hospital. If there is a death in the family, children may be sent to visit relatives and told lies that do not convince them: "X has gone on a trip"; "He has gone to be with the Lord"; "The Lord loved him so much that he called him to heaven"; and other such euphemisms. Upon becoming aware of the reality of the death, the child has a feeling of unresolved sorrow; he considers death mysterious and terrifying, and he learns to mistrust adults.

In the Hispanic culture, children are permitted to stay with the sick person even till the moment of death, and they are included in the family conversations about the subject. Their participation gives them the feeling that they are not alone in their grief and they have the comfort of shared grief. This experience helps them to achieve emotional maturity.

The religion and faith of the Spaniards sustain them during life and help them tolerate the idea of death. The idea of death as an end to a life of tribulations is based on the medieval concept that this world is merely a preparation for eternal life: when we die, we rest.

Although the Hispanic concept of facing death has changed—today life is valued more—there are still noticeable elements of the medieval acceptance of death with less terror and greater resignation. If we deny it, death may be an impersonal and solitary experience.

We all try in our own ways to postpone the questions and concerns related to death and immortality, but we are forced to face them in our inability to change the course of events. This is a problem that each human being has to resolve alone.

Questions

What has always been man's attitude toward death?
What attitude do we find in some advanced cultures at the present time?
What universal fear does man have?
What is the meaning of the word *emotional* in Anglo-Saxon society?
Why do certain groups exclude children from situations related to death?
How does the child react when he/she realizes the truth of the matter?
How are children treated in Hispanic culture in matters of death?
On what is the Spanish concept of death based? Has this idea changed in modern times?
Why are we forced to deal with death?
What problem does each human being have to resolve alone?

Tópicos culturales

Actitudes hacia la muerte

En el estudio de las culturas antiguas encontramos que el hombre siempre ha considerado la muerte con desagrado. La conciencia de la muerte es una de las carácteristicas básicas del hombre, así cada cultura tiene su propio modo de enfrentarse con la muerte.

En la época presente, algunas culturas avanzadas simplemente niegan la muerte y con ella uno de los aspectos fundamentales de la vida. En vez de permitir que el conocimiento de la muerte y el sufrimiento sean un fuerte incentivo para una vida positiva y creadora, el individuo se ve forzado a reprimirlos. Pero aunque se oculten, los elementos reprimidos no cesan de existir. La muerte es una experiencia terrible y aterradora y el temor a la muerte es un temor universal aun cuando pensemos que lo hemos dominado en todos los niveles.

En las sociedades de origen anglosajón se nota la tendencia a reprimir las emociones en general. Tanto así que ser "emocional" ha llegado a ser considerado como ser inestable, psicótico, loco.

En ciertos grupos, el hablar de la muerte es tabú y las discusiones sobre este asunto se consideran "mórbidas." A los niños se les excluye con el pretexto de que sería demasiado para ellos. Para evitar la ansiedad y la confusión no se les permite visitar a los padres en el hospital. En caso de muerte en la familia se envían a visitar a los parientes y se les dicen mentiras que no convencen: "X se ha ido de viaje"; "ha ido a estar con el Señor"; "el Señor lo amaba tanto que lo llamó al cielo" y otros eufemismos semejantes. Cuando el niño se da cuenta de la realidad, tiene un sentimiento de pena irresuelto, considera la muerte como misteriosa y aterradora y aprende a desconfiar de los adultos.

En la cultura hispana a los niños se les permite quedarse y estar con el enfermo hasta el momento de la muerte y se les incluye en las conversaciones familiares del asunto. Su participación les da el sentimiento de que ellos no están solos en su pena y tienen el consuelo del dolor compartido. Esta experiencia les ayuda en su madurez emocional.

La religión y la fe del español lo sostienen durante la vida y le hacen tolerar la idea de la muerte. Esta idea de la muerte como fin a una vida de tribulaciones se basa en el concepto medieval de que este mundo no es más que una preparación para la vida eterna: al morir, descansamos.

Aunque la idea del hispano al enfrentarse con la muerte ha cambiado—hoy se aprecia más la vida—todavía se notan los elementos de la creencia medieval en que se acepta la muerte con menos temor y más resignación. Si la negamos, la muerte puede resultar en una experiencia impersonal y solitaria.

Todos tratamos a nuestro modo de posponer las preguntas y los asuntos relacionados con la muerte y la inmortalidad, pero nos vemos forzados a enfrentarnos con ellos en nuestra inhabilidad de cambiar el curso de los acontecimientos. Este problema lo tiene que resolver cada ser humano solo.

Preguntas

¿Cómo siempre ha considerado el hombre la muerte?

¿Qué actitud se nota en algunas culturas avanzadas en la época presente?

¿Qué temor universal tiene el hombre?

¿Cuál es el significado de la palabra *emocional* en las sociedades anglosajonas?

¿Por qué ciertos grupos excluyen a los niños de las situaciones relacionadas con la muerte?

¿Cómo reacciona el niño/la niña cuando se da cuenta de la realidad?

¿Cómo tratan a los niños en la cultura hispánica en casos de muerte?

¿En qué se basa la idea de la muerte del español? ¿Ha cambiado esa idea modernamente?

¿Por qué nos vemos forzados a tratar de la muerte?

¿Qué problema tiene que resolver cada ser humano solo?

Pronunciación en inglés

f (also spelled ph)

La *f* o *ph* en inglés es semejante a la *f* en español de *flor*.

flower	fever	phlegm	physician	morphine
fine	fit	few	fact	first

Una excepción a esta regla es la preposición *of* en la que la *f* tiene el sonido de *v*.

---

p

La *p* en inglés es semejante a la *p* de *palma* en español, excepto que el sonido de la *p* en inglés es explosivo. Al hacer el sonido relaje los labios para que el aire escape.

pear	palm	Pap test	polio	pressure
pie	operate	prepare	pregnancy	prevent

---

n

La *n* en inglés es semejante a la *n* en español de *no*, excepto como se indica debajo.

normal	nose	nothing	numb	nerve
pain	nasal	nausea	neck	nephew

La *n* en inglés es semejante a la *n* en español de *tengo* antes de la *k* y la *g*.

breathing	think	sink	pink
orange	swelling	young	wrong

Pronunciation in Spanish

Vowel Combinations (continued)

io

The vowel combination *io* is similar to English *yo,* as in *yo-yo.* (See also the list of *-ión* cognates. All have this vowel combination in the last syllable.)

adiós	varios	nervioso	ejercicio	infección
Dios	limpio	despacio	presión	loción

oi

The Spanish vowel combination *oi,* also spelled *oy,* is similar to English *oy* in *toy.*

hoy	soy	doy	tifoidea	tiroides
voy	estoy	oigo	hemorroides	boicotear

au

The Spanish vowel combination *au* is similar to English *ou,* as in *ouch.*

auto	pausa	autorización	autor	gaucho
causa	náuseas	audio-	audaz	bautizo

ua

The Spanish vowel combination *ua* is similar to English *wa* in *water.*

agua	¿cuánto?	cuarto	lengua	Juan
¿cuándo?	¿cuántos?	cuarenta	evacuación	Juárez

---

m

La *m* en inglés es semejante a la *m* en español de *me*.

mouth	molar	medicine	mammary	permit
mucus	mark	arm	mumps	palm

---

x

La *x* en inglés es semejante a la *x* en español de *examen* entre vocales. Antes de una consonante, la *x* tiene el sonido de *ks*.

exam	example	expectorate
exact	extract	extreme

Terminaciones -ed y -s

La terminación *-ed,* que se añade a los verbos para formar el pasado y el participio pasado tiene tres pronunciaciones diferentes:

1. La forma *ed* se pronuncia como *d* después de consonantes sonoras excepto la *d* y después de sonidos vocálicos.

contained	caused	used	sterilized
calmed	restored	played	informed

2. La terminación *-ed* se pronuncia como *t* después de todas las consonantes mudas excepto la *t*.

rocked	missed	picked	kicked
dipped	dripped	kissed	dropped

3. La terminación *-ed* se pronuncia como sílaba separada después de una *i* corta y después de *d* y *t*.

permitted	eliminated	indicated	existed
adjusted	protected	divided	vomited

La terminación *-s* tiene reglas de pronunciación semejantes:

1. El sonido de la *s* se pronuncia como *z* después de consonantes sonoras, excepto después de los sonidos *z* y *s* y después de sonidos vocálicos.

legs	says	drives	cells	fingers
arms	eyes	kidneys	thighs	toes

2. El sonido de la *s* se pronuncia como *s* después de consonantes mudas, excepto después de los sonidos *s* y *sh*.

books	looks	checks	writes	breaks
hips	buttocks	stomachs	makes	takes

3. Las terminaciones *s* o *-es* se pronuncian como sílaba separada después de los sonidos sibilantes y tienen un sonido de *z*.

seizes	judges	presses	prizes	proposes
noses	dresses	guesses	poses	Rose's

Grammar/Structure Notes on Spanish

The Preterite

In this lesson you practiced with forms of Spanish verbs that report action completed at some definite time in the past. These forms are the forms of the preterite tense (the past definite tense in Spanish). When they are regular, the forms follow these patterns:

-ar verbs	-er, -ir verbs
quebrar to break, break off, crush	romper to break, tear
quebré I broke	rompí
quebraste you (familiar) broke	rompiste
quebró you (formal), he, she broke	rompió
quebramos we broke	rompimos
quebraron they, you (plural) broke	rompieron

(Quebrar and romper both mean to break; they are largely interchangeable, but do have slight differences in shades of meaning.)

In this lesson, you also practiced several of the irregular forms of the preterite:

fue (ir) it was

hizo (hacer) he/she did, made

tuvo (tener) he/she had

se puso (ponerse) he/she became

Other preterite forms you practiced are different by a letter or two (other than the ending) from their forms in the present tense:

murió he died

cayó he fell

se hirió he hurt himself

Reflexive Pronouns

In Lesson 7 you practiced sentences that used the reflexive pronoun se. In this lesson, you practiced several verbs in the preterite that were preceded by se (himself, herself, yourself) or me (myself). To express the same concept, English sometimes uses the reflexive pronoun; at other times, English uses a word such as got, or a preposition.

Se cortó.   He cut himself.

Se sentó.   He sat down.

Se hirió.   He got hurt.

Sometimes the reflexive has no translation in English, but merely indicates who was involved in the action.

Se rompió la pierna.   He broke his leg. (Literally, "He broke to himself the leg.")

Direct Object Pronouns

In Lesson 7 you practiced sentences with direct object pronouns: lo, la, los, las. These pronouns tell what or what person receives the action of the verb. You practiced these pronouns again in this lesson:

Lo atacaron.   They attacked him.

La atacaron.   They attacked her.

Notas gramaticales/estructuras en inglés

Pretérito—Simple Past Tense

En esta lección usted ha practicado formas del pretérito. El pretérito o tiempo pasado simple en inglés se compara al pretérito en español. Esta forma del pasado del verbo tiene una sola forma que se usa con todas las personas del singular y el plural. Cuando es regular, el pasado en inglés se forma añadiéndole la terminación *ed* a la forma simple del verbo, y *d* si termina en e. (Véase la Lección 10 donde se da la pronunciación de estas formas.)

walk	walked	camina	caminó
happen	happened	sucede	sucedió
fracture	fractured	fractura	fracturó

Algunos verbos sufren cambios ortográficos al cambiarse del presente al pasado simple o pretérito:

trip	tripped	tropieza	tropezó
try	tried	trata	trató

Muchos verbos de uso corriente tienen un pasado irregular:

give	gave	da	dio
say	said	dice	dijo
put	put	pone	puso
break	broke	rompe	rompió
is	was	es, está	fue, estuvo
are	were	está, es	estuvo, fue
have	had	tiene	tuvo

En oraciones o expresiones negativas, las formas *do/does* usadas en el presente se cambian a *did* con la forma simple del verbo. *Did* puede formar contracción con *not* para formar *didn't.*

Did he fracture his leg?

He didn't trip.

Indirect Object Pronoun *le*

As you learned in Lesson 9, the indirect object pronoun tells *who* received the *object* of the action of the verb. In Section 10.5, you practiced the indirect object pronoun *le,* as in

    Hay que darle resucitación boca a boca.   We must give mouth-to-mouth resuscitation
                                              to him.
                                              We must give *him* mouth-to-mouth resuscitation.

The resuscitation is the direct object because it tells *what* we must give him. *Le* is the indirect object pronoun that tells to whom the resuscitation must be given—*to him.*

Two Object Pronouns Used Together

When the indirect object pronoun is used before the direct objects *lo, la, los,* or *las, se* is used instead of the indirect object pronoun *le.* You practiced using the two pronouns together in Section 10.9.

    Ya se lo dieron.   They already gave it (m.) to him/her.
    Ya se la dieron.   They already gave it (f.) to him/her.

Positions of Object Pronouns

All three of the pronouns you have practiced in this lesson are object pronouns—reflexive, direct, and indirect. All three are used in the same places in the sentence: they follow and are attached to infinitives and affirmative commands; in all other cases, they precede the whole verb or verb phrase.

    Se cayó.   He fell.
    Hay que darle resucitación boca a boca.   We must give him mouth-to-mouth resuscitation.

Había

The past tense of *hay* (there is, there are) is *había* (there was, there were). Whether the noun that follows *había* is singular or plural, the form does not change in this construction.

    Había contaminación.   There was pollution.
    Había desperdicios sólidos.   There were solid wastes.

Posición de los complementos pronominales

I'm going to give *you* the medicine.   Le voy a dar la medicina.
I'm going to give the medicine *to you*.

Cuando el complemento directo en una oración es un nombre, como *medicina* en el ejemplo anterior, la palabra que hace la función de complemento indirecto pronominal, comparable en este caso a *le* en español, puede colocarse delante del nombre o después del nombre introducido por una preposición.

I'm going to give it to you.   Se lo voy a dar.

Cuando hay dos complementos pronominales, el complemento directo va inmediatamente después del verbo, y el indirecto sigue introducido por una preposición.

You must, we must—Hay que

En inglés, *you, we,* and *they* se usan con frecuencia como formas indefinidas. En estos casos, *you must* o *we must* es un equivalente aproximado de *hay que* en español.

Lesson 11
Care of the Patient: Physical Necessities

New Material

11.1 What's the matter?

✓Hospital

Are you hungry?

Are you _____?

thirsty	in pain
cold	afraid
hot	sleepy

Do you feel like | sleeping?
| leaving?
| eating?

Patient

Yes, I'm hungry.

No, I'm not hungry.

_____ .

No, I don't feel like sleeping.

Yes, I feel like _____.

Practice

Associate each of the following words with an expression that you have practiced in this section.

| meal | terror | head | night |
| winter | summer | water | |

Lección 11
Cuidado del paciente: Necesidades físicas

Materia nueva

11.1 ¿Qué tiene?

Hospital

¿Tiene Ud. hambre?

¿Tiene Ud. _____?

sed	dolor
frío	miedo
calor	sueño

¿Tiene ganas de | dormir?
| salir?
| comer?

Paciente

Sí, tengo hambre.

No, no tengo hambre.

_____ .

No, no tengo ganas de dormir.

Sí, tengo ganas de _____.

Práctica

Asocie cada una de las siguientes palabras con una expresión que haya practicado en esta sección.

comida   terror   cabeza   noche
invierno   verano   agua

11.2 Did you do it?

<u>Hospital</u>

Yes, I prepared it.
Yes, I cleaned it.
Yes, I cleaned it.
Yes, I changed it.
Yes, I changed them.
Yes, I changed them.

✓ <u>Patient</u>
Did you prepare the prescription?
Did you clean the room?
Did you clean the bathroom?
Did you change the bed?
Did you change the sheets?
Did you change the pillowcases?

Practice

Make up questions and answers that follow the pattern you have just practiced. Choose verbs and nouns from the following lists:

Verbs		Nouns	
analyze	recommend	the treatments	the problem
prepare	select	the medicines	the syringe
adjust	investigate	the bandage	the procedures
communicate	disinfect	the menu	the patient

11.2 ¿Lo hizo usted?

Hospital

Sí, ya la preparé.

Sí, ya lo limpié.

Sí, ya lo limpié.

Sí, ya la cambié.

Sí, ya las cambié.

Sí, ya las cambié.

🖝 Paciente

¿Preparó Ud. la receta?

¿Limpió Ud. el cuarto?

¿Limpió Ud. el baño?

¿Cambió Ud. la cama?

¿Cambió Ud. las sábanas?

¿Cambió Ud. las fundas?

Práctica

Formule preguntas y respuestas siguiendo la forma que acaba de practicar. Escoja verbos y nombres de las listas siguientes:

Verbos

analizar	recomendar
preparar	seleccionar
ajustar	investigar
comunicar	desinfectar

Nombres

los tratamientos	el problema
las medicinas	la jeringuilla
la venda	los procedimientos
el menú	el paciente

11.3 I already did it.

✔ Hospital	Patient
Did you walk in the hall?	Yes, I walked ten minutes.
Did you take the medicine?	Yes, I took the medicine.
Did you have the treatment?	Yes, I had the treatment.
Did you bend your leg?	Yes, I bent my leg.
Did you talk to the doctor?	Yes, I talked to the doctor.
Did you sign the permit?	Yes, I signed the permit.
Did you eat supper?	Yes, I ate supper.
Did you drink enough water?	Yes, I drank a lot of water.
Did you rest?	Yes, I rested.
Did you sleep well?	Yes, I slept well.
Did you go to the bathroom?	No, I didn't go to the bathroom.
Did you go to the laboratory?	Yes, I went to the laboratory.
Did you go to the room?	No, I didn't go to the room.
Did you eliminate?	Yes, I eliminated.
Did you urinate?	No, I didn't urinate.
Did you have a bowel movement?	Yes, I had a bowel movement.

Practice

Complete each question according to the example.

Do you want to go to the bathroom?
I already went.

Do you want to go to the room?	Do you want to drink some water?
Do you want to go to the laboratory?	Do you want to talk to the doctor?
Do you want to eliminate?	Do you want to take a laxative?
Do you want to urinate?	Do you want to walk in the hall?

11.3 Ya lo hice.

Hospital	Paciente
¿Caminó Ud. en el pasillo?	Sí, caminé diez minutos.
¿Tomó Ud. la medicina?	Sí, tomé la medicina.
¿Tomó Ud. el tratamiento?	Sí, tomé el tratamiento.
¿Dobló Ud. la pierna?	Sí, doblé la pierna.
¿Habló Ud. con el médico?	Sí, hablé con el médico.
¿Firmó Ud. el permiso?	Sí, firmé el permiso.
¿Comió Ud. la cena?	Sí, comí la cena.
¿Tomó Ud. bastante agua?	Sí, tomé mucha agua.
¿Descansó Ud.?	Sí, descansé.
¿Durmió Ud. bien?	Sí, dormí bien.
¿Fué Ud. al baño?	No, no fui al baño.
¿Fué Ud. al laboratorio?	Sí, fui al laboratorio.
¿Salió Ud. del cuarto?	No, no salí del cuerto.
¿Eliminó Ud.?	Sí, eliminé.
¿Orinó Ud.?	Sí, oriné.
¿Defecó Ud.?	Sí, defequé.

Práctica

Complete cada pregunta de acuerdo con el ejemplo.

¿Quiere ir al baño?
Ya fui.

¿Quiere salir del cuarto?	¿Quiere tomar agua?
¿Quiere ir al laboratorio?	¿Quiere hablar con el médico?
¿Quiere eliminar?	¿Quiere tomar un laxante?
¿Quiere orinar?	¿Quiere caminar en el pasillo?

11.4 *Tell what you did.*

Student 1	Student 2	Student 3
Lie down.	Where did you lie down?	I lay down on the bed.
Get up.	How did you get up?	I got up slowly.
Comb your hair.	What did you comb your hair with?	I combed my hair with a comb.
Turn over on your side.	How did you turn over?	I turned on my right side.
Put on your robe.	What did you put on?	I put on my robe.
Sit on the bed.	Where did you sit?	I sat on the bed.
Get out of bed.	What did you get out of?	I got out of bed.
Shave your face.	What did you shave?	I shaved my face.
Brush your teeth.	What did you brush?	I brushed my teeth.
Stay in bed.	Where did you stay?	I stayed in bed.
Change your clothes.	What did you change?	I changed my clothes.
Wrap up your feet.	What did you wrap up?	I wrapped up my feet.
Stand up.	Where did you stand?	I stood beside the bed.

Practice

Answer the questions according to the example: *Did you sit down? Yes, I sat down.*

Did you get out of bed?

Did you stand up?

Did you shave your face?

Did you change your clothes?

Did you sit on the bed?

Did you wrap up your feet?

Did you lie down?

Did you turn over?

11.4 Diga lo que hizo.

✔ Estudiante 1	Estudiante 2	Estudiante 3
Acuéstese.	¿Dónde se acostó Ud.?	Me acosté en la cama.
Levántese.	¿Cómo se levantó Ud.?	Me levanté despacio.
Péinese.	¿Con qué se peinó Ud.?	Me peiné con el peine.
Voltéese.	¿Cómo se volteó Ud.?	Me volteé sobre el lado derecho.
Póngase la bata.	¿Qué se puso Ud.?	Me puse la bata.
Siéntese en la cama.	¿Dónde se sentó Ud.?	Me senté en la cama.
Salga de la cama.	¿De dónde salió Ud.?	Salí de la cama.
Aféitese la cara.	¿Qué se afeitó?	Me afeité la cara.
Cepíllese los dientes.	¿Qué se cepilló Ud.?	Me cepillé los dientes.
Quédese en la cama.	¿Dónde se quedó Ud.?	Me quedé en la cama.
Cámbiése de ropa.	¿Qué se cambió Ud.?	Me cambié de ropa.
Abríguese los pies.	¿Qué se abrigó Ud.?	Me abrigué los pies.
Párese.	¿Dónde se paró Ud.?	Me paré al lado de la cama.

Práctica

Conteste las preguntas de acuerdo con el ejemplo. *¿Se sentó Ud.? Sí, me senté.*

¿Salió Ud. de la cama?

¿Se paró Ud.?

¿Se afeitó la cara?

¿Se cambió de ropa?

¿Se sentó en la cama?

¿Se abrigó los pies?

¿Se acostó Ud.?

¿Se volteó Ud.?

11.5 Do what I say.

Four students practice. Student 1 gives the commands. Student 2 performs the commands. Students 3 and 4 comment about the actions. Then change parts.

✔ Students 1 and 2	Student 3	Student 4
Take his/her vital signs.	What did you take?	I took his/her vital signs.
Take his/her blood pressure.	What did you take?	I took his/her blood pressure.
Take his/her pulse.	What did you take?	I took his/her pulse.
Raise his/her bed.	What did you raise?	I raised his/her bed.
Lower his/her bed.	What did you lower?	I lowered his/her bed.
Change his/her gown.	What did you change?	I changed his/her gown.
Change his/her bandage.	What did you change?	I changed his/her bandage.
Change his/her sheets.	What did you change?	I changed his/her sheets.
Change his/her clothes.	What did you change?	I changed his/her clothes.
Give him/her a bath.	What did you give him/her?	I gave him/her a bath.
Give him/her a laxative.	What did you give him/her?	I gave him/her a laxative.
Feed him/her.	What did you do?	I fed him/her.
Give him/her the heating pad.	What did you give him/her?	I gave him/her the heating pad.

Practice

Choose a completion from column B for each command in column A.

A	B
Please change her	temperature.
Please give him	the head of the bed.
Please take her	gown.
Please raise	the foot of the bed.
Please lower	a laxative.

11.5 *Haga lo que digo.*

Cuatro estudiantes practican. Estudiante 1 da las órdenes. Estudiante 2 las ejecuta. Estudiantes 3 y 4 comentan acerca de las acciones. Después cambian papeles.

Estudiantes 1 y 2	Estudiante 3	Estudiante 4
Tómele los signos vitales.	¿Qué le tomó?	Le tomó los signos vitales.
Tómele la presión.	¿Qué le tomó?	Le tomó la presión.
Tómele el pulso.	¿Qué le tomó?	Le tomó el pulso.
Levántele la cabeza.	¿Qué le levantó?	Le levantó la cabeza.
Bájele la cabeza.	¿Qué le bajó?	Le bajó la cabeza.
Cámbiele la bata.	¿Qué le cambió?	Le cambió la bata.
Cámbiele la venda.	¿Qué le cambió?	Le cambió la venda.
Cámbiele las sábanas.	¿Qué le cambió?	Le cambió las sábanas.
Cámbiele la ropa.	¿Qué le cambió?	Le cambió la ropa.
Déle un baño.	¿Qué le dio?	Le dio un baño.
Déle un laxante.	¿Qué le dio?	Le dio un laxante.
Déle de comer.	¿Qué le dio?	Le dio de comer.
Déle la almohadilla eléctrica.	¿Qué le dio?	Le dio la almohadilla eléctrica.

Práctica

Escoja un complemento de la columna B para cada orden en la columna A.

A	B
Favor de cambiarle	la temperatura.
Favor de darle	la cabecera de la cama.
Favor de tomarle	la bata.
Favor de levantarle	los pies de la cama.
Favor de bajarle	un laxante.

11.6 What did they do to the patient?

✔Hospital	Patient
Did they cut his/her hair?	Yes, they cut it.
Did they fix his/her hair?	Yes, they fixed it.
Did they shave his beard?	Yes, they shaved it.
Did they shave his/her pubic hair?	Yes, they shaved it.
Did they shave his/her body hair?	Yes, they shaved it.

Practice

Choose the words that belong in each group. Cross out the ones that do not belong.

1. hair, bandage, pubic hair, operation, beard
2. prepare, shave, give an enema, dress, dismiss, give an injection

11.7 What did they do to you?

✔Hospital	Patient
Did they give you the enema?	Yes, they gave it to me.
Did they give you the bedpan?	Yes, they gave it to me.
Did they take away the bedpan?	Yes, they took it away.
Did they give you an injection?	Yes, they gave it to me.
Did they give you the I.V. (intravenous serum)?	Yes, they gave it to me.
Did they give you an injection of antibiotics?	Yes, they gave it to me.
Did they apply hot compresses?	Yes, they applied them.

Practice

Ask the patient questions using the following nouns:

the bedpan	the I.V.	your body hair	your pubic hair
the enema	the antibiotics	the medicine	the injection

11.6 ¿Qué le hicieron al paciente?

✔Hospital

¿Le cortaron el pelo?

¿Le arreglaron el pelo?

¿Le afeitaron la barba?

¿Le afeitaron el pelo púbico?

¿Le afeitaron el vello?

Paciente

Sí, se lo cortaron.

Sí, se lo arreglaron.

Sí, se la afeitaron.

Sí, se lo afeitaron.

Sí, se lo afeitaron.

Práctica

Escoja las palabras que pertenecen a cada grupo. Tache las que no corresponden.

1. pelo, venda, pelo púbico, operación, barba
2. prepare, afeite, dé una enema, vista, dé de alta, ponga una inyección

11.7 ¿Qué le hicieron a Ud.?

✔Hospital

¿Le pusieron una enema?

¿Le pusieron la cuña?

¿Le quitaron la cuña?

¿Le pusieron una inyección?

¿Le pusieron suero intravenoso (I.V.)?

¿Le pusieron una inyección de antibióticos?

¿Le aplicaron compresas calientes?

Paciente

Sí, me la pusieron.

Sí, me la pusieron.

Sí, me la quitaron.

Sí, me la pusieron.

Sí, me lo pusieron.

Sí, me la pusieron.

Sí, me las aplicaron.

Práctica

Hágale preguntas al paciente usando los nombres siguientes:

la cuña	el suero intravenoso	el vello	el pelo púbico
la enema	los antibióticos	la medicina	la inyección

Reading

On Wellness and Patient Responsibility

According to the opinions of several doctors, wellness is the responsibility of the patient. Health depends more on the individual's heredity, life style, and environment than on what doctors and hospitals do.

The major problems of health and medical care are the difficulties in obtaining services. What is needed? More research to find more cures? Better health plans to satisfy the health needs of the nation? The decisions about medical care—whether they deal with training more doctors, establishing national health insurance, or buying more equipment for hospitals—have less effect on the national health than do personal decisions. These decisions include smoking or not smoking, maintaining an appropriate weight, controlling high blood pressure, exercising, having an adequate diet, and similar decisions that are difficult for many people to make and follow.

People do not like to think about prevention. The majority of people prefer to consider health as a matter that the doctor decides and not something that they themselves have to decide. Although the patient more than the doctor exercises the greatest influence on maintaining health, it is the doctor who makes the decisions about medical costs, hospitalization, surgery, tests, and so forth.

Medical care encompasses everything that affects health, from the quality of the water that we drink to the prevention of accidents. Many of the most important causes of death—accidents, suicides, homicides, heart disease, and cancer—are uncontrollable by traditional medical care. These causes are related to education, life style, and socioeconomic background. Your health depends on you.

Questions

What opinion do several doctors have?
What influences affect the health of the individual?
What are the greatest problems in health and medical care?
What personal decisions influence the conservation of health?
How do the majority of people think about health?
Who makes the decisions about the cost?
What does medical care comprise?
How can you educate your patients in the maintenance of their health?

Lectura

La responsabilidad del paciente en su salud

De acuerdo con la opinión de varios médicos, la salud es responsabilidad del paciente. La salud depende más de la herencia, el estilo de vida y del ambiente que de lo que los médicos y los hospitales hacen.

Los mayores problemas de la salud y el cuidado médico son las dificultades en obtener servicios. ¿Qué se necesita? ¿Más investigación y más curas? ¿Mejores planes de salud para satisfacer las necesidades de la nación? Las decisiones acerca del cuidado médico—ya sean educar a más médicos o establecer un sistema de salud nacional, o equipar mejor a los hospitales—tienen menos efecto en la salud nacional que las decisiones personales. Estas decisiones incluyen el fumar, mantener un peso adecuado, controlar la presión de la sangre, hacer ejercicios, mantener una dieta adecuada y decisiones semejantes que son difíciles de hacer y de seguir para muchas personas.

La gente no quiere pensar acerca de la medicina preventiva. La mayoría de la gente prefiere considerar los asuntos de salud como algo que el médico decide y no algo que ellos mismos tienen que decidir. Aunque el paciente más que el médico ejerce la mayor influencia en el mantenimiento de la salud, es el médico quien hace las decisiones acerca del costo, de la hospitalización, cirugía, exámenes de laboratorio, y otras cosas.

El cuidado médico comprende todo lo que afecta la salud, desde la calidad del agua que tomamos hasta la prevención de accidentes. Muchas de las causas más importantes de la muerte—accidentes, suicidios, homicidios, enfermedades del corazón y cáncer—son incontrolables por el cuidado tradicional médico. Estas causas se relacionan con la educación, el estilo de vida y las condiciones socio-económicas del individuo. Su salud depende de usted.

Preguntas

¿Cuál es la opinión de varios médicos?
¿Qué aspectos influyen en la salud del individuo?
¿Cuáles son los problemas mayores de la salud y el cuidado médico?
¿Qué decisiones personales influyen en la conservación de la salud?
¿Qué piensa la mayoría de la gente acerca de la salud?
¿Quién hace las decisiones acerca del costo?
¿Qué comprende el cuidado médico?
¿Cómo puede Ud. educar a sus pacientes en el mantenimiento de su salud?

Evaluation

A. Complete each question according to the example. Example: *You have to get up.*
   Do I have to get up?

1. You have to sit down.	Do I have to _____?
2. You have to shave.	Do I have to _____?
3. You have to be weighed.	Do I have to _____?
4. You have to take care of yourself.	Do I have to _____?

B. Choose one of the four verbs that follow to complete each sentence.

   wash   bend   change   turn over

1. You have to _____ in bed, to the left.
2. You have to _____ your knee.
3. You have to _____ your position.
4. You have to _____ your hands.
5. You have to _____ your elbow.
6. You have to _____ to the right.
7. You have to _____ clothes.
8. You have to _____ your leg.
9. You have to _____ your teeth.
10. You have to _____ your feet.

C. Complete each answer with the appropriate verb and any other words that are needed.

1. What time did you go to bed?	_____ at 9:30.
2. When did you shave?	_____ this morning.
3. When did they give you the medicine?	_____ with breakfast.
4. Where did they put the catheter?	_____ in my arm.
5. How did you sleep?	_____ very little.
6. Where did you go?	_____ to the laboratory.
7. What did you drink?	_____ a lot of water.
8. How much did you eat?	_____ a lot.
9. What did you do?	_____.

Recombining Review

Review the following sections: 1.4, 3.4, 4.8, 6.4, 6.5, 6.6, 7.8, 7.9, 9.5. Choose at least one question, answer, or statement from each section. By combining the statements, make up a conversation. You may use the sections in any order you want, and add additional vocabulary as needed. The purpose of this practice is to review previously studied structures and vocabulary, and then to practice some of them through using them in a conversation.

Evaluación

A. Complete cada pregunta de acuerdo con el ejemplo. Ejemplo: *Usted tiene que levantarse.*
¿Tengo que levantarme?

1. Usted tiene que sentarse.	¿Tengo que _____?
2. Usted tiene que afeitarse.	¿Tengo que _____?
3. Usted tiene que pesarse.	¿Tengo que _____?
4. Usted tiene que cuidarse.	¿Tengo que _____?

B. Escoja uno de los cuatro verbos siguientes para completar cada oración.

lavarse   doblar   cambiarse   voltearse

1. Usted tiene que _____ en la cama, a la izquierda.
2. Usted tiene que _____ la rodilla.
3. Usted tiene que _____ de posición.
4. Usted tiene que _____ las manos.
5. Usted tiene que _____ el codo.
6. Usted tiene que _____ a la derecha.
7. Usted tiene que _____ de ropa.
8. Usted tiene que _____ la pierna.
9. Usted tiene que _____ los dientes.
10. Usted tiene que _____ los pies.

C. Complete cada respuesta con el verbo apropiado y otras palabras que se necesiten.

1. ¿A que hora se acuesta Ud.?	_____ a las 9:30.
2. ¿Cuándo se afeitó Ud.?	_____ esta mañana.
3. ¿Cuándo le dieron la medicina?	_____ con el desayuno.
4. ¿Dónde le pusieron el cateter?	_____ en el brazo.
5. ¿Cómo durmió?	_____ muy poco.
6. ¿Adónde fue?	_____ al laboratorio.
7. ¿Qué tomó Ud.?	_____ bastante agua.
8. ¿Cuánto comió Ud.?	_____ mucho.
9. ¿Qué hizo?	_____.

Combinación de repaso

Repase las secciones siguientes: 1.4, 3.4, 4.8, 6.4, 6.5, 6.6, 7.8, 7.9, 9.5. Escoja por lo menos una pregunta, respuesta u oración de cada sección. Haga una conversación combinando las oraciones que haya seleccionado. Puede usar las secciones en cualquier orden que desee y añadir vocabulario adicional si se necesita. El propósito de esta práctica es repasar material previamente estudiado y practicar alguno usándolo en la conversación.

Actions

Choose a word from each column in order to form a complete sentence.

You	put	his	the enema.
He	gave	her	the injection.
She	prepared	their	medicine.
They	took	him	pulse.
You and he	washed	them	teeth.
	changed	himself	bed.
		herself	here.
		themselves	late.

Situation

You are the patient in a hospital. Tomorrow they're going to operate on you. You talk on the telephone to a relative who also recently had an operation. You explain to him/her all the preparations for surgery that they have made for you, and the relative tells what things were done differently and what things were done the same for him/her.

Acciones

Escoja una palabra de cada columna para formar una oración completa.

Ud.	le	puso	la enema.
El	me	pusieron	la inyección.
Ella	se	dio	le medicina.
Ellos		dieron	el pulso.
El y Ud.		preparó	los dientes.
Uds.		prepararon	la cama.
		tomó	aquí.
		tomaron	tarde.
		lavó	
		lavaron	
		cambió	
		cambiaron	

Situación

Usted es paciente en un hospital. Mañana van a operarlo. Usted habla por teléfono a un pariente quien ha sido operado recientemente. Usted le explica a él/ella la preparación para la cirugía que le han hecho y su pariente comenta las cosas que le hicieron a él/ella diferente y qué cosas eran iguales.

Cultural Topics

Taboo Words

The values of a particular society are reflected in its taboo words. When words are taboo, other words or euphemisms must be found to replace the unacceptable expressions. The use of taboo words directly affects the practice of medicine because patients may be reticent about referring to parts of the body or natural bodily functions by their exact names, thus leaving the medical professions with the problem of having to find euphemisms which are not objectionable to the patient.

Of course, in the hospital setting, such terms as *urinate, defecate,* and *eliminate* are more acceptable than in society at large. Yet in English, even in the medical setting, euphemisms may be substituted. In English, to have a bowel movement is often shortened to have a B.M. Children often refer to doing number one (urinating) or doing number two or doing poo-poo (defecating). Often the euphemistic phrase "I have to go to the bathroom" replaces an explanation of what one is going to do there. Hostesses may ask their guests if anyone would like to wash up or use the bathroom before dinner. And in colloquial English, even *bathroom* may be replaced by such slang as *john* or *crapper* (from the inventor of the flush toilet, Sir Thomas Crapper; his name is also thought to be the derivation of the slang word *crap* for excrement).

In Spanish, the more exact words *eliminar* and *defecar* may be replaced by such euphemisms as *hacer caca,* or with children, *hacer caquita.* To urinate may be referred to as *hacer pipi* or *hacer aguas.* Among the uneducated, such terms may be the only words understood for referring to these bodily functions.

A certain modesty about using the specific names for certain parts of the body may also be encountered by medical personnel who deal with Hispanic people; such modesty is most frequent among women. *Nalga* may be a taboo word, with *cadera* or *parte trasera* considered suitable substitutes. The doctor may find also that male patients are more comfortable with a reference to *el miembro* rather than to *el pene.*

An additional problem for medical personnel who treat Hispanics in the United States is the need to be aware of the words that are taboo in some dialects of Spanish, but not in others. In most Spanish-speaking countries, for example, the verb *coger* means "to catch, take, or grasp." In some dialects, however, the word is a vulgarism that refers to sexual intercourse. The word *rosado,* which to speakers of most dialects simply means pink, is used by some speakers to refer to a genital rash associated with venereal disease.

While it is obvious that the knowledge of taboo words can be an asset to medical practitioners, it is also clear that they will need to find out from local resource people exactly what the taboo words are among the population whom they treat.

Tópicos culturales

Palabras tabú

Los valores de una sociedad se reflejan en las palabras que se usan y las que se prohiben o palabras tabú. A fin de evitar el uso de palabras tabú, la gente usa eufemismos u otras expresiones. El uso de palabras tabú afecta directamente la práctica de la medicina pues los pacientes rehusan usar los nombres de ciertas partes del cuerpo o funciones naturales del organismo. Esto requiere que los profesionales en medicina usen también eufemismos que sean aceptables al paciente.

En el ambiente del hospital, términos como *orinar, defecar* y *eliminar* son más aceptables que en la sociedad en general. Pero en inglés, aún en el ambiente médico se evaden sustituyéndose por eufemismos. En inglés defecar es tener un movimiento intestinal (abreviado B.M.). Con frecuencia a los niños se les habla de hacer el número uno (orinar) o hacer el número dos (defecar) o hacer pipí o hacer pupú respectivamente. Otras veces la frase eufemística ir al baño reemplaza la explicación de lo que uno va a hacer allí. La anfitriona puede preguntar a sus huéspedes si alguien necesita lavarse o usar el baño antes de comer. Y en el inglés informal aún la palabra *baño* se reemplaza a veces con la del jargón *john* o *crapper* (que se deriva del nombre del inventor del tanque de inundación del inodoro, Sir Thomas Crapper; también se supone que la palabra *crap* [excremento] se deriva del nombre del señor inventor).

En español, las palabras más exactas *orinar* y *defecar* o *ensuciar* pueden reemplazarse por tales eufemismos como dar del cuerpo, chispear o con los niños, *hacer caca* o *caquita*. En vez de decir orinar se dice *hacer pipí* o *hacer aguas*. Es posible que entre los menos educados tales términos sean las únicas palabras que se usen para referirse a esas funciones del cuerpo.

El personal médico puede encontrarse con cierta modestia al tratar con el hispano con referencia a ciertas partes del cuerpo, especialmente con las mujeres. *Nalga* puede ser una palabra tabú por la que puede sustituirse *cadera* o *parte trasera*. También para los hombres es menos embarazoso decir *miembro* que *pene*.

Un problema adicional para el personal médico con pacientes hispanos en los Estados Unidos es comprender las palabras que son tabú en algunos dialectos y no en otros. En la mayoría de los países hispano-hablantes, por ejemplo, el verbo *coger* significa asir, tomar or agarrar. En algunos dialectos la palabra es un vulgarismo que significa coito o tener relaciones sexuales. La palabra *rosado,* que en la mayoría de los dialectos significa simplemente color de rosa, para algunas personas quiere dicir una erupción genital asociada con cierta enfermedad venérea.

Es obvio que el conocimiento de las palabras tabú puede ser beneficioso a los que practican la medicina entre personas de habla española y se hace necesario averiguar cuáles palabras son inaceptables en la localidad en que practican.

Questions

What do taboo words reflect?
In what ways do taboo words affect medical practice?
What are some euphemisms in English for defecate?
What are some euphemisms in Spanish for defecate?
What are some taboo words in Spanish? Among whom are they taboo?
How can medical practitioners find out what words are taboo?

Pronunciación en inglés

Consonantes en grupos

En posición inicial

Hay muchas palabras en inglés que comienzan con s seguida de otra consonante. A menudo la palabra equivalente en español comienza con es. Para evitar pronunciar la e antes de la s concéntrese en el sonido de la s y prolónguelo: *s-s-s-school*.

sty	stable	smash	stethoscope	scratch	sclerosis
state	small	snap	skull	spray	spleen

En posición final

Las reglas de pronunciación para las terminaciones *-ed* y *-s* explican la mayoría de las dificultades. A continuación se ofrecen ejemplos de otras combinaciones de consonantes que es necesario practicar. Pronúncielas imitando el ejemplo de su instructor exagerando el final de los sonidos.

eighth	things	think	brings
stops	forced	hearth	warmth

Notas gramaticales/estructuras en inglés

Más verbos irregulares en el pretérito

En esta lección usted ha practicado varios verbos irregulares en el pretérito. (Le sería útil repasar los verbos introducidos en la Lección 10.)

Presente		Pasado	
eat	drink	ate	drank
take	sit	took	sat
bend	get	bent	got
go		went	

Preguntas

¿Qué reflejan las palabras tabú?
¿De qué manera las palabras tabú afectan la práctica médica?
¿Cuáles son algunos eufemismos en inglés para la palabra defecar?
¿Cuáles son algunos eufemismos en español para la palabra defecar?
¿Cuáles son algunas palabras tabú en español? ¿Quiénes las consideran tabú?
¿Cómo los que practican la medicina pueden averiguar cuáles son las palabras tabú?

Pronunciation in Spanish

Vowels

ue

The vowel combination *ue* is similar to the English *wa* in *way*.

bueno	cuello	fuerte	nuera
luego	nueve	suero	suegro
cuenta	hueso	cincuenta	suegra

eu

The vowel combination *eu* is similar to the English *e* and *u* in *educate*: drop the *d* and combine the *e* and *u* into one sound.

neutro	reumático	reunificación	eutanasia
neutral	Europa	reunión	euritmia
seudo	europeo	eugenesia	euforia

ui

The vowel combination *ui*, also spelled *uy*, is similar to the English *we*.

muy	ruido	suicidio
cuidar	huir	suicidarse
cuidado	juicio	suizo

Pronombres reflexivos

En la sección *Acciones* de esta lección, usted ha practicado el uso del pronombre reflexivo. Los pronombres reflexivos son formas pronominales que se refieren al sujeto de la oración.

En inglés, algunos pronombres reflexivos se forman usando la forma del adjetivo posesivo y otras se forman añadiendo *self* al complemento pronominal.

Posesivo + self	Complemento pronominal + self
myself	ourselves
himself	themselves
herself	They washed themselves.
She washed herself.	

iu

The vowel combination *iu,* also spelled *yu,* is similar to the English *you.*

ciudad	ciudadanía	viudez
ciudadano	viudo	yugular
ciudadana	viuda	diurno

uo

The vowel combination *uo* is similar to the English *wo* in *won't.*

continuo	virtuoso	fluorización
individuo	untuoso	fluoroscopio
suntuoso	duodeno	fluorescente

Grammar/Structure Notes on Spanish

Preterite

See the explanation in Lesson 10.

Pronouns

On the direct object, indirect object, and reflexive, see the explanations in Lesson 10.

Poner versus dar

As used in this lesson, both *ponerle* and *darle* may mean "to give him/her" in English. *Ponerle,* however, implies to give in the sense of putting something into a person, under a person, or on a specific part of the person. *Darle* conveys the idea to give something externally. Compare:

Tengo que darle el laxante.

I have to give you the laxative.
(I have to give it to you for you to take.)

Tengo que ponerle la inyección.

I have to give you the injection.
(I have to place it inside of you.)

Lesson 12
Mental Health of the Patient

New Material

12.1 Emotions

✔Hospital

Sir, are you comfortable?

Why are you worried?

Why are you upset?

Why are you angry?

Why are you depressed?

Why are you tired?

Why are you sad?

Why are you happy?

Ma'am, are you comfortable?

Why are you worried?

Why are you upset?

Why are you angry?

Why are you depressed?

Why are you tired?

Why are you sad?

Why are you happy?

Patient

Yes, thanks, I'm comfortable.

Because I have problems.

Because my wife has left me.

Because the doctor hasn't come.

Because I have no reason to live.

Because I haven't slept well.

Because I don't want to be in the hospital.

Because the doctor is dismissing me.

Yes, thanks, I'm comfortable.

Practice

Relate each of the following words to one of the emotions stated in the questions above.

vandalism	patriotism	revolution	recreation
tension	occupation	sympathy	violence
palpitation	alienation	rehabilitation	rob

Lección 12
La salud mental del paciente

Materia nueva

12.1 Emociones

↙ Hospital

¿Está Ud. cómodo?

¿Por qué está Ud. preocupado?

¿Por qué está Ud. mortificado?

¿Por qué está Ud. enojado?

¿Por qué está Ud. deprimido?

¿Por qué está Ud. cansado?

¿Por qué está Ud. triste?

¿Por qué está Ud. contento?

¿Está Ud. cómoda?

¿Por qué está Ud. preocupada?

¿Por qué está Ud. mortificada?

¿Por qué está Ud. enojada?

¿Por qué está Ud. deprimida?

¿Por qué está Ud. cansada?

¿Por qué está Ud. triste?

¿Por qué está Ud. contenta?

Paciente

Sí, gracias, estoy cómodo.

Porque tengo problemas.

Porque mi esposa me ha dejado.

Porque no ha venido el médico.

Porque no tengo razón para vivir.

Porque no he dormido bien.

Porque no quiero estar en el hospital.

Porque el médico me da de alta.

Sí, gracias, estoy cómoda.

Práctica

Relacione las palabras siguientes con algunas de las emociones en la sección que precede.

vandalismo	patriotismo	revolución	recreación
tensión	ocupación	simpatía	violencia
palpitación	alienación	rehabilitación	robar

12.2 How do you feel?

Hospital

That's why you're happy.

That's why you're tired.

That's why you're depressed.

That's why you're upset.

That's why you're angry.

That's why you're _____.

✔ Patient

I feel good.

I haven't slept well.

My husband/wife has left me.

I have problems at work.

I don't like that man/woman.

I'm afraid of the operation.

I'm afraid of the pain.

My family isn't here.

I don't have a job.

I don't have money.

My son takes drugs.

My son is in jail.

My husband/wife is an alcoholic.

I don't like the food.

I don't like being in the hospital.

The doctor hasn't come.

The nurse hasn't come.

They haven't told me why they're operating.

They haven't told me when they're operating.

I can't sleep.

I can't eat.

I can't have visitors today.

I don't understand English/Spanish.

I want to go home.

I want to die.

I don't want to die.

Yes, I feel like laughing.

No, I don't feel like laughing.

Do you feel like laughing?

Do you feel like _____?

sleeping	reading
walking	getting up
eating	sitting up

12.2 ¿Cómo se siente?

<u>Hospital</u>

Por eso está contento/contenta.
Por eso está cansado/cansada.
Por eso está deprimido/deprimida.
Por eso está mortificado/mortificada.
Por eso está enojado/enojada.
Por eso está _____.

✓ <u>Paciente</u>

Me siento bien.
No he dormido bien.
Mi esposo/esposa me ha dejado.
Tengo problemas en el trabajo.
No me gusta ese hombre/mujer.
Tengo miedo de la operación.
Tengo miedo al dolor.
Mi familia no está aquí.
No tengo trabajo.
No tengo dinero.
Mi hijo toma drogas.
Mi hijo está en la cárcel.
Mi esposo/esposa es alcohólico/a.
No me gusta la comida.
No me gusta estar en el hospital.
El médico no ha venido.
La enfermera no ha venido.
No me han dicho por qué me operan.
No me han dicho cuando me operan.
No puedo dormir.
No puedo comer.
No puedo tener visita hoy.
No comprendo/entiendo inglés/español.
Quiero ir a casa.
Quiero morir.
No quiero morir.
Sí, tengo ganas de reir.
No, no tengo ganas de reir.

¿Tiene ganas de reir?

¿Tiene ganas de _____?

dormir	leer
caminar	levantarse
comer	sentarse

Practice

What emotion of those stated in the section you have just practiced is produced by each of the following words or expressions?

pain	my family	resting
having visitors	being alone	feeling better
going home	being in the hospital	having problems
being dismissed	being ill	not having money
dying	eating	not understanding English/Spanish

12.3 Mental Illnesses

✔ Hospital

Is he schizophrenic?

Is he _____?

manic depressive	psychopathic
hysterical	neurotic
psychotic	destructive

Hospital

Schizophrenic? *It's possible that he may be.*

_____? *It's possible that he may be.*

suicidal	masochistic
violent	sadistic
paranoid	a megalomaniac

Is she schizophrenic?

Is she _____?

manic depressive	psychopathic
hysterical	neurotic
psychotic	destructive

Schizophrenic? *It's possible that she may be.*

_____? *It's possible that she may be.*

suicidal	masochistic
violent	sadistic
paranoid	a megalomaniac

Does she/he have schizophrenia?

Does she/he have _____?

feelings of depression	little emotional stability
fantasies	claustrophobia
hallucinations	agoraphobia
a persecution complex	

Schizophrenia? *It's possible she/he has it.*

_____? *It's possible she/he has it/them.*

paranoia	megalomania
manic depressive tendencies	hysteria
suicidal tendencies	kleptomania

Practice

Give the word related to each of the following words, as in the example. Example: hysteria, hysterical.

sadism	psychotic	neurosis	destructive	paranoia
suicide	stable	depressive	violence	masochistic

Práctica

¿Qué emoción de las mencionadas arriba le produce cada una de las expresiones siguientes?

dolor	mi familia	descanso
tener visita	estar solo/sola	sentirse mejor
ir a casa	estar en el hospital	tener problemas
dar de alta	estar enfermo/enferma	no tener dinero
morir	comer	no comprender inglés/español

12.3 Enfermedades mentales

✔Hospital

¿Es esquizofrénico/esquizofrénica?

¿Es él _____?

maníaco depresivo	psicopático
histérico	neurótico
psicótico	destructivo

¿Es esquizofrénica?

¿Es ella _____?

maníaco depresiva	psicopática
histérica	neurótica
psicótica	destructiva

¿Tiene esquizofrenia?

¿Tiene _____?

sensaciones depresivas	poca estabilidad emocional
fantasías	
halucinaciones	claustrofobia
complejo de persecución	agorafobia

Hospital

¿Esquizofrénico? *Es posible que lo sea.*

¿_____? *Es posible que lo sea.*

suicida	masoquista
violento	sádico
paranoico	megalómano

¿Esquizofrénica? *Es posible que lo sea.*

¿_____? *Es posible que los sea.*

suicida	masoquista
violenta	sadica
paranoida	megalómana

¿Esquizofrenia? *Es posible que la tenga.*

¿_____? *Es posible que lo/las/los tenga.*

paranoia	megalomanía
tendencias maníaco depresivas	histeria
tendencias suicidas	cleptomanía

Práctica

Dé una palabra que se relacione con cada una de las siguientes, como en el ejemplo. Ejemplo: histeria, histérico.

sadismo	psicótico	neurosis	destructivo	paranoia
suicida	estable	depresivo	violencia	masoquista

12.4 Symptoms

✔Hospital

What symptoms does he have?

Alienation?

Excessive fatigue?

Depression?

Anxiety?

Frustration?

Confusion?

Tension?

Does he feel rejected?

Does he feel isolated?

Does he have a good self-concept?

Does he live in the real world?

Does he project his feelings on others?

Does he rationalize his actions?

Has he had a nervous breakdown?

Hospital

No, he doesn't feel alienated.

No, he doesn't feel fatigued.

No, he doesn't feel depressed.

No, he doesn't feel anxious.

No, he doesn't feel frustrated.

No, he doesn't feel confused.

No, he doesn't feel tense.

No, he feels accepted.

No, he prefers some company.

No, he feels little self-worth.

No, he lives in a world of fantasy.

No, he accepts responsibility.

No, not often.

No, he keeps his emotions under control.

Practice

Give the complementary form for each word. If the word is a noun, give the adjective form. If it is an adjective, give the noun form. Example: tense, tension.

confused	frustration	anxious	depression	fatigued
alienated	responsible	rejection	isolated	

12.4 Síntomas

✔Hospital

¿Qué síntomas tiene?

¿Alienación?

¿Fatiga excesiva?

¿Depresión?

¿Ansiedad?

¿Frustración?

¿Confusión?

¿Tensión?

¿Se siente rechazado?

¿Se siente aislado?

¿Tiene buen concepto de sí mismo?

¿Vive en un mundo real?

¿Proyecta sus sentimientos en otros?

¿Racionaliza sus acciones?

¿Ha tenido un colapso nervioso?

Hospital

No, no se siente alienado.

No, no se siente fatigado.

No, no se siente deprimido.

No, no se siente ansioso.

No, no se siente frustrado.

No, no se siente confundido.

No, no se siente tenso.

No, se siente aceptado.

No, prefiere estar acompañado.

No, se siente con poco valor.

No, vive en un mundo de fantasía.

No, acepta responsabilidad.

No, actúa impulsivamente.

No, mantiene buen control de sus emociones.

Práctica

Dé la forma complementaria para cada palabra. Si la palabra es un nombre dé el adjetivo. Si es un adjetivo, dé el nombre. Ejemplo: tenso, tensión.

confuso	frustración	ansioso	depresión	fatigado
alienado	responsable	rechazo	aislado	

12.5 More Symptoms

✓ Hospital

What symptoms does she have?

Mental deterioration?

Fits of insanity?

Lethargy?

Apathy?

Aggression?

Dysphoria?

Hallucinations?

Euphoria?

Hyperactivity?

Delusions of grandeur?

Guilt complex?

Hospital

No, she doesn't show mental deterioration.

No, she isn't insane.

No, she isn't lethargic.

No, she's not apathetic.

No, she's not aggressive.

No, she's not dysphoric.

No, she doesn't hallucinate.

No, she's not euphoric.

No, she's not hyperactive.

No, she's modest.

No, she doesn't feel guilty.

Practice

Change the following statements so that they relate to a male patient rather than to a female patient. Then give the noun related to the adjective. Example: She's euphoric. He's euphoric. Euphoria.

She's hyperactive.

She's aggressive.

She's lethargic.

She's insane.

She's apathetic.

She's depressed.

She's confused.

She's frustrated.

She's depressed.

She's alienated

12.6 Treatments

✓ Hospital

Have they given him drugs?

Have they given him tranquilizers?

Has he consulted a doctor?

Has he seen a psychiatrist?

Has he participated in group therapy?

Have they recommended treatment in a hospital?

Hospital

Yes, they've given him psychotherapy drugs.

Yes, but they haven't been effective.

Yes, but he recommended a social worker.

No, but he's seen a psychologist.

Yes, but they recommended private therapy.

Yes, they're going to admit him to a hospital for mental illness.

12.5 Más síntomas

✔ Hospital

¿Qué síntomas tiene?

¿Deterioración mental?

¿Ataques de locura?

¿Letárgia?

¿Apatía?

¿Agresión?

¿Disforia?

¿Alucinaciones?

¿Euforia?

¿Hiperactividad?

¿Ilusiones de grandeza?

¿Complejo de culpa?

Hospital

No, no está deteriorada mentalmente.

No, no está loca.

No, no está letárgica.

No, no está apática.

No, no es agresiva.

No, no es disfórica.

No, no está alucinada.

No, no está eufórica.

No, no es hiperactiva.

No, es modesta.

No, no se siente culpable.

Práctica

Cambie las siguientes expresiones para que se puedan aplicar a un paciente masculino en vez de a una paciente. Entonces dé el nombre relacionado con el adjetivo. Ejemplo: Ella es eufórica. El es eufórico. Euforia.

Ella es hiperactiva.

Ella es agresiva.

Ella es letárgica.

Ella es loca.

Ella es apática.

Ella está deprimida.

Ella está confusa.

Ella está frustrada.

Ella está deprimida.

Ella está alienada.

12.6 Tratamientos

✔ Hospital

¿Le han dado drogas?

¿Le han dado tranquilizantes?

¿Ha consultado a un médico?

¿Ha visto a un psiquiatra?

¿Ha participado en terapia en grupo?

¿Le han recomendado tratamiento en un hospital?

Hospital

Sí, le han dado drogas y psicoterapia.

Sí, pero no han sido efectivos.

Sí, pero recomendó a un trabajador social.

No, pero ha visto a un psicólogo.

Sí, pero le recomendaron terapia privada.

Sí, lo van a admitir en un hospital para enfermedades mentales.

Practice

Associate a treatment with one of the following persons: therapist, psychiatrist, psychologist, pharmacist, counselor.

12.7 Mental Health

✔ Hospital	Hospital
Is she emotionally stable?	No, she's rather unstable.
Is she well balanced?	No, she's rather unbalanced.
Does she have regular habits?	No, she has irregular habits.
Is she very selfish?	No, she's altruistic.
Is she too sensitive?	No, she's average.
Can she adjust?	No, she doesn't adjust easily.
Can she control her anger?	No, sometimes she's out of control.
Does she show maturity?	No, sometimes she's very childish.
Is she usually in a good mood?	No, she's usually in a bad mood.
Is she under a lot of stress?	Yes, she's under extraordinary pressure.
How does she express her anger?	Positively.
How does she recover from problems?	With difficulty.

Practice

Give the opposite of the following words.

easily	selfish	mature	negative	balanced
abnormal	out of control	stable	anger	irregular

Práctica

Asocie un tratamiento con una de las siguientes personas: terapista, psiquiatra, psicólogo, farmacéutico, consejero.

12.7 Salud mental

✔Hospital

¿Es ella estable emocionalmente?

¿Es ella equilibrada?

¿Tiene ella hábitos regulares?

¿Es egoísta?

¿Es demasiado sensitiva?

¿Puede ajustarse?

¿Puede controlar la ira?

¿Demuestra madurez?

¿Tiene buen humor?

¿Está ella bajo mucha presión?

¿Cómo expresa la ira?

¿Cómo se recupera de sus problemas?

Hospital

No, ella es más bien inestable.

No, ella es más bien desequilibrada.

No, ella tiene hábitos irregulares.

No, es altruista.

No, ella es normal.

No, no se ajusta fácilmente.

No, algunas veces pierde el control.

No, algunas veces es muy infantil.

No, generalmente está de mal humor.

Sí, ella está bajo una presión extraordinaria.

Positivamente.

Con dificultad.

Práctica

Dé el antónimo de las siguientes palabras.

fácilmente	egoísta	madurez	negativo	equilibrado
anormal	fuera de control	estable	ira	irregular

Reading

Mental depression is a very common illness in society today. There are patients who have headaches, chronic fatigue, neuralgia, constipation, itching, or loss of libido. They visit the doctor often, not because they are physically ill, but because they suffer from mental depression.

Many times family and friends don't recognize these symptoms as depression. Doctors are baffled because they do not find physical illness in these patients. It is important to discover the problem, because at times depression can lead to suicide. There are drugs that reduce anxiety and help the patient to recover emotional normalcy.

So many people have depression crises that in various cities there are Crisis Hot Lines. One can call a certain telephone number, and another person listens sympathetically. A few years ago, in New York alone, more than 50,000 people used this service every year. More women than men called, and 50 percent of those who called were under 30 years of age; 35 percent had mental depression, and 16 percent had marital problems. But the main reason for calling was that people wanted to talk with someone because they felt lonely.

Questions

What do some patients have?
Why do they visit the doctor often?
Why are doctors baffled?
What can lead to suicide?
How do drugs help?
Who listens sympathetically?
What age were 50 percent of those who called?

Evaluation

A. Choose the best completion for each statement.
   1. The patient is sad because they're going to _____ him.
      a. observe
      b. consult
      c. eliminate
      d. operate on
   2. You may have visitors, but you shouldn't _____ a lot.
      a. digest
      b. talk
      c. suffer
      d. weaken
   3. Would you close the drapes, please? I'm _____.
      a. sleepy.
      b. hot.
      c. hungry.
      d. thirsty.

Lectura

La depresión mental es una enfermedad muy común en la sociedad de hoy. Hay pacientes que tienen dolores de cabeza, fatiga crónica, neuralgia, estreñimiento, picazón, pérdida del líbido.

Muchas veces la familia y los amigos no reconocen esos síntomas como depresión. Los médicos están confusos porque no encuentran males físicos en estos pacientes. Es importante descubrir el problema porque a veces la depresión puede conducir al suicidio. Hay drogas que disminuyen la ansiedad y ayudan al paciente a recobrar la normalidad emocional.

Tantas personas tienen crisis depresivas que en varias ciudades hay Centros de Ayuda por Teléfono. Se puede llamar a un número de teléfono, y otra persona le escucha con simpatía. En Nueva York solamente, hace unos años más de 50,000 personas usaron ese servicio en un año. Llamaban más mujeres que hombres, y 50 por ciento de los que llamaban eran de menos de 30 años; 35 por ciento de los que llamaban tenían depresión mental y 16 por ciento tenían problemas maritales. Pero la razón principal por la que llamaban era porque deseaban hablar con alguien porque se sentían solos.

Preguntas

¿Qué síntomas tienen algunos pacientes?
¿Por qué visitan al médico con frecuencia?
¿Por qué están confusos los médicos?
¿Qué puede conducir al suicidio?
¿Cómo ayudan las drogas?
¿Quién escucha con simpatía?
¿De qué edad era el 50 por ciento de los que llamaban?

Evaluación

A. Escoja la palabra que mejor complete cada oración.
  1. El paciente está triste porque lo van a _____.
    a. observar.
    b. consultar.
    c. eliminar.
    d. operar.
  2. Usted puede tener visita, pero no debe _____ mucho.
    a. digerir
    b. hablar
    c. sufrir
    d. debilitar
  3. Cierre las cortinas, por favor. Tengo _____.
    a. sueño.
    b. calor.
    c. hambre.
    d. sed.

4. She doesn't feel like doing anything. She's _____.
   a. allergic.
   b. aggressive.
   c. hyperactive.
   d. lethargic.
5. He's been very depressed. He needs to see _____.
   a. a pharmacist.
   b. a psychiatrist.
   c. psychotherapy.
   d. hyperactivity.
6. He always has a very clever reason for doing what he does. He _____ his actions.
   a. projects
   b. isolates
   c. rationalizes
   d. rejects

B. Answer the questions with contrasting statements, as in the example. Example: Is he lethargic? No, he's hyperactive.
   1. Is he depressed?
   2. Is she modest?
   3. Does she have low self-esteem?
   4. Does he have hallucinations?
   5. Does he have excessive fatigue?
   6. Is she confused?
   7. Is she apathetic?
   8. Is he alienated?
   9. Does he feel anxiety?
   10. Does he project his feelings on others?

C. Match each illness or symptom in column A with its definition in column B.

A	B
megalomania	The apparent perception of sights and sounds that are not actually present.
neurosis	A major mental disorder typically characterized by a separation between thought and emotion, distortion of reality, and fragmentation of personality.
depression	A mental disorder characterized by systematic delusions, as of grandeur, persecution, etc.
hallucinations	Psychic or mental functional disorder with typical symptoms of anxiety, phobias, obsessions, etc.
schizophrenia	An emotional condition characterized by feelings of hopelessness, inadequacy, etc.
mania	A mental disorder characterized by delusions of grandeur, wealth, power, etc.
paranoia	A mental illness in which the patient experiences alternating periods of mania and depression.
manic-depressive	A mental disorder in which the patient experiences excitability, exaggerated feelings of well-being, and excessive activity.

4. Ella no tiene ganas de hacer nada. Ella es _____.
   a. alérgica.
   b. agresiva.
   c. hiperactiva.
   d. letárgica.
5. El está deprimido. Necesita ver a _____.
   a. un farmacéutico.
   b. un psiquiatra.
   c. psicoterapia.
   d. hiperactividad.
6. El siempre tiene una buena explicación para todo lo que hace. El _____ sus acciones.
   a. proyecta
   b. aisla
   c. racionaliza
   d. rechaza

B. Conteste las preguntas con respuestas que contrasten, como en el ejemplo. ¿Es letárgico? No, es hiperactivo.
   1. ¿Está él deprimido?
   2. ¿Es modesto?
   3. ¿Tiene mal concepto de sí mismo?
   4. ¿Tiene alucinaciones?
   5. ¿Tiene fatiga excesiva?
   6. ¿Está ella confusa?
   7. ¿Es apática?
   8. ¿Se siente alienada?
   9. ¿Tiene ansiedad?
   10. ¿Proyecta sus sentimientos en otros?

C. Escoja para cada enfermedad o síntoma de la columna A una definición que corresponda en la columna B.

A	B
megalomanía	La percepción aparente de visiones y sonidos que no están actualmente presentes.
neurosis	Desorden mental mayor que se caracteriza por la separación entre el pensamiento y la emoción, distorsión de la realidad y fragmentación de la personalidad.
depresión	Un desorden mental que se caracteriza por tener ilusiones como de grandeza, persecución, etc.
alucinaciones	Desorden funcional físico o mental con síntomas típicos de ansiedad, fobias, obsesiones, etc.
esquizofrenia	Una condición emocional que se caracteriza por los sentimientos de desesperanza, insuficiencia, etc.
manía	Un desorden mental que se caracteriza por tener ilusiones de grandeza, riqueza, poder, etc.
paranoia	Una enfermedad mental en que el paciente experimenta alternativamente períodos de manía y de depresión.
manía depresiva	Un desorden mental en que el paciente experimenta excitabilidad, sentimientos exagerados de bienestar, y actividad excesiva.

Combining Review

Review the following sections: 7.4, 7.5, 8.1, 10.4, 10.6

Choose at least one question, answer, or statement from each section. By combining the selected materials, make up a conversation. You may use the sections in any order you want, and add additional statements or vocabulary as needed. The purpose of this practice is to review previously used structures and vocabulary, and then to practice some of them through using them in a conversation.

Actions

Choose words from each column to form questions and answers. With a partner, practice asking and answering questions.

You	put	it	the enema.
My children	prepared	them	the medicine.
The doctor and the nurse	gave	him	this morning.
The doctors	changed	her	this.
The nurses	took care of		that.
The doctor and you	took away from		a few minutes ago.
Mr. and Mrs. González	bathed		the bedpan.
You and I			the I.V.
My son and I			the injection.
The doctor and I			here.
We men			there.
We women			
The nurse and I			
Mr. González and I			

Situation

You are a therapist at a new psychiatric hospital. You are explaining to a group the kinds of cases the hospital treats and the kinds that it does not. You explain the different therapy programs at the hospital, the recreational facilities, and the living and eating arrangements. Then the group asks you questions, such as, How many patients does the hospital have now? How many doctors are on the staff? How many therapists and counselors? What is the usual length of stay? etc.

Combinación de repaso

Repase las siguientes secciones: 7.4, 7.5, 8.1, 10.4, 10.6.

   Escoja por lo menos una pregunta, respuesta u oración de cada sección. Formule una conversación combinando expresiones del material seleccionado. Usted puede usar las secciones en cualquier orden que desee, y puede añadir expresiones o vocabulario si es necesario. El propósito de esta práctica es repasar estructuras y vocabulario previamente estudiados y practicar algunos de ellos en una conversación.

Acciones

Escoja palabras de cada sección para formar preguntas y respuestas. Con su pareja practique preguntando y respondiendo.

Uds.	lo	pusieron	la lavativa.
Mis hijos	los	prepararon	la medicina.
La doctora y la enfermera	la	dieron	esta mañana.
Los médicos	las	cambiaron	esto.
Las enfermeras	le	cuidaron	eso.
El médico y Ud.	les	quitaron	hace unos minutos.
Los señores González		bañaron	el bacín.
Ud. y yo		prepararamos	el suero intravenoso.
Mi hijo y yo		dimos	la inyección.
La doctora y yo		cambiamos	aquí.
Nosotros		quitamos	allí.
Nosotras		bañamos	
La enfermera y yo		pusimos	
El Sr. González y yo			

Situación

Usted es un terapista en un hospital de psiquiatría. Usted le explica a un grupo los diferentes casos que el hospital trata y los que no trata. Usted explica los programas de terapia, las oportunidades de recreo, las condiciones de vida y los arreglos para la comida para los pacientes. Entonces el grupo le hace preguntas a Ud. tales como ¿Cuántos pacientes hay en el hospital? ¿Cuántos médicos hay? ¿Cuántos terapistas y consejeros hay? ¿Cuánto dura la estancia de un paciente en general? etc.

Cultural Topics

Mental Illness and Emotions

It is a well-known fact that therapists and psychologists can be most effective in their therapy if the patient has faith that he or she can be helped by the intervention. A well-known psychiatrist has pointed out that the curandero is often effective in treating certain types of mental problems, particularly when the patient has great faith in the healing power of the curandero. In folk psychology among the less educated and more rural Hispanic people, emotional states are recognized as the source of some illnesses. Two such illnesses are *bilis* (related to bile) and *susto* or *espanto* (meaning fright).

Bilis is said to be an illness of adults in particular. When a person has been very angry, especially if he or she has experienced uncontrolled rage, an attack of bilis may occur a day or two later. The symptoms of the disease are nervous tension, chronic fatigue, and malaise. The usual prescriptions for bilis are herbal teas. One such tea is made of rosemary, camomile, and camphor leaf; another is made of mint, fennel, dill, cassia bark, and apricot seed kernels. The teas are usually to be taken for nine mornings before breakfast. Most cures are given three times or nine times. These numbers originally may have had religious significance: the three of the Trinity and the nine days of the Novena (the recitation of prayers for nine days, usually to seek some special favor or after a funeral).

The most common of all folk diseases is susto. Susto usually occurs to children, who may even die from it, according to believers in the disease. But if the disease is detected early, it is more readily treatable. A child who is thought to have susto may be pale and thin, lack appetite, have headaches and tremors, and generally be afraid of everything. A typical cure involves a ritual in which three branches are passed over the child with a sweeping motion while the Apostles' Creed is said. The child is put to bed with three branches under the bed in the form of a cross. The ritual is followed three nights.

Beliefs in the emotional illnesses of bilis and susto is thought to date to medieval times. The concept was that fright jarred the soul loose from the body, and it was the loss of the soul that caused susto. Some people in rural areas still hold to this belief today. This belief explains the role of religion in the cure.

From the point of view of folk psychology, the curandero has the advantage over the psychologist or the psychiatrist. The curandero can do what they cannot: diagnose with absolute certainty the cause of the malady and prescribe with equal certainty exactly the right cure. And the people will believe in the cure with the same certainty.*

Questions

What role does faith play in healing?

Why is the curandero effective?

What is bilis? What are its symptoms and treatment?

What are the possible significances of the numbers 3 and 9?

What is susto? What symptoms does it have? Cure?

What was the concept of fright in medieval times?

What advantages has the curandero over the psychiatrist?

* For more information, consult Margaret Clark, *Health in the Mexican-American Culture: A Community Study* (Berkeley: University of California Press, 1959), and Ari Kiev, *Curanderismo: Mexican-American Folk Psychiatry* (New York: Free Press, 1968).

Tópicos culturales
Las enfermedades mentales y las emociones

Es un hecho bien sabido que los terapistas y los psicólogos son más efectivos en su terapia si los pacientes tienen fe en que él o ella pueden recibir ayuda con el tratamiento. Un psiquiatra bien conocido ha dicho que el curandero es con frecuencia más efectivo en el tratamiento de ciertos problemas mentales cuando el paciente tiene una gran fe en el poder curativo del curandero. En la psicología popular entre los menos educados y gente hispana en areas rurales, se acepta que los estados emocionales pueden ser causa de algunas enfermedades. Dos de esas enfermedades son bilis (relacionada con la bilis) y el susto o espanto (que significa miedo).

Se dice que bilis es una enfermedad de los adultos en particular. Cuando una persona ha tenido un ataque de ira, especialmente si es una furia incontrolada, puede tener un ataque de bilis ono o dos días después. Los síntomas de la enfermedad son tensión nerviosa, fatiga crónica y malestar. El remedio común para la bilis es el uso de té de hierbas. Uno de esos tes se hace de romero, manzanilla y hojas de alcanfor; otro se hace con menta, hinojo, abesón, canela en rama y semillas de albaricoque. Estos tés deben tomarse nueve mañanas antes del desayuno, en ayunas. La mayoría de las curas se recetan tres veces o nueve veces. Es posible que estos números tengan un significado religioso: el tres de la Trinidad y el nueve de la Novena (recitación de oraciones por nueve días, generalmente para pedir un favor especial o después de un funeral).

La más común de las enfermedades populares es el susto. El susto ocurre generalmente a niños, que aún pueden morir de ella, de acuerdo con los creyentes en la enfermedad. Pero si la enfermedad se descubre temprano, es más fácil de tratar. Un niño que se cree que tiene susto está pálido y delgado, no tiene apetito, tiene dolores de cabeza y temblores y generalmente tiene miedo a todo. Una cura típica es darle un pase con tres ramas sobre la cabeza con movimientos amplios mientras se recita el Credo. Se acuesta al niño en su cama con tres ramas debajo de la cama en forma de cruz. Este rito se sigue tres noches.

Se piensa que las creencias en las enfermedades emocionales de bilis y susto datan de tiempos medievales. El concepto era de que el susto separaba el alma del cuerpo de un sacudión y que era la pérdida del alma lo que causaba el susto. Algunas personas en áreas rurales todavía tienen esa creencia hoy en día. Esta creencia explica el papel de la religión en la cura.

Desde el punto de vista de la psicología popular, el curandero tiene ventaja sobre el psicólogo o el psiquiatra. El curandero puede hacer lo que ellos no pueden: él puede diagnosticar con absoluta certeza la causa del malestar y recetar con igual certeza la cura exacta. Y la gente cree en la cura con la misma certeza.*

Preguntas

¿Qué papel representa la fe en la cura?
¿Por qué es el curandero efectivo?
¿Qué es bilis? ¿Cuáles son sus síntomas y tratamiento?
¿Cuál es el posible significado de los números 3 y 9?
¿Qué es susto? ¿Qué síntomas tiene el susto? ¿La cura?
¿Cuál era el concepto del susto en tiempos medievales?
¿Qué ventajas tiene el curandero sobre el psiquiatra?

* Para información adicional, consúltese Margaret Clark, *Health in the Mexican-American Culture: A Community Study* (Berkeley: University of California Press, 1959), and Ari Kiev, *Curanderismo: Mexican-American Folk Psychiatry* (New York: Free Press, 1968).

Pronunciación en inglés

El acento en las palabras

El inglés tiene solamente pocas reglas que indiquen la sílaba de una palabra que debe acentuarse. Aunque hay muchas excepciones, las reglas siguientes pueden servir de guía.

1. Las palabras de dos sílabas casi siempre se acentúan en la primera sílaba.

li-ver	*shoul*-der	*bleed*-ing	*burn*-ing	*pa*-tient
ank-le	*blad*-der	*symp*-tom	*doc*-tor	*thy*-roid

2. Generalmente las palabras en inglés tienen un origen latín o griego. Por eso el énfasis tiende a ponerse en la sílaba que lleva la raíz del significado o indica la derivación de la palabra. Cuando se le añade un prefijo o un sufijo a una palabra en inglés, el énfasis primario permanece en la misma sílaba que tenía en la palabra básica. Si usted sabe algo del significado de las raíces de las palabras o puede notar la equivalencia de la palabra en español, tendrá una buena idea de la sílaba que lleva el acento primario en inglés. A continuación se dan ejemplos de palabras cuyas sílabas raíces están subrayadas y van seguidas de la palabra en español con que se relaciona.

lo-co-*mo*-tion (mover)	bi-*car*-bo-na-te (bicarbonato)
med-i-cal (médico)	un-pre-*dict*-a-ble (dicho)

3. Nombres compuestos y nombres que también pueden ser usados como verbos generalmente llevan el énfasis en la primera palabra o en la primera sílaba de un nombre de dos sílabas.

o-ver-view	*con*-duct	*re*-cord
drug-store	*per*-mit	*con*-flict

4. Verbos compuestos y verbos que también pueden ser usados como nombres, generalmente llevan el énfasis en la segunda palabra o en la segunda sílaba de un verbo de dos sílabas.

un-der-*stand*	con-*duct*	re-*cord*
o-ver-*look*	per-*mit*	con-*flict*

Pronunciation in Spanish

Dividing Words into Syllables

Dividing words into syllables will help you pronounce readily any Spanish word. If you learn to pronounce each letter, you can sound out whole words syllable by syllable. A Spanish word has as many syllables as it has vowels and vowel combinations consisting of unstressed *i* or *u* with another vowel, or unstressed *i* and *u* together. For example:

no	1 vowel (1 syllable)
her-ma-no	3 vowels (3 syllables)
bien	1 vowel combination (1 syllable)
sien-to	1 vowel and 1 vowel combination (2 syllables)
es-pe-cia-li-za-ción	4 vowels and 2 vowel combinations (6 syllables)

There are a few basic rules for dividing words into syllables. Begin a syllable with a consonant if there is one.

ca-ra   ho-ra   ca-ma   ti-je-ras   la-va-ma-nos

When there are two consonants together divide between them. However, *l* or *r* as a second consonant usually forms an inseparable cluster that goes with the following syllable. In these examples, the stressed syllables are italicized. (See Lesson 11 for a review of the rules of stress and accentuation.)

her-*ma*-no	*trein*-ta
has-ta	*tar*-de
us-*te*-des	cin-*cuen*-ta
per-*mi*-so	fre-*cuen*-tes

Notice the inseparable clusters in the following words:

cu-*ra*-ble   pro-*gre*-so   de-cla-*rar*

ha-bla   cen-*tral*   cul-*pa*-ble

El acento en las oraciones

En inglés se nota más la diferencia entre las sílabas acentuadas y las que no llevan acento. Dentro de las oraciones, el énfasis tiende a ocurrir más o menos a intervalos regulares: The *boy* who *fell* from the *tree* was *hurt*.

Cuando el énfasis en una oración cae en una palabra de más de una sílaba, cae en la sílaba acentuada de la palabra: The *doctor* will *operate* to*morrow*.

Palabras de contenido (verbos, nombres, adjetivos, adverbios) generalmente se acentúan, y palabras funcionales (artículos, posesivos, preposiciones) generalmente no se acentúan.

Con la excepción de oraciones muy cortas, las oraciones en inglés generalmente están divididas en dos o más partes o grupos de ideas separados por pausas. La oración siguiente, por ejemplo, puede tener por lo menos tres pausas, indicadas por la raya oblicua. The *doctor said/* that my *son's leg* was *badly broken,/* and that *he* would have to *operate* on *it*.

Notas gramaticales/estructuras en inglés

El participio pasado

En inglés, la forma regular del participio pasado se forma añadiendo -*ed* a la forma simple del verbo, o -*d* si la forma simple del verbo termina en e. (Véase la Lección 10 donde se explica la pronunciación de esta forma.)

depress   depressed   tire   tired

Los cambios ortográficos en este caso son los mismos que en el pretérito:

worry   worried

Hay muchos participios pasados que son irregulares; algunos tienen la misma forma que el pretérito; otros son diferentes.

Presente	Pasado simple o pretérito	Participio pasado
give	gave	given
break	broke	broken
go	went	gone
sit	sat	sat
put	put	put

Linking and Rhythm

In Spanish, several words are linked together without pause as one breath group. When the same or similar vowel sounds begin and end a word, the sounds run together.

Está aquí.   Va a hacer.

The rules about division of words into syllables also apply from word to word within the same breath group. That is, where there is a consonant, it begins a syllable, even if that consonant is part of the previous word.

en este   los ojos

Spanish syllables are rather evenly and rhythmically stressed. Repeat the following phrases and sentences, keeping the rhythm and syllabification indicated.

Está aquí. (es - táa - quí')
¿Qué es esto? (quée - ses - to)
los ojos (lo - so - jos)
Tiene infección en los ojos. (tie - nein - fec - cio - nen - lo - so - jos)
Es un amigo. (e - su - na - mi - go)
Es un síntoma. (e - sun - sín - to - ma)
Se está haciendo. (sees - táa - cien - do)
Eso es serio. (e - soe - se - rio)
¿Quién es su esposo? (qui' - ne - ssues - po - so)
¿Tiene usted hijos? (tie - neus - te - di - jos)

El participio pasado como adjetivo

Como en español, el participio pasado puede usarse como adjetivo.

She is worried.	Ella está preocupada.
She is a very worried person.	Ella es una persona muy preocupada.

Grammar/Structure Notes on Spanish

Adjectives with Estar

While both *ser* and *estar* mean *to be* in English, they are used differently. In this lesson, *estar* is used with adjectives in describing mental states that are changes from normal mental states, as in:

Está confuso.	He's confused.
Está tensa.	She's tense.

In contrast, *ser* is used to show mental states that represent the normal, characteristic behavior of the person.

¿Es equilibrado?	Is he well balanced?
¿Es muy egoísta?	Is he very selfish?

In some cases, either *ser* or *estar* may be used, but with differences in meaning:

Está loco.	He's "crazy." (He's doing something silly or absurd.)
Es loco.	He's insane.

Grammar/Structure Reference

For additional information on the points of grammar or structure used in this lesson, consult a grammar text on the following: present perfect tense; preterite tense; pronouns, direct and indirect object; *ser* versus *estar* with predicate adjectives.

Lesson 13
Patients: Children and Adults

New Material

13.1 Physical Characteristics

Hospital

Do you remember John Duly?

He's tall and thin.

He's dark.

And Charles James?

He's short and fat.

He's obese.

And Ernest Martin?

He's young and good-looking.

And Roger Gump?

He's ugly and skinny.

And Mark Sanders?

He's old and hunchbacked.

And James Carlson?

He's gray-haired and bald.

And Jim Canton?

He's hairy and heavy.

Hospital

I don't think so. Describe him to me.

Fair or dark-complexioned?

I don't remember him, either. What's he like?

Very fat?

I don't remember him, either. What's he like?

Lección 13
Pacientes: Niños y adultos

Materia nueva

13.1 Características físicas

Hospital

¿Recuerda Ud. a Juan Delgado?

Es alto y delgado.

Es moreno.

¿Y a Carlos Jiménez?

Es bajo y gordo.

Es obeso.

¿Y a Ernesto Martín?

Es joven y guapo.

¿Y a Rogelio Guzmán?

Es feo y flaco.

¿Y a Marcelo Sánchez?

Es viejo y jorobado.

¿Y a Diego Carreras?

Es canoso y calvo.

¿Y a Jaime Cantú?

Es pelduo y corpulento.

Hospital

No creo. Descríbamelo.

¿De piel blanca o morena?

No lo recuerdo tampoco. ¿Cómo es?

¿Muy gordo?

No lo recuerdo tampoco. ¿Cómo es?

Practice

Describe the following people, using the vocabulary you have just studied.

the President of the United States   a man that you work with
a male family member   a male boss
a male doctor   a famous male athlete

13.2 More Physical Characteristics

Hospital

Do you remember Carolyn Eagle?

She's tall and slim.

And Lola Moran?

She's beautiful and dark-skinned.

And Rose Lincoln?

She's wrinkled and old.

And Rosalind Castle?

She's big and red-headed.

And Mary Jean Scott?

She's small and blonde.

No, she has *blue eyes.*

Hospital

I don't think so. Describe her to me.

Very attractive, isn't she?

I don't remember her either. What's she like?

Does she have green eyes?

Does Rosalind have brown eyes or hazel eyes?

Does Rose have short or long hair?

Does Carolyn have a flat or an aquiline nose?

Does Lola have curly or straight hair?

Practice

Describe the following people, using vocabulary from this section and the preceding one:

a woman you admire   a female family member   a famous female athlete
a female doctor   a nurse   a professional woman

Práctica

Describa las personas siguientes usando el vocabulario que acaba de estudiar.

el Presidente de los Estados Unidos
un hombre de su familia
un médico

un compañero de trabajo
su jefe
un famoso atleta

13.2 Más características físicas

✓Hospital

¿Recuerda Ud. a Carolina Aguilera?

Es alta y delgada.

¿Y a Lupe Morales?

Es bonita y de piel trigueña.

¿Y a Rosa Linares?

Es vieja y arrugada.

¿Y a Rosalinda Castillo?

Es grande y pelirroja.

¿Y a María Eugenia Escobar?

Es pequeña y rubia.

*No, tiene *ojos azules.

Hospital

No creo. Descríbamela.

Muy atractiva, ¿verdad?

No la recuerdo tampoco. ¿Cómo es?

¿Tiene ojos verdes?

Y Rosalinda, ¿tiene ojos pardos o color de avellana?

Y Rosa, ¿tiene pelo largo o corto?

Y Carolina, ¿tiene la nariz chata o aguileña?

Lupe, ¿tiene el pelo rizo o lacio?

Práctica

Describa a las personas siguientes usando vocabulario de la sección que precede:

una mujer que Ud. admire
una doctora

una mujer en su familia
una enfermera

una atleta famosa
una mujer profesional

13.3 Social Characteristics

✔Hospital

Is he | pleasant or unpleasant?
      | weak or strong?
      | interesting or boring?
      | flexible or inflexible?
      | agreeable or disagreeable?
      | extroverted or introverted?
      | rich or poor?
      | sincere or hypocritical?
      | friendly or reserved?
      | sociable or withdrawn?
      | ambitious or unambitious?

Hospital

He's pleasant.

Practice

Read the adjectives aloud and say if the characteristic is negative or positive.

   Working in pairs or small groups, give examples of a person who has each of the characteristics. One person gives the characteristic, and another gives the name of a famous person or a person you know.

13.4 Character Traits and Intellectual Characteristics

✔Hospital

Is she | proud or humble?
       | diligent or lazy?
       | patient or impatient?
       | happy or unhappy?
       | snobbish or humble?
       | brave or cowardly?
       | intelligent or stupid?
       | patient or impatient?
       | agreeable or disagreeable?
       | studious or lazy?

Hospital

She's very proud.

Practice

Describe a historical person using the characteristics you have just studied. You might describe, for example, Marie Antoinette, George Washington, Napoleon, or Christopher Columbus.

Describe television or movie personalities, people in your own life, and in your class.

13.3 Características sociales

✔ Hospital

¿Es | él agradable o desagradable?
débil o fuerte?
interesante o aburrido?
flexible o inflexible?
agradable o desagradable?
extrovertido o introvertido?
rico o pobre?
sincero o hipócrita?
amistoso o reservado?
sociable o retraído?
ambicioso o indeferente?

Hospital

Es agradable.

Práctica

Lea los adjetivos en alta voz y diga si la característica es negativa o positiva.

Trabajando en pares o grupos pequeños, dé ejemplos de una persona que tenga cada una de las características. Una persona da la característica y otra dice el nombre de un personaje famoso o de una persona que usted conozca.

13.4 Cualidades de carácter e intelectuales

✔ Hospital

¿Es ella orgullosa o humilde?
¿Es | diligente o perezosa?
paciente o impaciente?
feliz o infeliz?
presuntuosa o sencilla?
valiente o cobarde?
inteligente o estúpida?
paciente o impaciente?
agradable o desagradable?
estudiosa o perezosa?

Hospital

Ella es muy orgullosa.

Práctica

Describa un personaje histórico usando las características que ha estudiado; puede describir, por ejemplo, a Maria Antonieta, Jorge Washington, Napoleón o Cristóbal Colón.

Describa un personaje de la televisión o del cine, personas de su propia vida y de su clase.

13.5 How is he today?

✔Hospital

How is the patient today?

Is he ill? Isn't he _____?

Is he _____? Isn't he _____?

nervous	thinner
happy	proud of his stitches
upset	ashamed
tired	weak
fatter	

Hospital

Yes, he's ill.

Yes, he's _____.

acting crazy	standing up
drunk	asleep
lying down	sad
sitting up/down	active

Practice

Complete each statement, telling the condition of the person today. Choose from the adjectives you have just practiced. Example: He's a happy person, but today he's *sad*.

He's an intelligent person, but today he's _____.
He's a fat person, but today he's _____.
He's an ambitious person, but today he's _____.
He's a stable person, but today he's _____.
He's a strong person, but today he's _____.

13.6 How is she today?

✔Hospital

How is the patient today?

Is she ill? Isn't she _____?

Is she _____? Isn't she _____?

nervous	fatter
happy	thinner
upset	proud of her stitches
tired	ashamed

Hospital

Yes, she's *ill.*

Yes, she's _____.

weak	sitting up/down
acting crazy	standing up
drunk	asleep
lying down	sad

13.5 ¿Cómo está él hoy?

✔ Hospital

¿Cómo está el paciente hoy?

¿Está enfermo? ¿Verdad?

¿Está _____? ¿Verdad?

Hospital

Sí, está enfermo.

Sí, está _____.

nervioso	más delgado	loco	parado
feliz	orgulloso de sus puntos	borracho	dormido
perturbado	avergonzado	acostado	triste
cansado	débil	sentado	activo
más gordo			

Práctica

Complete cada oración diciendo la condición de la persona hoy. Escoja entre los adjetivos que usted ha practicado. Ejemplo: El es una persona feliz, pero hoy esta *triste*.

El es una persona inteligente, pero hoy está _____.
El es una persona gorda, pero ahora está _____.
El es un hombre ambicioso, pero ahora está _____.
El es una persona estable, pero hoy está _____.
El es una persona fuerte, pero hoy está _____.

13.6 ¿Cómo está ella hoy?

✔ Hospital

¿Cómo está hoy la paciente?

¿Está enferma? ¿No?

¿Está _____? ¿No?

Hospital

Sí, está enferma.

Sí, ella está _____.

nerviosa	más gorda	débil	sentada
feliz	más delgada	loca	parada
perturbada	orgullosa de sus puntos	borracha	dormida
cansada	avergonzada	acostada	triste

Practice

Complete each statement, telling the condition of the person today. Choose from the adjectives in this or other sections.

She's a happy person, but today she's especially _____.
She's a fat person, but now she's _____.
She's a strong person, but today she's _____.
She's a stable person, but today she's _____.
She's a pleasant person, but today she's _____.
She's an interesting person, but today she's _____.
She's usually active, but today she's _____.
She should lie down, but now she's _____ on the bed.
She shouldn't drink, but today she's _____.
She shouldn't worry, but today she's _____.

13.6 Talking to the young patient

✔Hospital	Child
Listen, love.	What?
Open your mouth.	But I don't want to.
Say "ah."	"Ah."
That's good. Stay nice and quiet.	Okay.
Look, sweetheart.	What is it?
Tell me what's the matter.	
Darling, close your eyes. That's good.	
Precious, sleep well. How sweet!	
Come on, baby. Wake up.	I love you.
Stand up.	Okay.
Sit down.	
Now get up again.	
Give me a hug, little one.	
Give me a kiss, darling.	

Práctica

Complete cada oración diciendo la condición de la persona hoy. Escoja entre los adjetivos en esta u otras secciones.

Ella es una persona feliz, pero hoy está especialmente _____.
Ella es gorda, pero ahora está _____.
Ella es una persona fuerte, pero hoy está _____.
Ella es una persona estable, pero hoy esta _____.
Ella es una persona agradable, pero hoy está _____.
Ella es una persona interesante, pero hoy está _____.
Ella es generalmente activa, pero hoy está _____.
Ella debe estar acostada, pero ahora está _____ en la cama.
Ella no debe beber, pero hoy está _____.
Ella no debe preocuparse, pero hoy está _____.

13.6 Cuando el paciente es un niño

✔Hospital   Niño/Niña

Oye amorcito.   ¿Qué?

Abre la boquita.   Pero no quiero.

Di "ah."   "Ah."

Muy bien. Estáte tranquilito.   Bueno.

Mira, nené.   ¿Qué es?

Dime qué te pasa.

Nenito, cierra los ojitos. Bien.

Precioso, duerme tranquilito. Así.

Ven, chiquitín. Despiértate.   Te quiero.

Levántate.   Sí.

Siéntate.

Levántate otra vez.

Dame un abrazo, mi hijito.

Dame un besito, querer.

Practice

The following are commands that you might give to a child. Change them so that they are appropriate for an adult. Example: Stand up. Would you please stand up?

Sit down.   Close your eyes.   Get up.
Give me your hand.   Say "ah."   Tell me what's the matter.

13.7 Do and Don't

✔Hospital   Child

Breathe deeply, honey.   I don't feel like it.

Bend your arm.   I can't.

Turn on your side.   Help me.

Sweetheart, | don't talk now.   I'm not talking.
              | don't cry now.   I'm not crying.
              | don't be bad.   I'm not bad.
              | don't be afraid.   I'm not afraid.
              | don't take that.   I won't take it.

Practice

Change the above commands so that they are appropriate to give to an adult. Example:

Sweetheart, don't talk now. Sir/Ma'am, would you please not talk?

Práctica

Las siguientes son órdenes que usted puede usar dando instrucciones a un niño. Cámbielas para que se puedan usar apropiadamente con un adulto. Ejemplo: Párate. Párese, por favor.

Siéntate.   Cierra los ojitos.   Levántate.
Dame la mano.   Di "ah."   Dime qué te pasa.

13.7 Haz; no hagas

✔Hospital   Niño

Respira profundamente, nené.   No tengo ganas.

Dobla el brazo.   No puedo.

Vírate de lado.   Ayúdame.

Queridito, | no hables ahora.   No estoy hablando.
           | no llores ahora.   No estoy llorando.
           | no seas malo.   No soy malo.
           | no tengas miedo.   No tengo miedo.
           | no tomes eso.   No quiero tomarlo.

Práctica

Cambie las órdenes dadas en la sección 13.7 de modo que puedan usarse con un adulto. Ejemplo:

Cariñito, no hables ahora. Señor/Señora, no hable, por favor.

13.8 What do you want?

✔ Hospital	Child
Honey, do you want to come with me?	Yes, I want to.
Honey, do you want to _____?	No, I don't want to.

rest	play
go wee-wee	cover up
go to the bathroom	sleep
have a bowel	have something
movement	

Let me comb your hair, *honey.*   Wait a minute.

Let me _____, *honey.*   Wait a while.

change your clothes	fasten your shirt
change your bed	fasten your pants
put on your shoes	carry you
fasten your pajamas	

Practice

Change the following questions to the child into statements about the child, as in the example.
Example:

Do you want to change your clothes?
She wants to change her clothes.
He wants to change his clothes.

Do you want to put on your shoes?   Do you want to cover up?
Do you want to rest?   Do you want to sleep?
Do you want to go to the bathroom?   Do you want to fasten your shoes?
Do you want to fasten your shirt?   Do you want to have something to drink?

13.8 ¿Qué quieres?

Hospital

Nenita, ¿quieres venir conmigo?

Nenita, ¿quieres _____?

descansar	jugar
hacer pipí	abrigarte
ir al baño	dormir
hacer caca	tomar algo

Niño

Sí, quiero.

No, no quiero.

Déjame peinarte, preciosa.

Déjame _____, preciosa.

cambiarte de ropa	abrocharte la blusa
cambiarte la cama	abrocharte los pantalones
ponerte los zapatos	llevarte
abrocharte la pajama	

Espérate un momentito.

Espérate un ratito.

Práctica

Cambie las siguientes preguntas dirigidas al niño a declaraciones acerca del niño como en el ejemplo.
Ejemplo:

¿Quieres cambiarte de ropa?
Ella quiere cambiarse de ropa.
El quiere cambiarse de ropa.

¿Quieres ponerte los zapatos?
¿Quieres descansar?
¿Quieres ir al baño?
¿Quieres abrocharte la camisa?

¿Quieres abrigarte?
¿Quieres dormir?
¿Quieres abrocharte los zapatos?
¿Quieres tomar algo?

13.9 What is happening?

✔ Hospital	Child
Dear, did you take your medicine?	No, I forgot.
Dear, _____?	

did you sleep well?	Yes, okay.
did your mommy come?	Yes, a little while ago.
did your daddy come?	Yes, just now.
how do you feel?	Okay.
do you feel better?	Yes, thanks.

Do you like the doctor?	*Yes, I like* him.
Do you like the nurse?	*Yes, I like* her.
Do you like the toy?	*Yes, I like* it.
Do you like _____?	*Yes, I like* _____.

the doll	candy	your room
ice cream	your storybook	the program

Does your head *hurt?*	*Yes, it hurts.*
Does your _____ *hurt?*	

tummy	leg
arm	back
knee	shoulder

Does it itch?	Yes, it itches.

Practice

Select verbs or verb phrases from column A and completions from column B to form questions. Add other words as needed, as in the example.

Example: does hurt, head. Does your head hurt?

A	B	
does hurt	rash	daddy
does itch	leg	mommy
did come	eye	scalp
did take	today	pills
did sleep	tummy	medicine

13.9 ¿Qué pasa?

Hospital	Niño/Niña
Chiquitín, ¿tomaste la medicina?	No, se me olvidó.
Chiquitina, ¿_____?	

¿dormiste bien?	Sí, bien.
¿vino tu mamá?	Sí, hace un ratico.
¿vino tu papá?	Sí, ahorita.
¿cómo te sientes?	Bien.
¿te sientes mejor?	Sí, gracias.

¿Te gusta el médico?	*Sí, me gusta.*
¿Te gusta la enfermera?	*Sí, me gusta ella.*
¿Te gusta el juguete?	*Sí, me gusta.*
¿Te gusta _____?	*Sí, me gusta _____.*

la muñeca	el dulce	tu cuarto
el helado	el libro de cuentos	el programa

¿Te duele la cabeza?	*Sí, me duele.*
¿Te duele _____?	

el estómago	la pierna
el brazo	la espalda
la rodilla	el hombro

¿Te pica?	Sí, me pica.

Práctica

Seleccione verbos o frases verbales de la columna A y complementos de la columna B para formar preguntas. Añada otras palabras que sean necesarias como en el ejemplo.

Ejemplo: te duele, cabeza. ¿Te duele la cabeza?

A	B	
te duele	erupción	papá
te pica	pierna	mamá
vino	ojo	la cabeza
tomaste	hoy	píldoras
dormiste	estómago	medicina

Reading

The following form is part of the "Intellectual and Social Appraisal" used by a school health service. The key word is *know* or *know how to*. Guess as many of the skills as you can before checking the opposite page. The six questions at the end, dealing with body image, use structures you have not studied. However, look for key words with which you are familiar, and if necessary consult the opposite page. Then try to answer the questions for a child you know or for an imaginary child.

---

*Mental Alertness and Body Image**

Yes	No	
_____	_____	Knows name, first and last.
_____	_____	Knows age.
_____	_____	Knows name of school.
_____	_____	Can count to 20.
_____	_____	Can count to 50 by 10.
_____	_____	Can identify coins.
_____	_____	Knows value of coins.
_____	_____	Knows days of the week.
_____	_____	Knows days of the month.
_____	_____	Knows months of the year.
_____	_____	Knows how to tell time.
_____	_____	Knows left from right.
_____	_____	Identifies four colors.
_____	_____	Knows morning from night.
_____	_____	Knows parts of body: knee, ankle, neck, elbow.
_____	_____	Can move part of body pointed to.
_____	_____	Can repeat short sentences.
_____	_____	Can repeat essence of a story.
_____	_____	Knows alphabet.
_____	_____	Can spell.
_____	_____	Can read. _____ Level.

---

* Reprinted by permission from Developmental, Intellectual, Physical and Social In-depth Health Appraisal, School Health Services, Houston Independent School District, Houston, Texas.

Lectura

La siguiente forma es parte de el "Evaluación intelectual y social" usada por una escuela de servicios de salud. La palabra clave es *sabe*. Trate de adivinar tantas habilidades como pueda antes de mirar en la página opuesta. Las seis preguntas al final que tratan del concepto del cuerpo, usan estructuras que usted no ha estudiado. Busque palabras clave que le sean familiares y si es necesario consulte la página opuesta. Entonces trate de contestar las preguntas acerca de un niño que usted conozca o de un niño o niña imaginario.

*Agilidad mental y concepto del cuerpo**

Sí	No	
_____	_____	Sabe su nombre, el primer nombre y el apellido.
_____	_____	Sabe su edad.
_____	_____	Sabe el nombre de la escuela.
_____	_____	Sabe contar hasta 20.
_____	_____	Sabe contar hasta 50 de 10 en 10.
_____	_____	Sabe identificar las monedas.
_____	_____	Sabe el valor de las monedas.
_____	_____	Sabe los días de la semana.
_____	_____	Sabe los días del mes.
_____	_____	Sabe los meses del año.
_____	_____	Sabe decir la hora.
_____	_____	Puede distinguir entre derecha e iaquierda.
_____	_____	Identifica cuatro colores.
_____	_____	Sabe distinguir la mañana de la noche.
_____	_____	Conoce las partes del cuerpo: rodilla, tobillo, cuello, codo.
_____	_____	Puede mover la parte del cuerpo que se le indique.
_____	_____	Puede repetir oraciones cortas.
_____	_____	Puede resumir un cuento.
_____	_____	Sabe el alfabeto.
_____	_____	Sabe deletrear.
_____	_____	Sabe leer. _____ Nivel.

* Se usa con permiso de Developmental, Intellectual, Physical and Social In-depth Health Appraisal con la permisión de School Health Services, Houston Independent School District, Houston, Texas.

Questions

What animal would you like to be? Why?

If you had three wishes, what would you wish for?

If you were going away on a deserted island, with whom would you like to go? Why?

Do you like school? Why?

Do people like you? Why?

What games do you like to play? Why?

Evaluation

A. Complete the description of each person by adding other characteristics. Choose from columns B, C, and D and then read the name of the person and the complete description.

A	B	C	D
Name	Physical Characteristics	Social Traits	Intellectual and Character Traits
John Duly is	tall, thin	pleasant	proud.
Charles James is	short, fat	unpleasant	humble.
Ernest Martin is	young, good-looking	weak	patient.
Roger Gump is	ugly, skinny	strong	impatient.
Mark Sanders is	old, hunchbacked	interesting	happy.
James Carlson is	gray-haired, bald	boring	unhappy.
Jim Canton is	hairy, dark	flexible	snobbish.
Carolyn Eagle is	tall, slim	inflexible	tolerant.
Lola Moran is	beautiful, dark-skinned	agreeable	brave.
Rose Lincoln is	wrinkled, old	disagreeable	cowardly.
Rosalind Castle is	big, red-headed	extroverted	intelligent.
Mary Jean Scott is	small, blonde	introverted	stupid.
My wife/husband is		rich	condescending.
My girlfriend/boyfriend is		poor	melancholic.
My doctor is		sincere	studious.
My patient is		hypocritical	lazy.
My best friend is		friendly	active.
		reserved	
		ambitious	

B. Complete the sentences given with the appropriate words.
1. He's impatient today, but usually he _____.
2. He's normally lazy, but today he _____.
3. She's a very interesting person, but today she _____.
4. She's very strong, but after her illness she _____.
5. Normally she's happy, but after her grade in Spanish she _____.
6. She's usually friendly, but today she _____.
7. With strangers she's withdrawn, but today she _____.

Preguntas

¿Qué animal te gustaría ser? ¿Por qué?

¿Si pudieras tener tres cosas, qué cosas desearías?

¿Si fueras a una isla desierta, con quién quisieras ir? ¿Por qué?

¿Te gusta la escuela? ¿Por qué?

¿Le gustas tú a la gente? ¿Por qué?

¿Qué juegos te gusta jugar? ¿Por qué?

Evaluación

A. Complete la descripción de cada persona añadiendo otras características. Escoja de las columnas B, C y D y entonces lea el nombre de la persona y la descripción completa.

A Nombre	B Características físicas	C Cualidades sociales	D Cualidades intelectuales y de carácter
Juan Delgado es	alto, delgado	agradable	orgulloso.
Carlos Jiménez es	bajo, gordo	desagradable	humilde.
Ernesto Martín es	joven, guapo	débil	paciente.
Rogelio Guzmán es	feo, flaco	fuerte	impaciente.
Marcelo Sánchez es	viejo, jorobado	interesante	feliz.
Diego Carreras es	canoso, calvo	aburrido	infeliz.
Jaime Cantú es	peludo, moreno	flexible	presumido.
Carolina Aguilera es	alta, delgada	inflexible	tolerante.
Lupe Morales es	hermosa, trigueña	simpático	valiente.
Rosa Linares es	arrugada, vieja	antipática	cobarde.
Rosalinda Castillo es	grande, pelirroja	extrovertido	inteligente.
María Eugenia Escobar es	pequeña, rubia	introvertido	estúpida.
Mi esposa/esposo es		rico	condecendiente.
Mi novia/novio es		pobre	melancólico.
Mi médico es		sincero	estudioso.
Mi paciente es		hipócrita	perezoso.
Mi mejor amigo/amiga es		amistoso	activo.
		reservado	
		ambicioso	

B. Complete las oraciones dadas con las palabras apropiadas.
   1. El está impaciente hoy, pero generalmente él _____.
   2. El es normalmente perezoso, pero hoy él _____.
   3. Ella es una persona muy interesante, pero hoy ella _____.
   4. Ella es muy fuerte, pero después de su enfermedad ella _____.
   5. Generalmente ella es feliz, pero después de su nota en español ella _____.
   6. Ella es usualmente amistosa, pero hoy ella _____.
   7. Con extraños ella es retraída, pero hoy ella _____.

C. Choose the best answer to complete each statement or question.

1. Listen, darling, give me a _____.
   a. pretty.
   b. hug.
   c. eye.
   d. quietly.
2. Come here, honey, be _____ and open your mouth.
   a. that
   b. "ah"
   c. cute
   d. good
3. Do you want your _____ now?
   a. while
   b. play
   c. toys
   d. will
4. Did you take your medicine? No, I _____.
   a. forgot.
   b. urinated.
   c. of course.
   d. something.
5. Do you want to rest a _____?
   a. with me?
   b. little while?
   c. fear?
   d. now?
6. Let me fasten your _____.
   a. bed.
   b. nurse.
   c. book.
   d. shirt.

D. Choose the expression most similar in meaning to the one italicized.

1. Come, dear one, *close your eyes.*
2. Son, *stand up,* please.
3. I don't *feel like it,* mommy.
4. Wait *just a minute.*
5. Where *do you have pain?*
6. Don't cry; you should be *strong.*
7. Be nice and *don't talk,* darling.

a. get up
b. little while
c. brave
d. be quiet
e. go to sleep
f. want to
g. does it hurt

Combining Review

Review the following sections: 1.3, 1.8, 2.8, 3.1, 9.3, 9.4.

Choose at least one question, statement, or answer from each section. By combining the statements, make up a conversation. Use the sections in any order and add any additional vocabulary you want. The purpose of this practice is to review previously studied structures, and then to practice some of them through using them in a conversation.

C. Escoja la mejor respuesta para completar cada pregunta u oración.

1. Oye, precioso, hazme un _____.
   a. bonito.
   b. cariñito.
   c. ojito.
   d. tranquilito.
2. Ven, nené, sé _____ y abre la boquita.
   a. qué
   b. "ah"
   c. mono
   d. bueno
3. ¿Quieres tus _____ ahora?
   a. raticos
   b. jugar
   c. juguetes
   d. ganas

4. ¿Tomaste la medicina? No, se me _____.
   a. olvidó.
   b. orinó.
   c. cómo no.
   d. algo.
5. ¿Quieres descansar un _____?
   a. conmigo?
   b. ratico?
   c. miedo?
   d. ahora?
6. Déjame abrocharte la _____.
   a. cama.
   b. enfermera.
   c. librito.
   d. camisa.

D. Escoja la expresión de significado semejante a la que se subraya.

1. Vamos, chiquitín, *cierra los ojitos.*
2. Mi hijito, *levántate,* por favor.
3. No *tengo ganas,* mamá.
4. Espérate un *momentito.*
5. ¿Dónde *tienes el dolor?*
6. No llores, debes ser *fuerte.*
7. Sé bueno y *no hables,* nené.

a. párate
b. ratito
c. valiente
d. cállate
e. duérmete
f. quiero
g. te duele

Combinación de repasos

Repase las secciones siguientes: 1.3, 1.8, 2.8, 3.1, 9.3, 9.4.

Escoja por lo menos una pregunta, expresión o respuesta de cada sección. Invente una conversación combinando las expresiones que haya escogido. Use las selecciones en cualquier orden y añada el vocabulario adicional que desee. El propósito de esta práctica es repasar estructuras estudiadas previamente y practicar algunas de ellas usándolas en una conversación.

Actions

A. Select one word from each column to form a sentence. Change or add words as needed.

I	was	in the hospital.
The child	were	handsome.
She		hard-working.
He		ill.
The doctor		in the laboratory.
You, sir/ma'am,		ambitious.
You, honey,		drunk.
		embarrassed.
		from Mexico.
		from New York.
		nice.

B. Select one word from each column to form a sentence. Change or add words as needed, as in the example. Example: *She had to do that.*

I	had to	go	here.
The child	used to have to	visit	there.
She		live	this.
He		do	that.
The doctor		see	
You, sir/ma'am,		hear	
You, honey,		touch	
		smell	
		read	

C. Select one word from each column to form a sentence. Change or add words as needed.

I	was going	to the hospital	here.
The child	used to go	to the doctor	there.
She	were going	to exercise	this.
He		to smell	that.
The doctor		to be	
You, sir/ma'am,		to touch	
You, honey,		to read	
		to hear	
		to come	

Acciones

A. Seleccione una palabra de cada columna para formar una oración. Cambie o añada palabras si es necesario.

Yo	era	en el hospital.
El niño	estaba	guapo.
Ella	eras	trabajador.
El	estabas	enfermo.
El médico		en el laboratorio.
Usted, señor/señora		ambicioso.
Tú, encanto		borracho.
		avergonzado.
		de México.
		de Nueva York.
		simpático.

B. Seleccione una palabra de cada columna para formar una oración. Cambie o añada palabras si es necesario, como en el ejemplo. Ejemplo: *Ella tenía que hacer eso.*

Yo	tenía que	ir	aquí.
El niño	tenías que	visitar	allí.
Ella		vivir	esto.
El		hacer	eso.
El médico		ver	
Usted, Señor/Señora,		oir	
Tú, mi hijito,		tocar	
		oler	
		leer	

C. Seleccione una palabra de cada columna para formar una oración. Cambie o añada palabras si es necesario.

Yo	iba	al hospital	aquí.
El niño	ibas	al médico	allí.
Ella		a hacer ejercicios	esto.
El		a oler	eso.
El médico		a estar	
Usted, Señor/Señora,		a tocar	
Tú, mi hijito,		a leer	
		a oir	
		a venir	

Situation

It's Sunday afternoon. You're the nurse in attendance at the emergency room, and a woman brings a five-year-old child who hurt his leg in a fall from a tree. You ask the woman and the child questions to elicit facts about his injury.

You're the head nurse on the fifth floor. One of your nurses complains about a certain patient who's very hard to please. She describes the patient to you in great detail. You tell her that you can't believe a patient is that bad. You go to the room and talk to the woman. What is she like? Is she as your nurse said or did you find her different? Invent a conversation for this situation.

Cultural Topics

Bringing Up Children

Attitudes toward the rearing of children in families of Hispanic culture are a little different from the concepts in Anglo-Saxon families. In the first place when young couples have their children, they are not alone; they have the help and guidance of other family members who either live with them or are very close. The mother, grandmother, aunts and uncles, cousins, godparents, and even neighbors are there to give advice and relieve the pressure that the total responsibility of rearing children brings to a young couple.

The family does not let children cry or ignore their demands, and when the mother cannot attend them, the family responds. Generally small children are not punished; they are pampered. They are not disciplined until they reach the age of reason. And children a few months old rarely are alone or unattended; they're always in someone's arms. In middle-class families, each child is assigned a girl, a relative or someone else, who cares for the child while the mother attends to her household chores or looks after the rest of the family.

In general, Spanish-speaking people are demonstrative; thus, love is readily expressed, especially in dealing with children. For this reason we find a great number of affectionate terms and diminutives which have no true equivalent in English. The English speaker may say:

love	dear
darling	precious
little one	baby
sweetheart	honey
doll	

Unlike the emphasis in Anglo-Saxon culture on self-help skills or "help yourself," early independence is not expected of children. Independence and responsibility are acquired with age.

The authority of the father is indisputable, but it is the mother who establishes routines and resolves small family conflicts. The father is respected and admired, but the bonds of affection are distant. Children express affectionate feelings more openly toward the mother and they feel more attached to her.

The center of the child's life is the home, and its basic dimensions are respect, authority, and affection.

Situación

Es domingo por la tarde. Usted es la enfermera de turno en el salón de emergencia y una mujer trae a un niño de cinco años con un dolor en la pierna porque se cayó de un árbol. Usted le hace preguntas a la mujer y al niño tratando de averiguar los detalles de la lesión.

Usted es la enfermera jefe del quinto piso. Una de sus enfermeras se queja de cierta paciente que es muy majadera y difícil de complacer. Ella le describe a usted la paciente con muchos detalles. Usted le dice que no puede creer que un paciente sea tan malo. Usted va al cuarto y le habla a la mujer. ¿Cómo es ella? ¿Es ella como la enfermera la describe o usted encuentra que ella es diferente? Invente una conversación para esta situación.

Tópicos Culturales

La crianza del niño

La actitud hacia la crianza de los niños en las familias de cultura hispánica es un poco diferente del concepto de disciplina que tiene el anglo sajón. En primer lugar, la pareja joven cuando tiene sus hijos no está sola, tiene la guía y la ayuda de la familia que o viven juntos o están muy cerca. Ahí están la madre, la abuela, los tíos, los primos, los padrinos y aun los vecinos para dar consejo y aliviar la presión que significa tener la responsabilidad total en la crianza de un niño.

La familia no permite que el niño pequeño llore o que sus demandas no sean atendidas pues cuando la madre no puede atenderlas la familia responde. Generalmente a los niños pequeños no se les castiga, se les mima. Se espera a que tengan uso de razón para disciplinarlos. Y los niños de meses raramente están solos o desatendidos, siempre en brazos. En familias de mediana posición a cada niño se le asigna una muchacha, pariente o no, para que cuide al niño mientras la madre atiende sus quehaceres domésticos o al resto de la familia.

En general, las personas hispano-hablantes son demostrativas; el amor se expresa fácilmente, especialmente tratando a los niños. Por eso encontramos en la lengua un gran número de expresiones de afecto y de diminutivos que no tienen equivalente en inglés. El hispano-hablante dice:

amor, amorcito

mi vida, mi cielo, mi prenda

mi hijito/hijita, chiquitín/chiquitina, pequeño/ pequeña

cariño, corazón

muñeco/muñeca/muñequita

querido/querida

precioso/preciosa

nené/nena, nenito/nenita

encanto, dulzura

No se espera independencia temprana en oposición al énfasis que en la cultura anglosajona se le da a las habilidades de ayuda personal, o al "ayúdate a ti mismo." La independencia y la responsabilidad se adquieren con los años.

La autoridad del padre es indisputable, pero es la madre la que establece la rutina y la que resuelve las pequeñas discordias en la familia. Al padre se le respeta y admira pero los lazos de cariños son distantes. Los niños expresan sentimientos de afecto más evidentes hacia la madre y se sienten más apegados a ella.

El centro de la vida del niño es el hogar y sus dimensiones básicas son: respeto, autoridad y cariño.

Pronunciation of Cognate Words

In the following sentences, cognate words are italicized. Keeping in mind the pronunciation rules that you have been studying, pronounce the italicized cognate words.

Listen while your teacher or your partner reads the sentence. Say yes or no to indicate your agreement or disagreement with the statement.

1. It's *necessary* to *accept* the *ideas* of the *professor.*
2. *Alcoholism* is an illness of *infancy.*
3. A *timid person* is not very *impetuous.*
4. A *person* of *homosexual tendencies* has a *preference* for *persons* of the same *sex.*
5. I'm very *industrious, ingenious, gracious, talented* and humble.
6. Doctors are *meticulous, competent,* and *intelligent.*
7. The *perfect patient* is *envious, ignorant* and *impertinent.*
8. Parents *protect* their children and children *depend* on their parents even though sometimes they do not *appreciate* them.
9. A *vigorous* and *gregarious* man *generally* is not *nervous* and *solitary.*
10. A *gallant,* good-looking, and *courteous* man *offends decent* women.

Pronunciación en inglés

Entonación

Las oraciones en inglés tienen does tipos característicos de entonación.

1. La entonación que se eleva y baja se usa en oraciones declarativas, en mandatos y en la clase de preguntas que llevan una palabra interrogativa como *why, what* y *where.* Este tipo de oración empieza con una entonación normal, entonces se eleva a un tono más alto y luego desciende a un nivel más bajo que el normal. La nota más alta generalmente coincide con el último énfasis en la oración. Ejemplo: What did the doctor *say* about that?

2. La entonación que se eleva es típica de preguntas que no tienen una palabra interrogativa. Ejemplo: Did he say he would operate?

Algunas veces la misma oración puede enunciarse con diferente entonación dándole significado diferente. La oración con pregunta de cola cuya entonación se eleva pide información. La oración con pregunta de cola cuya información se eleva y desciende pide confirmación del contenido de la oración.

Repita las preguntas y oraciones siguientes imitando la entonación de su instructor en la entonación apropiada. Subraye las palabras que representan el énfasis primario en cada oración o elemento de la oración.

Have you had childhood *illnesses?*

You should take an *antibiotic.*

No, she's *better* today.

Please, breathe *deeply.*

He left *early, didn't he?*

Yes, doctor, *I have.*

How *is* she?

Is he *ill?*

What should I *take?*

Pronunciación de palabras cognadas

En las siguientes oraciones las palabras cognadas están subrayadas. Recuerde las reglas de pronunciación que usted ha estado estudiando y pronuncie las palabras subrayadas.

Escuche mientras su maestro o su compañero lee las oraciones. Diga sí o no para indicar que está de acuerdo o en desacuerdo con lo dicho.

1. Es *necesario aceptar* las *ideas* del *profesor.*
2. El *alcoholismo* es una enfermedad de la *infancia.*
3. Una *persona tímida* no es muy *impetuosa.*
4. Una *persona* de *tendencias homosexuales* tiene *preferencia* por *personas* del mismo *sexo.*
5. Yo soy muy *estudioso, ingenioso, gracioso, talentoso* y humilde.
6. Los *médicos* son *meticulosos, competentes* e *inteligentes.*
7. El *paciente* perfecto es *envidioso, ignorante* e *impertinente.*
8. Los padres *protegen* a los niños y los niños *dependen* de los padres aunque a veces no los *aprecian.*
9. Un hombre *vigoroso* y *gregario generalmente* no es *nervioso* y *solitario.*
10. Un hombre *galante,* buen mozo y *cortés ofende* a las mujeres *decentes.*

Grammar/Structure Notes on Spanish

The Familiar Form

Throughout this text, you have learned the more formal way to say *you (usted)* rather than the familiar *(tú)* because that is the form one would use in most cases in dealing with patients. However, children are addressed in familiar forms, some of which you have practiced in this lesson. In addition to the familiar commands used here, the main differences between these forms and the ones you have practiced throughout the text are as follows:

Formal	Familiar
usted	tú
su	tu
le	te
lo, la	te
se	te

Verbs in present and imperfect tenses (see below) add *-s* to the familiar forms, as you have practiced in this lesson.

Formal	Familiar
Usted prepara.	Tú preparas.
Usted come.	Tú comes.
Usted preparaba.	Tú preparabas.
Usted comía.	Tú comías.

Notas gramaticales/estructuras en inglés

Gustar: To Like

Véase la Lección 14 en que se explica el uso del verbo *to like* en inglés.

Preguntas de cola: Tag Questions

En las secciones 13.5 y 13.6 usted ha practicado *tag questions*. Este tipo de preguntas puede considerarse como significando ¿*verdad?* o ¿*no?* al final de una oración en español; es decir, como pidiendo aceptación o en un esfuerzo de obtener una respuesta afirmativa.

He's weak, isn't he?   Está débil, ¿verdad?

El paciente está mejor, isn't he?   El paciente está mejor, ¿no?

Como se observa en los ejemplos, las expresiones en que se usa el verbo *ser (to be)*, repiten el verbo en la pregunta de cola unido a *not* en forma de contracción. Cuando el verbo en la oración es otro que el verbo *ser (be)*, se usa el auxiliar *do* en el tiempo del verbo principal.

He operated yesterday, didn't he?   El operó ayer, ¿no?

Endearments

Endearments are generally used more by Spanish-speaking people than they are by English-speaking people. These affectionate terms so necessary for dealing in Spanish with children cannot be translated appropriately. In this lesson, the English translations attempt to show the affection of the term, and if possible a little of the literal meaning.

Diminutives

Diminutives are endings added to words to show something little or small and to give the idea of affection and warmth. The most common ending is -ito or -ita. Diminutives may be added to nouns, and even to adjectives and adverbs. As with terms of endearment, there are no exact equivalents in English.

Tú Commands

Tú commands are given to a child, to a person whom one knows well, or to a family member. Affirmative commands are those that tell someone to do something; negative commands are those that tell someone not to do something.

Tú Commands: Affirmative

Tú commands that are regular have the same forms as the usted forms of the present indicative tense: respira, dobla, voltea.

The tú commands of some of the most common verbs have irregular forms—forms that are only one syllable long. In the following examples, irregular tú commands from this lesson are contrasted with the usted forms of the present indicative tense.

Usted Present Indicative	Tú Command
tiene	ten
pone	pon

Tú Commands: Negative

For regular verbs, the negative tú command is like the tú form of the present indicative, except that -ar verbs have an e instead of an a before the final s, and -er and -ir verbs have an a instead of an e before the final s. In other words, negative commands have the "opposite" vowel from the indicative forms.

Indicative	Tú Commands: Negative
respira	no respires
dobla	no dobles
voltea	no voltees

Imperfect versus Preterite

In the Actions section of this lesson you practiced with the imperfect tense. Like the preterite, the imperfect is a past tense, but it is used somewhat differently. The preterite tense is used for past actions, such as *Se rompió la pierna (He broke his leg)*. The imperfect is used for past descriptions and actions that were ongoing in the past, such as:

Iba al hospital.	He used to go to the hospital.
	He was going to the hospital.
Era guapo.	He was handsome.

Ser versus Estar

In this lesson, *ser* and *estar* were contrasted in use with adjectives that follow either verb:

She's usually strong, but today she's weak.   Generalmente *es* fuerte, pero hoy *está* débil.

In this use, *ser* represents the norm, the typical characteristics of the person. *Estar* represents a change from the norm, a temporary condition of the person, or a condition that is viewed as temporary. The following examples summarize other uses of *ser* and *estar* that you have practiced in this and other lessons.

Ser

1. The norm, typical characteristics: Es feliz.

2. Place of origin: Es de México.

Estar

1. Change from the norm, temporary condition: Está triste hoy.

2. Place of location: pero ahora está en Nueva York.

Lesson 14
Nutrition of the Patient

New Material

14.1 Diets

Nutritionist	Patient
Are you on a diet?	Yes, I have to follow a special diet.
What kind of diet?	
With salt?	No, without salt.
Low in sugar?	Yes, low in sugar.
Rich in protein?	Yes, rich in protein.
Low in carbohydrates?	Yes, low in carbohydrates.
Low in roughage?	No, high in roughage.
Low in calories?	Yes, low in calories.
Are you diabetic?	No, I'm not diabetic.
Do you have high cholesterol?	No, I don't have high cholesterol.
Is it for ulcers?	No, it's for losing weight.
It's not a very well-balanced diet.	That's true, but I need to lose weight.
I'll bring you the instructions.	Thanks, miss.

Practice

Choose from the descriptions of diets that you have just practiced. What kinds of diets would patients with the following illnesses or problems need?

a patient with heart disease
a patient who has ulcers
a patient with diabetes
a patient who is obese

a patient with high blood pressure
a patient with diverticulitis
a patient with anorexia nervosa

Lección 14
Nutricion del paciente

14.1 Dietas

Nutricionista

¿Está Ud. a dieta?

¿Qué clase de dieta?

¿Con sal?

¿Baja en azúcar?

¿Rica en proteína?

¿Baja en carbohidratos?

¿De residuo bajo?

¿Baja en calorías?

¿Es Ud. diabético?

¿Tiene Ud. el colesterol alto?

¿Es para las úlceras?

No es una dieta balanceada.

Le traeré las instrucciones.

Paciente

Sí, tengo que seguir una dieta especial.

No, sin sal.

Sí, baja en azúcar.

Sí, rica en proteína.

Sí, baja en carbohidratos.

No, de mucho residuo.

Sí, baja en calorías.

No, no soy diabético.

No, no tengo el colesterol alto.

No, es para perder peso.

Verdad, pero necesito perder peso.

Gracias, señorita.

Práctica

Escoja de entre las descipciones de dietas que Ud. ha practicado las clases de dietas que necesitarían pacientes con las siguientes enfermedades o problemas.

un paciente enfermo del corazón

un paciente con úlceras

un paciente con diabetes

un paciente obeso

un paciente con la presión alta

un paciente con diverticulitis

un paciente con anorexia nervosa

14.2 Following the Diet

Hospital

You should exercise.

You should eat small portions.

You should follow the instructions.

Before breakfast.

You should have | a lot of water.
                 | many liquids.
                 | milk before bedtime.

You shouldn't have | alcoholic beverages.
                   | stimulants.

You shouldn't eat | fried foods.
               | raw vegetables.

Yes, but not very rapidly.

One pound a week.

How much have you lost?

How much have you gained?

✔ Patient

What should I do?

When should I get weighed?

What should I have?

What shouldn't I have?

Should I lose weight?

How much should I lose?

Only five pounds.

I haven't gained anything.

Practice

Recommend something for each problem.

insomnia	ulcers	diabetes	high blood pressure
obesity	hypoglycemia	high cholesterol	

14.2 Siguiendo la dieta

Hospital | Paciente
| *¿Qué debo hacer?*

Debe | hacer ejercicio.
| comer porciones pequeñas.
| seguir las instrucciones.   *¿Cuándo debo pesarme?*

Antes del desayuno.   *¿Qué debo tomar?*

Debe tomar | bastante agua.
| muchos líquidos.
| leche antes de acostarse.   *¿Qué no debo hacer?*

No debe tomar | bebidas alcohólicas.
| estimulantes.

No debe comer | comidas fritas.
| vegetales crudos.   *¿Debo perder peso?*

Sí, pero no muy rápidamente.   *¿Cuánto debo perder?*

Una libra a la semana.

¿Cuánto ha perdido usted?   Sólo cinco libras.

¿Cuánto ha aumentado usted?   No he aumentado nada.

Práctica

Recomiende algo para cada problema.

insomnio   úlceras   diabetes   presión alta
obesidad   hipoglucemia   colesterol alto

14.3 Basic Drinks and Meals

✔Hospital

Do you want to have some coffee?

Do you want to have some
_____?

decaffeinated coffee	soup
tea	broth
iced tea	white bread
milk	dark bread
coffee with cream	toast
hot chocolate	crackers
tomato juice	cereal
orange juice	cheese
apple juice	cottage cheese
jam	margarine
honey	peanut butter
butter	sugar

Patient

Yes, I'd like to have some.

No, I don't want any, thank you.

Practice

Name something that you have along with each of the following items.

cereal   soup   cream   iced tea   juice   margarine

14.3 Bebidas y comidas básicas

Hospital

¿Quiere tomar café?

¿Quiere Ud.
_____?

café decafeinado	sopa
té	caldo
té helado	pan blanco
leche	pan moreno
café con crema	tostada
chocolate caliente	galletas
jugo de tomate	cereal
jugo de naranja	queso
jugo de manzana	requesón
mermelada	margarina
miel	crema de cacahuate
mantequilla	azúcar

Paciente

Sí, quiero café.

No, no quiero, gracias.

Práctica

Nombre algo que usted toma con cada uno de los siguientes:

cereal   sopa   crema   té helado   jugo   margarina

14.4 Meats and Eggs

✔Hospital

Do you like roast beef?

Patient
Yes, I like roast beef.
No, I don't like roast beef.

Do you like _____?

beef	ham
veal	bacon
lamb	sausage
pork	turkey
beef stew	fish
hamburger	shellfish
steak	tuna
chicken	

Do you like shrimp?

Yes, I like shrimp.

No, I don't like shrimp.

Do you like _____?

crab	tacos
barbecued ribs	tamales
eggs	enchiladas
hard-boiled eggs	scrambled eggs
soft-boiled eggs	

Practice

Practice the vocabulary in this section again, this time asking the question, How do you like your _____?
Choose an answer from the following list:

grilled	rare	boiled	fried
baked	medium	well-done	

14.4 Carnes y huevos

✔Hospital

¿*Le gusta* el rosbif/la carne asada?

¿*Le gusta* _____?

la carne de res	el jamón
la carne de ternera	el tocino
la carne de cordero	la salchica/el chorizo
la carne de puerco	el pavo
la carne guisada	el pescado
la hamburguesa	el marisco
el bistec/el filete	el atún
el pollo	

¿*Le gustan los* camarones?

¿*Le gustan* _____?

los cangrejos	los tacos
las costillas a la parrilla	los tamales
los huevos	las enchiladas
los huevos duros	los huevos revueltos
los huevos hervidos en	(revoltillo)
agua	

Paciente

Sí, me gusta el rosbif.

No, no me gusta el rosbif.

Sí, me gustan los camarones.

No, no me gustan los camarones.

Práctica

Practique otra vez el vocabulario de esta sección, esta vez preguntando, ¿Cómo le gusta/gustan _____?
Escoja una respuesta de la lista siguiente:

a la parrilla	poco asado	hervidos	frito/fritos
asado	medio asado	bien asado	

14.5 Fruits and Vegetables

✔Hospital

Do you like oranges?

Do you like watermelon?

Do you like _____?

apples	salad	squash
grapefruit	lettuce	spinach
lemons	tomatoes	onion
pears	beans	celery
peaches	corn	broccoli
pineapple	potatoes	rice
cherries	carrots	beets
strawberries	cabbage	cucumber
raisins	brussels	eggplant
garlic	sprouts	

Patient

Yes, I like oranges a lot.

No, I don't like watermelon at all.

Practice

Describe the color of each fruit or vegetable in the section that you have just practiced. Example: an orange carrot.

Use the following colors: red, purple, green, white, yellow, orange, brown, black.

14.6 Desserts

Hospital

Dessert? *I don't know.*

_____? *I don't know.*

✔ Patient

May I have dessert?

May I have _____?

ice cream	custard	pastry	cake
sherbet	gelatin	apple pie	cookies
pudding			

14.5 Frutas y vegetales

✔ Hospital	Paciente
¿*Le gustan* las naranjas?	*Sí, me gustan* mucho.
¿*Le gusta* la sandía?	*No, no me gusta* nada.
¿*Le gusta/gustan* _____?	

las manzanas	la ensalada	la calabaza
la toronja	la lechuga	la espinaca
los limones	los tomates	la cebolla
las peras	los frijoles	el apio
los duraznos	el maíz/el elote	el brécol
la piña	la papa	el arroz
las cerezas	la zanahoria	la remolacha/el betabel
las fresas	la col/el repollo	el pepino
las pasas	la col de Bruselas	la berenjena
el ajo		

Práctica

Describa el color de cada fruta o vegetal en la sección que usted acaba de practicar. Ejemplo: una zanahoria anaranjada.

   Use los colores siguientes: rojo, morado, verde, blanco, amarillo, anaranjado, café, negro.

14.6 Postres

Hospital	✔ Paciente
	¿*Me permite tomar* postre?
¿*Postre?* No sé.	¿*Me permite tomar* _____?
¿_____? No sé.	

helado	flan	pastel	queque/torta
sorbete	gelatina	pastel de manzana	galleticas
pudín			

Practice

Answer each question according to the examples: Do you like dessert? Yes, I like dessert. Do you like cookies? Yes, I like cookies.

Do you like gelatin?
Do you like cherries?
Do you like cherry pie?
Do you like apples?
Do you like apple pie?
Do you like ice cream?
Do you like desserts?
Do you like cake?

14.7 Utensils and Seasonings

Hospital   ✔ Patient

                                            May I have the tray?

The tray? *Of course!*   May I have _____?

_____? Gladly.

the salt	the soup bowl	the fork	the glass
the pepper	the napkin	the knife	the oil
the cup	the saccharin	the mayonnaise	the vinegar
the plate	the dressing	the spoon	the mustard
the saucer	the catsup	the teaspoon	

Practice

Choose the words that belong in each group. Cross out the words that do not belong.

Ice cream, gelatin, tray, pastry, cake.
Potatoes, saucer, cup, glass, napkin, spoon.
Beets, hamburger, spinach, beans, celery.
Ham, chicken, bacon, fork, roast beef.

Reading

By combining your knowledge of English names for foods and what you know about diets, see if you can explain the following diet. Try to guess what you don't know.

Práctica

Conteste cada pregunta de acuerdo con los ejemplos: ¿Le gusta el postre? Sí, me gusta el postre. ¿Le gustan las galleticas? Sí, me gustan las galleticas.

¿Le gusta la gelatina?
¿Le gustan las cerezas?
¿Le gusta el pastel de cerezas?
¿Le gustan las manzanas?
¿Le gusta el pastel de manzana?
¿Le gusta el helado?
¿Le gustan los postres?
¿Le gusta el queque?

14.7 Utensilios y especias

Hospital

¿La bandeja? ¡Claro!

¿_____? ¡Cómo no!

✔ Paciente

¿*Me permite* la bandeja?

¿*Me permite* _____?

la sal	el sopero	el tenedor	el vaso
la pimienta	la servilleta	el cuchillo	el aceite
la taza	la sacarina	la mayonesa	el vinagre
el plato	la salsa de	la cuchara	la mostaza
el platillo	ensalada	la cucharita	
	la salsa de		
	tomate		

Práctica

Escoja las palabras que pertenecen a cada grupo. Tache las que no pertenezcan.

Helado, gelatina, bandeja, pastel, queque.
Papas, platillo, taza, vaso, servilleta, cuchara.
Remolacha, hamburguesa, espinaca, frijoles, apio.
Jamón, pollo, tocino, tenedor, rosbif.

Lectura

Combinando su conocimiento de nombres de comidas en español y lo que usted sabe de dietas vea si puede explicar la dieta siguiente. Trate de adivinar lo que no sepa.

Foods in Diet for Lowering Cholesterol Count

Drinks. coffee, tea, and carbonated drinks

Bread. white, whole wheat, rye, soda or bran crackers, and breads made with fats permitted on the diet but without milk or egg yolks

Cereals. cooked or dry but with skim milk

Cheese. cottage cheese made with skim milk

Eggs. egg white has no fat or cholesterol; one or two eggs a week prepared in the fat that is permitted on the diet

Milk. skim milk, powdered (skim) milk, evaporated skim milk, curds and whey, yogurt

Fats. olive oil, margarine (artificial butter), sesame oil, cottonseed oil, salad dressings made without egg yolk or milk or cream

Soups. vegetable soup, creamed soups made with skim milk, consommé

Meat, fish, chicken. lean beef, lamb or mutton, veal, ham or pork, chicken, tongue, turkey, dried meat, fresh or frozen fish (nothing fried)

Potatoes or substitutes. potatoes or sweet potatoes, macaroni, noodles, spaghetti, rice (all made without eggs)

Vegetables. fresh, frozen, dry, canned—prepared only with the fats permitted

Fruits. fresh, canned, dried, or frozen fruits and fruit juices

Desserts. meringue, sherbet, gelatin, fruit ices, pudding made with skim milk but without egg yolk, cookies and cakes made with the fats allowed and with skim milk

Sweets. honey, syrups, sugar syrups, bonbons, caramel candy

Miscellaneous. salt, spices, seasonings, lemon, lime, vinegar, pickles, popcorn

Not permitted. cornbread, hot breads such as biscuits, cream cheese and creamed cottage cheese, commercial pastries, butter, lard

Alimentos en la dieta para bajar el nivel de colesterol

Bebidas. café, té y bebidas gaseosas

Pan. blanco, de trigo entero, de centeno, galletas saladas o de acemite, y panes hechos con las grasas que se permitan en la dieta, pero sin leche o yema de huevo

Cereales. cocidos o secos pero con leche descremada

Quesos. requesón hecho de leche descremada

Huevos. la clara del huevo no contiene grasa o colesterol; uno o dos huevos a la semana en grasa que se permita en la dieta

Leche. leche descremada, leche en polvo (descremada), leche descremada evaporada, leche de suero o leche cuajada, yogurt

Grasas. aceite de oliva, margarina (mantequilla artificial), aceite de sésame (ajonjolí), aceite de semillas de algodón, salsas hechas para ensaladas sin yema de huevo o leche o crema

Sopas. caldo de vegetales, caldos de crema con leche descremada, consomé

Carne, pescado, pollo. carne de res sin grasa, carnero, ternera, jamón o puerco, pollo, lengua, pavo, carne seca, pescado fresco o congelado (nada frito)

Papas o substitutos. papas o camotes, macarrón, fideos, tallarín, arroz (todos hechos sin huevos)

Vegetales. frescos, congelados, secos o en lata—preparados solamente con grasas permitidas

Frutas. frutas frescas, en lata, secas o congeladas y jugos de fruta

Postres. merengues, sorbete, gelatina, helados de fruta, pudín hecho de leche descremada pero sin la yema del huevo, galletas y tortas hechas con las grasas que se permitan y con leche descremada

Dulces. miel de colmena, jarabes, almíbar, bombones, dulces de caramelo

Miscelánea. sal, especias, condimentos, limón, lima, vinagre, pepinillos, esquite

No debe comer. pan de maíz, panes calientes como bizcochos, quesos de crema, requesones, pasteles comerciales, mantequilla, manteca

Evaluation

A. Complete each statement with the best word or phrase.

1. How do you want your steak? I want it _____.
   a. raw.
   b. rare.
   c. frozen.
   d. soft-boiled.
2. My son prefers fried _____.
   a. salads.
   b. lettuce.
   c. strawberries.
   d. shrimp.
3. I like _____ eggs.
   a. scrambled
   b. raw
   c. roasted
   d. peas
4. For supper they're serving _____.
   a. pepper, garlic, and butter.
   b. roast beef, vegetables, and fruit.
   c. pears, raisins, and grapes.
   d. onion, sauce, and dark bread.
5. Please give me the glass of _____.
   a. water.
   b. biscuit.
   c. dessert.
   d. cake.

6. Please, bring me my _____, I am hungry.
   a. breakfast
   b. tray
   c. congealed
   d. weight
7. A sick person should have a _____ diet.
   a. balanced
   b. juices
   c. proteins
   d. spices
8. Besides minerals, a good diet should have _____.
   a. vitamins.
   b. aluminum.
   c. ulcers.
   d. diabetes.
9. To maintain good health, you should drink plenty of _____.
   a. less.
   b. more.
   c. water.
   d. coffee.
10. You shouldn't lose much weight _____.
    a. before going to bed.
    b. every morning.
    c. before sleeping.
    d. rapidly.

B. Write on the first line the classification to which each group belongs (fruits, fish, vegetables, drinks, meats, seasonings). On the last line write one more example of the foods in each group.

1. _____: tuna, salmon, shrimp, _____.
2. _____: broccoli, beets, cauliflower, _____.
3. _____: coffee, hot chocolate, tea, _____.
4. _____: steak, ham, hamburger, _____.
5. _____: melon, lemon, pear, _____.
6. _____: salt, pepper, garlic, _____.

Evaluación

A. Complete cada oración con la mejor palabra o frase.

1. ¿Cómo quiere el biftec? Lo quiero _____.
   a. crudo.
   b. poco asado.
   c. helado.
   d. pasado por agua.
2. Mi hijo prefiere los _____ fritos.
   a. ensaladas
   b. lechuga
   c. fresas
   d. camarones
3. Me gustan los huevos _____.
   a. revueltos.
   b. crudos.
   c. asados.
   d. chícharos.
4. Para la cena sirven _____.
   a. pimienta, ajo y mantequilla.
   b. carne asada, verduras y fruta.
   c. peras, pasas y uvas.
   d. cebolla, salsa y pan moreno.
5. Me permite el vaso de _____.
   a. agua.
   b. bizcocho.
   c. postre.
   d. torta.

6. Favor de traerme el _____, tengo hambre.
   a. desayuno
   b. bandeja
   c. congelado
   d. peso
7. Una persona enferma debe tener una dieta
   _____.
   a. balanceada.
   b. jugos.
   c. proteínas.
   d. especias.
8. Además de minerales, una buena dieta debe
   tener _____.
   a. vitaminas.
   b. aluminio.
   c. úlceras.
   d. diabetes.
9. Para mantenerse saludable debe tomar bastante
   _____.
   a. menos.
   b. más.
   c. agua.
   d. café.
10. No debe perder mucho peso _____.
   a. antes de acostarse.
   b. todas las mañanas.
   c. antes de dormir.
   d. rápidamente.

B. Escriba en la primera línea la clasificación a que pertenece cada grupo (frutas, pescados, vegetales, bebidas, carnes, condimentos). En la última línea escriba otro ejemplo de alimentos en cada grupo.

1. _____: atún, salmón, sardina, _____.
2. _____: bróculi, remolacha, coliflor, _____.
3. _____: café, chocolate, té, _____.
4. _____: biftec, jamón, hamburguesa, _____.
5. _____: melón, limón, pera, _____.
6. _____: sal, pimienta, ajo, _____.

C. In the following exercise, find as many right answers as possible that can fill each blank. Cross out any words that cannot fit.

1. A person who has heart trouble can have
   _____.
   a. fruit juice.
   b. alcoholic beverages.
   c. coffee.
   d. skim milk.
2. Eggs contain _____.
   a. milk.
   b. minerals.
   c. fat.
   d. protein.
3. If a patient has a stomach ulcer, he shouldn't
   have _____.
   a. milk.
   b. drinks that are stimulants.
   c. greasy foods.
   d. many spices.
4. In order to lose weight it is necessary to exercise
   and _____.
   a. drink a lot of water.
   b. eat a lot of vegetables.
   c. follow a low-carbohydrate diet.
   d. eat fried foods.

5. For dessert you may have _____.
   a. cake.
   b. pudding.
   c. fresh fruit.
   d. frozen fish.
6. Of course you can eat _____.
   a. the napkin.
   b. melon.
   c. lemon pie.
   d. custard.
7. Do you want butter with your _____?
   a. pie?
   b. strawberries?
   c. bread?
   d. coffee?

Combining Review

Review the following sections: 10.1, 10.2, 10.7, 11.6, 11.7, 12.1.

   Choose questions, answers, and statements from each section. Make up a conversation using some of the material; add additional vocabulary as you wish. Remember, the purpose of this review is to study and recombine material that you have previously studied.

C. En el ejercicio siguiente encuentre tantas respuestas correctas como sea posible para llenar cada espacio en blanco. Tache las palabras que no pertenecen.

1. Una persona que padece del corazón puede tomar _____.
   a. jugo de frutas.
   b. bebidas alcohólicas.
   c. café.
   d. leche.
2. El huevo contiene _____.
   a. leche.
   b. minerales.
   c. grasa.
   d. proteína.
3. Si un paciente tiene una úlcera en el estómago, no debe tomar _____.
   a. leche.
   b. bebidas estimulantes.
   c. alimentos grasosos.
   d. muchas especias.
4. Para perder peso es necesario hacer ejercicios y _____.
   a. tomar mucha agua.
   b. comer muchos vegetales.
   c. seguir una dieta baja en carbohidratos.
   d. comer alimentos fritos.
5. De postre puede tomar _____.
   a. torta.
   b. pudín.
   c. frutas frescas.
   d. pescado congelado.
6. Claro que puede comer _____.
   a. la servilleta.
   b. melón.
   c. pastel de limón.
   d. flan.
7. ¿Quiere Ud. mantequilla con su _____?
   a. pastel?
   b. fresas?
   c. pan?
   d. café?

Combinación de repaso

Repase las siguientes secciones: 10.1, 10.2, 10.7, 11.6, 11.7, 12.1.

Escoja preguntas, respuestas y oraciones de cada sección. Haga una conversación usando parte del material; añada más vocabulario si desea. Recuerde que el propósito de este repaso es estudiar y recombinar material que usted ha estudiado previamente.

Actions

A. Select one word from each column to form a sentence. Change or add words as needed.

We	were	in the hospital.
The child and I		fat.
She and I		hard-working.
He and I		ill.
The doctor and I		in the laboratory.
You, Mr. and Mrs. _____,		ambitious.
You children		drunk.
All of you		embarrassed.
He and she		from Mexico.
They		from New York.
The doctor and the nurse		nice.
The nurses		

B. Select one word from each column to form a sentence. Change or add words as needed, as in the example. Example: She and her husband had to do that.

We	had to	go	here.
The child and I	used to have to	visit	there.
She and I		live	this.
He and I		do	that.
The doctor and I		see	
You, Mr. and Mrs. _____,		hear	
You children		touch	
All of you		smell	
He and she		read	
She and her husband			
They			
The doctor and the nurse			

Acciones

A. Seleccione una palabra de cada columna para formar una oración. Cambie o añada palabras si es necesario.

Nosotros	éramos	en el hospital.
El niño y yo	estábamos	gordos/gordas.
Ella y yo	eran	trabajadores.
El y yo	estaban	enfermos.
El médico y yo		en el laboratorio.
Usted, Sr. y Sra. _____,		ambiciosos/ambiciosas.
Ustedes, los niños		borrachos/borrachas.
Todos ustedes		avergonzados.
El y ella		de México.
Ellos		en Nueva York.
El médico y la enfermera		simpáticos.
Las enfermeras		

B. Seleccione una palabra o frase de cada columna para formar una oración. Cambie o añada palabras si es necesario, como en el ejemplo. Ejemplo: Ella y su esposo tenían que hacer eso.

Nosotros	teníamos que	ir	aquí.
El niño y yo	tenían que	visitar	allí.
Ella y yo		vivir	esto.
El y yo		hacer	eso.
El médico y yo		ver	
Ustedes, Sr. y Sra. _____,		oír	
Ustedes niños		tocar	
Todos ustedes		oler	
El y ella		leer	
Ella y su esposo			
Ellos			
El médico y la enfermera			

C. Select one word from each column to form a sentence. Change or add words as needed.

We	used to go	to the hospital	here.
The children and I	were going	to the doctor	there.
She and I		to exercise	this.
He and I		to smell	that.
The doctor and I		to be	
You, Mr. and Mrs. _____,		to touch	
You children		to read	
All of you		to hear	
He and she		to see	
They			
The doctor and the nurse			
The doctors			

Situation

You are the psychiatric social worker, and you're going to visit a patient with anorexia nervosa. You bring a copy of the diets in order to plan some meals that your patient might want to have. You suggest item after item, but the patient rejects your suggestions, saying she doesn't like them. What do you do?

Cultural Topics

The relationships among food and culture and personality begin in infancy since it is by means of feeding that a child receives his first impressions of the world and forms his relationships with other human beings. Each person, as well as each culture, has favorite foods. These preferences are developed as a result of various factors that include the foods that abound in the locality. The preferred foods are developed as a result of various factors. Among these are the availability of certain foods in the region, the meals that are preferred by family members, especially the parents, and the foods that reflect socio-economic position, religion, and culture.

We know that there is a direct connection between nutrition and illness. One of the manifestations of this connection in Hispanic folk beliefs that relate to disease is that of hot-and-cold imbalance. The hot-and-cold theory of disease is a very old one, derived from the Hippocratic theory of pathology. According to this theory, the healthy human body contains balanced amounts of the four humors. These are phlegm, blood, black bile, and yellow bile. Some of the humors are thought to be inherently cold, and others inherently hot. An imbalance in hot and cold humors manifests itself in illness. Certain illnesses are thus believed to be inherently hot and are treated with cold remedies, while others are believed to be inherently cold and are treated with hot remedies. Thereby, balance is restored to the system. Today, however, herbs often replace the use of hot and cold foods, but belief in the hot-and-cold concept of treatment still exists in various countries and regions among some Spanish-speaking people.

C. Seleccione una palabra de cada columna para formar una oración. Cambie o añada palabras si es necesario.

Nosotros	íbamos	al hospital	aquí.
Los niños y yo	iban	al médico	allí.
Ella y yo		a hacer ejercicios	esto.
El y yo		a oler	eso.
El médico y yo		a ser/estar	
Ustedes, Sr. y Sra. _____,		a tocar	
Ustedes niños		a leer	
Todos ustedes		a oír	
El y ella		a ver	
Ellos			
El médico y la enfermera			
Los médicos			

Situación

Usted trabaja en el piso de psiquiatría y va a visitar a un paciente con anorexia nervosa. Usted trae una copia de las dietas para planear comidas que su paciente pueda comer. Usted sugiere cosa por cosa pero el paciente rechaza sus sugestiones diciendo que no le gustan. ¿Qué hace usted?

Tópicos culturales

Las relaciones entre la comida y la cultura y la personalidad empiezan en la infancia puesto que es por medio de la alimentación que el niño recibe sus primeras impresiones del mundo y forma sus relaciones con otros seres humanos. Cada persona así como cada cultura, tiene sus comidas favoritas. Estas preferencias se desarrollan como resultado de varios factores que incluyen los alimentos que abundan en la localidad. Además de los alimentos que están disponibles en la localidad también influyen los gustos de los miembros de la familia, especialmente los padres, los alimentos aceptados por la religión y la cultura y las comidas que reflejan la posición económica de la familia.

Se sabe que hay una relación directa entre la nutrición y la enfermedad. Una de las manifestaciones de esta relación se encuentra en las creencias en la cultura hispánica de que las enfermedades son resultado de un desequilibrio entre lo frío y lo caliente. La teoría de la enfermedad y lo frío y caliente es una muy antigua derivada dela teoría hipocrática de la patología. De acuerdo con esta teoría, el cuerpo humano contiene un equilibrio de los cuatro humores. Estos son flema, sangre, bilis negra y bilis amarilla. Algunos de estos humores se consideran inherentemente fríos y otros, inherentemente calientes. El desequilibrio entre los humores calientes y fríos se manifiesta en la forma de enfermedad. Ciertas enfermedades que se consideran calientes se tratan con remedios fríos y viceversa, lo que se propone restaurar el equilibrio del sistema. Hoy las hierbas reemplazan el uso de comidas calientes y frías, pero la creencia en lo caliente y frío en el tratamiento de ciertas enfermedades todavía existe en varios países y regiones entre las personas de habla hispana.

Table 14-1. Hot and cold foods

Food types	Very hot	Hot	Temperate	Cold	Very cold
Vegetables	Chili pepper, green Chili pepper, red Garlic	Onion		Beans, green Beets Cabbage Carrots Cauliflower Coriander Parsley Peas Pumpkin Radish Squash Turnip	Cucumber Pickles Purslane Spinach Tomato
Meats and milk	Cracklings	Capon Fish Milk, goat's Pork Turkey	Goat	Beef Boar Lamb Milk, cow's Milk, donkey's Mutton Rabbit	Hen or pullet Milk, human
Starches and sweets	Beans, white	Barley Bread, wheat Beans *(habas)* Chick peas Potato, Irish Potato, sweet Rice Sweet rolls Tortillas, wheat Wheat Honey Sugar, brown Salt	Beans, pinto Sugar, white	Beans, red Lentils Oatmeal Tortillas, corn Vermicelli	

Source: Reprinted with permission from M. Clark, *Health in the Mexican-American Culture: A Community Study.* Berkeley: University of California Press, 1959.

Although classification of illnesses into hot and cold categories may be a regional and even an individual choice, there are some generally accepted rules of thumb. Among diseases thought to be cold are the common cold, infant colic—attributed to cold stomach—and tonsillitis. Among hot ailments are burns and nosebleeds. In designating food according to hot foods and cold foods, folk belief relies more on the temperature of the foods than on the qualities of the foods. Table 14-1 gives some of the foods to which hot and cold characteristics are attributed.

Tabla 14-1. Comidas calientes y frías

Tipos de alimentos	Muy calientes	Calientes	Templados	Fríos	Muy fríos
Vegetales	Chile pimiento verde Pimiento rojo Ajo	Cebolla		Habichuelas verdes (ejotes) Remolacha Col Zanahoria Coliflor Cilantro Perejil Chícharos Rábano Calabaza Nabo	Pepino Encurtidos Verdolaga Espinaca Tomate
Carnes y leche	Chicharrón	Capón Pescado Leche de chiva Puerco Pavo	Chivo o cabra	Carne de res Jabalí Oveja Leche de vaca Leche de burra Carnero Conejo	Gallina o pollo Leche humana
Almidones y azúcares	Frijoles blancos	Cebada Pan de trigo Habas Garbanzos Papas Boniato/camote Arroz Pan dulce Tortillas de harina Trigo Miel Azúcar parda Sal	Frijoles pintos Azúcar blanca	Frijoles colorados Lentejas Avena Tortillas de maíz Fideos	

Source: Se imprime con permiso de M. Clark, *Health in the Mexican-American Culture: A Community Study.* Berkeley: University of California Press, 1959.

Aunque la clasificación en enfermedades calientes o frías puede ser regional y aun una preferencia individual, hay algunas reglas definidas que se aceptan. Entre las enfermedades que se consideran frías están el resfriado común, la colitis infantil—atribuída a un resfriado en el estómago—y amigdalitis. Entre las enfermedades calientes están las quemaduras y la hemorragia nasal. Al designar las comidas en calientes y frías las creencias folklóricas se basan más en la temperatura de las comidas que en sus cualidades. Tabla 14-1 nos da ejemplos de comidas a las que se les atribuyen las cualidades de calientes o frías.

Questions

When do the relationships between food and culture begin?

How does the child receive his first impressions of the world?

What are the various factors that influence the development of food preferences?

What is one of the manifestations of the connection between nutrition and illness?

What is the origin of the hot-and-cold theory of disease?

What are the four humors?

How does an influence in hot and cold humors manifest itself?

How are hot illnesses treated? How are cold illnesses treated?

Give examples of some ailments that are traditionally thought to be hot or cold.

Give examples of foods that people who believe in the hot-and-cold theory might prescribe.

In what way is the knowledge of the hot-and-cold theory helpful to the medical profession?

Pronunciation of Cognate Words

In the following sentences, cognate words are italicized. Keeping in mind the pronunciation rules that you have been studying, pronounce the underlined words.

Listen while your teacher or your partner reads the sentence. Say yes or no to indicate your agreement or disagreement with the statement.

1. Bread *absorbs liquids* and gravy.
2. The *alimentation* of the ill person is the *administration's* business.
3. The sick person alone makes the *decision* about his *rehabilitation*.
4. If you have had a *serious operation* you have to spend a *period* of *convalescence*.
5. *Frequently hemophilia* is a *result* of poor *ventilation*.
6. *Gamma globulin* is related to the *specialty* of *psychiatry*.
7. *Aspirin* is an *analgesic* of very *common use*.
8. *Leukemia* and *malaria* affect *memory*.
9. Sometimes the *diabetic person* is *analytic* and *barbaric*.
10. It is a *common criterion* to give an *emetic* to a constipated person.

Preguntas

¿Cuándo empezó la relación entre la cultura y la comida?

¿Cómo el niño recibe sus primeras impresiones del mundo?

¿Cuáles son algunos factores que influyen en el desarrollo de las preferencias de comidas?

¿Cuál es una manifestacíon de la relación que existe entre la nutrición y las enfermedades?

¿Cuál es el origen de la teoría de calientes y frías en lo que se refiere a enfermedades?

¿Cuáles son los cuatro humores?

¿Cómo se manifiesta la influencia de los humores fríos y calientes?

¿Cómo se tratan las enfermedades calientes? ¿Cómo se tratan las frías?

Dé ejemplos de algunas enfermedades que se consideran tradicionalmente calientes o frías.

Dé ejemplos de alimentos que la gente que acepta la teoría de lo frío y lo caliente recomienda.

¿De qué modo el conocimiento de la teoría de lo frío y lo caliente ayuda a la profesión médica?

Pronunciación de palabras cognadas

En las siguientes oraciones las palabras cognadas están subrayadas. Recuerde las reglas de pronunciación que usted ha estado estudiando y pronuncie las palabras subrayadas.

Escuche mientras su maestro o su compañero lee las oraciones. Diga sí o no para indicar que usted está de acuerdo o en desacuerdo con lo dicho.

1. El pan *absorbe* los *líquidos* y la *salsa*.
2. La *alimentación* del enfermo es asunto de la *administración*.
3. El enfermo solo hace la *decisión* en su *rehabilitación*.
4. Si usted ha tenido una *operación seria* tiene que *pasar* un *período* de *convalescencia*.
5. Con *frecuencia* la *hemofilia* es *resultado* de la mala *ventilación*.
6. La *gamaglobulina* se *relaciona* con la *especialidad* de *psiquiatría*.
7. La *aspirina* es un *análgésico* de *uso* muy *común*.
8. La *leucemia* y la *malaria* afectan la *memoria*.
9. Algunas veces el *diabético* es *analítico* y *barbárico*.
10. Es *criterio* muy *común* darle un *emético* al que está estreñido.

Notas gramaticales/estructuras en inglés

To Like: Gustar

En inglés el verbo *like* es equivalente al verbo *gustar* en español, pero gramaticalmente, el verbo *like* funciona como el verbo *querer (to want)*.

I want to rest.	Quiero descansar.
I like to rest.	Me gusta descansar.
I want coffee.	Quiero café.
I like coffee.	Me gusta el café.
I like oranges.	Me gustan las naranjas.

Some, Any: Algo, alguno

Estas palabras en inglés, que tienen un significado semejante a *alguno/a* o *algo* en español, se usan frecuentemente en inglés aun en casos en que su equivalente en español no se usa.

Do you want some coffee?	¿Quiere Ud. café?
Yes, I would like some coffee.	Sí, quiero café.
No, I don't want any coffee.	No, no quiero café.

Típicamente, *some* se usa en expresiones afirmatives y *any* se usa en expresiones negativas.

Was, were + ing; used to + infinitive

En la sección Acciones de esta lección, usted ha practicado el uso de estas formas verbales en el pasado. El inglés no tiene un equivalente exacto al tiempo imperfecto en español. Por lo tanto, cuando el español usa el imperfecto, el inglés usa: (1) el pasado simple: He was ambitious (Era ambicioso); (2) el pasado continuo: He was going to New York (Iba a Nueva York); y (3) Expresiones habituales en el pasado: He used to go to the hospital (Iba al hospital).

Grammar/Structure Notes on Spanish
Gustar

The verb *gustar* literally means *to be pleasing,* but its equivalent in idiomatic English is *to like.* The following examples illustrate the uses of the verb *gustar* that you practiced in this lesson.

Spanish	Literal Meaning	Idiomatic English
Me gusta el pan.	The bread is pleasing to me.	I like bread.
Me gustan los frijoles.	The beans are pleasing to me.	I like beans.
¿Le gusta el café?	Is the coffee pleasing to you?	Do you like coffee?
¿Le gustan las uvas?	Are the grapes pleasing to you?	Do you like grapes?

As you can see in these examples, the thing one likes determines whether the verb is singular *(gusta)* or plural *(gustan).* This is because the thing one likes is the subject of the sentence.

Indirect Object Pronouns with Gustar

Because the literal meaning of *gustar* is *to be pleasing,* indirect object pronouns are used with the verb to indicate to whom something is pleasing, as the above examples illustrate. In this lesson you practiced the indirect object pronouns *me,* to me, and *le,* to you/him/her.

Definite Article with Nouns Used in a General Sense

In Spanish, nouns that are used in a general sense are preceded by the corresponding definite article, as the above examples with *gustar* illustrate.

Imperfect Tense

In the Actions section of Lesson 13 and in this lesson you practiced the forms of the imperfect tense. The forms of the conjugation, with typical English translations, are:

-ar Verbs

Spanish	English
yo preparaba	I used to prepare, was preparing
tú preparabas	you (familiar) used to prepare, were preparing
Ud., él, ella preparaba	you (formal) used to prepare, were preparing; he, she used to prepare, was preparing
nosotros preparábamos	we used to prepare, were preparing
Uds., ellos, ellas preparaban	you (plural), they used to prepare, were preparing

-er, -ir Verbs

Spanish	English
yo vivía	I used to live, was living
tú vivías	you (familiar) used to live, were living
Ud., él, ella vivía	you (formal) used to live, were living; he, she used to live, were living
nosotros vivíamos	we used to live, were living
Uds., ellos, ellas vivían	you (plural), they used to live, were living

There are only three verbs that are irregular in the imperfect tense, *ver, ir,* and *ser. Ver* is irregular only because it has an extra *e* in it: *veía.* In this lesson and the previous one you practiced *ir* and *ser.* The conjugations are:

ir	ser
yo iba	yo era
tú ibas	tú eras
Ud., él, ella iba	Ud., él, ella era
nosotros íbamos	nosotros éramos
Uds., ellos, ellas iban	Uds., ellos, ellas eran

Lesson 15
Antiseptics and Medicines in the Home

New Material

15.1 Ailments of Daily Life

Nurse

A burn? *Well, let's see what we can do.*

_____? *Well, let's see what we can do.*

an allergy	an ingrown nail
a nosebleed	an infected nail
a snakebite	a scab

A wart? *Well, we'll take care of that.*

_____? *Well, we'll take care of that.*

a tick in her ear	insect bites
a splinter in her finger	parasites
a blister	

He has | sunstroke.
       | indisposition.
       | general malaise.

He's | sunburned.
     | frostbitten.

He stepped on a nail.

🖊 Father/Mother

My son has a burn.

My son has _____.

a speck in his eye	a callus
a rash	a sty

My daughter has a wart.

My daughter has _____.

worms	fleas
nits	lice

What's the matter with my son?

I see. What can you do?

Lección 15
Antisépticos y medicinas en el hogar

Materia nueva

15.1 Dolencias de la vida diaria

Enfermera

¿Una quemadura? *Bien, a ver que podemos hacer.*

¿_____? *Bien, a ver que podemos hacer.*

alergia	una uña enterrada
hemorragia nasal	una uña infectada
una mordida de culebra	postilla

¿Una verruga? *Bien, vamos a ocuparnos de eso.*

¿_____? *Bien, vamos a ocuparnos de eso.*

una garrapata en el oído	picadas de insectos
una astilla en el dedo	parásitos
una ampolla	

Tiene	insolación.
	indisposición.
	malestar general.

Está	quemado del sol.
	congelado/congelada.

Se enterró un clavo.

✔ Padre/Madre

Mi hijo tiene una quemadura.

Mi hijo tiene _____.

una paja en el ojo	un callo
salpullido	un orzuelo

Mi hija tiene una verruga.

Mi hija tiene _____.

lombrices	pulgas
liendres	piojos

¿Qué le pasa a mi hijo?

Ya veo. ¿Qué puede Ud. hacer?

Practice

In column B select a part of the body that each ailment in column A could typically be associated with.

A			B	
nosebleed	sty		hair	skin
ingrown nail	wart		intestines	eye
tick	rash		foot	toe
splinter	speck		finger	any part of the body
insect bites	snakebite		hand	nose
blister	allergy			ear
parasites	lice			
callus	worms			

15.2 Supplies for the Medicine Cabinet

Nurse

Alcohol? *You can buy it in the pharmacy.*

Eye drops? *You can buy them in the pharmacy.*

✔ Father/Mother

Where can you buy alcohol?

Where can you buy eye drops?

Where can you buy _____?

germicidal soap	Band-Aids	aspirin
pills	bandages	dressings
Merthiolate	iodine	cotton
ointment	liniment	cough syrup
bicarbonate	a laxative	gauze
adhesive tape	milk of magnesia	salve
antibiotic ointment	poultices	plasters
mustard plaster	children's aspirin	an elastic bandage

Práctica

Seleccione en la columna B una parte del cuerpo para cada dolencia en la columna A que pueda asociarse con ella.

A

hemorragia nasal	orzuelo
uña enterrada	verruga
garrapata	salpullido
astilla	paja
picadas de insectos	mordida de culebra
ampolla	alergia
parásitos	piojos
callo	lombrices

B

pelo	piel
intestinos	ojo
pie	dedo del pie
dedo de la mano	cualquier parte del cuerpo
mano	nariz
	oreja

15.2 Materiales para el botiquín

Enfermera

¿Alcohol? *Lo puede comprar en la farmacia.*

¿Gotas para los ojos? *Las puede comprar en la farmacia.*

✔ Padre/Madre

¿Dónde se compra alcohol?

¿Dónde se compran gotas para los ojos?

¿Dónde se compra/compran _____?

jabón germicida	curitas	aspirinas
píldoras	vendas	vendajes
mertiolato	yodo	algodón
unguento	linimento	jarabe para la tos
bicarbonato	un laxante	gasa
tela adhesiva	leche de magnesia	pomada
unguento antibiótico	emplastos	yeso
mostaza	aspirina para niños	venda elástica

Practice

Respond to each statement by telling what the person should put on or use.

I have tennis elbow.

My back aches.

My child has a cold.

I have a bad cough.

I cut my finger.

I have a blister on my foot.

I have an upset stomach.

I turned my ankle.

I scraped my shin.

I have a sore throat.

The cold is deep in my chest.

I'm constipated.

I need to clean this scratch.

15.3 Antiseptics

✔Nurse

You should wash the wound.

You should clean the wounds.

You should use germicidal soap.

You should use disinfectants.

You should _____.

sterilize the wound	change the gauze
use ointment	change the bandage
dry the wounds	change the bed
use alcohol	use adhesive tape
use boiled water	use iodine
use ammonia	use hydrogen peroxide
use soap and water	avoid germs
sterilize the equip-ment	use germicides
wash the equipment	use antiseptic solutions
	dry the equipment

Father/Mother

How should I wash it?

How should I clean them?

When should I use it?

Where should I use them?

Practice

With a partner, go through section 15.3 again, this time giving the statements in random order, and giving answers to the questions the parent asks, as in the following example.

You should wash the wound.

Gently, with warm water and soap.

How should I wash it?

Práctica

Responda a cada expresión diciendo lo que la persona debe ponerse o usar.

Tengo el codo inflamado.

Me duele la espalda.

Mi hijo tiene un resfriado.

Tengo una tos fuerte.

Me corté el dedo.

Tengo una ampolla en el pie.

Tengo el estómago revuelto.

Me doblé el tobillo.

Me raspé la espinilla.

Me duele la garganta.

Tengo un resfriado en el pecho.

Estoy estreñido/estreñida.

Necesito limpiar este arañazo.

15.3 Antisépticos

✔ Enfermera

Usted debe lavarse la herida.

Usted debe limpiarse las heridas.

Usted debe usar jabón germicida.

Usted debe usar desinfectantes.

Usted debe _____.

esterilizar la herida	cambiar la gasa
usar ungüento	cambiar la venda
secar las heridas	cambiar la cama
usar alcohol	usar tela adhesiva/ eparadrapo
usar agua hervida	usar yodo
usar amoníaco	usar agua oxigenada
usar agua y jabón	evitar microbios
esterilizar el equipo	usar germicidas
lavar el aparato	usar soluciones antisépticas
	secar el equipo

Padre/Madre

¿Cómo debo lavarla?

¿Cómo debo limpiarlas?

¿Cuándo debo usarlo?

¿Dónde debo usarlos?

Práctica

Estudie la sección 15.3 otra vez con un compañero, esta vez dé las instrucciones salteadas y dando las respuestas a las preguntas que el padre/madre haga como en el ejemplo siguiente.

Usted debe lavar la herida.

Suavemente, con agua tibia y jabón.

¿Cómo debe lavarla?

15.4 Instructions

Nurse	Patient
You should change the bandage.	When?
You must change the bandage.	Why?
You can change the bandage.	How often?
You need to change the bandage.	Every day?
Were you able to walk on that foot?	Should I walk on it?
Do you try to walk on it?	Do I need to try?
Have you just walked in the hall?	Do I have to walk in the hall?
Do you want to walk in the hall?	Must I walk in the hall?
It's necessary to expose it to the air.	Should I put alcohol on it?
Are you going to use alcohol?	Is there something better than alcohol?
Please use this.	What is it?

Practice

Practice this section again, this time answering the patient's questions.

15.4 Instrucciones

Enfermera	Paciente
Usted debe cambiar la venda.	¿Cuándo?
Usted tiene que cambiar la venda.	¿Por qué?
Usted puede cambiar la venda.	¿Con qué frecuencia?
Usted necesita cambiar la venda.	¿Todos los días?
¿Ha podido caminar con ese pie?	¿Debo caminar con él?
¿Trata Ud. de caminar con él?	¿Necesito probar?
¿Ha caminado en el pasillo?	¿Tengo que caminar en el pasillo?
¿Usted quiere caminar en el pasillo?	¿Debo caminar en el pasillo?
Es necesario exponerlo al aire.	¿Debo ponerle alcohol?
¿Va a usar alcohol?	¿Hay algo mejor que el alcohol?
Favor de usar esto.	¿Qué es?

Práctica

Practique esta sección otra vez dando las respuestas a las preguntas del paciente.

Reading

Mix with Caution!

The interaction between certain drugs and foods is not well understood by patients or by doctors and pharmacists. Most people don't know what drugs and foods are incompatible, and doctors don't always give enough instructions when they prescribe drugs.

Although mixtures of foods and drugs are not usually fatal, the effects may be serious. Biochemical catastrophes may occur as the result of incorrect mixtures of commonly used drugs and everyday foods. These mixtures may even cause death.

The simple combination of orange juice and aspirin, if consumed regularly for several months, can erode the stomach lining and cause ulcers. The excessive consumption of foods rich in vitamin K—such as turnips, broccoli, lettuce, and others—can contribute to the formation of blood clots and eventually cause strokes. This risk is particularly serious for those with cardiovascular problems and for those who are taking anticoagulants. Cheese, wine, beer, sausage, and other rich foods contain tyramine; if they are combined with antidepressant drugs, the results can be fatal.

People who are at greatest risk are those who indulge in self-medication, those who follow fad diets, the elderly, and people with bad nutritional habits, as well as those who are required to take drugs for long periods of time or who take several medications simultaneously.

In general, food delays the therapeutic activity of certain drugs. Some foods are in direct conflict with specific drugs, and others reduce, delay, or exaggerate the amount of medicine absorbed by the blood. Some drugs, on the other hand, interfere with nutrition.

The long-term use of diuretics may cause loss of potassium, especially dangerous for those with heart problems and those who have high blood pressure. Those who use diuretics should consume foods rich in potassium, such as raisins, figs, prunes, oranges, tomatoes, and potatoes.

Patients taking thyroid medications should be careful about eating turnips and food in the cabbage family because these foods inhibit the production of the thyroid hormone and can produce goiter. Fruit juices and carbonated beverages greatly reduce the effectiveness of penicillin. The excessive use of antacids, such as sodium bicarbonate, if taken with milk, can cause some people to build up too much calcium in the blood.

Women who take oral contraceptives may be prone to folic acid and vitamin B_6 deficiencies. Those taking fat-soluble drugs such as Valium and Librium should avoid foods with too much fat since this can cause the drugs to be poorly absorbed.

Alcohol does not combine well with antibiotics, anticoagulants, antidiabetic drugs including insulin, antihistamines, high–blood-pressure drugs, and sedatives. Moreover, if it's combined with sleeping pills, tranquilizers, antidepressants, or antihistamine, alcohol produces drowsiness, making driving a car hazardous.

The Food and Drug Administration is trying to raise the public's awareness about the interaction between medicines and foods. The consumer, on the other hand, should be interested in finding out the details of the use of his medicines; he should ask his doctor about necessary restrictions and should follow his doctor's advice. He should also tell his doctor if he has unusual symptoms after eating certain foods.

Unless it is prescribed, don't swallow any medications with fruit or vegetable juices, carbonated beverages, or drinks containing alcohol. The best drink is pure water.

Lectura

¡Mézclense con cuidado!

La interacción entre ciertas drogas y comidas aun no se comprende bien ni por los pacientes ni por los médicos y farmacéuticos. La mayoría de las personas no sabe qué drogas y comidas son incompatibles y los médicos no siempre dan suficientes instrucciones cuando recetan medicinas.

Aunque la mezcla de comidas y medicinas no es generalmente fatal, los efectos pueden ser serios. Catástrofes bioquímicas pueden ser resultado de mezclas erróneas de drogas de uso común con comidas corrientes. Aun pueden causar la muerte.

La inocente combinación de jugo de naranja y aspirina si se consume regularmente por un período de varios meses puede dañar la pared del estómago y causar úlceras. La ingestión excesiva de alimentos ricos en vitamina K – tales como nabos, brécol, lechuga y otros – puede contribuir a la formación de cuágulos de la sangre y eventualmente causar un ataque cerebral. Este riesgo es especialmente serio para personas que sufren de problemas cardiovasculares y toman anticoagulantes. El queso, vino, cerveza, salchichas, chorizo y otras comidas ricas contienen tiramina y si se combinan con drogas antideprimentes pueden ser fatales.

Las personas que se exponen a mayores riesgos son aquellas que usan medicina sin consultar a su médico tales como los que se ponen a dieta, las personas mayores, los que tienen malos hábitos de nutrición, los que tienen que tomar medicinas por largo tiempo y los que toman varias medicinas a la vez.

En general, las comidas demoran la actividad terapéutica de ciertas drogas. Algunas están en conflicto directo, otras reducen, demoran o exageran la cantidad de medicina absorbida por la sangre. Algunas drogas a su vez, interfieren con la nutrición.

El uso continuado de diuréticos puede causar pérdida de potasio lo que es particularmente peligroso para los que padecen del corazón y los que tengan la presión alta. Los que tomen diuréticos deben comer alimentos ricos en potasio como pasas, higos, ciruelas, naranjas, tomates, y papas.

Los que usen medicinas para la tiroides deben tener cuidado con los nabos y los vegetales de la familia de la col que inhiben la producción de esta hormona y pueden ocasionar bocio. El jugo de frutas y las bebidas gaseosas reducen grandemente el efecto de la penicilina. El uso excesivo de antiácidos como bicarbonato si se toman con leche pueden causar una acumulación de calcio en la sangre.

Las mujeres que estén tomando anticonceptivos orales corren el riesgo de sufrir deficiencias de ácido fólico y vitamina B_6. Los que tomen drogas solubles en grasa como Valium y Librium deben evitar comidas con mucha grasa pues dificultan la absorción de esas drogas.

El alcohol no combina bien con antibióticos, anticoagulantes, drogas antidiabéticas incluyendo insulina, antihistamina, drogas para la presión y sedantes. Además, si se combina con píldoras para dormir, tranquilizantes, antideprimentes o antihistamina produce somnolencia haciendo peligroso el manejar.

La Administración de Drogas y Alimentos está tratando de despertar el interés del público acerca de la interacción entre medicinas y alimentos. El consumidor, a su vez, debe interesarse en los detalles del uso de sus medicinas, preguntar al médico las restricciones que sean necesarias y seguir las órdenes del médico al pie de la letra. También debe comunicarle a su médico si tiene síntomas anormales después de comer ciertas comidas.

Y a no ser que se lo prescriban, no trague ninguna medicina con jugo de frutas o vegetales, bebidas gaseosas o bebidas que contengan cafeína. La mejor bebida es el agua pura.

Questions

What can result from the wrong mixture of drugs and foods?

What combination may cause ulcers?

Why is it especially dangerous for people with cardiovascular problems to consume in excess foods that are rich in vitamin K?

What foods contain tyramine?

Who are the people who run the greatest risks?

What effect may the continued use of diuretics have?

What foods should you be careful of if you have thyroid problems?

What effect may oral contraceptives have on our bodies?

What doesn't mix well with alcohol?

What is the Food and Drug Administration trying to do?

What should the consumer do?

With what liquid should medicines be taken?

Evaluation

A. Choose a word from those listed that can replace the one italicized in each sentence.

equipment   clean   salve
you need   dressing   an antiseptic solution

   1. *It's necessary* to change the bandage.
   2. I have to *wash* the wound with soap and water.
   3. Should I put *ointment* on the wound?
   4. I need to sterilize the *instrument* with alcohol.
   5. You must change the *bandage.*
   6. You need a *disinfectant.*

B. Mark each statement true or false.
   1. If your temperature is 98.6F, you have a normal temperature.
   2. A sty is a foreign body in the ear.
   3. Worms are internal parasites.
   4. Merthiolate is used for coughing.
   5. If you have heatstroke, you are sunburned.
   6. Lice are parasites in the intestines.
   7. If a person has a snakebite, he should take bicarbonate of soda.
   8. You can buy a flea at the drugstore.
   9. You don't need a prescription to buy bandages and iodine.
  10. In the supermarket, there are Band-Aids, aspirin, and ticks.

C. Choose the opposite of each word.
   1. heatstroke   a. microbe
   2. diarrhea   b. cotton
   3. astringent   c. antidote
   4. poison   d. constipation
   5. antibody   e. laxative
                 f. frostbite

Preguntas

¿Qué puede resultar de la mezcla errónea de drogas y comidas?

¿Qué combinación puede causar úlceras?

¿Por qué es especialmente peligroso consumir en exceso alimentos ricos en vitamina K para personas que sufren de problemas cardiovasculares?

¿Qué comidas contienen tiramina?

¿Qué personas se exponen a mayores riesgos?

¿Qué efecto puede tener el uso continuado de diuréticos?

¿Qué alimentos deben tomarse con cuidado si usted tiene problemas de la tiroides?

¿Qué efecto tienen en el organismo los anticonceptivos orales?

¿Con qué no combina bien con el alcohol?

¿Qué está tratando de hacer la Administración de Drogas y Alimentos?

¿Qué debe hacer el consumidor?

¿Con qué líquido deben tomarse las medicinas?

Evaluación

A. Escoja una palabra entre las siguientes que pueda reemplazar la palabra subrayada en cada oración.

aparato	limpiar	pomada
necesita	el vendaje	una solución antiséptica

1. *Es necesario* cambiar la venda.
2. Tengo que *lavar* la herida con agua y jabón.
3. ¿Debo ponerle *ungüento* en la herida?
4. Necesito esterilizar el *instrumento* con alcohol.
5. Hay que cambiar *la venda*.
6. Necesita usar *un desinfectante*.

B. Si la oración es verdad escriba sí, si no, escriba no.
1. Si su temperatura es noventa y ocho seis, Ud. tiene temperatura normal.
2. Un orzuelo es un cuerpo estraño en el oído.
3. Las lombrices son parásitos intestinales.
4. El mertiolato se usa para la tos.
5. Si usted tiene insolación, está quemado del sol.
6. Los piojos son parásitos intestinales.
7. Si una persona tiene una mordida de culebra debe tomar bicarbonato de soda.
8. Ud. puede comprar una pulga en la farmacia.
9. Usted no necesita receta para comprar vendas y yodo.
10. En el supermercado hay curitas, aspirinas y garrapatas.

C. Relacione las palabras que representan ideas opuestas.
1. insolación   a. microbio
2. diarrea   b. algodón
3. astringente   c. antídoto
4. veneno   d. estreñimiento
5. anticuerpo   e. laxante
                        f. congelado

Review: Lessons 11–15

A. Choose the answer that best completes each sentence.

1. In order to lose weight, you should follow instructions and weigh yourself _____.
   a. once a year.
   b. once a day.
   c. once a month.
   d. every hour.
2. You should follow a diet rich in _____.
   a. balanced.
   b. without fat.
   c. low roughage.
   d. proteins.
3. Egg yolk contains _____.
   a. egg white.
   b. cholesterol.
   c. cream.
   d. cottage cheese.
4. I need a better diet because I have to take a lot of _____.
   a. colds.
   b. laxatives.
   c. syrups.
   d. colics.
5. Do you want to _____ your teeth before breakfast?
   a. comb
   b. get up
   c. brush
   d. bend
6. If you don't feel comfortable, you can _____.
   a. get weighed.
   b. put on makeup.
   c. shave.
   d. turn over.
7. Of course you can eat _____.
   a. the cup.
   b. apple pie.
   c. the napkin.
   d. the knife.
8. Listen, darling, give me a/an _____.
   a. pretty.
   b. eye.
   c. hug.
   d. quietly.

9. Come here, honey, open your mouth and say _____.
   a. that.
   b. cute.
   c. "ah."
   d. good.
10. Do you want your _____ now?
    a. while
    b. toys
    c. play
    d. will
11. Did you take your medicine? No, I _____.
    a. forgot.
    b. urinated.
    c. of course.
    d. something.
12. Do you want to rest a _____?
    a. with me?
    b. fear?
    c. little while?
    d. now?
13. Let me fasten your _____.
    a. bed.
    b. book.
    c. nurse.
    d. shirt.
14. To avoid germs, you need to use _____.
    a. an instrument.
    b. a wound.
    c. a disinfectant.
    d. air.
15. You have to use gauze and _____.
    a. adhesive tape.
    b. bed.
    c. ammonia.
    d. bleach.
16. You should wash the instrument and afterward _____.
    a. dry it.
    b. change it.
    c. expose it.
    d. cure it.

Repaso: Lecciones 11–15

A. Escoja la mejor respuesta para completar cada oración.

1. Para perder peso usted debe seguir las instrucciones y pesarse _____.
   a. una vez al año.
   b. una vez al día.
   c. una vez al mes.
   d. cada hora.

2. Usted debe seguir una dieta rica en _____.
   a. balanceada.
   b. sin grasa.
   c. de residuo bajo.
   d. proteínas.

3. La yema de huevo contiene _____.
   a. clara.
   b. colesterol.
   c. crema.
   d. requesón.

4. Necesito una dieta mejor porque tengo que tomar muchos _____.
   a. resfriados.
   b. laxantes.
   c. jarabes.
   d. cólicos.

5. ¿Quiere Ud. _____ los dientes antes del desayuno?
   a. peinarse
   b. levantarse
   c. lavarse
   d. doblarse

6. Si no se siente cómodo puede _____.
   a. pesarse.
   b. maquillarse.
   c. afeitarse.
   d. voltearse.

7. Claro que puede comer _____.
   a. la taza.
   b. pastel de manzana.
   c. la servilleta.
   d. el cuchillo.

8. Oye, precioso, hazme un _____.
   a. bonito.
   b. ojito.
   c. cariñito.
   d. tranquilito.

9. Ven, nené, se _____ y abre la boquita.
   a. que
   b. mono
   c. "ah"
   d. bueno

10. ¿Quieres tus _____ ahora?
    a. raticos
    b. juguetes
    c. jugar
    d. ganas

11. ¿Tomaste la medicina? No, se me _____.
    a. olvidó.
    b. orinó.
    c. cómo no.
    d. algo.

12. ¿Quieres descansar un _____?
    a. conmigo?
    b. miedo?
    c. ratico?
    d. ahora?

13. Déjame abrocharte la _____.
    a. cama.
    b. librito.
    c. enfermera.
    d. camisa.

14. Para evitar microbios Ud. necesita usar _____.
    a. un aparato.
    b. una herida.
    c. un desinfectante.
    d. el aire.

15. Hay que usar gasa y _____.
    a. tela adhesiva.
    b. cama.
    c. amoníaco.
    d. cloro.

16. Debe lavar el aparato y después _____.
    a. secarlo.
    b. cambiarlo.
    c. exponerlo.
    d. curarlo.

B. Choose the best response to each statement or question.

1. I'm hot and feverish.
   a. Do you want a bottle?
   b. Do you want an alcohol bath?
   c. You need a hot water bottle.
   d. You need to exercise.
2. I have a headache.
   a. She has to take your blood pressure.
   b. Yes, it itches.
   c. You need to gargle.
   d. You have to take aspirin.
3. The new doctor is young and ambitious.
   a. Yes, I think she'll be a failure.
   b. Yes, he's been in private practice for 35 years.
   c. I agree that he's lazy.
   d. Yes, and he's good-looking, too.
4. Has she been ill for a long time?
   a. Yes, she's still not very strong.
   b. Yes, she's strong and vigorous.
   c. Yes, she has curly hair.
   d. I don't remember her either.

5. Do you remember Mary White?
   a. He dismissed me yesterday.
   b. Yes, I believe it's the treatment.
   c. I don't think so. Describe her to me.
   d. They are famous professional people, aren't they?
6. Why are you depressed?
   a. Because I feel better.
   b. Because I've had good news.
   c. Because I'm well taken care of.
   d. Because I have so many problems.
7. He has delusions of grandeur and wealth.
   a. Yes, I always thought he was depressed.
   b. Yes, he's a very sympathetic person.
   c. Yes, I always thought he was a megalomaniac.
   d. Yes, he's going to have the operation tomorrow.
8. Sometimes she's very happy and other times she's very sad.
   a. Yes, I think she has manic-depressive tendencies.
   b. Yes, she's tall and slim, and quite attractive.
   c. When did they put her leg in the cast?
   d. Was it a girl or a boy?

Recombining Review

Review the following sections: 7.3, 12.3, 12.4, 13.3, 13.4.

Choose questions, answers, and statements from each section. Make up a conversation using some of the material; add additional vocabulary as you wish. Remember, the purpose of this review is to study and recombine material that you have previously studied.

B. Complete la oración o pregunta con la mejor respuesta.

1. Tengo calor y fiebre.
   a. ¿Quiere un frasco?
   b. ¿Quiere un baño de alcohol?
   c. Necesita una bolsa de agua caliente.
   d. Es necesario hacer ejercicios.

2. Me duele la cabeza.
   a. Tiene que tomarle la presión.
   b. Sí, tengo picazón.
   c. Necesita hacer gárgaras.
   d. Tiene que tomar aspirina.

3. El médico es joven y ambicioso.
   a. Sí, creo que va a fracasar.
   b. Sí, hace 35 años que tiene su consulta privada.
   c. Estoy de acuerdo en que es perezoso.
   d. Sí, y es buen mozo también.

4. ¿Hace tiempo que está enferma?
   a. Sí, todavía no está muy fuerte.
   b. Sí, es fuerte y vigorosa.
   c. Sí, tiene el pelo rizado.
   d. No la recuerdo tampoco.

5. ¿Recuerda a María Blanco?
   a. A él le dieron de alta ayer.
   b. Sí, creo que es el tratamiento.
   c. Creo que no. Descríbamela.
   d. Son profesionales famosos, ¿no?

6. ¿Por qué está usted deprimido?
   a. Porque me siento mejor.
   b. Porque tengo buenas noticias.
   c. Porque me cuidan bien.
   d. Porque tengo muchos problemas.

7. Tiene delirios de grandeza y riqueza.
   a. Sí, y yo siempre pensaba que estaba deprimido.
   b. Sí, él es una persona muy comprensiva.
   c. Sí, yo siempre pensé que era megalomaníaco.
   d. Sí, y va a ser operado mañana.

8. Algunas veces está muy feliz y otras veces está muy triste.
   a. Sí, creo que tiene tendencias maníaco-depresivas.
   b. Sí, es alta, delgada y muy atractiva.
   c. ¿Cuándo le enyesaron la pierna?
   d. ¿Fue una niña o un niño?

Combinación de repaso

Repase las secciones siguientes: 7.3, 12.3, 12.4, 13.3, 13.4.

Escoja preguntas, respuestas y oraciones de cada sección. Haga una conversación usando ese material; añada vocabulario adicional si lo desea. Recuerde que el propósito de este repaso es estudiar y recombinar material que usted ha estudiado previamente.

Actions

A. Choose a word from each column to form a sentence. To make negative sentences, use *not* between the first and second columns.

You must	bend	a bath.
You need to	change	the bandage.
You should	cut	down.
You try to	fall	better.
You have been able to	feel	your arm.
It's necessary to	fix	now.
Please	get better	the equipment.
You can	get up	today.
	give yourself	
	go to bed	
	go to sleep	

B. Choose a word from each column to form a sentence. To make negative sentences, use *not* between the first and second columns.

One must	bend	a bath.
I need to	change	the bandage.
I should	cut	down.
I try to	fall	better.
I have been able to	feel	my leg.
It's necessary to	fix	now.
Please	get better	the equipment.
I can	get up	today.
	give myself	
	go to bed	
	go to sleep	

Situation

A member of your family is going to move into his/her own apartment for the first time. You offer to buy all the things this person needs to stock a medicine cabinet. Together you discuss the items you need and make a list of them.

You have been invited to explain sterilization and pasteurization to a third-grade class. How do you explain these processes to them? What questions do they ask?

Acciones

A. Escoja una palabra de cada columna para formar una oración. Para hacer oraciones negatives pongo *no* entre la primera y la segunda columnas.

Hay que	doblar	un baño.
Necesita	cambiar	la venda.
Debe	cortar	se.
Trate de	caer	mejor.
Ha podido	sentirse	el brazo.
Es necesario	arreglar	ahora.
Favor de	mejorarse	el aparato.
Puede	levantarse	hoy.
	darse	
	acostarse	
	dormirse	

B. Escoja una palabra de cada columna para formar una oración. Para hacer una oración negativa ponga *no* entre la primera y la segunda columnas.

Debe	doblar	un baño.
Necesito	cambiar	la venda.
Debo	cortar	me.
Trato de	caer	mejor.
He podido	sentirme	la pierna.
Es necesario	arreglar	ahora.
Favor de	mejorarme	el aparato.
Puedo	levantarme	hoy.
	darme	
	acostarme	
	dormirme	

Situación

Un miembro de su familia va a mudarse a su propio apartamento por primera vez. Usted le ofrece comprarle las cosas que necesita para su botiquín. Juntos ustedes discuten las cosas que necesita y hacen una lista de ellas.

A usted lo/la han invitado a que explique los procesos de esterilización y pasterización a una clase de tercer grado. ¿Cómo explica usted estos procesos a los niños? ¿Qué preguntas le hacen ellos a usted?

Cultural Topics

Home Remedies

Since earliest times, mankind has concocted potions to help restore health to the ailing. Some such remedies have had little medicinal effect. Others have proved to be of great medicinal value. Quinine, for example, was once a home remedy of the Incas. Extracted from the bark of the cinchona tree, quinine has proved effective in treating malaria and other diseases. Other home remedies may not have the medicinal qualities of quinine, but they may be held in just as high esteem in folk tradition. Among Spanish-speaking people, various herbs of Indian and Spanish origin are still widely used home remedies.

Food stores where Spanish-speaking people shop carry a good supply of herbs. Depending on local custom, and sometimes on the recommendations of a respected curandero, each herb or combination of herbs has particular uses. One of the most widely accepted home remedies is camomile tea, prescribed for everything from colds to digestive problems. It is believed that an earache may be lessened by stuffing leaves of fresh rue in the affected ear. For a stuffy nose, a mixture of pennyroyal, round-leaved mint, and lavender is recommended. Other herbs in common use include:

poppy seeds	cinnamon bark	cumin	lemon leaves
garlic	cassia	dill	oregano
sweet basil	coriander	orange blossoms	rosemary
camphor leaves	cloves	fennel	mint

Reading the list, one notices that many of the herbs are fragrant and pungent spices. If they do not have medicinal value, at least the herbs on this list are pleasant placebos.

In Anglo-Saxon culture, herbs were once valued for their medicinal value. The plays of Shakespeare, as well as historical accounts and nineteenth-century novels, give indications of the medicinal importance herbs once had. Today, for the most part in Anglo-Saxon culture, faith in home remedies has been replaced by faith in medicines prepared by the pharmaceutical companies. Yet faith in a few home remedies still survives. Chicken soup is the universal food prescribed in the home for "whatever ails you," and those who have colds may drink hot lemonade or a hot toddy (a hot whiskey drink). But these home remedies are followed by the often repeated medical advice, "If you have a cold, take aspirin, drink plenty of liquids, and get plenty of bed rest."

Questions

What is the origin of quinine?
Who still uses herbs today? What are their origins?
Where can herbs be found?
What is camomile tea used for?
According to folk tradition, how might an earache be cured?
Of the herbs listed, which ones are commonly used in cooking?
How do we know that herbs were once important in Anglo-Saxon culture?
In what does modern man have faith?

Tópicos culturales
Remedios caseros

Desde tiempos remotos la humanidad ha preparado pociones para ayudar a restaurar la salud de los enfermos. Algunos remedios han tenido poco efecto medicinalmente. Otros han resultado de gran valor para la medicina. La quinina, por ejemplo, fue en un tiempo un remedio casero de los incas. Se extrae de la corteza del árbol de la quinina y ha sido muy efectivo en curar la malaria y otras enfermedades. Otros remedios caseros no han tenido las cualidades de la quinina pero se han tenido en gran estima en la tradición folklórica. Entre las personas de origen español se encuentran varias hierbas que usaban los indios y los españoles que aun son muy populares entre los remedios caseros.

Las tiendas donde los hispanohablantes compran tienen un variado surtido de hierbas. Cada hierba o combinación de hierbas se recomienda para casos particulares de acuerdo con la costumbre local o de las recomendaciones especiales del curandero. Uno de los remedios más aceptados es la manzanilla, que se recomienda para todos los problemas desde el resfriado hasta los problemas digestivos. Se cree que un dolor de oído puede aliviarse poniendo hojas de ruda en la oreja afectada. Para la nariz tupida se recomienda una mezcla de poleo, mastranzo y alhucema. Otras yerbas de uso común son:

adormidera	canela	comino	hojas de limón
ajo	casia	eneldo	orégano
albahaca	cilantro	flor de naranja	romero
alcanfor	clavo	hinojo	yerba buena

Al leer la lista uno nota que muchas de estas yerbas son especias fragantes o de olor fuerte. Si no tienen valor medicinal, por lo menos las yerbas en esta lista son placebos agradables.

En la cultura anglosajona, las yerbas antes se estimaban por su valor medicinal. Los dramas de Shakespeare, así como relatos históricos y novelas del siglo diecinueve dan ejemplos de la importancia que las yerbas tenían en la medicina. Hoy, en la mayoría de los países de cultura anglosajona, la fe en los remedios caseros ha sido sustituida por la fe en las medicinas preparadas por las compañías farmacéuticas. Sin embargo, la fe en los remedios caseros todavía se mantiene. La sopa de pollo es un remedio universal para "lo que uno tenga" y los que tienen resfriado pueden tomar limonada caliente o un toddy caliente. Pero estos remedios se complementan con consejo médico repetido, "Si tiene catarro, tome aspirina, tome bastante líquido y descanse mucho en cama."

Preguntas

¿Cuál es el origen de la quinina?
¿Quienes usan yerbas todavía? ¿Cuáles son los orígenes de las yerbas?
¿Dónde se encuentran las yerbas?
¿Para qué se usa el te de manzanilla?
De acuerdo con la tradición folklórica, ¿cómo puede curarse un dolor de oído?
De las yerbas en la lista, ¿cuáles son las que se usan comunmente en la cocina?
¿Cómo se sabe que las yerbas eran importantes en la cultura anglo sajona?
¿En qué tiene fe el hombre moderno?

Pronunciation of Cognate Words

Keeping in mind what you have learned about Spanish pronunciation, pronounce each italicized word in the following sentences.

When your teacher or your partner reads the sentences aloud, write yes if the statement is correct and no if it's incorrect.

1. There is a great *discrepancy* between *epilepsy* and *euthanasia*.
2. *Nervous tension* may *alter* the *pulse* rate.
3. One must have *discretion* on the *prescription* of rest.
4. The *function* of *gestation* is to *determine* the *sex* of the *baby*.
5. To *investigate* the *condition* of the *complication* one must pay *attention*.
6. *Locomotion* is very *important* in the *recuperation period* of an *operation*.
7. *Eruption* is an illness of the stomach.
8. *Astigmatism* and *altruism* are *ulcerations* of the eyes.
9. The *lavatory* is on top of the *laboratory*.
10. *Aspirin* is a very *ingenious procedure* to alleviate pain.

Notas gramaticales/estructuras en inglés

Expresiones útiles

Hay un gran número de instrucciones y preguntas que pueden formularse si se usan ciertas expresiones en inglés a las cuales se añade la forma simple del verbo. Usted ha practicado esas expresiones en la sección 15.4 y en la sección de Acciones de esta lección. Cambiando el verbo, o cambiando la forma a negación o interrogación, usted puede comunicar muchas instrucciones o hacer muchas preguntas.

You must change the bandage.	Hay que cambiar la venda.
	Tiene que cambiar la venda.
I must change the bandage.	Tengo que cambiar la venda.
Must he change the bandage?	¿Tiene que cambiar la venda?
He mustn't change the bandage.	No debe cambiar la venda.

Pronunciación de palabras cognadas

Recordando lo que usted ha aprendido acerca de la pronunciación española, pronuncie cada palabra subrayada en las siguientes oraciones.

   Cuando su maestro/maestra lea las oraciones en alta voz, escriba sí si la información es correcta y no si la información es incorrecta.

1. Hay una gran *discrepancia* entre la *epilepsia* y la *eutanasia*.
2. La *tensión nerviosa* puede *alterar* el *pulso*.
3. Hay que tener *discreción* en la *prescripción* del descanso.
4. La *función* de la *gestación* es *determinar* el *sexo* del *bebé*.
5. Para *investigar* la *condición* de la *complicación* hay que poner *atención*.
6. La *locomoción* es muy *importante* en el período de *recuperación* de una *operación*.
7. La *erupción* es una enfermedad del estómago.
8. El *astigmatismo* y el *altruismo* producen *ulceración* en los ojos.
9. El *lavatorio* está encima del *laboratorio*.
10. La *aspirina* es un *procedimiento* muy *ingenioso* para aliviar el dolor.

Grammar/Structure Notes on Spanish

Se—Meaning One, You, They, We

The reflexive pronoun *se* can be used to indicate an indefinite person. In English, this concept is usually expressed informally by *you* or *they,* as in "You know what they say!" In Spanish, you practiced this indefinite form in section 15.2. Look at the following examples:

¿Dónde se compra alcohol?	Where do you buy alcohol?
¿Dónde se compran gotas?	Where do you buy drops?

The subject of the verb is the thing bought. Thus, *alcohol* is the subject of the singular verb *compra,* and *gotas* is the subject of the plural verb *compran.*

___

To have just: Acabar de

Esta expresión útil usa una forma más compleja que la construcción en español:

Have you just seen the doctor?	¿Acaba (Ud.) de ver al médico?
He has just seen the doctor.	Acaba (él) de ver al médico.

En esta construcción, el inglés usa *has/have just* + el participio pasado para representar el concepto *acabar de* en español. Este es el tiempo presente perfecto en que se pone el *just* entre *has/have* y el participio pasado. Véase la Lección 4 en que se estudia el presente perfecto. Esta construcción se practicará más en la Lección 16.

Verb + Infinitive Constructions

In section 15.4 you practiced a number of verb + infinitive constructions. Learning these and using them can considerably expand your ability to speak Spanish. Notice how many concepts can be expressed by the following structures:

You should	Debe de + infinitive
You have to	Tiene que +
You can	Puede +
You need to	Necesita +
Have you been able to	¿Ha podido +
Do you try to	¿Trada Ud. de +
Do you want to	¿Quiere Ud. +
It is necessary to	Es necesario +
Are you going to	¿Va Ud. a +
Please	Favor de +

Lesson 16
Surgery

New Material

16.1 Preparation of the Patient

✔Hospital

You have to sign the permission to operate.

You can't | eat anything.
| eat anything after midnight.
| have anything but liquids.

Yes, we're going to prepare *you.*

We're going to give you an injection.

We're going to give you | a sedative.
| an analgesic.

Patient

All right.

Very well.

Are you going to | prepare *me?*
| shave me?
| disinfect it?
| take me to the operating room?

Are you going to give me | an injection?
| an enema?

Are you going to give me a sedative?

Practice

For each phrase in column A, choose a related phrase from column B.

A	B
sign	after midnight.
take (internally)	the operating room
take (carry)	a sedative
disinfect	the permit
shave	an injection
give	your pubic hair
give (internally)	liquids
don't eat	the area

Lección 16
Cirugía

16.1 Preparación del paciente

✔Hospital

Tiene que firmar el permiso para operar.

No puede | comer nada.
comer nada después de medianoche.
tomar sino líquidos.

Sí, vamos a prepararlo/la.

Vamos a ponerle una inyección.

Vamos a darle | un calmante.
un analgésico.

Paciente

Muy bien.

Está bien.

¿Van a | prepararme?
afeitarme?
desinfectarlo?
llevarme a la sala de operaciones?

¿Me van a poner | una inyección?
una enema/un lavado?

¿Me van a dar un calmante?

Práctica

Escoja de la columna A una palabra que se pueda relacionar con cada frase de la columna B.

A	B
firmar	después de medianoche
tomar	la sala de operaciones
llevar	un calmante
desinfectar	el permiso
afeitar	una inyección
darle	el pelo púbico
ponerle	líquidos
no comer	el área

16.2 Anesthesia

✔ Hospital/Anesthesiologist

The anesthesiologist wants to see you.

Yes, we're going to give you _____.

Do you suffer from	heart disease, *ma'am?*
	kidney trouble
	lung problems

Do you smoke much, miss?

Do you have	any allergies, *sir?*
	gallstones
	kidney stones
	a cough
	high blood pressure
	low blood pressure

Do you have	the permit?
	the authorization?

Take out	your dentures, please.
	your bridge
	your bridgework

Take off	your rings, please.
	your wig
	your nail polish

Patient

Very well.

What anesthetic are you going to give me?

Are you going to give me _____?

a general anesthetic
a local anesthetic
a partial anesthetic
a spinal
sodium pentothal
gas

No, doctor, I don't suffer from heart disease.

I don't smoke at all.

No, I don't.
Yes, I do.

Yes, I have it.
No, I don't have it.

Must I?

Practice

Find words in column B that can be associated with each word or phrase in column A.

A

dentures	high blood pressure
allergies	low blood pressure
heart disease	a cough
kidney stones	gallstones

B

blood	liver
skin	kidneys
head	hand
mouth	lungs

16.2 Anestesia

Hospital/Anestesiólogo	Paciente
El anestesiólogo quiere verlo/verla.	Muy bien.
	¿Qué anestesia me van a dar?
	¿Me van a dar _____?
Sí, le vamos a dar _____.	anestesia general
	anestesia local
	anestesia parcial/raquídea
	anestesia caudal
	pentotal de sodio
	gas

¿Padece	del corazón, *señora?*	*No, doctor, no padezco del corazón.*
	de los riñones	
	de los pulmones	
¿Fuma mucho, señorita?		No fumo nada.
¿Tiene	alergias, *señor?*	*No, no tengo.*
	cálculos biliares	*Sí, sí tengo.*
	cálculos renales	
	tos	
	la presión alta	
	la presión baja	
¿Tiene	el permiso?	Sí, lo tengo.
	la autorización?	No, no la tengo.
Quítese	los dientes postizos, por favor.	¿Tengo que quitármelos?
	la dentadura	¿Tengo que quitármela?
	el puente	
Quítese	los anillos, por favor.	
	la peluca	
	el esmalte para las uñas	

Práctica

Seleccione palabras de la columna B que puedan asociarse con cada palabra o frase de la columna A.

A		B	
dentadura	la presión alta	la sangre	el hígado
alergias	la presión baja	la piel	los riñones
enfermedad del corazón	tos	la cabeza	la mano
cálculos renales	cálculos biliares	la boca	los pulmones

16.3 Various Operations

Hospital	Patient
We're going to do an exploratory operation.	An exploratory operation?
You're going to need a biopsy.	A biopsy?
You're going to need _____.	_____?

plastic surgery	a laparoscopy	a mastectomy	a craniotomy
a hysterectomy	a vasectomy		

Hospital	Patient
We're going to take out _____.	When are you going to take them *out*?
	When are you going to take it *out*?

your tonsils	your appendix
your ovaries	the cancerous tissues
a tumor	a fatty cyst
a fibroma	a sebaceous cyst
a cyst	a kidney
a blood cyst	your uterus

Hospital	Patient
We're going to operate on your finger.	When are you going to operate on it?
We're going to operate on _____.	When are you going to operate on _____?

your appendix	your pancreas	the hernia	a calcified disk
your throat	an ulcer	a slipped disk	cataracts
your gallbladder			

Hospital	Patient
We're going to operate on your heart.	When are you going to operate on it?
We're going to operate on _____.	When are you going to operate on _____?

your brain	your ovaries	your thyroid	your eyes
your ear	your prostate		

Hospital	Patient
We're going to dilate your urethra.	When are you going to dilate it?
We're going to _____.	When are you going to _____?

tie your tubes	repair the tissues	repair your nose	repair your jaw
set the fracture			

16.3 Varias operaciones

Hospital

Le vamos a hacer una operación exploratoria/ de exploración.

Va a *necesitar* una biopsia.

Va a necesitar _____.

cirugía plástica	una laparoscopía
una histerectomía	una vasectomía

Vamos a sacarle _____.

las amígdalas	el apéndice
los ovarios	los tejidos cancerosos
un tumor	un quiste de sebo
un fibroma	un quiste sebáceo
un quiste	un riñon
un quiste de sangre	el útero

Le vamos a operar el dedo.

Lo vamos a operar del/de la/de _____.

apéndice	páncreas
garganta	una úlcera
vesícula	

Lo vamos a operar del corazón.

Lo vamos a operar _____.

del cerebro	de los ovarios
del oído	de la próstata

Le vamos a dilatar la uretra.

Le vamos a _____.

ligar los tubos uterinos/ las trompas	reparar los tejidos
componer una fractura	

Paciente

¿Una operación exploratoria?

¿Una biopsia?

¿_____?

una mastectomía	una craneotomía

¿Cuándo me las van a sacar?

¿Cuándo me lo van a sacar?

¿Cuándo se lo van a operar?

¿Cuándo se _____ van a operar?

una hernia	un disco calcificado
un disco desplazadao	cataratas

¿Cuándo me lo van a operar?

¿Cuándo me _____ van a operar?

de la tiroides	de los ojos

¿Cuándo me la van a dilatar?

¿Cuándo me _____?

reparar la nariz	reparar la mandíbula

Practice

Review the statements in the *Hospital* column in this section. Work with a partner, one of you taking the part of the doctor, and the other taking the part of the patient. The doctor gives statements from the left-hand column, and the patient asks questions, such as When? Why? How long will I have to be in the hospital? When will you dismiss me? How much will the operation cost?

Associate a word from column B with each word in column A.

A	B
hysterectomy	tumor
vasectomy	testicles
fibroma	gallbladder
Fallopian tubes	tubes
gallstones	eyes
disk	spinal column
cataracts	uterus
ulcers	stomach

Práctica

Repase las expresiones en la columna que corresponde al Hospital en esta sección. Trabaje con un compañero/compañera que hará el papel de médico, y el otro/otra hará el papel de paciente. El médico usa expresiones de la columna izquierda y el paciente hace preguntas tales como ¿Cuándo? ¿Por qué? ¿Cuánto tiempo voy a estar en el hospital? ¿Cuándo me va a dar de alta? ¿Cuánto va a costar la operación?

   Relacione una palabra de la columna B con una palabra de la columna A.

A	B
histerectomía	tumor
vasectomía	testículos
fibroma	la vesícula
tubos de Falopio	trompas
cálculos biliares	ojos
disco	columna verbetral
cataratas	útero
úlceras	estómago

16.4 Procedures and Results

✔Hospital

We must give him oxygen.

We must _____.

> give him drugs
> give him a transfusion
> give him intravenous serum
> take out the catheter
> take out the stitches
> take out the drainage tubes

It came out well.

He/She came out well.

He/She didn't come out well.

The patient is all right.

The patient _____.

is delirious	doesn't understand
is very ill	is going to live
is not rational	is not going to live
has pain	is going to die
has no pain	did not survive the
died	operation

We don't know if the patient

> is going to live.
> is going to die.

There is nothing else we can do.

Should I call a priest?

Should I call _____?

> a priest
> a minister
> his/her family
> his/her relatives

Hospital

Right away, doctor.

Immediately, doctor.

How did the operation come out?

How did he/she come out?

How is the patient?

I'm glad./I'm sorry.

Is he/she going to live?

What can be done?

Please call a priest.

Please call _____.

16.4 Procedimientos y resultados

✔Hospital

Hay que darle oxígeno.

Hay que _____.

darle drogas
ponerle una transfusión
ponerle suero intravenoso
quitarle el catéter/la sonda
quitarle las puntadas.
quitarle los tubos de drenaje

Resultó bien.

Salió bien.

No salió bien.

El paciente está bien.

El paciente _____.

está delirando
está muy grave
no está racional
tiene dolor
no tiene dolor
murió

no comprende
va a vivir
no va a vivir
va a morir
no resistió la
   operación

No sabemos si el paciente

va a vivir.
va a morir.

No podemos hacer nada más.

¿Debo llamar a un cura?

¿Debo llamar a _____?

un cura
un pastor/un ministro
su familia
sus parientes

Hospital

En seguida, doctor.

Ahora mismo, doctor.

¿Cómo resultó la operación?

¿Cómo salió?

¿Cómo está el paciente?

Me alegro./Lo siento.

¿Va a vivir?

¿Qué se puede hacer?

Favor de llamar a un cura.

Favor de llamar a _____.

Practice

Give a response to each of the following statements or questions.

He needs blood.

He can urinate now.

She did not survive the operation.

He is going to live.

The patient is not rational.

She has a lot of pain.

How did the operation come out?

He's Catholic.

Reading

Surgery and Pain

During the period immediately following surgery, a patient suffers a great deal of pain if not given sedatives. The Stimteck Company of Minneapolis, Minnesota, has been experimenting with a device that is applied to the patient, close to the incision in order to alleviate pain through electrical stimuli to the nerve. Appropriately, it is called Transcutaneous Electric Nerve Stimulation or simply TENS as a short form.

What are the advantages in using TENS? You will be comfortable since you will not have pain or you will have very little pain, and you will be alert because you won't have to take narcotics. Narcotics tend to cloud the mind, making it difficult to take part in recuperative activities. You will feel a mild tingling sensation around the area of incision, but it will not be unpleasant; you will be able to relax and after a while you will forget all about it.

For the device to work, two electrodes are placed near your incision, possibly under the bandage. You can control your pain because you can move the controls of the device in order to increase or decrease its effect depending on the intensity of the pain you feel. In any case, if even with the device you will need a sedative, just tell your nurse.

Not everyone will benefit with the Transcutaneous Electric Nerve Stimulation; it will depend on certain variables. But for those who respond, it is certainly a better way of recovering from an operation than having to take strong sedatives.

Questions

What can help the patient to avoid suffering after an operation?
With what is a Minnesota company experimenting?
What are the advantages of TENS?
What effect do narcotics produce?
What sensation does the device produce?
Where are the electrodes placed?
How can you control the device?
Is the device beneficial for everyone?

Práctica

Dé una respuesta a cada oración o pregunta.

Necesita sangre.	El paciente ha perdido la razón.
Puede orinar ahora.	Ella tiene mucho dolor.
No resistió la operación.	¿Cómo resultó la operación?
Va a vivir.	El es católico.

Lectura

La cirugía y el dolor

Durante el período inmediatamente después de una operación, el paciente sufri ría mucho de dolores si no le dieran calmantes. La compañía Stimteck de Minneapolis, Minnesota, está experimentando con un aparatico que se le aplica al paciente sobre la herida para aliviarle el dolor por medio de estímulos eléctricos al nervio. Muy apropiadamente se llama Estímulo Eléctrico Transcutáneo del Nervio: Transcutaneous Electric Nerve Stimulation o TENS abreviadamente.

¿Cuáles serían las ventajas en usar TENS? Usted estaría cómodo pues no tendría dolor o tendría muy poco y estaría alerta sin tener que tomar narcóticos. Los narcóticos tienden a nublar la mente haciendo difícil que usted participe en sus actividades recuperativas. Usted va a sentir una sensación de cosquilleo alrededor del área de su incisión, pero no es una sensación molesta; podría relajarse y a poco rato hasta llega a olvidarla.

Para que el aparato surta efecto, se le colocan dos electrodos cerca de su incisión, posiblemente debajo de la venda. Usted puede tener control del dolor pues puede mover los controles del aparato para aumentar o disminuir su efecto de acuerdo con la intensidad del dolor que sienta. De todos modos, si aun con el aparato usted necesita un calmante sólo tiene que decírselo a la enfermera.

No todas las personas se benefician con el uso del Estímulo Eléctrico Transcutáneo del Nervio, depende de ciertas variables; pero para aquellos que responden, es ciertamente un modo mejor de recuperarse de una operación sin tener que tomar calmantes fuertes.

Preguntas

¿Qué evita que el paciente sufra mucho después de una operación?
¿Con qué está experimentando una compañía de Minnesota?
¿Cuáles serían las ventajas de usar TENS?
¿Qué efecto producen los narcóticos?
¿Qué sensación produce el aparato?
¿Dónde se colocan los electrodos?
¿Cómo puede usted controlar el aparato?
¿Es beneficioso el aparato para todas las personas?

Evaluation

A. Choose all of the words that could fit in each blank. Cross out any that do not fit.
  1. Take off _____, please.
     a. your scar
     b. your wig
     c. your rings
     d. your shoes
  2. We're going to give you _____.
     a. an analgesic.
     b. general anesthesia.
     c. gas.
     d. high blood pressure.
  3. Before the operation we're going to _____.
     a. prepare you.
     b. shave you.
     c. take you to the operating room.
     d. give you a transfusion.
  4. Sir, we need to give you a _____.
     a. hysterectomy.
     b. vasectomy.
     c. appendectomy.
     d. biopsy.
  5. We're going to take out _____.
     a. a cyst.
     b. your tonsils.
     c. the spinal anesthetic.
     d. the stitches.

B. Complete each statement with the correct word or words.
  1. An operation on the eyes is called _____.
  2. The bladder is part of the _____.
  3. We're going to take out your appendix if you have _____.
  4. To close the incision it is necessary to take 12 _____.
  5. A lobotomy is an operation of the _____.

C. Mark each statement true or false.
  1. We're going to take out your kidneys if you have tonsillitis.
  2. The operation on the uterus is called a mastectomy.
  3. To close the incision, one must usually take several stitches.
  4. The gallbladder is a part of the liver.
  5. An operation for cataracts is an operation on the eyes.
  6. They do a laparotomy on the foot.
  7. We're going to do a tracheotomy on your stomach.
  8. We must postpone the operation because he has high blood pressure.
  9. I can't give her that drug because of her allergies.
  10. If you have much pain, we'll have to give you a sedative.

Evaluación

A. Escoja todas las respuestas que puedan llenar el espacio. Tachen lasque no sean apropiadas.
1. Quítese _____, por favor.
    a. la cicatriz
    b. la peluca
    c. los anillos
    d. los zapatos
2. Vamos a darle _____.
    a. un analgésico.
    b. anestesia general.
    c. gas.
    d. alta presión.
3. Antes de la operación vamos a _____.
    a. prepararlo.
    b. afeitarlo.
    c. llevarlo a la sala de operaciones.
    d. ponerle una transfusión.
4. Señor, vamos a tener que hacerle una _____.
    a. histerectomía.
    b. vasectomía.
    c. apendectomía.
    d. biopsia.
5. Vamos a extirparle _____.
    a. un quiste.
    b. las amígdalas.
    c. la raquídea.
    d. los puntos/las puntadas.

B. Complete cada oración con la palabra apropiada.
1. La operación de los ojos se llama _____.
2. La vejiga es una parte del _____.
3. Le vamos a sacar el apéndice si usted tiene _____.
4. Para cerrar la incisión es necesario darle doce _____.
5. Una lobotomía es una operación de _____.

C. Marque cada oración sí o no.
1. Le vamos a sacar los riñones si usted tiene amigdalitis.
2. La operación del útero se llama mastectomía.
3. Para cerrar la incisión, generalmente hay que darle varias puntadas.
4. La vesícula es una parte del hígado.
5. La operación de las cataratas es una operación de los ojos.
6. Tienen que hacerle una laparotomía en el pie.
7. Le vamos a hacer una traqueotomía del abdomen.
8. Hay que posponer la operación porque tiene la presión alta.
9. No puedo darle esa droga por las alergias que tiene.
10. Si tiene mucho dolor, hay que darle un calmante.

Combining Review

Review the following sections: 1.3, 3.1, 6.1, 7.3, 9.3, 10.1, 11.5.

Choose at least one question, answer, or statement from each section. By combining the statements, make up a conversation. You may use the sections in any order you want, and add additional statements or vocabulary as needed. The purpose of this practice is to review previously studied structures and vocabulary, and then to practice some of them through using them in a conversation.

Actions

Choose a word or phrase from each column in order to form a complete sentence or question.

I have just	changed	the bedpan.
You have just	cut	the catheter.
Have you just?	fixed	the blankets.
He has just	operated on	the stitches.
Has he just?	put on	your finger.
She has just	put in	your pubic hair.
Has she just?	raised	the bed.
	shaved	your face.
	washed	the bandage.
	taken away	

Situation

You are the anesthesiologist and you are going to visit the patient on the eve of the operation. You ask her about some of the facts in her medical history and if she has allergies or if she has had operations before. You explain the type of anesthetic that you're going to give her and the possible risks. The patient's husband is there, and he asks you a few questions.

Combinación de repaso

Repase las siguientes secciones: 1.3, 3.1, 6.1, 7.3, 9.3, 10.1, 11.5.

Escoja por lo menos una pregunta, respuesta u oración de cada sección. Formule una conversación combinando expresiones del material seleccionado. Usted puede usar las secciones en cualquier orden que desee, y puede añadir expresiones o vocabulario si es necesario. El propósito de esta práctica es repasar estructuras y vocabulario previamente estudiados y practicar algunos de ellos en una conversación.

Acciones

Escoja una palabra o frase de cada columna para formar una oración o pregunta.

Acabo de	cambiar	-le	el bacín.
Ud. acaba de	cortar	-me	el catéter/la sonda.
¿Ud. acaba de?	arreglar		las frazadas.
El acaba de	operar		las puntadas.
¿El acaba de?	dar		el dedo.
Ella acaba de	poner		el pelo púbico.
¿Ella acaba de?	levantar		la cama.
	afeitar		la cara.
	lavar		la venda.
	quitar		

Situación

Ud. es el anestesiólogo/la anestesióloga y va a visitar a la paciente la víspera de la operación. Ud. le pide algunos datos de su historia médica y si tiene alergias o ha tenido operaciones anteriormente. Ud. le explica el tipo de anestesia que le va a dar y los riesgos que pueden presentarse. El esposo de la paciente que está presente le hace a Ud. algunas preguntas.

Cultural Topics

Pain and Culture

Pain is a completely personal and subjective experience. No one can feel someone else's pain, and probably no two people feel pain in exactly the same way. There is no instrument or examination that can measure pain as a thermometer measures temperature or a blood count reveals the number of cells in the blood.

In dealing with pain, the doctor has to depend on the patient's description of the problem. Pain may be sharp, throbbing, mild, or severe. Pain is the sensation that begins when certain nerves are stimulated for some reason. The nerves transmit the message to the brain through the spinal medulla, and the brain processes the information and tells us that we are in pain.

For the most part, pain has both physical and emotional components. All pain is real, whether its cause is a tumor pressing on a nerve or tension or fear that produces a headache. Whatever its cause, the longer pain lasts, the more important are psychological factors and the patient's perspective on the pain. His or her personality and conduct are affected.

Many factors influence the way in which one feels pain and how one feels it. These factors can increase or diminish the intensity of the sensation. The threshold varies among individuals and from one culture to another.

In the Pain Center in Mt. Zion Hospital in San Francisco, a team of medical personnel has experimented with patients who suffer from chronic pain. Dr. Mark Zborowski, medical anthropologist, believes that sensitivity to pain differs among ethnic groups. He has found that Italians seek immediate relief from pain, while Jewish people are more interested in the effect pain will have in their diagnoses. The Irish, on the other hand, deny pain and even when they are suffering intensely don't want to admit it. In general, Anglo-Saxons tend to check their emotions, while those of Mediterranean culture accept freer expression of emotions: grief, pain, and joy.

The doctors have concluded that about 80 percent of the patients in the Pain Center have social or emotional problems. But before these reasons are established, physical causes of pain must be eliminated.

Questions

How is pain different from other bodily phenomena?
What are the different kinds of pain?
What is pain?
How is the patient affected when pain lasts a long time?
What has Dr. Zborowski found?
What are some differences in the way different ethnic groups perceive pain?
What have the doctors of the Pain Center concluded?
What experiences have you had that might reflect ethnic attitudes toward pain?

Tópicos culturales

El dolor y la cultura

El dolor es una experiencia completamente personal y subjetiva. Nadie puede sentir el dolor de otro y es poco probable que dos personas sientan el dolor exactamente igual. Ni hay ningún instrumento o examen que pueda medir el dolor como un termómetro mide la temperatura o un conteo revela el número de células en la sangre.

Cuando se trata de dolor, el médico tiene que depender de la descripción que el paciente hace de su molestia. El dolor puede ser agudo, con latidos, benigno o severo. El dolor es la sensación que empieza cuando ciertos nervios son estimulados por alguna causa. Los nervios transmiten el mensaje al cerebro a través de la médula espinal y el cerebro procesa la información y nos dice qué nos duele.

Los dolores en su mayoría tiene componentes físicos y emocionales. Todo dolor es real, ya sea causado por un tumor que oprime un nervios o por tensión o temor que puede producir jaqueca. Cualquiera que sea la causa, mientras más dura el dolor más importantes son los factores psicológicos y la perspectiva del paciente, su personalidad y su conducta son afectados.

Muchos factores influyen en el modo en que uno siente el dolor y cuánto lo siente. Estos factores pueden aumentar o disminuir la intensidad de la sensación. El punto inicial varía en los individuos.

En el Centro del Dolor del Hospital Mt. Zion en San Francisco, un equipo de personal médico ha experimentado con pacientes que padecen de dolor crónico. El Dr. Mark Zborowski, médico antropólogo, cree que la sensibilidad hacia el dolor de ciertos grupos étnicos es distinta. El ha encontrado que los italianos buscan alivio inmediato al dolor mientras que los judíos están más interesados en el efecto que el dolor pueda tener en su prognóstico. Los irlandeses, en cambio, niegan el dolor y aunque estén sufriendo intensamente no quieren admitirlo. En general, los anglosajones tienden a refrenar sus emociones mientras que en las culturas mediterráneas se acepta más la libre expresión de los sentimientos: pena, dolor, alegría.

Los médicos concluyen que como el 80 por ciento de los pacientes en el Centro del Dolor tienen problemas sociales o emocionales. Pero antes que se establezcan estas razones, cualquier causa física de su dolor tiene que ser eliminada.

Preguntas

¿En qué se diferencia el dolor de otros fenómenos corporales?

¿Cómo puede ser el dolor?

¿Qué es dolor?

¿Cómo el dolor prolongado afecta al paciente?

¿Qué ha encontrado el Dr. Zborowski?

¿Cuáles son algunas diferencias en que diferentes grupos étnicos experimentan el dolor?

¿Cuáles son las conclusiones a que han llegado los médicos del Centro del Dolor?

¿Qué experiencias ha tenido usted que refleje actitudes étnicas hacia el dolor?

Pronunciation of Cognate Words

Remembering what you have learned about English pronunciation, pronounce the cognate words (in italics).

Tell if the sentences read by your instructor or by another student are true or false.

1. *Biology, physiology, bacteriology* and *hypochondria* are *medical sciences*.
2. The *intestine* is an *important part* of the *digestive* tract.
3. *Adrenaline* is the *secretion* of the *thyroid* gland.
4. The *transmission* of *contagious* diseases is a great *problem* for the *Public* Health *authorities*.
5. *Immunization* against certain diseases is an *effective method* of *prevention*.
6. In order to avoid *contamination* it is *necessary* to *sterilize* the surgery *utensils* before *using* them.
7. You shouldn't omit any *details* when you *inform* your doctor of your health *problems*.
8. If the *operation* doesn't *cure* him, at least it *controls* the progress of the illness.
9. If you have *calcification* in the *articulations* it is *probable* that you have a good *education*.
10. The *incubation period* of certain *infectious* diseases is three years.

Notas gramaticales/estructuras en inglés

Más acerca de los verbos de dos palabras

Como se ha dicho en la Lección 9, un verbo de dos palabras usa el verbo + la preposición para completar un concepto que en español se expresa generalmente por medio de la forma simple del verbo o de su forma reflexiva. En esta lección usted ha practicado:

We're going to *take out* the appendix.   Le vamos a *sacar* el apéndice.

How did he come out?   ¿Cómo salió?

Recuerde que cuando un verbo de dos palabras tiene un complemento directo nominal, el nombre puede ir antes o después de la preposición.

We're going to take the appendix out.

We're going to take out the appendix.

Un complemento directo pronominal tiene que colocarse entre el verbo y la preposición:

We're going to take *it* out.   Se lo vamos a sacar.

Pronunciación de palabras cognadas

Recordando lo que usted ha estudiado acerca de la pronunciación en español, pronuncie las palabras subrayadas que son cognadas.

Diga si las oraciones leídas por su maestro o por otro estudiante son verdad o no.

1. La *biología,* la *fisiología,* la *bacteriología* y la *hipocondría* son *ciencias médicas.*
2. El *intestino* es una *parte importante* del aparago *digestivo.*
3. La *adrenalina* es la *secreción* de la *tiroides.*
4. La *transmisión* de enfermedades *contagiosas* es un gran *problema* para las *autoridades* de Salud *Pública.*
5. La *inmunización* contra ciertas enfermedades es un *método efectivo* de *prevención.*
6. Para evitar la *contaminación* es *necesario esterilizar* los *utensilios* de cirugía antes de *usarlos.*
7. No debe *omitir* ningunos *detalles* cuando *informe* al médico de sus *problemas* de salud.
8. Si la *operación* no lo *cura* por lo menos *controla* el desarrollo de la enfermedad.
9. Si usted tiene *calcificación* en las *articulaciones* es *probable* que tenga una buena *educación.*
10. El *período* de *incubación* de ciertas enfermedades *infecciosas* es tres años.

Grammar/Structure Notes on Spanish

Object Pronouns

You may want to review the use of direct object, indirect object, and reflexive pronouns explained in Lesson 10. In this lesson, some object pronouns are used in contexts in which they do not appear in the English translation, such as:

Vamos a sacarle las amígdalas.

We're going to take out your tonsils.

¿Cuándo me las van a sacar?

When are you going to take them out?

The statements above literally mean:

We're going to take the tonsils out *of you.* (le)

When are you going to take them out *of me?* (me)

The indirect object pronouns *le* and *me* are used to show who is concerned in the action. Because the object pronouns are used, there is no need to use the possessive (your, my) with parts of the body as there is in English.

Acaber de + Infinitive

The idiomatic expression *acabar de* literally means "to have completed of." The expression gives the feeling of immediacy that English uses in the idiom "to have just," as the following examples show:

Acabo de operarle.   I have just operated on him.

Acabar de is a useful expression for English speakers learning Spanish, because it substitutes a simple verb + infinitive construction for a more complex tense formation.

Lesson 17
Major Illnesses and Handicaps

New Material

17.1 The Heart: Symptoms

Hospital

No, she/he has low blood pressure.
No, she/he has hypotension.
Yes, she/he has tachycardia.
Yes, she/he has a murmur.
Yes, she/he has varices.
No, she/he has a rhythmic heartbeat.
Yes, she/he has arteriosclerosis.
Yes, she/he has a slow pulse.
No, she/he has good color.
No, she/he has very slow circulation.

🖉 Relative

Does she/he have high blood pressure?
Does she/he have hypertension?
Does she/he have a rapid heartbeat?
Does she/he have a murmur?
Does she/he have varicose veins?
Does she/he have an irregular beat?
Does she/he have arteriosclerosis?
Does she/he have a slow pulse?
Is she/he pale?
Does she/he have good circulation?

Practice

Give aloud a word related to each of those listed below:

varicose veins	irregular	tachycardia
hypotension	rhythmic	pale
murmur	circulation	pulse

Lección 17
Enfermedades mayores e incapacidades

Materia nueva

17.1 El corazón: Síntomas

Hospital

✔ Pariente

¿Tiene la presión alta?

No, tiene la presión baja.

¿Tiene hipertensión?

No, tiene hipotensión.

¿Tiene la palpitación rápida?

Sí, tiene taquicardia.

¿Tiene un soplo?

Sí, tiene un murmullo.

¿Tiene venas varicosas?

Sí, tiene várices.

¿Tiene palpitación irregular?

No, tiene palpitación rítmica.

¿Tiene arterioesclerosis?

Sí, tiene arterioesclerosis.

¿Tiene el pulso lento?

Sí, tiene el pulso lento.

¿Está pálido/pálida?

No, tiene buen color.

¿Tiene buena circulación?

No, tiene la circulación muy lenta.

Práctica

Dé en voz alta una palabra relacionada con cada una de las que siguen.

várices	irregular	taquicardia
hipotensión	rítmica	pálido
soplo	circulación	pulso

17.2 Heart disease

<u>Hospital</u>

Yes, *it was* a heart attack.

✔ <u>Relative</u>

Was it a heart attack?

Was it _____?

a stroke	an embolism
a cardiac arrest	an infarct
	a coronary attack

Practice

What are the symptoms that a person with the following diseases might have?

an infarct   an embolism   heart attack   stroke

17.3 Care of the Patient

<u>Hospital</u>

To the intensive care unit.
To the coronary care unit.
To the recovery room.
They're giving him/her oxygen.
They're _____.

giving him/her a transfusion
giving him/her an electrocardiogram
taking his/her pulse
taking his/her blood pressure
doing a bypass

✔ <u>Relative</u>

Where are they going to take him/her?

What are they doing for him/her?

Practice

Review the above section by changing the questions, as in the example:

What are they *going to do* to him/her? They're *going to give* him/her oxygen.

17.2 Enfermedades del corazón

<u>Hospital</u>

Sí, fue un ataque al corazón.

✔ <u>Pariente</u>

¿Fue un ataque al corazón?

¿Fue _____?

un ataque al cerebro	una embolia
un paro cardíaco/	un infarto
un fallo cardíaco	un ataque coronario

Práctica

¿Cuáles son los síntomas que pueda tener una persona con las enfermedades siguientes?

un infarto   una embolia   un ataque al corazón   un ataque al cerebro

---

17.3 Cuidado del paciente

<u>Hospital</u>

A la unidad de cuidado intensivo.

A la sala de enfermos cardíacos.

A la sala de observación postoperatoria.

Le están dando oxígeno.

Le están _____.

poniendo una transfusión
haciendo un electrocardiograma
tomando el pulso
tomando la presión
haciendo una derivación del flujo coronario

✔ <u>Pariente</u>

¿A dónde lo/la van a llevar?

¿Qué le están haciendo?

Práctica

Repase la sección de arriba y cambie las preguntas, como en los ejemplos:

¿Qué le *van a hacer?* Le *van a dar* oxígeno.

17.4 Cancer: The Seven Warning Signs

<u>Hospital</u>

Know the seven warning signs.

Change in bowel or bladder
   habits.

A sore that does not heal.

Unusual bleeding or discharge.

Thickening or lump in breast or elsewhere.

Indigestion or difficulty in swallowing.

Obvious change in wart or mole.

Nagging cough or hoarseness.

Don't smoke.

Avoid too much exposure to the sun.

Give yourself a monthly breast examination.

Have the Pap test regularly.

Have a procto regularly.

Have your doctor or dentist examine your mouth
   regularly.

Have a regular physical examination.

✔ <u>Relative</u>

What can we do to avoid cancer?

What are they?

How long should it take to heal?

How much loss is normal?

Should I examine my own breasts?

What if the symptoms persist?

What kind of changes?

How long might a cough continue?

Are there other precautions that we can take?

What is too much?

Please explain it to me.

How often should a woman have it?

How often should one have it?

Can my dentist detect cancer?

How often is regular?

Practice

Answer each of the questions asked by the patient in the above section.

For each word or phrase in column A find a related word or phrase in column B.

A	B
prevention	mouth
it doesn't heal	in the breast
abnormal weight loss	sore
hardness or a lump	blood or fluids
changes	wart or mole
persistent	cough or hoarseness
difficult	swallow
smoke	cigarettes
salt	rectal examination
dentist	the seven warning signs
proctal	exposure
physical examination	

17.4 Cáncer: Las siete señales

Hospital

Conozca las siete señales de aviso.

Cambios en el funcionamiento habitual de los intestinos o la vejiga.

Una llaga que no cicatriza.

Pérdida anormal de sangre o de flujo.

Dureza o abultamiento en el seno o en otra parte.

Indigestión o dificultad al tragar.

Cambios en una verruga o en un lunar.

Tos o ronquera persistente.

No fume cigarrillos.

Evite exponerse demasiado al sol.

Examínese Ud. misma mensualmente.

Hágase el examen de Papanicolau regularmente.

Hágase un procto regularmente.

Vaya al médico o al dentista para que le examine la boca.

Hágase un reconocimiento general.

✔ Pariente

¿Qué podemos hacer para evitar el cáncer?

¿Cuáles son?

¿Cuánto debe tardar para curarse?

¿Cuánta pérdida es normal?

¿Debo examinarme los senos?

¿Y si los síntomas persisten?

¿Qué clase de cambios?

¿Después de qué tiempo debe uno alarmarse?

¿Hay otras precauciones que podemos tomar?

¿Cuánto es demasiado?

Favor de explicarme cómo hacerlo.

¿Con qué frecuencia debe hacerse?

¿Cada qué tiempo?

¿Puede un dentista descubrir el cáncer?

¿Cada cuánto tiempo es regular?

Práctica

Conteste las preguntas que hace el paciente en la sección de arriba.

Para cada palabra o frase en la columna A encuentre una palabra o frase relacionada en la columna B.

A	B
prevención	boca
no cicatriza	en el seno
pérdida anormal de peso	llaga
dureza o abultamiento	sangre y flujo
cambios	verruga o lunar
persistente	tos o ronquera
dificultad	tragar
fumar	cigarrillos
sal	examen rectal
dentista	las siete señales de aviso
proctal	exponerse
reconocimiento médico	

17.5 Conditions

Oncologist/Pathologist	Nurse
Let's look at the plates/specimens.	I'm ready. Here are the records.
It looks like Garfield has a precancerous lesion.	Garfield, precancerous lesion.
James has suspicious lymphatic nodule.	James, lymphatic nodule.
Brown has a sarcoma.	Brown, sarcoma.
Flowers has a carcinoma.	Flowers, carcinoma.
Garner has leukoplasia.	Garner, leukoplasia.
Van Dyke has a melanoma.	Van Dyke, melanoma.
Grover has liver cancer.	Grover, liver cancer.
Martin has cancer of the bladder.	Martin, bladder cancer.
Pérez has cancer of the prostate.	Pérez, cancer of the prostate.
Fountain has breast cancer.	Fountain, breast cancer.
Oaks has cervical cancer.	Oaks, cervical cancer.
Penney has endometrial cancer.	Penney, endometrial cancer.
Jones has cancer of the colon/colorectal cancer.	Jones, cancer of the colon.
Delaney has cancer of the gums.	Delaney, cancer of the gums.
McDonald has cancer of the palate.	McDonald, cancer of the palate.
Collins has cancer of the floor of the mouth.	Collins, cancer of the floor of the mouth.
Benedict has leukemia.	Benedict, leukemia.

Practice

Relate the symptoms in part 17.4 with the kinds of cancer in this section.

Express your regret about the findings given above. Imagine that you are talking to a relative or friend of the patient. Use the following example as a model:

I am sorry that Mr. Flowers has a carcinoma.

17.5 Condiciones

Oncólogo/Patólogo

Vamos a ver las placas/análisis.

Se parece que González tiene una lesión
    precancerosa.

Jiménez, nódulo linfático sospechoso.

Moreno tiene sarcoma.

Flores tiene carcinoma.

Galván tiene leucoplasia.

Valdéz tiene melanoma.

González tiene cáncer del hígado.

Martín tiene cáncer de la vejiga.

Pérez tiene cáncer de la próstata

Fuentes tiene cáncer del seno.

Encina tiene cáncer cervical.

De la Peña tiene cáncer endometrial.

García tiene cáncer del colon/cáncer colorectal.

De la Vega tiene cáncer de las encías.

Martínez tiene cáncer del paladar.

Cuéllar tiene cáncer en el suelo de la boca.

Benítez tiene leucemia.

Enfermera

Estoy lista. Aquí tengo los records.

González, lesión precancerosa.

Jiménez, nódulo linfático sospechoso.

Moreno, sarcoma.

Flores, carcinoma.

Galván, leucoplasia.

Valdéz, melanoma.

González, cáncer del hígado.

Martín, cáncer de la vejiga.

Pérez, cáncer de la próstata.

Fuentes, cáncer del seno.

Encina, cáncer cervical.

De la Peña, cáncer endometrial.

García, cáncer del colon.

De la Vega, cáncer de las encías.

Martínez, cáncer del paladar.

Cuéllar, cáncer en el suelo de la boca.

Benítez, leucemia.

Práctica

Relacione los síntomas en la sección 17.4 con las clases de cáncer en esta sección.

Exprese su sentimiento acerca de lo que se ha encontrado. Imagine que usted está hablando a un pariente o amigo del paciente. Use el ejemplo siguiente como modelo:

Siento que el señor Flores tenga carcinoma.

17.6 Treatments and Procedures

✔Hospital   Hospital

What treatment do you suggest?

Chemotherapy?   *Yes, chemotherapy.*

Immunotherapy?   *Yes, _____.*

Hypothermia?

Radiation therapy?

X-rays?

Surgery?

Hormones?

Interferon?

What secondary effects did it produce?

Vomiting?   *Yes, vomiting.*

Diarrhea?   *Yes, _____.*

Headaches?

Loss of appetite?

Rash?

Dizziness?

Difficulty in breathing?

Loss of hair?

Low resistance to infections?

Anemia?

Depression of the bone marrow?

Practice

Tell whether each of the following is a treatment, a procedure, or a secondary effect:

surgery	dizziness
loss of appetite	radiation therapy
difficulty breathing	loss of hair
hypothermia	chemotherapy
x-rays	anemia

17.6 Tratamientos y procedimientos

✔Hospital

¿Qué tratamiento sugiere?

¿Quimioterapia?

¿Inmunoterapia?

¿Hipotermia?

¿Terapia de radiación?

¿Rayos X?

¿Cirugía?

¿Hormonas?

¿Interferón?

¿Qué efectos secundarios produjo el tratamiento?

¿Vómitos?

¿Diarrea?

¿Dolores de cabeza?

¿Pérdida de apetito?

¿Erupción?

¿Vértigo?

¿Respiración dificultosa?

¿Pérdida del cabello?

¿Baja resistencia a infecciones?

¿Anemia?

¿Depresión de la médula ósea?

Hospital

Sí, quimioterapia.

Sí, _____.

Sí, vómitos.

Sí, _____.

Práctica

En la lista siguiente diga si cada palabra o frase es tratamiento, procedimiento, o efecto secundario:

cirugía
pérdida de apetito
respiración dificultosa
hipotermia
rayos X

vértigo
terapia de radiación
pérdida del cabello
quimioterapia
anemia

17.7 Arthritis, Rheumatism, or Gout

✔Hospital

Does he/she have arthritis?

Does he/she have rheumatism?

What symptoms does he/she have?

Relative

Yes, he/she has arthritis.

No, he/she doesn't have rheumatism.

Chronic inflammation.

Tiredness.

Little appetite.

Stiffness in the joints.

Weakness.

Emotional depression.

What effects has it had?

Changes in the bone structure.

Formation of spurs.

Deterioration of the cartilage.

Practice

Find words or phrases that express ideas that are the opposite of the following:

good appetite

acute inflammation

flexible joints

good emotional state

energy

normal skeleton

17.7 Artritis, reuma o gota

✔Hospital

¿Tiene artritis?

¿Tiene reuma?

¿Qué síntomas tiene?

Pariente

Sí, tiene artritis.

No, no tiene reuma.

Inflamación crónica.

Cansancio.

Poco apetito.

Rigidez en las articulaciones.

Debilidad.

Depresión emocional.

¿Qué efectos le ha causado?

Alteración de la estructura ósea.

Formación de espolones.

Deterioración del cartílago.

Práctica

Encuentre la idea opuesta a las siguientes:

buen apetito	articulaciones flexibles	energía
inflamación aguda	buen estado emocional	esqueleto normal

17.8 Other Major Illnesses

✓ Hospital

Does she/he have tuberculosis?

Does she/he have _____?

muscular dystrophy	hemophilia
multiple sclerosis	Hodgkin's disease
epilepsy	toxic shock syndrome

Is it a congenital disease?

Is it _____?

| a genetic disease |
| a birth defect |
| a hereditary defect |
| Down's syndrome |

Hospital

Yes, she/he has tuberculosis.

Yes, she/he has _____.

poliomyelitis/polio	pernicious anemia
infantile paralysis	cerebral palsy
cystic fibrosis	Parkinson's disease

Yes, it's a congenital disease.

Yes, it's _____.

Practice

Tell what part of the body is affected by each illness.

17.8 Otras enfermedades mayores

✔Hospital

¿*Tiene* tuberculosis?

¿*Tiene* _____?

distrofia muscular	hemofilia	poliomielitis	anemia perniciosa
esclerosis múltiple	enfermedad de Hodgkin	parálisis infantil	parálisis cerebral
epilepsia	síndrome de choque tóxico	fibrosis quística	enfermedad de Parkinson

¿*Es* una enfermedad congénita?

¿*Es* _____?

una enfermedad genética
un defecto congénito
un defecto hereditario
síndrome de Down

Hospital

Sí, tiene tuberculosis.

Sí, tiene _____.

Sí, es una enfermedad congénita.

Sí, es _____.

Práctica

Diga qué parte del cuerpo es afectada por cada enfermedad.

17.9 Diabetes

✔ Hospital	Patient
The examinations indicate that you have diabetes.	Explain what that means, please.
That your pancreas does not produce sufficient insulin.	What is insulin?
The secretion of the pancreas.	What can we do?
Two things. First, we must control the level of sugar.	How?
You should have an insulin injection every day.	Do I have to come to your office every day?
No, we're going to teach you to do it yourself.	What else do I need to do?
You also have to keep your blood sugar from going up.	How can I do that?
With proper diet.	How should I change my diet?
We're going to teach you about diets.	All right.
We're going to teach you _____.	

	a system of substitutions for meals	What can I substitute?
	the meals that you should eat	What should I eat?
	to measure your food	How should I measure it?
	to measure the blood in your urine	

Practice

With a partner, practice asking and answering the following questions:

What foods shouldn't I eat?

Is it important to eat regular meals?

What foods can I substitute?

Should I have insulin injections every day?

How should I change my diet?

What is insulin?

What is diabetes?

17.9 Diabetes

✔Hospital

Los análisis indican que Ud. tiene diabetes.

Que su páncreas no produce suficiente
    insulina.

La secreción del páncreas.

Dos cosas. Primero, hay que controlar el nivel
    del azúcar.

Debe ponerse una inyección de insulina todos los
    días.

No, le vamos a enseñar para que Ud. lo haga.

También tiene que evitar que le suba el
    azúcar.

Con una dieta apropiada

Vamos a enseñarle acerca
    de las dietas.

Vamos a enseñarle

_____.

    un sistema de intercambio de comidas

    las comidas que debe comer

    a medir su alimento

    a medir el azúcar en la orina

Paciente

Explíqueme por favor lo que significa.

¿Qué es insulina?

¿Qué podemos hacer?

¿Cómo?

¿Tengo que venir a su consulta todos los días?

¿Qué más necesito hacer?

¿Cómo puedo evitarlo?

¿Cómo cambio la dieta?

Está bien.

¿Qué puedo intercambiar?

¿Qué debo comer?

¿Cómo debo medirlo?

Práctica

Con un compañero, practique preguntando y contestando las siguientes preguntas:

¿Qué comidas no debo comer?

¿Qué comidas puedo sustituir?

¿Cómo puedo cambiar mi dieta?

¿Qué es diabetes?

¿Es importante comer a horas regulares?

Debe ponerse inyecciones de insulina todos los
    días.

¿Qué es insulina?

17.10 Recommendations for the Diabetic

✔Hospital   Patient

You should avoid infections.   *I'll try to* avoid them.

You should avoid _____.   *I'll try to avoid* _____.

| sunburns hurting or cutting yourself | heating pads and hot water bottles washing with very hot water | smoking | alcoholic beverages |

You should wear gloves when you work in the yard.

You should/You shouldn't _____.

cut your toenails horizontally after bathing	I'll do that.
wear tight shoes or stockings	That's good advice.
examine your feet every day to see if you have sores	I'll pay attention to that.
look to see if you have spots on your skin	I'll do that.
do moderate exercise	Exercise helps.
maintain good circulation in order to avoid getting gangrene	Gangrene is dangerous, isn't it?

Yes, if you're careless it may be necessary to amputate the gangrenous part   I'll be very careful.

Practice

Tell what the diabetic should or should not do. Begin each statement with *One must* or *One must not.*

do moderate exercise.   check for spots on the skin.
use a heating pad.   wash with hot water.
cut one's feet.   use gloves to work in the garden.
cut one's nails after bathing.   maintain normal weight.
wear tight shoes or stockings.   be in the sun a lot.

17.10 Recomendaciones al diabético

✓Hospital

Debe evitar infecciones.

Debe evitar _____.

quemaduras del sol	almohadillas eléctricas y
herirse o cor-	bolsas de agua caliente
tarse	lavarse con agua muy
	caliente

Debe usar guantes para trabajar en el
jardín.

Debe/No debe _____.

> cortarse las uñas de los pies horizontalmente
> después del baño
>
> usar zapatos o medias muy apretados
>
> examinarse los pies todos los días a ver
> si tiene heridas
>
> buscar a ver si tiene manchas en la piel.
>
> hacer ejercicios moderados
>
> mantener buena circulación para evitar
> la gangrena

Sí, si se descuida puede ser necesario amputarle
la parte afectada.

Paciente

Trataré de evitarlas.

Trataré de evitar _____.

fumar	las bebidas alcohólicas

Yo hago eso.

Es un buen consejo.

Me ocuparé de eso.

Yo hago eso.

El ejercicio ayuda.

La gangrena es peligrosa, ¿verdad?

Me cuidaré mucho.

Práctica

Diga lo que debe o no debe hacer el diabético. Empiece la oración con *Hay que* o *No hay que*.

hacer ejercicios moderados.
usar una almohadilla eléctrica.
cortarse los pies.
cortarse las uñas después de bañarse.
usar zapatos o medias apretados.

buscar a ver si tiene manchas en la piel.
lavarse con agua caliente.
usar guantes para trabajar en el jardín.
mantener el peso normal.
estar mucho al sol.

17.11 Rehabilitation

✔Hospital	Relative
He/She has had a serious accident.	Can he/she walk?
He/She has to use a brace.	A brace? *For how long?*
He/She has to use _____.	

- a crutch
- crutches
- a walker
- a cane
- a wheelchair

He/She should hold the crutches out from his/her body.	How should he/she use them?
He/She should follow a program of	What should he/she do?

- physical therapy.
- rehabilitation.
- exercise.

Practice

Tell what the patient might need in the following cases.

He has broken a leg.	She is paralyzed.
She had a stroke.	She has just had knee surgery.
He has arthritis.	He had polio as a child and has one weak leg.

17.11 Rehabilitación

✔ Hospital

Ha tenido un accidente serio.

Tiene que usar un soporte.

Tiene que usar _____.

| una muleta
| muletas
| un andador
| un bastón
| una silla de ruedas

Debe separar las muletas del cuerpo.

Debe seguir un programa de

| terapia física.

| rehabilitación.

| ejercicios.

Pariente

¿Puede andar?

¿Un soporte? *¿Por cuánto tiempo?*

¿Cómo debe usarlos?

¿Qué debe hacer?

Práctica

Diga qué debe hacer el paciente en los siguientes casos.

Se ha roto una pierna.

Ha tenido un ataque al cerebro.

Tiene artritis.

Está paralítica.

Acaba de tener una operación en la rodilla.

De niño tuvo polio y tiene una pierna débil.

17.12 Handicaps

School Nurse	Parent
Is he blind?	*Yes, he's been* blind *for several years.*
Is he _____?	*Yes, he's been _____ for several years.*

| deaf | crippled | crippled in the hand | a stutterer |
| lame | maimed | hunchbacked | mentally retarded |

	Is she blind?
Yes, she's blind *now, but she's going to get better.*	Is she _____?
Yes, she's _____ now, but she's going to get better.	

| lame | deaf | crippled in the hand | a deaf-mute |
| crippled | | | |

Does she have problems in schoolwork?	Yes, she does.
Does she have dyslexia?	What is dyslexia?
It's a brain dysfunction.	

Practice

Give the disability that can be associated with each part of the body.

| eyes | shoulder | hand | hips |
| foot | ears | speech organs | vocal chords |

17.12 Incapacidades

Enfermera escolar		Madre/Padre	
¿Es ciego?		*Sí, hace varios años que está* ciego.	
¿Es _____?		*Sí, hace varios años que está* _____.	
sordo	tullido	manco	tartamudo
cojo	lisiado	jorobado	retardado mental

		¿Está ciega?	
Sí, está ciega *ahora, pero va a mejorarse.*		¿Está _____?	
Sí, está _____ *ahora, pero va a mejorarse.*			
coja	sorda	manca	sordomuda
tullida			

¿Tiene problemas con el trabajo escolar?	Sí, sí tiene.
¿Tiene dislexia?	¿Qué es dislexia?
Es un mal funcionamiento del cerebro.	

Práctica

Diga la incapacidad que se pueda asociar con cada parte del cuerpo.

los ojos	el hombro	la mano	las caderas
el pie	los oídos	los órganos de la palabra	las cuerdas vocales

Reading

Facts About Cancer Treatment*

The goal of cancer treatment is cure. If complete cure is not possible, and often it is not, treatment is aimed at controlling the disease, and giving the patient as long and normal a life as is possible.

Over 700,000 people in the United States develop some form of cancer during a year.

Cancer is not a single disease with a single treatment. In fact, there are more than 100 forms of the disease, and a variety of treatment methods are being used against it. Today specialists are treating many cancers successfully, and demonstrating that some, once thought hopeless, can now be cured.

Surgery, radiation, and chemotherapy, alone or in combination, are the major means of treating cancer. Experts in appropriate fields—whether radiology, chemotherapy, surgery, gynecology, urology, rehabilitation, or others—plan a course of therapy for the individual patient. The patient's own physician also reviews the expected course of that particular cancer. Cancers at different sites develop and spread differently and require different methods of management, depending on stage (size) of the tumor, grade of malignancy (some tumors grow far more rapidly than others), and age and general health of the patient.

Questions

What is the purpose of the treatment of cancer?
In the United States, how many people develop cancer each year?
How many forms of cancer are there?
What progress has been made in curing some forms of cancer?
What are the principal means of treating cancer?
Who plans the therapy for individual patients?
Why do cancers require different kinds of treatments?

*Reprinted with the permission of the American Cancer Society.

Lectura

Verdades sobre el tratamiento del cáncer*

La meta en el tratamiento del cáncer es su curación. Si no es posible la cura completa, y a menudo no lo es; el tratamiento va dirigido a controlar la enfermedad y darle al paciente una vida tan larga y normal como sea posible.

Más de 700,000 personas al año, en los Estados Unidos, desarrollan alguna forma de cáncer.

El cáncer no es una sola enfermedad con un solo tratamiento. De hecho, existen más de 100 formas de esta enfermedad, y se están usando contra ella una variedad de métodos de tratamiento. Hoy, los especialistas están tratando con éxito muchos cánceres, y están demostrando que algunos de ellos que una vez se consideraron sin esperanza de curación ahora pueden ser curados.

La cirugía, radiación y quimioterapia, solas o en combinación, son las principales formas de tratar el cáncer. Los expertos en cada campo—bien sea radiología, quimioterapia, cirugía, ginecología, urología, rehabilitación u otros—planean un curso de terapia para el paciente individual. El médico del paciente también revisa el curso esperado de ese cáncer en particular. Los cánceres de diferentes lugares del cuerpo se desarrollan y propagan en formas distintas y requieren diferentes métodos de luchar contra ellos, dependiendo de la etapa (tamaño) del tumor, grado de malignidad (algunos tumores crecen mucho más rápido que otros) y edad y salud general del paciente.

Preguntas

¿Cuál es el propósito del tratamiento para el cáncer?

¿Cuántas personas contraen cáncer en los Estados Unidos cada año?

¿Cuántas formas de cáncer hay?

¿Qué progreso se ha alcanzado en la cura de algunas formas de cáncer?

¿Cuáles son las principales formas de tratar de curar el cáncer?

¿Quién planea la terapia para los pacientes individualmente?

¿Por qué los cánceres requieren diferentes clases de tratamientos?

*Se imprime con permiso de American Cancer Society.

Evaluation

A. Choose the expression that has a meaning similar to the one italicized in each statement.

1. *He's pale.*
   a. He has bad color.
   b. We must take his blood pressure.
   c. He has a rapid pulse.
   d. He has a graft on the aorta.
2. He has *high blood pressure.*
   a. varicose veins.
   b. hypotension.
   c. hypertension.
   d. rhythmic pulse.
3. He has *rapid heartbeat.*
   a. arteriosclerosis.
   b. tachycardia.
   c. an embolus.
   d. an infarct.
4. She has *varicose veins.*
   a. coronary.
   b. hypotension.
   c. varices.
   d. various.
5. He has *cancer.*
   a. a sebaceous cyst.
   b. a malignancy.
   c. a fibroma.
   d. a scar.
6. He was in a serious accident, and he is *maimed.*
   a. a stutterer.
   b. crippled.
   c. deaf.
   d. blind.
7. You need to learn *to change your diet.*
   a. a system of substitution of foods.
   b. wear gloves when you work in the garden.
   c. not cut yourself.
   d. check for spots on the skin.

B. Information for diabetics. Read each statement orally. Tell if it is true or false. Correct the statement if it is false.
1. Your liver does not produce sufficient insulin.
2. Insulin is a secretion of the pancreas.
3. You can eat everything except sugar.
4. You must go to the doctor's office every day.
5. Generally the diabetic learns to give himself/herself injections.
6. The diabetic himself/herself can test for sugar in the urine.
7. It's necessary to keep your weight down.
8. The diabetic shouldn't overdo exercising.

C. Complete each sentence with the classification that best corresponds to each illness.
1. Down's syndrome is _____.
2. Epilepsy is _____.
3. Arthritis is _____.
4. Arteriosclerosis is _____.
5. Diabetes is _____.
6. Tuberculosis is _____.
7. Hemophilia is _____.

   a. a contagious disease.
   b. a degenerative disease.
   c. a hereditary defect.
   d. an endocrine disease.
   e. a nervous illness.

Combining Review

Review the following sections: 4.1, 4.2, 4.3, 4.4, 7.1, 8.2, 9.5, 11.6.

Choose at least one question, answer, or statement from each section. By combining the statements, make up a conversation. You may use the sections in any order you want, and add additional vocabulary as needed. The purpose of this practice is to review previously studied structures and vocabulary, and then to practice some of them through using them in a conversation.

Evaluación

A. Escoja la expresión de significado semejante a la que se subraya.

1. *Está pálido.*
   a. Tiene mal color.
   b. Hay que tomarle la presión.
   c. Tiene el pulso rápido.
   d. Tiene un injerto en la aorta.
2. Tiene *la presión alta.*
   a. várices.
   b. hipotensión.
   c. hipertensión.
   d. el pulso rítmico.
3. Tiene *palpitación rápida.*
   a. arterioesclerosis.
   b. taquicardia.
   c. embolia.
   d. infarto.
4. Tiene venas *varicosas.*
   a. coronaria.
   b. hipotensión.
   c. várices.
   d. varias.
5. Tiene *cáncer.*
   a. un quiste cebáceo.
   b. un tumor maligno.
   c. un fibroma.
   d. una cicatriz.
6. El ha tenido un accidente serio y está *mutilado.*
   a. tartamudo.
   b. lisiado.
   c. sordo.
   d. ciego.
7. Usted necesita aprender a *cambiar su dieta.*
   a. un sistema de sustitución de comidas.
   b. usar guantes cuando trabaja en el jardín.
   c. no cortarse.
   d. observarse a ver si tiene manchas en la piel.

B. Información para diabéticos. Lea cada oración en alta voz. Diga si es verdad o mentira. Corrija la oración si la información es incorrecta.
   1. Su hígado no produce suficiente insulina.
   2. La insulina es la secreción del páncreas.
   3. Puede comer todo menos azúcar.
   4. Tiene que ir a la consulta del médico todos los días.
   5. Generalmente el diabético aprende a inyectarse.
   6. El diabético mismo puede hacerse la prueba del azúcar en la orina.
   7. Es necesario mantener el peso bajo.
   8. El diabético no debe hacer ejercicios exagerados.

C. Complete la oración con la clasificación que mejor corresponda a cada enfermedad.
   1. El síndrome de Down es _____.
   2. La epilepsia es _____.
   3. La artritis es _____.
   4. La arterioesclerosis es _____.
   5. La diabetes es _____.
   6. La tuberculosis es _____.
   7. La hemofilia es _____.

   a. una enfermedad contagiosa.
   b. una enfermedad degenerativa.
   c. un defecto hereditario.
   d. una enfermedad endocrina.
   e. una enfermedad nerviosa.

Combinación de repaso

Repase las secciones siguientes: 4.1, 4.2, 4.3, 4.4, 7.1, 8.2, 9.5, 11.6.

Escoja por lo menos una pregunta, respuesta u oración de cada sección. Haga una conversación combinando las oraciones que haya seleccionado. Puede usar las secciones en cualquier orden que desee y añadir vocabulario adicional si se necesita. El propósito de esta práctica es repasar material previamente estudiado y practicar alguno usándolo en la conversación.

Actions

Choose a word or phrase from each column in order to make a complete sentence.

I'll try to	work	too hard.
I'll try not to	exercise	the diet.
He'll try to	eat	adequate circulation.
He'll try not to	watch for	sores on the feet.
She'll try to	change	less.
She'll try not to	substitute	more.
You'll try to	maintain	a normal weight.
You'll try not to	use	sweets.
	cut	a heating pad.
		my/his/her/your feet.

Situation

You are in charge of explaining to diabetics and their families the care that is necessary. You explain what they should do. The class takes the parts of patients and family members and asks you questions.

You are the physical therapist for a child who has broken his leg. You explain to him how he should use crutches and why he doesn't need a wheelchair, which he thinks would be great fun.

Acciones

Escoja una palabra o una frase de cada columna para componer una oración completa.

Trataré de	trabajar	demasiados ejercicios.
Trataré de no	hacer	la dieta.
El tratará de	comer	la circulación adecuada.
El tratará de no	ver	lesiones en los pies.
Ella tratará de	cambiar	menos.
Ella tratará de no	sustituir	más.
Ud. tratará de	mantener	un peso normal.
Ud. tratará de no	usar	dulces.
	cortar	una almohadilla eléctrica.
		mis/sus pies.

Situación

Usted tiene la responsabilidad de explicar a los diabéticos y a sus familias el cuidado que necesitan. Usted explica lo que deben hacer. La clase hace el papel de paciente y miembros de la familia y le hace preguntas a usted.

Usted es el terapista o la terapista para un niño que tiene una pierna fracturada. Usted le explica cómo debe usar las muletas y por qué no necesita una silla de ruedas lo que él cree que sería muy divertido.

Cultural Topics

From Past to Present

Attitudes toward people with mental and physical handicaps have changed a great deal through the course of history. At one time, love of beauty and a sense of the esthetic predominated. The handicapped, who could not make their own way, represented a burden for society, and they were condemned to live at the edges of society. These were the blind, the crippled and lame, the insane, the deformed and overlooked by fortune, objects of ridicule and discrimination.

Famous Spanish painters such as El Greco and Velázquez have immortalized some of these people in their art. Folklore attributed to them prophetic and superhuman qualities; some believed that the insane could communicate with the angels. Because psychology as a science was not known then, the special needs of this group were not understood. The mentally ill and those handicapped in other ways were shamefully hidden from public view as if they or their families were to blame for the disgrace.

If we compare to this the treatment given by today's society to the mentally or physically handicapped, we see an enormous difference between present-day attitudes and those of the Middle Ages. Today there are organizations that offer social services to the ill and handicapped and to their families. They publish magazines, newspapers, and pamphlets to disseminate information and protect the special interests of each group. These organizations may be supported by the government or by the private sector. There are also doctors, nurses, and other professionals who have specialized in these areas and who have at their disposition modern materials and equipment; they practice in hospitals and spend large amounts of money in studies aimed at understanding and treating these cases.

There are also associations that help parents and families in their adaptation to the problems that a handicapped person may have. We have, for example, the National Parent Network, among others, a national coalition of parents of handicapped children whose goal is to establish a link among groups of parents and to share information about local programs and services.

In regard to education of the handicapped, new laws require that children with handicaps enjoy the same educational privileges that other children have, and mandate their integration with the other children who are normal. In cases in which the children have to be separate because of the severity of their condition, there are special teachers with classrooms designed and equipped especially for this group of the population.

Another result of these laws is the appearance of ramps in public buildings and the sidewalks and elevators that have to be provided for the access of those who use wheelchairs or crutches.

Tópicos culturales

Lo que va de ayer a hoy

La actitud hacia las personas con incapacidades físicas y mentales ha cambiado mucho a través de la historia. El amor a la belleza y el sentido de la estética predominaban. Los incapacitados, que no podían valerse por sí mismos y representaban una carga para la sociedad, eran condenados a vivir al margen de la sociedad. Estos eran los ciegos, los mancos y cojos, los locos, los deformes y otros desheredados de la fortuna, objeto de burla y discriminación.

Pintores españoles famosos como el Greco y Velázquez han inmortalizado a algunos de estos personajes con su arte. Las creencias populares les atribuían cualidades sobrehumanas y proféticas y algunos creían que los locos podían comunicarse con los ángeles. Como la psicología como ciencia no se conocía entonces, no se comprendían las necesidades particulares de este grupo. Los enfermos mentales y los de otro modo incapacitados eran escondidos con vergüenza de la vista pública como si ellos o sus familias fueran culpables de su desgracia.

Si se compara el tratamiento que la presente sociedad da a los que son incapacitados física o mentalmente, vemos que hay un abismo de distancia entre la actitud actual y la que prevalecía en la Edad Media. Hoy hay organizaciones que ofrecen servicios sociales a los enfermos e incapacitados y a sus familias. Publican revistas, periódicos y folletos para difundir información y proteger los intereses especiales de cada grupo. Estas organizaciones pueden ser patronizadas por el gobierno o por el sector privado. También hay médicos, enfermeras y otros profesionales especializados en estas áreas que tienen a su disposición equipo y materiales modernos y que practican en hospitales y gastan cantidades enormes en investigaciones para comprender y tratar estos casos.

Hay también asociaciones para padres y familiares que ayudan a éstos en su adaptación a los problemas que una persona incapacitada representa. Tenemos, por ejemplo, la Red Nacional de Padres, entre otras, una coalición nacional de padres de niños incapacitados cuya meta es establecer un eslabón entre grupos de padres y compartir información acerca de programas y servicios locales.

Con respecto a la educación de estas personas, las leyes nuevas requieren que los niños con incapacidades gocen de los mismos privilegios educacionales que otros niños y demandan su integración con el resto de alumnos de condición normal. En casos en que estos niños tengan que estar separados por la severidad de su condición, hay maestros especiales con salones con equipos diseñados especialmente para este grupo de la población.

Otro resultado de estas leyes es la aparición de rampas en los edificios públicos y en las aceras y los elevadores que tienen que proveerse para el acceso de los que usen sillas de ruedas o muletas.

Questions

What has changed through history?
Who lived at the edge of society?
Who were the objects of ridicule and discrimination?
What was believed about the insane?
Who were shamefully hidden?
How does treatment of the handicapped in present-day society compare with that in the Middle Ages?
How do organizations help the ill and the handicapped?
Who does research? Where is it done?
What is the goal of the National Network of Parents?
What are two effects of modern laws?
Tell some experience that you have had with a handicapped person.

Pronunciation of Cognate Words

Read the following sentences aloud carefully pronouncing the italicized words according to the rules you have learned for English pronunciation.
   Decide if the information in each sentence is true or false.

1. *Arteriosclerosis* indicates *irregular palpitations*.
2. *Insulin* is a *secretion* of the *pancreas; insufficient insulin* causes *diabetes*.
3. *Gangrene* may result from *tachycardia*.
4. *Arthritis* is an *inflammation* of the joints.
5. *Physical therapy facilitates rehabilitation* in many *cases*.
6. Now there is a *vaccine* for *poliomyelitis* but there is no *protection* against *infantile paralysis*.
7. For the *chronic inflammation* of *rheumatism, chemotherapy* is a common *treatment*.
8. Low *resistance* to *infections, difficulty* breathing, and *vertigo* may all be *symptoms* of *diabetes*.
9. We will give you an *electrocardiogram* to see if you have *gout*.
10. A *urologist* is an *expert* in *urology,* a *gynecologist* is an *expert* in *gynecology,* and a *rheumatic* is an *expert* in *rheumatism*.

Preguntas

¿Qué ha cambiado a través de la historia?
¿Quienes vivían al margen de la sociedad?
¿Quiénes eran objeto de burla y discriminación?
¿Qué se creía de los locos?
¿Quiénes eran escondidos con verguenza?
¿Cómo se compara el tratamiento que la sociedad presente da a los incapacitados con el que se les
    daba en la Edad Media?
¿Cómo ayudan las organizaciones a los enfermos e incapacitados?
¿Quiénes hacen investigaciones? ¿Dónde se hacen?
¿Cuál es la meta de la Red Nacional de Padres?
¿Cuáles son dos efectos de las leyes modernas?
Relate alguna experiencia que usted haya tenido con alguna persona incapacitada.

Pronunciación de palabras cognadas

Lea las oraciones siguientes en alta voz pronunciando cuidadosamente las palabras subrayadas de
acuerdo con lo que usted ha estudiado de pronunciación española.
    Determine si la información contenida en cada oración es correcta o falsa.

1. La *arterioesclerosis indica palpitaciones irregulares.*
2. La *insulina* es la *secreción* del *páncreas;* la *insuficiencia* de la *insulina causa diabetes.*
3. La *gangrena* puede ser resultado de la *taquicardia.*
4. La *artritis* es la *inflamación* de las articulaciones.
5. La *terapia física facilita* la *rehabilitación* en muchos *casos.*
6. Ahora hay una *vacuna* para la *poliomielitis* pero no hay *protección* contra la *parálisis infantil.*
7. Para la *inflamación crónica* del *reumatismo,* la *quimioterapia* es un *tratamiento* común.
8. La baja *resistencia* a la *infección,* la *dificultad* al respirar y el *vértigo* pueden ser *síntomas* de *diabetes.*
9. Le haremos un *electrocardiograma* para ver si usted tiene *gota.*
10. Un *urólogo* es un *experto* en *urología,* un *ginecólogo* es un *experto* en *ginecología,* y el *reumático* es
    un *experto* en *reumatismo.*

Notas gramaticales/estructuras en inglés

El futuro

Las formas del futuro en inglés se consideran modales o verbos auxiliares, como se dijo en la Lección 7. El futuro se expresa en inglés por medio de los modales *shall* o *will*, con la forma simple del verbo. En conversación, esta forma se usa en contracción con el pronombre sujeto.

I'll try to exercise.   Trataré de hacer ejercicios.

La contracción para la forma negativa es *won't*.

I won't exercise.   No haré ejercicios.

Shall significa con frecuencia un ruego o súplica.

Shall I open the window?   ¿Abro la ventana?

El modo subjuntivo

El subjuntivo se usa raramente en inglés. Por lo tanto, cuando en español se usa el subjuntivo, en inglés se usa el verbo en el indicativo. *That* se omite generalmente.

I'm sorry (that) Mr. Flores had to be operated on.   Siento que el Sr. Flores tenga que operarse.

Grammar/Structure Notes on Spanish

Present Subjunctive in Expressions of Emotion

In the *Práctica* of section 17.5 you practiced the present subjunctive of the verb *tener: tenga*. In this case, the present subjunctive is used to show emotion after the expression *Siento que (I'm sorry that)*. Look at the following examples:

El médico siente que yo *tenga* diabetes.	The doctor is sorry that I have diabetes.
El médico siente que tú *tengas* diabetes, niño.	The doctor is sorry that you have diabetes, my child.
El médico siente que Ud. *tenga* diabetes, señor.	The doctor is sorry that you have diabetes, sir.
El médico siente que *tengamos* diabetes.	The doctor is sorry that we have diabetes.
El médico siente que Uds. *tengan* diabetes.	The doctor is sorry that you (pl.) have diabetes.

Future Tense

In the Acciones section of this lesson you were introduced to the future tense of the verb *tratar* (to try to). The future tense means *will* (often abbreviated *'ll*), or *won't* in the negative in English. The forms for all regular verbs, whether *-ar, -er,* or *-ir* are the same. To the infinitive are added the endings shown:

Spanish	English
trataré	I will try
tratarás	you (familiar) will try
tratará	you (formal), he, she will try
trataremos	we will try
tratarán	you (plural), they will try

The form you practiced in section 17.10, *haré* (I will do), is a form of the irregular future of *hacer*.

Grammar/Structure Reference

For more information on these two verb forms, see the following in a grammar book: subjunctive, forms of present; subjunctive, in noun clauses; and future tense.

Lesson 18
Maternity

New Material

18.1 Pregnancy

✓ Hospital

Why are you coming to see the doctor?

Why do you think so?

You haven't had menstruation?

Are you nauseated?

Do you have heartburn?

Do you have _____?

cramps in your legs	stomach acidity
swollen legs	discharge of blood
hemorrhoids	change in your breasts
pain in the small of the back	

Patient

I think I'm pregnant.

I haven't had my period for seven weeks.

No, I haven't.

Yes, I'm nauseated.

No, I'm not nauseated.

Yes, I have _____.

Practice

What symptoms can indicate pregnancy?

fever	pain in the breasts	swollen legs
vomiting	pain in the small of the back	lack of menstruation
pain in the area of the heart	headaches	bruises on the hips

Lección 18
Maternidad

Materia nueva

18.1 Embarazo

✔Hospital

¿Por qué viene usted al médico?

¿Por qué lo cree?

¿No tiene usted menstruación?

¿Tiene Ud. náuseas?

¿Tiene Ud. hervor?

¿Tiene Ud. _____?

calambres en las piernas	acidez en el estómago
las piernas hinchadas	flujo de sangre
hemorroides	cambio en los senos
dolor de cintura	

Paciente

Creo que estoy embarazada.

Porque hace siete semanas que no tengo mi regla.

No, no tengo.

Sí, tengo náuseas.

No, no tengo náuseas.

Sí, tengo _____.

Práctica

¿Qué síntomas pueden indicar el embarazo?

fiebre	dolor en los senos	las piernas hinchadas
vómitos	dolor en la cintura	falta de menstruación
dolor en la región del corazón	dolores de cabeza	contusiones en las caderas

18.2 What should I do?

<u>Hospital</u>

✔<u>Patient</u>

What should I do?

You should rest more.

You should _____.

rest every day	stay in a good
keep your body	mood
clean	exercise
keep your normal	moderately
weight	walk every day

Yes, ma'am you should visit the doctor
  regularly.

Should I visit the doctor often?

Should I _____?

wear comfortable	keep on playing tennis
clothing	keep on jogging
wear loose-fitting	keep on swimming
clothing	
keep on working	

How long does the pregnancy last?

It lasts	nine months.
	ten lunar months.
	40 weeks.
	from 273 to 280 days after your last
	menstrual period.

Practice

Complete each verb in the first column with an appropriate phrase from the second column.

rest	nine months
keep	loose-fitting clothing
visit	the doctor frequently
wear	your normal weight
do	every day
last	working
keep on	moderate exercise

18.2 ¿Qué debo hacer?

Hospital

✔ Paciente

¿Qué debo hacer?

Debe descansar más.

Debe _____.

descansar todos los días	conservar su buen humor
conservar su cuerpo limpio	hacer ejercicio moderado
conservar su peso normal	caminar todos los días

¿Debo visitar al médico con frecuencia?

Sí, señora, Ud. debe visitar al médico con frecuencia.

¿Debo _____?

usar ropa cómoda	seguir jugando al tenis
usar ropa amplia	seguir corriendo
seguir trabajando	seguir nadando

¿Cuánto dura el período de la gestación?

Dura | nueve meses.
diez meses lunares.
cuarenta semanas.
de 273 a 280 días después del último período.

Práctica

Complete el verbo de la primera columna con una frase apropiada de la segunda columna.

descansar	nueve meses
conservar	ropa amplia
visitar	al médico con frecuencia
usar	su peso normal
hacer	todos los días
durar	trabajando
seguir	ejercicio moderado

18.3 Problems

Hospital	Patient
Have you had problems?	*Yes, doctor, I've had* problems.
	No, doctor, I haven't had problems.

Have you had _____?

a miscarriage/abortion	headaches
an induced abortion	toxemia
a therapeutic abortion	eclampsia
rapid weight gain	high blood pressure
vision difficulties	

Do you see black spots?	No, I don't see black spots.
Do you have any other questions?	Are there any tests I should have?
We can do amniocentesis and ultrasound tests.	Are there other things I should look for?
A discharge of blood.	
Anything unusual.	When should I stay in bed?
If your bag of waters breaks.	*When should I go to the hospital?*
If you have strong pains.	
If you have frequent contractions.	

Practice

Select the appropriate completion or answer for each of the following:

1. I haven't had my period and I think I'm _____.
   a. moderate.
   b. weight.
   c. question.
   d. pregnant.
2. My legs are swollen, and I have _____ in my legs, too.
   a. heartburn
   b. nausea
   c. flow
   d. cramps
3. If your bag of waters _____, you should go the hospital.
   a. breaks
   b. sees
   c. danger
   d. brush
4. Have you had problems? Yes, I have _____.
   a. forty weeks.
   b. the last period.
   c. high blood pressure.
   d. toothache.
5. I have a flow of blood.
   a. I don't have contractions.
   b. You should call the doctor.
   c. Have you gained weight?
   d. How many children do you have?
6. What do I do if my bag of waters breaks?
   a. We'll give you general anesthesia.
   b. You must take aspirin.
   c. You have to call your mother.
   d. You have to stay in bed.

18.3 Problemas

✔ Hospital

¿*Ha tenido* problemas?

¿He tenido _____?

un aborto accidental	dolores de cabeza
un aborto provocado	toxemia
un aborto terapeútico	eclampsia
aumento de peso rápido	la presión alta
trastornos en la visión	

¿Ve puntos negros?

¿Tiene otras preguntas?

Podemos hacer exámenes de amniosintesis y utrasónico.

Flujo de sangre.

Cualquier cosa extraordinaria.

Si se le rompe la fuente.

Si tiene dolores fuertes.

Si tiene contracciones frecuentes.

Paciente

Sí, doctor, he tenido problemas.

No, doctor, no he tenido problemas.

No, no veo puntos negros.

¿Hay otros exámenes que me pueden hacer?

¿Hay otras cosas que debo observar?

¿Cuándo debo quedarme en cama?

¿*Cuándo debo ir al hospital?*

Práctica

Escoja la mejor respuesta o complemento para cada una de las proposiciones siguientes:

1. No tengo mi regla y creo que estoy _____.
   a. moderada.
   b. peso.
   c. pregunta.
   d. embarazada.
2. Tengo las piernas hinchadas y _____ en las piernas también.
   a. hervor
   b. náuseas
   c. flujo
   d. calambres
3. Si se le _____ la fuente debe ir al hospital.
   a. rompe
   b. ve
   c. peligro
   d. cepillo

4. ¿Ha tenido problemas? Sí, tengo _____.
   a. cuarenta semanas.
   b. el último período.
   c. la presión alta.
   d. dolor de muelas.
5. Tengo flujo de sangre.
   a. No tengo contracciones.
   b. Debe llamar al médico.
   c. ¿Ha aumentado de peso?
   d. ¿Cuántos hijos tiene?
6. ¿Qué hago si se me rompe la fuente?
   a. Hay que darle anestesia.
   b. Tiene que tomar aspirina.
   c. Tiene que llamar a su mamá.
   d. Tiene que quedarse en cama.

18.4 Labor

Hospital	Patient

✔ Hospital

We're going to | the maternity floor.
the predelivery room.
the labor room.
the delivery room.

We're going to prepare *you.*

We're going to _____.

| shave you | take your blood pressure |
| observe you | take your pulse |

Do you have | frequent pains?
frequent contractions?
frequent expulsive contractions?

Very strong?

How often?

You must | breathe deeply.
pant.

Don't push.

Patient

Good. I'm ready.

Are you going to prepare *me?*

Are you going to _____?

| do a rectal exam | put in a catheter |
| give you an enema | |

Yes, *I have* pains.

Yes, very strong.

Every twenty minutes.

Every twelve minutes.

Every three minutes.

But it hurts so much.

18.4 Labor

Hospital	Paciente

✔Hospital

Vamos | al piso de maternidad.
a la sala prenatal.
a la sala de labor.
a la sala de partos.

Paciente

Bueno, estoy lista.

Vamos a prepararla.

¿*Van* a prepararme?

Vamos a _____.

¿*Van* a _____?

| afeitarla/rasurarla | tomarle la presión |
| observarla | tomarle el pulso |

hacerle un tacto rectal	ponerle una sonda/
ponerle una	catéter
enema/lavativa/ayuda	

¿*Tiene* | dolores frecuentes?
dolores de parto frecuentes?
pujos seguidos?

Sí, *tengo* dolores.

¿Muy fuertes?

Sí, muy fuertes.

¿*Con qué frecuencia?*

Cada veinte minutos.

Cada doce minutos.

Cada tres minutos.

Hay que | respirar profundo.
acezar.

Pero me duele mucho.

No puje.

Practice

Choose the best completion for each statement.

1. You should go to the hospital because you're having frequent _____.
   a. contractions.
   b. headache.
   c. suitcases.
   d. acidity.
2. Let's go to the _____ room.
   a. urinate
   b. contractions
   c. delivery
   d. floor
3. We must call the doctor. You have _____.
   a. the bottle.
   b. frequent expulsive contractions.
   c. swollen legs.
   d. stomachache.

4. Don't push. You should _____ and you'll feel better.
   a. pant
   b. pull
   c. push
   d. break
5. We're going to put in _____.
   a. the bedpan.
   b. your blood pressure.
   c. shave.
   d. a catheter.

Práctica

Complete la oración con la mejor respuesta.

1. Debe ir al hospital porque tiene _____ frecuentes.
   a. contracciones
   b. dolor de cabeza
   c. maletas
   d. acidez
2. Vamos a la sala de _____.
   a. orinar.
   b. contracciones.
   c. partos.
   d. piso.
3. Hay que llamar al médico. Ud. tiene _____.
   a. la botella.
   b. pujos seguidos.
   c. las piernas hinchadas.
   d. dolor de estómago.

4. No puje, debe _____ para sentirse mejor.
   a. acezar
   b. tirar
   c. empujar
   d. romper
5. Vamos a ponerle _____.
   a. el bacín.
   b. la presión de sangre.
   c. afeitar.
   d. una sonda.

18.5 Delivery

✔Hospital

What kind of anesthesia do you want?

Do you want | a spinal?
| a caudal?
| general anesthetic?
| natural childbirth?

I think so.

I hope not.

I don't think so.

I don't think so.

Not yet. You're just beginning.

The baby's coming now.

Wake up.

It weighs | eight pounds.
| eight pounds three ounces.
| four pounds eight ounces.

We'll have to put it in the incubator.

It measures | 21 inches.
| 20 inches.

Yes, a very pretty baby.

Patient

I want a local anesthetic.

Yes, I want a spinal.

Am I going to have | a normal birth?
| a difficult birth?

Are they going to do a cesarean section?

Are they going to use | forceps?
| tongs?
| pincers?

I want medicine.

Is it a boy or a girl?

Is it normal?

Is it all right?

How much does it weigh?

How much does it measure?

He's/She's very pretty.

Practice

Find a related word or phrase in column B for each word or phrase in column A.

A	B
weigh	ounces
local anesthesia	cesarean
natural childbirth	difficult childbirth
normal childbirth	catheterize
push	forceps
pounds	spinal
tongs	measure
labor	rest
urinate	anesthetic

18.5 Parto

✔ Hospital

¿Qué clase de anestesia quiere?

¿Quiere | una raquídea?
una anestesia caudal?
anestesia general?
un parto natural?

Creo que sí.

Espero que no.

Creo que no.

Creo que no.

Todavía no. Apenas empieza.

Ya viene el bebé.

Despiértese.

Pesa | ocho libras.
ocho libras tres onzas.
cuatro libras ocho onzas.

Tenemos que ponerlo en la incubadora.

Mide | 21 pulgadas.
20 pulgadas.

Sí, un bebé muy bonito.

Paciente

Quiero anestesia local.

Sí, quiero raquídea.

¿Voy a tener | un parto normal?
un parto difícil?

¿Van a hacerme una operación cesárea?

¿Van a usar | fórceps?
tenazas?
pinzas?

Quiero medicina.

¿Es un niño o una niña?

¿Es normal?

¿Está bien?

¿Cuánto pesa?

¿Cuánto mide?

Es muy bonito/bonita.

Práctica

Escoja una palabra o una frase de la columna B que pueda relacionarse con cada palabra o frase en la columna A.

A	B
pesar	onzas
anestesia local	cesárea
parto natural	parto difícil
parto normal	sondear
pujar	forceps
libras	raquídea
tenazas	medir
labor	descansar
orinar	anestético

18.6 Postnatal Care of the Mother

<u>Hospital</u>

We need to contract your uterus.

You need to use a lamp.

On the perineum.

On the incision.

On the stitches.

To dry up the incision.

For twenty minutes.

Are you watching for excess flow?

Are you _____ ?

preparing the formula	boiling the bottles
preparing the milk	rinsing the bottles
sterilizing the bottles	drying the bottles
washing the bottles	giving medicines

Yes, you can see him/her.

No, you can't _____ .

Every three or four hours.
The doctor will tell you.
After six weeks.
Right away.
Very soon.

It's necessary to dry up your milk.
You should wash each breast before nursing the baby.

You should put cream on your nipples.

✔ <u>Patient</u>

What is necessary?

Where?

Why?
For how long?

Yes, I'm watching for it.

Yes, I'm _____ .

drinking a lot of liquids	sitting up
resting enough	sitting in a chair
eating a regular diet	
letting your legs dangle	walking
	taking showers

Can I see the baby?
Can I _____ ?

nurse the baby
go to the bathroom
eat everything
smoke

When can I nurse the baby?
go home?
have intercourse with my husband?

When are they going to bring the baby?
should I see the doctor again?
are they going to discharge me?

What if I'm not going to nurse the baby?
I'm going to nurse the baby?

18.6 Cuidado postnatal de la madre

Hospital

Paciente

¿Qué hay que hacer?

Hay que contraer el útero.

Hay que ponerle una lámpara.

¿Dónde?

En el perineo.

En la incisión.

En las puntadas.

¿Por qué?

Para secarle la herida.

¿Por cuánto tiempo?

Por veinte minutos.

¿Está observando el exceso de flujo?

Sí, estoy observándolo.

¿Está _____?

Sí, estoy _____.

preparando la fórmula	hirviendo las botellas	tomando muchos líquidos	sentándose
preparando la leche	enjuagando las botellas	descansando bastante	sentándose en una silla
esterilizando las botellas	secando las botellas	comiendo una dieta general	andando
lavando las botellas	dando medicinas	colgando las piernas	dándose baños de regadera

¿Puedo ver el bebé?

¿Puedo _____?

dar de mamar al bebé?

ir al baño?

comer todo?

fumar?

Sí, puede verlo/la.

No, no puede _____.

¿Cuándo puedo | darle el pecho al bebé?

ir a casa?

tener relaciones con mi esposo?

Cada tres o cuatro horas.

El médico va a decirle.

Después de seis semanas.

En seguida.

Muy pronto.

Es necesario secarle la leche.

Debe lavarse cada pecho antes de dar de mamar al bebé.

Debe poner crema en los pezones.

¿Cuándo | van a traer el bebé?

debo ver al médico?

van a darme de alta?

¿Qué hago | si no voy a darle el pecho?

si voy a darle el pecho?

Practice

With a partner, ask and answer the following questions:

How do you prepare the formula?

How long does the patient dangle her legs?

How long does the patient use a lamp?

Where does the patient use a lamp?

When can the patient have sexual relations with her husband?

How long can the patient sit in a chair?

When can the patient take showers?

How much liquid should the patient drink?

How much can the patient walk?

What should she do before nursing the baby?

18.7 Care of the Newborn

Hospital

If the baby is wet.

If the baby is dirty.

Yes, that's what we use here.

By washing and changing him/her.

When he's/she's thirsty.

Every three or four hours.

Every day.

In warm water.

With your elbow.

After the umbilical cord falls off.

After the navel dries up.

You must | avoid drafts.
change the baby's diapers.
feed him/her according to the doctor's recommendations.
give the baby a sponge bath.
dry him/her well.
put talcum powder on the baby.

✔ Patient

When should I change the baby's diapers?

Do I need to buy disposable diapers?

How should I keep him/her clean?

How often should I give the baby water?

When should I nurse/breast-feed the baby?

When must I bathe him/her?

How must I bathe him/her?

How must I test the water?

When can I put him/her into the water?

Yes, of course.

Práctica

Con su pareja, pregunte y conteste las preguntas siguientes:

¿Cómo prepara usted la fórmula?

¿Cuánto tiempo puede la paciente colgar las piernas?

¿Cuánto tiempo usa la paciente la lámpara?

¿Dónde la paciente usa la lámpara?

¿Cuándo la paciente puede tener relaciones sexuales con su esposo?

¿Cuánto tiempo puede la paciente sentarse en una silla?

¿Cuándo puede la paciente bañarse en la ducha?

¿Cuánto líquido debe tomar el paciente?

¿Cuánto debe caminar la paciente?

¿Qué debe ella de hacer antes de darle de mamar al bebé?

18.7 Cuidado del recién nacido

Hospital

Si está mojado/mojada.

Si está sucio/sucia.

Sí, es lo que usamos aquí.

Hay que | lavarlo y cambiarlo.
| lavarla y cambiarla.

Cuando tiene sed.

Cada tres o cuatro horas.

Todos los días.

En agua tibia.

Con el codo.

Después de caérsee el ombligo/el cordón umbilical.

Después de secársele el ombligo.

Hay que | evitar las corrientes de aire.
| cambiarle el pañal al bebé.
| alimentarlo/la según diga el médico.
| darle un baño de esponja al bebé.
| secarlo/la bien.
| ponerle talco al bebé.

Paciente

¿Cuándo debo cambiar al bebé?

¿Necesito comprar pañales desechables?

¿Cómo debo | mantenerlo limpio?
| mantenerla limpia?

¿Cuándo debo dar agua al bebé?

¿Cuándo debo dar el pecho al bebé?

¿Cuándo debo bañar al bebé?

¿Cómo debo bañarlo/la?

¿Cómo hay que probar el agua?

¿Cuándo puedo sumergirlo/la en el agua?

Sí, por supuesto.

Practice

Give completions to the following statements.

You must bathe him
You must change her
You must breastfeed him
You must avoid
You can put her in water when
You can give him water

18.8 Feeding the Newborn

✔ Hospital

You must	prepare the formula.
	use a measuring cup.
	use a sterilizer.
	have eight or ten baby bottles.
	wash the baby bottles in hot water.
	wash the utensils.
	sterilize the baby bottles.
	sterilize the nipples.
	test the milk.
	test it on the inner part of your arm.

You must burp the baby.

Yes, the baby has to	burp.
	eliminate well.
	eliminate regularly.

Patient

How should I prepare it?
Is it important?
Should I buy one?
Why so many?
Why hot water?
Each time I use them?
How should I sterilize them?
The same as the bottles?
How should I test it?

Burp him/her?

I understand. If he/she doesn't burp, he'll/she'll have gas.

Practice

Find the related word or expression.

eliminate	sterilizer
breast	formula
bath	measure
milk	soap
utensil	have a bowel movement
cup	nipple
bottle	baby bottle

Práctica

Complete las oraciones siguientes:

Hay que bañarlo
Hay que cambiarle
Hay que darle el pecho
Hay que evitar
Puede sumergirlo cuando
Puede darle agua

18.8 Alimentación del recién nacido

✔ **Hospital**

Hay que | preparar la fórmula.
usar una taza de medir.
usar un esterilizador.
tener ocho o diez biberones.
lavar los biberones en agua caliente.
lavar los utensilios.
esterilizar los biberones.
esterilizar las teteras/los tetos.
probar la leche.
probarla en la parte interior del brazo.

Hay que hacer eructar el bebé.

Sí, el bebé tiene que | eructar.
eliminar bien.
eliminar con regularidad.

Paciente

¿Cómo debo prepararla?
¿Es importante?
¿Debo comprar uno?
¿Por qué tantos?
¿Por qué agua caliente?
¿Cada vez que los uso?
¿Cómo debo esterilizarlos?
¿Igual que los biberones?
¿Cómo debo probarla?

¿Eructar?

Comprendo. Si no eructa, tiene gas.

Práctica

Encuentre la palabra o expresión relacionada.

eliminar
el pecho
el baño
la leche
el utensilio
la taza
la botella

el esterilizador
la fórmula
medir
el jabón
defecar
el pezón
el biberón

Reading

Formula for Your Baby

Boiling

Put a clean rack in a clean pan. Put the empty bottles in the pan. Add several inches of water. Put the pan without a cover on the stove. When it begins to boil, put on the lid and let it boil 25 minutes.

Keeping

Turn off the stove. Take the pan off the burner, put it aside without removing the cover, and let it cool from 1½ to 2 hours. Take the cover off, take out the bottles, and tighten the tops. Open milk cans should be kept covered in the refrigerator with the bottles.

Warnings About the Formula

The baby's formula is very special. Try to follow directions exactly. Don't make any change without consulting your doctor. Always sterilize the milk—this kills germs and aids the baby's digestion. Don't change the formula to homogenized milk without first checking with your doctor.

There are two methods for sterilizing the formula. (1) The bottles can be sterilized before filling them with the formula. (2) The formula can be put in the clean bottles, and then the formula and the bottles can be sterilized at the same time.

Questions

How long should the water in the pan boil?
How long should the pan cool?
When should you take off the cover?
Is it all right to make changes in the formula?
Why should the milk always be sterilized?
What are the two methods for sterilizing the formula?
When do you think a formula is preferable to breast-feeding?

Lectura

Fórmula para su bebé

Hervir

Ponga una parrilla en una cacerola limpia. Ponga las botellas vacías en la cacerola. Añada unas pulgadas de agua. Ponga la cacerola sin tapa en la estufa. Cuando empiece a hervir, ponga la tapa y déjela hervir 25 minutos.

Guardar

Apague la lumbre. Quite la olla de la lumbre, póngala al lado sin quitarle la tapa de déjela enfriar de una y media a dos horas. Quítele la tapa, saque las botellas y apriétele las tapas. Latas de leche abiertas deben mantenerse cubiertas y guardarse con las botellas en el refrigerador.

Advertencias para la fórmula

La fórmula del bebé es muy especial. Procure seguir las instrucciones exactamente. No haga ningún cambio sin antes consultar con el médico. Siempre esterilice la leche—esto mata los microbios y facilita la digestión del bebé. No cambie de fórmula a leche homogenizada sin antes consultar con el médico.

   Hay dos métodos de esterilizar la fórmula. (1) Se pueden esterilizar las botellas antes de llenarlas con la fórmula. (2) Se puede poner la fórmula en las botellas limpias y esterilizar la fórmula y las botellas a la vez.

Preguntas

¿Cuánto tiempo debe hervir el agua?
¿Cuánto tiempo debe enfriar la cazuela?
¿Cuándo debe quitarle la tapa?
¿Se puede cambiar la fórmula?
¿Por qué hay que esterilizar la fórmula siempre?
¿Cuáles son los dos métodos de esterilizar la fórmula?
¿Cuándo cree usted que una fórmula es preferible al pecho de la madre?

Evaluation

A. Choose the best completion for each sentence.

1. It's necessary to change the baby's _____.
   a. diaper.
   b. clean.
   c. bottle.
   d. shower.
2. It's necessary to give the baby _____.
   a. a room.
   b. pills.
   c. water.
   d. a lamp.
3. It's necessary to rinse _____.
   a. the milk.
   b. the laxative.
   c. the formula.
   d. the bottles.
4. A sedative is necessary _____.
   a. when you walk.
   b. when you put on cream.
   c. at bedtime.
   d. on the perineum.
5. It's necessary to put _____ on the incision.
   a. a laxative
   b. cream
   c. the lamp
   d. the stitches

6. You must bathe the baby in _____ water.
   a. warm
   b. hot
   c. icy
   d. dirty
7. You can put the baby into the water after _____.
   a. drying him well.
   b. preparing the formula.
   c. wetting him well.
   d. the umbilical cord falls off.
8. Every three or four hours you can _____ the baby.
   a. measure
   b. bathe
   c. feed
   d. sleep
9. After having milk, the baby has to _____.
   a. eliminate.
   b. wash.
   c. burp.
   d. change.

B. Which verbs can complete only sentence 1? Which can complete only sentence 2? Which can complete both 1 and 2?

1. It's necessary to _____ the bottles.
2. It's necessary to _____ the baby.

   a. take care of
   b. rinse
   c. change
   d. wash
   e. sterilize

   f. bathe
   g. dry
   h. put to bed
   i. give water to
   j. boil

C. Choose the correct word to complete each sentence.

1. If the baby is not a boy, it's a _____.
2. If you have fever, you have high _____.
3. If you're asleep, you can _____.
4. If you can't have a normal delivery, you need _____.
5. If you lose water, you have to stay in _____.
6. If you don't want natural childbirth, you must have _____.

   a. dyspepsia
   b. anesthesia
   c. temperature
   d. cesarean section
   e. girl
   f. blood pressure
   g. wake up
   h. bed
   i. aspirin

Evaluación

A. Escoja la mejor respuesta para completar la oración.

1. Es necesario cambiar _____ a la niña.
   a. el pañal
   b. limpio
   c. la botella
   d. ducha
2. Es necesario dar _____ al bebé.
   a. cuarto
   b. píldoras
   c. agua
   d. lámpara
3. Es necesario enjuagar _____.
   a. la leche.
   b. el laxante.
   c. la fórmula.
   d. las botellas.
4. Es necesario un calmante _____.
   a. al andar.
   b. al ponerse crema.
   c. al acostarse.
   d. en el perineo.
5. Es necesario ponerle _____ en la herida.
   a. un laxante
   b. crema
   c. la lámpara
   d. las puntadas

6. Hay que bañar al bebé en agua _____.
   a. tibia.
   b. caliente.
   c. helada.
   d. sucia.
7. Puede sumergir al niño en agua después de
   _____.
   a. secarlo bien.
   b. preparar la fórmula.
   c. mojarlo bien.
   d. caérsele el ombligo.
8. Cada tres o cuatro horas puede _____ al
   niño.
   a. medir
   b. bañar
   c. alimentar
   d. dormir
9. Después de tomar la leche el niño tiene que
   _____.
   a. eliminar.
   b. lavarse.
   c. eructar.
   d. cambiar.

B. ¿Qué verbos pueden completar solo la oración 1? ¿Cuáles pueden completar solo la oración 2?
   ¿Qué verbos pueden completar ambas 1 y 2?

1. Es necesario _____ las botellas.
2. Es necesario _____ al bebé.

   a. cuidar   f. bañar
   b. enjuagar   g. secar
   c. cambiar   h. acostar
   d. lavar   i. dar agua
   e. esterilizar   j. hervir

C. Escoja la palabra correcta para completar cada oración.

1. Si el bebé no es un niño, es una _____.
2. Si tiene fiebre, Ud. tiene la _____ alta.
3. Si Ud. está dormida, puede _____.
4. Si no puede tener un parto normal, hay que
   hacerle una _____.
5. Si pierde agua, tiene que quedarse en la _____.
6. Si no quiere un parto natural, hay que darle _____.

   a. dispepsia
   b. anestesia
   c. temperatura
   d. cesárea
   e. niña
   f. presión
   g. despertarse
   h. cama
   i. aspirina

Combining Review

Review the following sections: 13.1, 13.2, 14.2, 16.1.

   Choose at least one question, answer, or statement from each section. By combining the statements, make up a conversation. You may use the sections in any order you want, and add additional vocabulary as needed. The purpose of this practice is to review previously studied structures and vocabulary, and then to practice some of them through using them in a conversation.

Actions

Choose a word from each column in order to form a complete sentence.

I	am	preparing	now.
The doctor	is	operating	in the hall.
You, sir,	are	giving	in a catheter.
You and I		taking	the formula.
The doctor and you		putting	on the patient.
		walking	the medicine.

Situation

You are a social worker in a home for unwed mothers. You explain prenatal care to the mothers-to-be. What questions do they have for you?

   You are the nurse in the maternity ward. A new young mother has many questions about how to care for her new baby. You patiently answer them. Then her husband arrives and asks many of the same questions. You ask the new mother to explain to her husband what you have explained to her.

Combinación de repaso

Repase las secciones siguientes: 13.1, 13.2, 14.2, 16.1.

Escoja por lo menos una pregunta, respuesta, u oración de cada sección. Haga una conversación combinando las oraciones que haya seleccionado. Puede usar las secciones en cualquier orden que desee y añadir vocabulario adicional si se necesita. El propósito de esta práctica es repasar material previamente estudiado y practicar alguno usándolo en la conversación.

Acciones

Escoja una palabra de cada columna para formar una oración completa.

Yo	estoy	preparando	ahora.
El médico	está	operando	en el pasillo.
Ud., señor,	estamos	dando	-le un catéter.
Ud. y yo	están	tomando	-le la fórmula.
El médico y Ud.		poniendo	al paciente.
		andando	-le la medicina.

Situación

Usted es una trabajadora social en un hogar para madres solteras. Usted explica a las futuras madres el cuidado prenatal. ¿Qué preguntas le hacen ellas a usted?

Usted es una enfermera en el salón de maternidad de un hospital. Una madre joven y sin experiencia le hace muchas preguntas acerca de cómo cuidar a su bebé. Usted le contesta pacientemente. Entonces el esposo llega y le hace a usted las mismas preguntas. Usted le pide a la madre que le explique a su esposo lo que usted le ha explicado a ella.

Cultural Topics

The Midwife

If you ask any person of Hispanic origin who is 50 years old or more where he or she was born, almost surely the answer will be at home. To be born at home was the common, generally accepted practice. For families that had a prominent position in the locality, the only difference was that instead of the woman being assisted by a midwife, the doctor went to her home and one or more assistants helped him.

When a woman gave birth, the neighbors in the community would come to visit her, bringing a chicken hanging by its claws and other treats to eat. The tradition was that the woman who had recently given birth should eat a rich chicken or hen soup during the first forty days in order to regain her well-being and to have enough milk to nurse the child. A relative would come to be with her the first weeks to help out with the housework.

All this was possible because of the services of the midwife.

The midwife was a person of extraordinary qualities: strong character, able, decisive, and influential in the community. For her, life was a miracle, and it was glorious to see the harvest of children and adults that she had been able to help bring into the world. And young people looked at her with respect and something of thankfulness.

One wonders how such a deed could be carried out with only rudimentary elements of hygiene and the lack of scientific knowledge. The midwife might not have had scientific knowledge, but she certainly had empirical knowledge. Although it's certainly true that once in a while women had difficult births that in a hospital would have been treated as cesareans, in general most cases ended happily. With the help of herbs, massages, ointments, boiling water, clean cloths, prayers, and faith, the feat was carried out.

Home births have become so popular among young women in recent years that hospitals have resorted to relaxing the rigidity of the atmosphere in maternity cases. Before, the woman was isolated from her husband and the rest of the family. Today most modern hospitals have what is called a "birthing room," an appropriately decorated room where the woman spends the hours of her labor in the company of her husband, children, or other close family members. It's an atmosphere similar to the home. The husband is permitted to be present during the delivery, and both husband and wife can enjoy this great experience in their lives.

The custom of giving birth at home is still practiced in the rural Hispanic world and among other ethnic groups. And today, even in large cities in this country, many young mothers opt for having their delivery at home attended by a midwife and assisted by the husband. Some do it for economic reasons; others do it for cultural reasons. This popularity has been responsible for many books being published in this field so that the midwife can educate her patients and prepare them for a happy delivery without complications.

Tópicos culturales

La comadrona o la partera

Si usted le pregunta a cualquier persona de origen hispano que tenga 50 años o más dónde nació, casi seguro que le va a decir que nació en su casa. Dar a luz en su casa era cosa corrientemente aceptada en general. Para aquellas familias que tenían una posición predominante en la localidad, la única diferencia era que en vez de la mujer ser asistida por una comadrona el médico iba a la casa y lo ayudaban una o más asistentas.

Cuando una mujer daba a luz, las vecinas en la comunidad al venir a visitarla le traían una gallina colgada por las patas y otras golosinas de comer. La tradición era que la recién parida comiera sopa rica de pollo o gallina durante cuarenta días para restablecerse ella y para que tuviera bastante leche para amamantar a la criatura. Una parienta venía a pasar con ella las primeras semanas para ayudarla en los quehaceres de la casa.

Todo esto era posible por los servicios de la comadrona o la partera.

La comadrona era una persona de cualidades extraordinarias: de carácter fuerte, hábil, decisiva e influyente en la comunidad. Para ella la vida era un milagro y era una gloria ver la cosecha de niños y adultos que ella había ayudado a traer al mundo. Y los jóvenes la miraban con respeto y algo de agradecimiento.

Se preguntaría uno cómo podrían llevar a cabo tal hazaña con los elementos rudimentarios de higiene y la falta de conocimientos científicos. La comadrona no tendría conocimientos científicos pero sí tenía conocimientos empíricos. Y si es cierto que de vez en cuando había mujeres que tenían un parto difícil que en un ambiente de hospital hubiera sido tratado como cesárea, en general los casos felices eran la mayoría. Con la ayuda de hierbas, masajes, ungüentos, agua hervida, paños limpios, oraciones y fe se llevaba a cabo la hazaña.

El parto en la casa se ha hecho tan popular entre las mujeres jóvenes en los últimos años que los hospitales han recurrido a relajar la rigidez de su ambiente en los casos de maternidad. Antes se aislaba a la mujer de su esposo y del resto de la familia. Hoy la mayoría de los hospitales modernos tienen lo que llaman un "cuarto de nacimiento" decorado apropiadamente donde la mujer pasa sus horas de labor en compañía de su esposo, hijos u otros miembros cercanos de la familia. Es un ambiente más semejante al de la casa. Al esposo se le permite estar presente durante el parto y ambos pueden compartir esa gran experiencia de su vida.

La costumbre de dar a luz en la casa se continúa practicando en el mundo hispano rural y entre otros grupos étnicos. Y hoy en día, aun en ciudades grandes de este país muchas madres jóvenes optan por tener el parto en su casa atendidas por una comadrona y asistidas por el esposo. Algunas lo hacen por razones económicas; otras lo hacen por razones culturales. Esta popularidad ha contribuido a que muchos libros se publiquen en esta área para ayudar a la comadrona a educar a sus pacientes y prepararlas para un parto feliz y sin complicaciones.

Questions

Where were the majority of people of Hispanic origin over 50 years old born?
How were births in distinguished families treated?
What were the typical characteristics of the midwife?
What feelings did young people have about the midwife?
What kind of knowledge did the midwife have?
What was used to help in the delivery?
Why have hospitals relaxed the environment for the woman in labor?
What changes are there in hospitals?
Where is the custom of giving birth at home still practiced?
Why do some women choose to give birth at home?
If you were going to have a baby, where would you have it? Why?

Pronunciation of Cognate Words

Keeping in mind what you have studied about English pronunciation, pronounce each italicized word in the following sentences.

When your teacher or your partner reads the sentences, write yes if the statement is true and no if it is incorrect.

1. In the *preparatory* stage for surgery, *anesthesia* is used.
2. *Cretinism* is the *result* of the bad *functioning* of the lungs.
3. *Antitetanic* serum is used to cure *botulism*.
4. *Mongolism* is a very *contagious* disease.
5. *Penicillin* is a very *potent antibiotic*.
6. Water is a good *solvent*.
7. A *meticulous, gallant* deaf person cannot hear the *melodious, marvelous* sounds.
8. An *incomplete diet* can *produce avitaminosis*.
9. *Encephalitis, diverticulitis,* and *arthritis* are illnesses of old age.
10. *Halitosis* is *invisible*.

Preguntas

¿Dónde han nacido la mayoría de las personas de origen hispano de más de 50 años?
¿Cómo se trataban los partos de las familias distinguidas?
¿Cuáles son algunas características de la comadrona típica?
¿Qué sentimientos tenían los jóvenes hacia la comadrona?
¿Qué clase de conocimientos tenía la comadrona?
¿Qué usaban como auxiliares para el parto?
¿Por qué los hospitales han relajado su ambiente para la mujer de parto?
¿Qué cambios hay ahora en los hospitales?
¿Dónde se continua practicando la costumbre de dar a luz en la casa?
¿Por qué algunas mujeres optan por tener el parto en la casa?
Si usted fuera a tener un bebé, ¿dónde lo tendría? ¿Por qué?

Pronunciación de palabras cognadas

Recordando lo que usted ha estudiado acerca de la pronunciación española, pronuncia cada palabra subrayada en las siguientes oraciones.

Cuando su maestro lea las oraciones, escriba sí si la información es correcta y no si la información es incorrecta.

1. En el estado *preparatorio* para la cirugía se usa la *anestesia*.
2. El *cretinismo* es el *resultado* del mal *funcionamiento* de los pulmones.
3. El suero *antitetánico* se usa para curar el *botulismo*.
4. El *mongolismo* es una enfermedad muy *contagiosa*.
5. La *penicilina* es un *antibiótico* muy *potente*.
6. El agua es un buen *solvente*.
7. Un sordo *meticuloso* y *galante* no puede oir los sonidos *melodiosos maravillosos*.
8. Una *dieta incompleta* puede *producir avitaminosis*.
9. La *encefalitis,* la *diverticulitis* y la *artritis* son enfermedades de la vejez.
10. La *halitosis* es *invisible*.

Notas gramaticales/estructuras en inglés

El presente continuo

En inglés, el presente continuo se expresa usando una forma del verbo *be* y la forma *-ing*.

Are you preparing the formula?   Yes, I'm preparing it.

Are you eating a regular diet?   Yes, I'm eating a regular diet.

El presente continuo se usa para indicar una acción en progreso en el momento presente o una acción que se lleva acabo regularmente en el presente.

Preposiciones + ing

Cuando el verbo va seguido de una preposición, la forma del verbo que se usa es generalmente la forma *-ing*.

without knowing   sin saber

after feeding   después de dar de comer

El verbo de dos palabras: Keep on

El verbo *keep* quiere decir *seguir* en español. Generalmente va seguido de la forma *-ing* del verbo que expresa la acción.

You need to keep on exercising.   Necesita seguir haciendo ejercicios.

Grammar/Structure Notes on Spanish

In this lesson, in section 18.6 and in the Acciones section, you practiced the present progressive tense of verbs. The present progressive tense is used to show actions going on right now, or actions that are going on continuously in the present. The tense is simple to form: it uses the present tense of *estar* and the present participle. The present participle ends in *-ando* for regular *-ar* verbs and *-iendo* for regular *-er* and *-ir* verbs, as the examples show:

Estoy andando.	I'm walking (in the process of walking right now).
Le estoy dando la medicina.	I'm giving him the medicine (either right at this instant, or during these days).
Le está poniendo la inyección.	The doctor's giving him the injection (right at this moment).

Direct and Indirect Object Pronouns

In section 18.7 you practiced statements using the direct object pronouns *lo* and *la* and the indirect object pronoun *le*. *Lo/La* are used when the baby receives the action of the verb, as in:

Hay que alimentarlo.	You must feed him. (Feed whom? Him, the baby.)
Hay que secarlo bien.	You must dry him well. (Dry whom? Him, the baby.)

On the other hand, *le* is used when some other object receives the action of the verb, and the baby is indirectly involved, as in:

Hay que cambiarle el pañal al bebé.	You must change the baby's diaper. (Literally, You must change the diaper to him to the baby.)

In this case, Spanish uses both the indirect object *le* and the noun phrase *al bebé* that also functions as an indirect object. The use of the redundant indirect object pronoun *le* is idiomatic, and tells who was involved in the action. See also the explanation in grammar/structure notes in Lessons 10 and 16.

Lesson 19
Public Health Problems

New Material

19.1 Environmental Factors

✓Hospital   Professional

Were there environmental problems?   *Yes, there was* | water pollution.
                                                              air pollution.
                                                              smog.
                                                              lead paint.
                                                              carbon monoxide gas.
                                                              solid particles.
                                                              a polluted cistern.

Were there ecologically dangerous materials?   *Yes, there were* | toxic wastes.
                                                                industrial wastes.
                                                                PCBs (polychlorinated biphenyls).
                                                                problems with the nuclear plant.
                                                                problems with the septic tank.

Practice

Reread the environmental problems that you practiced in this section. Tell which of the following areas of the environment each one affects:

air   water   surface of the earth   subterranean

Lección 19
Problemas de sanidad pública

Materia nueva

19.1 Factores ambientales

✔ Hospital

¿Había problemas ambientales?

¿Había materiales perjudiciales a la ecología?

Profesional

Sí, había | contaminación del agua.
contaminación/polución del aire.
smog/niebla contaminada.
pintura con plomo.
carbón monóxido.
partículas sólidas.
un alcantarillado contaminado.

Sí, había | desechos/desperdicios tóxicos.
desperdicios industriales.
PCBs.
problemas con la planta nuclear.
problemas con el tanque séptico.

Práctica

Lea otra vez los problemas ambientales que usted ha practicado en esta sección. Diga cuál de las areas ambientales siguientes cada problema afecta.

aire   agua   la superficie de la tierra   la subterránea

19.2 Family Planning

Professional	✔ Patient
	I need information about family planning.
These services are free.	*What are some methods for birth control?*
Some use | abstinence.	
the rhythm method.	
various products.	*What are they?*
Some women use | the pill.	
the diaphragm.	
gels/jellies.	
the cervical cap.	
creams.	
intrauterine devices (IUDs).	
vaginal spermicides.	
suppositories.	
douches.	
	What can men use?
Some men use | prophylactics.	
condoms.	
rubbers.	
coitus interruptus/ withdrawal.	
Some men have a vasectomy.	

Practice

What word does not belong in each series?

Diaphragm, cervical cap, intrauterine device, abortion.
Rhythm, jelly, coitus interruptus, withdrawal.
Vaginal douche, suppository, pill, spermicide.
Condom, rubber, prophylactic, diaphragm.

19.2 Planificación de la familia

Profesional

✔ Paciente

Necesito información acerca de la planificación de la familia.

Estos servicios son gratis.

¿Cuáles son algunos métodos de contracepción?

Algunos usan | abstinencia.
el método del ritmo.
varios productos.

¿Cuáles son?

Algunas mujeres usan | la píldora.
el diafragma.
jaleas.
la gorra cervical.
cremas.
el aparato intrauterino/el dispositivo intrauterino.
espermicidas vaginales.
supositorios.
ducha vaginal/ lavado vaginal.

¿Qué pueden usar los hombres?

Algunos hombres usan | un profiláctico.
un condón.
una goma.
interrupción de coito/ la retirada.

Algunos hombres se hacen una vasectomía.

Práctica

¿Qué palabra no pertenece a esta serie?

Diafragma, gorro cervical, aparato intrauterino, aborto.
Ritmo, jalea, interrupción del coito, la retirada.
Lavado vaginal, supositorio, la píldora, espermicida.
Condón, goma, profiláctico, diafragma.

19.3 Birth Control: Complications and Effectiveness

Professional	✓ Patient
	Are they effective?

Some methods | are effective.
| | aren't very effective.
| | have advantages.
| | have disadvantages.
| | have both advantages and
| | disadvantages.

| *What do you use?* | *I don't use anything.* |
| | What method is best for me? |

You and your husband should decide.

| You should consult your doctor. | *Can there be complications with the pill?* |

Some women have cramps.

Some women _____.

have sore breasts	have circulation problems
have discharge of blood	have pains in the legs
have headaches	gain weight
have negative results	lose hair
have positive results	What happens if one stops taking the pill?

Some women | become pregnant.
| | have multiple births.   What do contraceptives do?

They prevent the joining of the sperm and ovum.

Practice

Tell if each of the following is an advantage or a disadvantage of a contraceptive.

cheap	weight gain
headache	permanent
flow of blood	98 percent effective
easy to use	prevents the joining of sperm and ovum

19.3 Contracepción: Complicaciones y eficacia

Profesional

> *Algunos métodos* | son eficaces.
> no son muy eficaces.
> tienen ventajas.
> tienen desventajas.
> tienen ventajas y
>   desventajas.

¿Qué usa Ud.?

Ud. y su esposo deben decidirlo.

Debe consultar con su médico.

Algunas mujeres tienen calambres.

Algunas mujeres _____.

tienen dolor en los senos	tienen problemas con la circulación
tienen flujo de sangre	tienen dolores en las piernas
tienen jaqueca	aumentan de peso
tienen resultados negativos	pierden el pelo
tienen resultados positivos	

Unas mujeres | quedan embarazadas.
tienen partos múltiples.

Evitan el encuentro de la esperma y el óvulo.

⤶ Paciente

¿Son eficaces?

No uso nada.

¿Qué método es mejor para mí?

¿Puede haber complicaciones con la píldora?

¿Qué pasa si se deja de tomar la píldora?

¿Qué hacen los anticonceptivos?

Práctica

Diga si las frases siguientes expresan ventajas o desvantajas de un anticonceptivo.

barato
jaqueca
flujo de sangre
fácil de usar

aumento de peso
permanente
eficaz en el 98 por ciento de los casos
evita el encuentro de la esperma y el óvulo

19.4 Venereal Disease: Diagnosis

Hospital	✔ Patient
	Do I have venereal disease?
What symptoms do you have?	*I have* a chancre on the genitals.
	a sore.
	a sore that doesn't heal.
	a rash.
Do you have inflammation on the groin?	*No, I don't.*
inflammation on the membranes?	*Yes, I do.*
a sore on the mucous membranes?	
a chancre?	
a discharge of pus?	
When have you had sexual relations?	A few days ago.
	Three weeks ago.
	Frequently.
You must have a blood test.	A blood test?
	Is the test positive?
Yes, it's positive.	
No, it's negative.	*Do I have* gonorrhea?
No, you don't.	a venereal virus?
Yes, you do.	genital herpes?
	syphilis?
	AIDS?
	At what stage?
It's in the first stage.	
secondary stage.	
advanced stage.	

Practice

If the information is true, write true; if the statement is incorrect, write false. Cognate words are italicized.

Inflammation of the *glands* of the groin can be a *symptom* of *venereal* disease.
One should avoid *sexual relations* in order not to have *venereal* disease.
If *syphilis* is not treated, it can *produce insanity.*
Gonorrhea is more *obvious* in women than in men.
After a while, *symptoms* of *syphilis disappear* without the *patient's* having *treatment.*
Venereal diseases are usually acquired by *direct contact* with a *person* who has the disease.
If you have *gonorrhea,* you don't need to go to the *doctor.*

19.4 *Enfermedades venéreas: Diagnóstico*

Hospital

¿Qué síntomas tiene?

¿Tiene | inflamación de la ingle?
         | inflamación en las membranas?
         | ulceración en las mucosas?
         | un chancro?
         | flujo de pus?

¿Cuándo ha tenido relaciones sexuales?

Hay que hacerle un examen de sangre.

Sí, es positivo.

No, es negativo.
No, no tiene.
Sí, sí tiene.

Está en | estado primario.
          | estado secundario.
          | estado avanzado.

✔ Paciente

¿Tengo una enfermedad venérea?

Tengo | un chancro en los genitales.
        | una lesión.
        | un grano que no sana.
        | una erupción.

No, no tengo.
Sí, sí tengo.

Hace unos días.

Hace tres semanas.

Frecuentemente.

¿Un examen de sangre?

¿Es positivo el examen?

¿Tengo | gonorrea?
         | un virus venéreo?
         | herpes genitales?
         | sífilis?
         | SDIA?

¿En qué estado?

Práctica

Si la información es verdad, escriba sí; escriba no si no es verdad. Las palabras cognadas están subrayadas.

La *inflamación* de las *glándulas* de la ingle puede ser un *síntoma* de una enfermedad *venérea*.
Hay que evitar las *relaciones sexuales* para no tener *enfermedades venéreas*.
La *sífilis* que no se trata puede *producir* locura.
La *gonorrea* es más *evidente* en la mujer que en el hombre.
Después de cierto tiempo, los *síntomas* de la *sífilis desaparecen* sin que el *paciente* tome *tratamiento*.
Las enfermedades *venéreas* se adquieren generalmente por *contagio directo* con una *persona* enferma.
Si Ud. tiene *gonorrea* no *necesita* ir al *médico*.

19.5 Venereal Diseases: Treatments

Hospital   ✔ Patient
                                              What should I take?

You should take | antibiotics.
                  | Aureomycin.
                  | sulfa drugs.
                  | streptomycin.
                  | penicillin.   *What should I do?*

You have to | go to the doctor.
              | have preventive treatment.
              | have early treatment.
              | abstain from sexual relations.
              | use a condom.
              | not cover the symptoms.
              | keep clean.   Is there a preventive method?

Yes, there is.

No, there isn't.   Is there a rapid cure?

                                               Is there danger of direct infection?

                                               Is there danger of infection through sexual
                                                  contact?

                                               Will there be | mental deterioration?
                                                               | emotional deterioration?
Possibly, but it's not certain. | physical deterioration?

                                               Will I have scars?

                                               Will I have marks?

Practice

Tell whether each word or phrase is a symptom, a treatment, a cause, an illness, or a preventive
measure:

early diagnosis	chancre	treatment
emotional deterioration	gonorrhea	syphilis
taking drugs	sexual relations	promiscuity
sore on the mucous	antibiotics	pus
membranes	condom	germicidal jelly
herpes		

19.5 Enfermedades venéreas: Tratamientos

Hospital   ↙Paciente

                                                            ¿Qué debo tomar?

Debe tomar | antibióticos.
             | Aureomicina.
             | sulfas.
             | estreptomicina.
             | penicilina.   *¿Qué debo hacer?*

Tiene que | ir al médico.
            | tener tratamiento preventivo.
            | tener tratamiento temprano.
            | abstenerse de las relaciones sexuales.
            | usar un condón.
            | no ocultar los síntomas.
            | estar limpio/limpia.   ¿Hay un método preventivo?

Sí, lo hay.

Sí, la hay.   ¿Hay una cura rápida?

No, no lo hay.

No, no la hay.   ¿Hay peligro de contagio directo?

                                                            ¿Hay peligro de contagio por contacto
                                                                sexual?

                                                            ¿Podrá producir | deterioración mental?
                                                                              | deterioración emocional?
Posiblemente, pero no es seguro. | deterioración física?

                                                            ¿Voy a tener cicatrices?

                                                            ¿Voy a tener marcas?

Práctica

Diga si cada palabra o frase un síntoma, un tratamiento, una causa, una enfermedad, o un método preventivo:

diagnóstico temprano	chancro	tratamiento
deterioración emocional	gonorrea	sífilis
tomar drogas	relaciones sexuales	promiscuidad
ulceración en las mucosas	antibióticos	pus
	condón	jalea germicida
herpes		

19.6 Abuse of Drugs: Diagnosis

✔Hospital

What might he have taken?

Relative

He took morphine.

He took _____.

cocaine	narcotics
heroin	hallucinatory drugs
amphetamines	barbiturates

He smoked marijuana/pot.

He drank too much alcohol.

He ate poisonous mushrooms.

Does he take drugs?   I don't know. I think so.

What might he have taken?   I think barbiturates.

For how long?   I think for quite a while.

When?   I think frequently.

How much?   I think quite a bit.

Is he addicted to | drugs?   Yes, I think he's addicted.

                 | alcohol?   No, I don't think he's addicted.

What does he use?   He uses methadone.

He drinks cough syrup.

He inhales glue.

Practice

Choose the best response to each statement.

1. What do you think he might have smoked?
   a. Barbiturates.
   b. Amphetamines.
   c. Cocaine.
   d. Marijuana.
2. What do you think he injected himself with?
   a. With alcohol.
   b. With heroin.
   c. With glue.
   d. With syrup.
3. How much did he probably take?
   a. Two hours.
   b. For a long time.
   c. An overdose.
   d. I think barbiturates.

4. What might he have inhaled?
   a. A white powder.
   b. Penicillin.
   c. Barbiturates.
   d. Ticks.
5. What is one of the results of inhaling cocaine?
   a. Rupture of the nasal membranes.
   b. Dirty hands.
   c. Pain in the chest.
   d. Intellectual depression.
6. Why do people take addictive drugs?
   a. They produce equilibrium.
   b. They produce euphoria.
   c. They produce high blood pressure.
   d. They're legally accepted.

19.6 Abuso de drogas: Diagnóstico

✔Hospital

¿Qué tomaría?

Pariente

Tomó morfina.

Tomó _____.

cocaína	narcóticos
heroína	drogas aluncinatorias
anfetaminas	barbituratos

Fumó mariguana.

Tomó demasiado alcohol.

Comió hongos venenosos.

¿Toma drogas?   No sé. Creo que sí.

¿Qué tomaría?   Creo que barbituratos.

¿Desde cuándo?   Creo que hace tiempo.

¿Cuándo?   Creo que frecuentemente.

¿Cuánto?   Creo que bastante.

¿Es adicto | a las drogas?   Sí, creo que es adicto/narcómano.
             | al alcohol?   No, no creo que es adicto.

¿Qué usa?   Usa metadona.

Toma jarabe para la tos.

Inhala goma.

Práctica

Escoja la mejor respuesta para cada pregunta.

1. ¿Qué fumaría?
   a. Barbituratos.
   b. Anfetaminas.
   c. Cocaína.
   d. Mariguana.
2. ¿Con qué se inyectaría?
   a. Con alcohol.
   b. Con heroína.
   c. Con goma.
   d. Con jarabe.
3. ¿Cuánto tomaría?
   a. Dos horas.
   b. Hace tiempo.
   c. Una dosis excesiva.
   d. Creo que barbituratos.

4. ¿Qué inhalaría?
   a. Un polvo blanco.
   b. Penicilina.
   c. Barbituratos.
   d. Garrapatas.
5. ¿Cuál es uno de los resultados de inhalar cocaína?
   a. Ruptura del tabique nasal.
   b. Manos sucias.
   c. Dolor en el pecho.
   d. Depresión intelectual.
6. ¿Por qué la gente toma drogas heroicas?
   a. Producen equilibrio.
   b. Producen euforia.
   c. Producen alta presión.
   d. Son aceptados legalmente.

19.7 Abuse of Drugs: Symptoms

✔Hospital

What's the matter with him?

What symptoms does he have?

Does he have hallucinations?

Does he have _____?

glassy eyes	extreme fatigue
cold hands and feet	dryness of the mouth
vomiting	dilated pupils
poor appetite	itching
excessive appetite	lethargy
loss of muscle control	suicidal tendencies

Is he alienated?

Is he bewildered/stupefied?

Does he cry a lot?

Does he laugh a lot?

Does he speak incoherently?

He has hepatitis.

He has to have treatments.

He has to stop using drugs.

We must detoxify him.

You must watch him.

You must see that he continues his therapy.

Relative

He has needle marks.

He has tremors.

Yes, he does.

No, he doesn't.

Yes, he is.

Yes, he is.

Yes, he does.

Yes, he does.

No, he doesn't.

What does he have?

What does he have to do?

What must I do to help him?

Practice

Choose a word or phrase from the first column that is related or similar to one in the second.

emotional instability	alienation
vomiting	he wants to kill himself
little appetite	he doesn't eat much
extreme fatigue	he's very hungry
excessive appetite	he cries a lot
dryness in the mouth	tiredness
itching	sensation of thirst
suicidal tendencies	he wants to scratch himself
isolation	nausea

19.7 Abuso de drogas: Síntomas

✔Hospital

¿Qué tiene?

¿Qué síntomas tiene?

¿Tiene alucinaciones?

¿Tiene _____?

los ojos opacos	fatiga extrema
las manos y los pies fríos	sequedad en la boca
vómitos	pupilas dilatadas
poco apetito	picazón
apetito excesivo	aletargamiento
pérdida de control de los músculos	tendencias suicidas

¿Está alienado?

¿Está atontado?

¿Llora mucho?

¿Se ríe mucho?

¿Habla incoherentemente?

Tiene hepatitis.

Tiene que tener tratamientos.

Tiene que dejar de tomar drogas.

Hay que detoxificarlo.

Debe vigilarlo.

Debe ver que sigua su terapia.

Pariente

Tiene marcas de aguja.

Tiene temblores.

Sí, las *tiene.*

No, no los/la/lo *tiene.*

Sí, está.

Sí, está.

Sí, mucho.

Sí, mucho.

No, no mucho.

¿Qué tiene?

¿Qué tiene que hacer?

¿Qué debo hacer para ayudarlo?

Práctica

Escoja una palabra o una oración relacionada o semejante a la palabra dada:

inestabilidad emocional

vómitos

poco apetito

fatiga extrema

apetito excesivo

sequedad en la boca

picazón

tendencias suicidas

aislamiento

alienación

quiere matarse

no come mucho

tiene mucha hambre

llora mucho

cansancio

sensación de sed

quiere rascarse

náuseas

Reading

Alcoholism

If alcoholism aggravates many illnesses, increases crime, shortens life, frequently leads to violent acts, and weakens the human race through its hereditary repercussions, why do people drink? Because alcohol is pleasant to taste, and its effects on the body produce feelings of happiness, help to relax the tensions of daily life, and diminish inhibitions. One laughs more and takes things less seriously; some believe that alcohol makes them more creative.

The next time that you're going to have a drink, think about your liver, the part of your body most affected by alcohol.

To understand the effects of alcohol on the liver, let's just say that the liver is the most overworked, abused, and least appreciated organ of the human body. It is as indispensable as the heart, but we have the tendency to forget that it exists until something goes wrong.

The liver is the largest gland in the body. It has about 500 functions, which include deactivating hormones that are no longer needed and combining amino acids used in the tissues. It transforms proteins into sugar and fat in order to produce energy; it produces lecithin, cholesterol, bile, blood albumins, prothrombin, enzymes, and coenzymes. It converts sugar into glycogen and back into sugar again when needed. It stores iron, copper, vitamins A, D, E, K, and the B vitamins. It destroys harmful substances such as histamine and detoxifies chemical products, drugs, toxins of bacteriological infections, and poisons. And alcohol attacks all of these functions.

Alcohol is a strong chemical product, toxic by nature, which has to be detoxified by the liver. In small quantities, the liver can process alcohol. In excessive quantities, alcohol progressively destroys the cells of the liver. The liver accumulates large deposits of fat that cause it to become hard and to change to a brownish-yellow color, thus weakening its ability to function.

In the first stages of alcoholism, there is an increase in the production of fat by the liver, and a decrease in the fat that the liver sends to the tissues of the body. With time, the fat is retained. The link or relationship between cirrhosis of the liver and fat is still not well known, but it is known that large deposits of fat precede alcoholic hepatitis and cirrhosis.

Cirrhosis of the liver produces many visible symptoms: thinning of hair, protruding eyes, development of breasts in the man, small testicles, red capillaries that are visible through the skin, emaciated muscles, and edema. But before these symptoms appear, there are vague stomach disorders, and perpetual tiredness.

Alcohol is an institution in our society: at parties, at meals, and in religious rituals, but it should be used wisely and carefully. We should be responsible for our actions.

Alcoholism does not respect age, social class, or nationality. It's a major problem, general in nature.

Questions

Why do people drink?
What is the importance of the liver?
Name five functions of the liver.
What does alcohol do to the liver?
What happens in the early stages of alcoholism?
What precedes alcoholic hepatitis and cirrhosis?
What are the signs of cirrhosis?
In what ways can you use this information when dealing with patients?

Lectura

El alcoholismo

Si el alcoholismo agrava muchas enfermedades, aumenta la criminalidad, abrevia la vida, conduce frecuentemente a la locura y debilita la raza por sus repercusiones en la descendencia, ¿por qué la gente bebe? Porque el alcohol es agradable al gusto y su efecto en el organismo proporciona sentimientos de alegría, ayuda a relajar la tensión de la vida diaria y disminuye las inhibiciones. Uno se ríe más y toma las cosas menos seriamente; algunos creen que el alcohol los hace más creativos.

La próxima vez que usted vaya a darse un trago, piense en su hígado, la parte del cuerpo más afectada por el alcohol.

Para comprender el efecto del alcohol sobre el hígado, digamos que el hígado es el órgano más trabajado y abusado y el menos apreciado del cuerpo humano. Es tan indispensable como el corazón pero tenemos la tendencia a olvidarnos que existe hasta que algo anda mal.

El hígado es la glándula más grande del cuerpo. Tiene como 500 funciones que incluyen inactivar hormonas que ya no se necesitan y combinar amino-ácidos usados en los tejidos. Transforma las proteínas en azúcar y grasa para producir energía; produce lecitín, colesterol, bilis, albúminas de la sangre, protrombína, enzimas y coenzimas. Convierte el azúcar en glicógeno y otra vez en azúcar cuando se necesita. Almacena hierro, cobre, vitaminas A, D, E, K y las B. Destruye las substancias dañinas como histamina, detoxifica productos químicos, drogas, toxinas de infecciones bacteriológicas y venenos. Y todas estas funciones las ataca el alcohol.

El alcohol es un producto químico fuerte, de naturaleza tóxica y tiene que ser detoxificado por el hígado. En cantidades pequeñas, el hígado puede procesar el alcohol. En cantidades excesivas, progresivamente destruye las células del hígado. El hígado acumula depósitos grandes de grasa la que se pone dura y cambia de color a un amarillo tostado, debilitando así sus funciones.

En las primeras etapas del alcoholismo hay un aumento en la producción de la grasa por el hígado y una disminución de la grasa que el hígado pasa a los tejidos del cuerpo. Con el tiempo, retiene la grasa. El vínculo o relación entre la cirrosis del hígado y la grasa todavía no se conoce bien pero se sabe que grandes depósitos de grasa preceden la hepatitis alcohólica y la cirrosis.

La cirrosis del hígado produce muchos síntomas visibles: escasez de pelo, ojos abultados, desarrollo de los pechos en el hombre, testículos pequeños, capilares rotos visibles a través de la piel, músculos emaciados y edema. Pero antes que estos síntomas aparezcan, la persona tiene síntomas vagos de malestares del estómago y cansancio perpetuo.

El alcohol es una institución en nuestra sociedad: en fiestas, en las comidas y en ceremonias religiosas, pero debe usarse sabia y cuidadosamente. Debemos ser responsables por nuestras acciones.

El alcoholismo no respeta edad, clase social o nacionalidad. Es un problema mayor de carácter general.

Preguntas

¿Por qué la gente bebe?
¿Cual es la importancia del hígado?
Nombre cinco funciones del hígado.
¿Cómo el alcohol afecta el hígado?
¿Cuáles son las primeras manifestaciones del alcoholismo?
¿Qué síntomas preceden la hepatitis alcohólica y la cirrosis?
¿Cuáles son los síntomas de la cirrosis?
¿De qué modo puede usted usar esta información en su trato con sus pacientes?

Evaluation

A. Choose all the answers that can correctly fill the blanks. Cross out those that cannot.
1. The pill can produce _____.
   a. discharge of blood.
   b. pain in the breasts.
   c. loss of hair.
   d. rings.
2. Contraceptives try to prevent the joining of _____ and ovum.
   a. semen
   b. sperm
   c. condom
   d. rubber
3. Contraceptive methods that men can use are _____.
   a. jellies.
   b. prophylactics.
   c. condoms.
   d. coitus interruptus.
4. _____ is not a very effective method of birth control.
   a. Withdrawal
   b. Sterilization
   c. Vaginal douche
   d. Vaginal spermicides
5. Some contraceptives, such as _____, can have dangerous side effects.
   a. the pill
   b. intrauterine devices
   c. the rhythm method
   d. condoms

B. Give the category to which each word or expression belongs.
   1. Aureomycin
   2. discharge of pus
   3. gonorrhea
   4. sulfa drugs
   5. chancre on the genitals
   6. streptomycin
   7. syphilis
   8. mental deterioration
   9. a sore that does not heal
   10. penicillin

   a. symptom of a venereal disease
   b. treatment for a venereal disease – antibiotic
   c. venereal disease

C. Choose the words that can complete each sentence. Cross out the ones that cannot.
1. He took an overdose of _____.
   a. barbiturates.
   b. morphine.
   c. cocaine.
   d. alienation.
2. What symptoms does he have?
   a. Hallucinations.
   b. Dryness in the mouth.
   c. Heroin.
   d. Vomiting.
3. What does he use?
   a. Needle marks.
   b. He smokes marijuana.
   c. He inhales glue.
   d. Cocaine.
4. _____ is a hallucinatory drug.
   a. LSD
   b. Penicillin
   c. Mescaline
   d. Marijuana
5. What happened to the young man?
   a. He's very happy.
   b. He's lethargic.
   c. He speaks incoherently.
   d. He has suicidal tendencies.
6. What do I have to do?
   a. You have to watch him.
   b. You have to go shopping.
   c. You have to stop using drugs.
   d. You have to take methadone.

Evaluación

A. Escoja todas las respuestas que puedan ser correctas. Tache las que no se pueda poner en el blanco.
  1. La píldora puede producir _____.
     a. flujo de sangre.
     b. dolor en los senos.
     c. pérdida de pelo.
     d. anillos.
  2. Los contraceptivos tratan de evitar el encuentro de _____ y el óvulo.
     a. el semen
     b. el esperma
     c. el condón
     d. la goma
  3. Métodos de contracepción que pueden usar los hombres _____.
     a. Jaleas.
     b. Profilácticos.
     c. Condones.
     d. Interrupción de coito.
  4. _____ es un método anticonceptivo no muy eficaz.
     a. La retirada
     b. Esterilización
     c. La ducha vaginal
     d. Espermicidas vaginales
  5. Algunos métodos de contracepción tales como _____ pueden tener efectos secundarios.
     a. la píldora
     b. aparatos intrauterinos
     c. el ritmo
     d. el condón

B. Dé la categoría a que pertenece cada palabra o expresión.
  1. Aureomicina   a. síntoma de una enfermedad venérea
  2. flujo purulento   b. tratamiento para una enfermedad venérea —
  3. gonorrea   antibiótico
  4. sulfas   c. enfermedad venérea
  5. chancro en los genitales
  6. estreptomicina
  7. sífilis
  8. deterioración mental
  9. un grano que no se cura
 10. penicilina

C. Escoja la palabra que pueda completar cada oración. Tache las palabras que no se pueden usar.
  1. Tomó una dosis excesiva de _____.   4. La _____ es una droga aluncinatoria.
     a. barbiturato.   a. LSD
     b. morfina.   b. penicilina
     c. cocaína.   c. mescalina
     d. alienación.   d. mariguana
  2. ¿Qué síntomas tiene?   5. ¿Qué le pasó al joven?
     a. Alucinaciones.   a. Está muy contento.
     b. Sequedad en la boca.   b. Está aletargado.
     c. Heroína.   c. Habla incoherentemente.
     d. Vómitos.   d. Tiene tendencias suicidas.
  3. ¿Qué usa?   6. ¿Qué tengo que hacer?
     a. Marcas de aguja.   a. Tiene que vigilarlo.
     b. Fuma mariguana.   b. Tiene que ir de compras.
     c. Inhala goma.   c. Tiene que dejar de usar drogas.
     d. Cocaína.   d. Tiene que usar metadona.

Combining Review

Review the following sections: 15.4, 16.4, 17.3, 17.6, 18.1, 18.6.

   Choose at least one question, statement, or answer from each section. By combining the statements, make up a conversation. Use the sections in any order and add any additional vocabulary you want. The purpose of this practice is to review previously studied structures, and then to practice some of them through using them in a conversation.

Actions

Select one word or phrase from each column to form a sentence. Change or add words as needed.

I	might have taken	home
You	might have used	heroin.
He	might have gone	birth-control devices.
She	could have taken	a diaphragm.
We	could have used	to the hospital.
They	could have gone	barbiturates.
	would take	to the clinic.
	would use	to see the doctor.
	would go	an overdose.
		the pill.
		antibiotics.

Situation

You are the nurse at a neighborhood health center. Students in the class take the parts of patients who come to the clinic. Your job is to find out why each patient has come to the clinic and to take down some basic information about the problem before the doctor sees the patient. Each member of the class, in the role of patient, thinks up a problem or illness. You must elicit the information from each one.

Combinación de repaso

Repase las secciones siguientes: 15.4, 16.4, 17.3, 17.6, 18.1, 18.6.

Escoja por lo menos una pregunta, respuesta u oración de cada sección. Haga una conversación combinando las oraciones que haya seleccionado. Puede usar las acciones en cualquier orden que desee y añadir vocabulario adicional si necesita. El propósito de esta práctica es repasar materia previamente estudiado y practicar alguno usándolo en la conversación.

Acciones

Escoja una palabra u oración de cada columna para formar una oración. Cambie o añada palabras si necesita.

Yo	tomaría	a casa.
Ud.	usaría	la heroina.
El	iría	los anticonceptivos.
Ella	tomaríamos	un diafragma.
Nosotros	usaríamos	al hospital.
Ellos	iríamos	barbituratos.
Uds.	tomarían	a la clínica.
	usarían	a ver al médico.
	irían	una dosis excesiva.
		la píldora.
		antibióticos.

Situación

Usted es la enfermera en un centro de salud de barrio. Estudiantes en la clase hacen el papel de pacientes que vienen a la clínica. Su trabajo es averiguar por qué cada paciente tiene que venir a la clínica y anotar alguna información básica acerca del problema antes que el médico vea al paciente. Cada miembro de la clase en su papel de paciente, piensa un problema o una enfermedad. Usted debe obtener la información de cada uno.

Cultural Topics

Health Care and Prescription Drugs

When Anglo-Americans travel to Spanish-speaking countries, many cultural differences are obvious to them. One difference that may be noted in most Spanish-speaking countries is the quantity of drugs and medicines that are available without prescriptions—drugs that can be purchased in the United States only with a doctor's prescription.

For the most part, in Spanish-speaking countries, modern medicines do not require prescriptions for purchase. If you have diarrhea, you can go to the pharmacy and purchase Lomotil or Enteroviaform. If you have a virus, you may buy a sulfa drug, penicillin, or Terramycin. If you need a tetanus shot, you can buy the vaccine at the pharmacy, and then for a nominal fee go to a clinic, where a nurse will give you the injection. Readily available at the pharmacy are medicines for everything from kidney infections to thyroid problems.

The advantages to this system are obvious. The cost is much less, and if the pharmacist is knowledgeable about your symptoms and his medicines, you may find relief. Of course, the advice of the person most knowledgeable about medicines and illnesses has been omitted—that of the doctor. But many people, especially poor people and those in rural areas, would not have consulted the doctor in any case. Thus, medical care is provided for those who might not otherwise have had it.

On the other hand, there are disadvantages, some of which are obvious, and some of which are not. You may not get the medicine you need, but, of course, that is always a risk with any prescription. Or you may have an allergic or traumatic reaction to it. A much greater danger is that when medicines such as the wonder drugs are particularly needed, they may no longer be effective. Such was the case a few years ago in Mexico. An outbreak of a particularly virulent strain of pneumonia was difficult to control because so many people had customarily used penicillin for even minor infections that a mutant strain of the pneumonia virus had developed, a strain resistant to penicillin.

It is clear that any system of distribution of medicines is determined by a variety of economic and cultural circumstances. The ready availability of prescription drugs in Spanish-speaking countries is designed to give the greatest good to the greatest number of people—that is, to be sure that everyone who needs medicine can have it. The system in the United States has the same goal—to give the greatest good to the greatest number of people—but in the case of the United States, that means to be sure that drugs will not be misused or overused in a country where the majority of people, even among the poor and in rural areas, avail themselves of the care of the doctor.

Questions

What is one of the differences in regard to medicines in the United States and most Spanish-speaking countries?
What are some of the medicines available without prescriptions?
What can you do if you need a tetanus shot?
What are some of the advantages of not needing prescriptions?
What are some of the disadvantages?
What is the difference in the goals of the two systems of the delivery of medicines?
Which system do you think is preferable?

Tópicos culturales

El cuidado de la salud y las medicinas de receta

Cuando los anglosajones viajan a los países hispano-hablantes notan muchas diferencias. Una de las diferencias que puede notarse en la mayoría de los países de habla española es la cantidad de drogas y medicinas que pueden obtenerse sin receta—drogas que sólo pueden comprarse en los Estados Unidos con una receta de médico.

En su mayoría, en los países hispano-hablantes, las medicinas modernas pueden obtenerse sin receta. Si usted tiene diarrea, usted puede ir a la farmacia y comprar Lomotil o Enteroviaform. Si tiene un virus, usted puede comprar sulfa, o penicilina, o Terramicina. Si usted necesita una inyección contra el tétano, usted puede comprar la vacuna en la farmacia y por una cantidad nominal una enfermera en la clínica le pone la inyección. En la botica hay medicinas que pueden obtenerse fácilmente para cada cosa desde una infección del riñón hasta un problema con la tiroides.

Las ventajas de este sistema son obvias. El costo es mucho menor, y si el farmacéutico es conocedor de los síntomas y de sus medicinas, usted puede encontrar alivio. Por supuesto, el consejo de la persona con más conocimiento acerca de las medicinas y las enfermedades ha sido omitido—el del médico. Pero muchas personas, especialmente gente pobre y de áreas rurales, no habrían consultado al médico de ninguna manera. Así pues, el cuidado médico es suministrado por los que de otro modo no lo hubieran hecho.

Al mismo tiempo hay desventajas, algunas de las cuales son obvias y otras no. Usted puede no recibir la medicina que necesita, pero, por supuesto, este es un riesgo que siempre tomamos con cualquier receta. O usted puede tener una reacción alérgica o traumática a la medicina. Un peligro mucho mayor es el de que cuando usted necesite ciertas drogas es posible que no sean efectivas. Eso pasó en México hace unos años. Una epidemia de un tipo de pulmonía particularmente virulento fue difícil de controlar porque tantas personas habían usado penicilina para corregir infecciones menores que una mutación del virus de la pulmonía se había desarrollado, un tipo de virus resistente a la penicilina.

Es claro que cualquier sistema de distribución de medicinas está determinado por una variedad de circunstancias económicas y culturales. La fácil obtención de drogas que deben ser recetadas en los países de habla española está dedicada a proporcionar el mayor bienestar al mayor número de personas—es decir, para estar seguros de que cada persona que necesite medicina pueda tenerla. El sistema en los Estados Unidos tiene el mismo objetivo—proporcionar el mayor bienestar al mayor número de personas—pero en el caso de los Estados Unidos, esto quiere decir que las drogas no van a ser usadas mal o usadas demasiado en un país donde la mayoría de las personas, aun entre los pobres y los de áreas rurales, usan los servicios de un médico.

Preguntas

¿Cuál es una de las diferencias con respecto a las medicinas en los Estados Unidos y en la mayoría de los países hispano-hablantes?

¿Cuáles son algunas medicinas obtenibles sin receta?

¿Qué puede usted hacer si necesita una inyección contra el tétano?

¿Cuáles son algunas ventajas de no necesitar receta?

¿Cuáles son algunas desventajas?

¿Cuáles son las diferencias entre el objetivo de cada uno de los dos sistema en la distribución de medicinas?

¿Qué sistema le parece a usted preferible?

Pronunciation of Cognate Words

Keeping in mind what you have learned about English pronunciation, pronounce each italicized word in the following sentences.

When your teacher or your partner reads the sentences aloud, write yes if the statement is correct and no if it's incorrect.

1. *Abstinence* is the safest *method* of *contraception*.
2. *Contamination* of the environment is an *ecologic problem*.
3. *Carbon monoxide, prophylactics,* and *rhythm* are very effective *contraceptive methods*.
4. *Alcohol, cocaine, morphine, quinine,* and *aspirin* are *drugs used* in *medicine*.
5. The *ulceration* of the *mucous* membranes is a *symptom* of *emotional deterioration*.
6. *Barbiturates* and *alcohol* act as *depressants*.
7. *Incoherence* in speech can be an *indication* of a *person*'s being under the *influence* of *drugs*.
8. *Euphoria* is a *disagreeable sensation*.
9. *Coffee* helps *relax* the everyday *tension* and diminish our *inhibitions*.
10. *Alcoholism augments* the *production* of fat in the liver.

Notas gramaticales/estructuras en inglés

There was/There were

There was y *there were* son formas correspondientes del pasado de *there is* y *there are*. Cuando el nombre que le sigue es singular, *is/was* es la forma correcta del verbo. Cuando el nombre que le sigue es plural, *are/were* son las formas que se usan.

Is there a rapid cure?	¿Hay una cura rápida?
There was contamination.	Había contaminación.
Are there side effects?	¿Hay efectos secundarios?
There were toxic wastes.	Había desechos tóxicos.

Might have, Could have

Las formas *might* y *could* pueden ser usadas para indicar el presente o el pasado. Por eso, cuando es necesario indicar pasado o un resultado desconocido en el pasado, el inglés usa el tiempo presente perfecto precedido por *might* o *could*. Estas formas son un equivalente aproximado al condicional o al pasado del subjuntivo en español.

He might have taken the pill.	Tomaría la píldora. Puede haber tomado la píldora.
He could have gone home.	Iría a casa.
There was no one who could have told him that.	No había nadie que le pudiera decir eso.

Pronunciación de palabras cognadas

Recordando lo que usted ha aprendido acerca de la pronunciación española pronuncie cada palabra subrayada en las siguientes oraciones.

Cuando su maestro/maestra lea las oraciones en alta voz, escriba sí si la oración es correcta y no si la información es incorrecta.

1. La *abstinencia* es el *método* más seguro de *contracepción*.
2. La *contaminación* del ambiente es un *problema ecológico*.
3. El *carbón monóxido*, el *profiláctico* y el *ritmo* son métodos *contraceptivos* muy eficaces.
4. El *alcohol*, la *cocaína*, la *morfina*, la *quinina* y la *aspirina* son *drogas usadas* en la *medicina*.
5. La *ulceración* de las *mucosas* es un *síntoma* de *deterioración emocional*.
6. Los *barbituratos* y el *alcohol* actúan como *depresantes*.
7. *Incoherencia* en el hablar puede ser una *indicación* de que una *persona* está bajo la *influencia* de *drogas*.
8. La *euforia* es una *sensación desagradable*.
9. El café ayuda a *relajar* la *tensión* de la vida *diaria* y disminuye las *inhibiciones*.
10. El *alcoholismo aumenta* la *producción* de la *grasa* en el hígado.

Grammar/Structure Notes on Spanish
Conditional Tense

In section 19.6 and in the Acciones you practiced forms of the conditional tense. The usual meaning of the conditional tense is *would*, as in *would take*. Sometimes the conditional tense may express the concept of probability or possibility in the past, a concept which is often expressed in English by such phrases as *could take, might take,* and *probably took*. At times, because the English words *can/could* and *may/might* can express only the present or the past, translations such as *might have taken* or *could have taken* more nearly express the English concept.

The forms of the conditional tense for regular verbs are:

Spanish		English	
Yo	tomaría	I would take	
Tú	tomarías	You (familiar) would take	
El, ella, Ud.	tomaría	he, she, you (formal) would take	
Nosotros	tomaríamos	we would take	
Ellos, ellas, Uds.	tomarían	they, you (plural) would take	

As may be seen from these forms, the conditional tense is formed by adding to the infinitive (whether -ar, -er, or -ir verbs) endings that are the same as the imperfect endings for -er and -ir verbs (see Lesson 14 for the formation of the imperfect tense).

Lesson 20
Communicable Diseases

New Material

20.1 Vaccinations

Hospital

Have you been vaccinated against tetanus?

Have you been vaccinated against _____?

polio/	cholera
poliomyelitis	yellow fever
mumps	typhoid fever
typhus	scarlet fever
malaria	

It protects you against infection.

Did your vaccination take?

It's from 10 to 21 days.

Patient

Against tetanus? *Yes.*

Against _____? *No.*

influenza	chickenpox
measles	diphtheria
German measles	whooping cough
smallpox	

What does a vaccination do?

Yes, it took.

No, it didn't take.

How long is the incubation period?

Practice

Answer the following questions:

When were you vaccinated against tetanus?
Did you have a positive reaction?
When were you vaccinated against polio?
When were you vaccinated against smallpox?
What does a vaccination do?
Have you been vaccinated against whooping cough?
Have you been vaccinated against measles?
Have you had chickenpox?
Was it a serious case?

Lección 20
Enfermedades transmisibles

20.1 Vacunas

Hospital

¿*Se ha vacunado contra* el tétano?

¿Se ha vacunado contra _____?

la poliomielitis	el cólera
las paperas/la parrotiditis/ las parótidas	la fiebre amarilla
	la fiebre tifoidea
el tifo	la escarlatina
el paludismo/la malaria	

Protege contra la infección.

¿Le prendió la vacuna?

Dura de 10 a 21 días.

Paciente

¿*Contra* el tétano? *Sí.*

¿*Contra* _____? *No.*

la influenza/la gripe	las viruelas locas/ la varicela
el sarampión	la difteria
la rubéola	la tos ferina
la viruela	

¿Qué hace la vacuna?

Sí, me prendió.

No, no me prendió.

¿Cuánto dura el período de incubación?

Práctica

Conteste las preguntas siguientes:

¿Cuándo se vacunó usted contra el tétano?
¿Tuvo una reacción positiva?
¿Cuándo se vacunó usted contra la poliomielitis?
¿Cuándo se vacunó usted contra la viruela?
¿Qué hace la vacuna?
¿Ha sido usted vacunado contra la tos ferina?
¿Se ha vacunado Ud. contra el sarampión?
¿Ha tenido Ud. varicelas?
¿Fue un caso serio?

20.2 Is it very contagious?

Hospital

Yes, it's very contagious.

No, it's not very contagious.

✔ Patient

Is meningitis *very contagious?*

Is tetanus *contagious?*

Is _____ *contagious?*

rabies	cholera
plague	typhoid
dysentery	tuberculosis
anthrax	pneumonia
malaria	yellow fever
brucellosis	typhus
hepatitis	impetigo
smallpox	

Practice

Choose the name of a disease from those listed in this section to fit each of the following descriptions:

1. An infectious, usually fatal disease of cattle and sheep that can be transmitted to man.
2. An infectious disease caused by the tubercle bacillus and characterized by the formation of tubercles in various tissues of the body.
3. A skin disease characterized by the eruption of pustules.
4. An acute infectious tropical disease caused by a virus transmitted through the bite of certain mosquitoes; characterized by fever, jaundice, vomiting.
5. An infectious disease, generally intermittent and recurrent, caused by parasites transmitted to man by mosquitoes; characterized by severe chills and fever.
6. An infectious virus disease of the central nervous system in dogs and other animals; can be transmitted to man by the bite of an infected animal.
7. An intestinal disease characterized by inflammation, abdominal pain, toxemia, and diarrhea.
8. An inflammation of the liver.
9. Often considered an Asiatic disease; an infectious disease characterized by violent diarrhea and vomiting, muscular cramps, and collapse.
10. Any contagious disease that is deadly; often refers to bubonic plague.

20.2 ¿Es muy contagioso?

Hospital

Sí, es muy contagiosa.

No, no es muy contagioso.

✔ Paciente

¿Es muy contagiosa la meningitis?

¿Es muy contagioso el tétano?

¿Es muy contagioso/contagiosa _____?

la rabia	el cólera
la peste bubónica	la tifoidea
la disentería	la tuberculosis
el ántrax	la pulmonía
el paludismo/la malaria	la fiebre amarilla
la brucelosis	el tifo
la hepatitis	el impétigo
la viruela	

Práctica

Escoja el nombre de cada enfermedad en la lista que precede en esta sección que responda a cada una de las siguientes descripciones:

1. Una enfermedad infecciosa, generalmente fatal que ataca al ganado y las ovejas y que puede ser transmitida al hombre.
2. Una enfermedad infecciosa causada por el bacilo de la tuberculosis y caracterizada por la formación de tubérculos en varios tejidos del organismo.
3. Una enfermedad de la piel caracterizada por la erupción de pústulas.
4. Una enfermedad tropical aguda e infecciosa causada por un virus transmitida por medio de la picada de ciertos mosquitos; se caracteriza por la fiebre, ictericia y vómitos.
5. Una enfermedad infecciosa, generalmente intermitente y recurrente, causada por parásitos transmitidos al hombre por mosquitos; caracterizada por escalofríos severos y fiebre.
6. Una enfermedad infecciosa del sistema nervioso central producida por un virus, común en perros, gatos y otros animales; puede ser transmitida al hombre por la mordida de un animal infectado.
7. Una enfermedad intestinal caracterizada por inflamación, dolor abdominal, toxemia y diarrea.
8. Inflamación del hígado.
9. A menudo se considera una enfermedad asiática; una enfermedad infecciosa caracterizada por diarrea y vómitos violentos, calambres en los músculos y desmayos.
10. Cualquier enfermedad contagiosa que sea fatal; generalmente se refiere a la peste bubónica.

20.3 Avoiding Contagion

Nurse		Relative

Relative

Must I be careful?

Yes, when you | disinfect the dishes.
wash the clothes.
see the patient.
wash your hands.

What must be done?

You must | immunize the patient.
immunize the family.
take care of the patient.
call the doctor.
isolate the patient.
separate the patient from others.

If someone gets the disease, what must we do?

You must | avoid contagion.
use a private room.
use a hospital gown.
use a protective apron.
use a mask.
keep the door closed.
not have visitors.
be careful for a long time.
wash the bed linens separately.
wash the sheets and pillowcases
    separately.
wash your hands.
protect yourself from the infection.
put on a robe.

Practice

Practice with a partner or in a small group. One person gives in random order the precautions that must be taken. Another person tells if the precaution should be taken to protect the patient, the rest of the family, the person who takes care of the patient.

20.3 Evitando el contagio

Enfermera

✔ Pariente

¿Hay que tener cuidado?

Sí, al | desinfectar los utensilios.
lavar la ropa.
ver al paciente.
lavarse las manos.

¿Qué hay que hacer?

Hay que | inmunizar al paciente.
inmunizar a la familia.
cuidar al paciente.
llamar al médico.
aislar al paciente.
separar al paciente de los otros.

Al contraer la enfermedad, ¿qué hay que hacer?

Hay que | evitar el contagio.
usar un cuarto privado.
usar una bata de hospital.
usar un delantal protector.
usar una mascarilla.
mantener la puerta cerrada.
no tener visitas.
tener cuidado por mucho tiempo.
lavar las ropas de cama separadas.
lavar las sábanas y fundas
separadas.
lavarse los manos.
protegerse de la infección.
ponerse una bata.

Práctica

Practique con una pareja o en un grupo. Una persona dice las precauciones que hay que tomarse en cualquier orden. Otra persona dice si la precaución es para proteger al paciente, al resto de la familia, a la persona que cuida el paciente.

Reading

Precautions for the Health of the Traveler

Thanks to modern medicine, the traveler doesn't have to worry about diseases when he or she travels in most of the countries of the world, but there are still risks for those who go to remote places where there are many illnesses.

Sometimes the traveler ignores suggestions for dealing with food and water and the prevention of disease, and he exposes himself to risks that he would never accept in his own country.

The Center for Disease Control of the U.S. Public Health Service in Atlanta offers abundant information, warnings, and suggestions. Although the majority of this information is not offered directly to the public, it is at the disposition of travel agents, steamship companies, airlines, doctors, and health authorities. The information includes descriptions of diseases and ways to avoid them. For example, malaria, which was believed to be almost completely eliminated, has reappeared in tropical regions because the mosquito that transmits it has developed resistance to insecticides.

Vaccine against polio is also recommended for those who visit remote or tropical regions or who are going to be in direct contact with local residents.

Tetanus continues to be a health problem for which there is no known immunity. A booster shot is recommended every ten years. Typhoid is common in many countries of Africa, Asia, and Central and South America. Although not required for international journeys, the vaccine is recommended if you are going to visit places outside of the usual tourist itinerary.

Before undertaking a trip to remote places, you should consult a doctor about the precautions to take.

Have a good trip!

Questions

Is the traveler completely free of worries about health?
What recommendations does the traveler sometimes ignore?
What government service offers information in this area?
To whom is the information offered?
What has happened with malaria?
For whom is vaccination against polio recommended?
Why does tetanus continue to be a health problem?
Where is typhoid common? When is vaccination recommended?
What should you do before beginning a trip?

Lectura

Precauciones de salud para el viajero

Gracias a la medicina moderna el viajero no tiene que preocuparse de enfermedades al viajar por la mayoría de los países del mundo, pero todavía hay riesgos para los que van a lugares remotos donde hay muchas enfermedades.

Algunas veces el viajero ignora las recomendaciones sugeridas para el manejo de la comida y la bebida y la prevención de las enfermedades y se expone a riesgos que nunca aceptaría en su propio país.

El Centro para el Control de la Enfermedad del Servicio de Salud Pública en Atlanta ofrece abundante información, advertencias y sugerencias. Aunque la mayor parte de esa información no se le ofrece al público directamente, sí está a la disposición de agentes de viaje, compañías de vapores, aerolíneas, médicos y autoridades de salud. La información incluye descripciones de las enfermedades y modos de evitarlas. Por ejemplo, la malaria, que se creía casi completamente eliminada, ha reaparecido en regiones tropicales porque el mosquito que la transmite ha desarrollado resistencia a los insecticidas.

También recomienda la vacuna contra la poliomielitis para personas que visitan lugares remotos o regiones tropicales o que van a estar en contacto directo con residentes locales.

El tétano continúa siendo un problema de salud para el que no hay inmunidad conocida. Se recomienda una inyección secundaria cada diez años. La tifoidea es común en muchos países en Africa, Asia y la América Central y del Sur. Aunque no se requiere para viajes internacionales, la vacuna se recomienda si usted va a visitar lugares fuera del itinerario usual de los turistas.

Antes de emprender un viaje a lugares remotos, usted debe consultar a su médico acerca de las precauciones que debe tomar.

¡Buen viaje!

Preguntas

¿Está el viajero completamente libre de preocupaciones de salud?

¿Qué recomendaciones ignora a veces el viajero?

¿Qué departamento del gobierno ofrece información en este respecto?

¿A quién se ofrece esta información?

¿Qué ha ocurrido con la malaria?

¿A quiénes se les recomienda la vacuna contra la poliomielitis?

¿Por qué el tétano continúa siendo un problema de salud?

¿Dónde es común la tifoidea? ¿Cuándo se recomienda su vacuna?

¿Qué debe hacer usted antes de empezar un viaje?

Evaluation

A. Complete each sentence by giving the organ or system affected by each disease.
   1. Hepatitis is a disease of the _____.
   2. Impetigo is a disease of the _____.
   3. Tuberculosis is a disease of the _____.
   4. Dysentery is a disease of the _____.
   5. Meningitis is a disease of the _____.
   6. Glaucoma is a disease of the _____.

B. Complete each sentence with the best choice.
   1. A childhood disease is _____.
      a. anthrax.
      b. rabies.
      c. pneumonia.
      d. whooping cough.
   2. This is *not* a disease of the respiratory system.
      a. Flu.
      b. German measles.
      c. Influenza.
      d. Cold.
   3. One must _____ the patient if he has a contagious disease.
      a. isolate
      b. see
      c. have visitors
      d. operate
   4. A synonym for mumps is _____.
      a. parotitis.
      b. malaria.
      c. encephalitis.
      d. influenza.
   5. Shots against _____ are usually given in the stomach.
      a. smallpox
      b. measles
      c. tetanus
      d. rabies

C. Give each sentence according to the cues, as illustrated in the examples. Example: What does the doctor say? *Should I rest?* He says that you should rest.
   1. Can I rest?
   2. Must I rest?
   3. Is it necessary to rest?
   4. Do I need to rest?
   5. Am I going to rest?
   6. Do I have to rest?

D. Example: *When you rest.* He says that *when you rest,* you'll get well.
   1. When you walk.
   2. When you sleep.
   3. When you feed yourself.
   4. When you have medicine.
   5. When you exercise.

Evaluación

A. Complete cada oración con el órgano o aparato afectado por cada enfermedad.
1. La hepatitis es una enfermedad del _____.
2. El impétigo es una enfermedad de la _____.
3. La tuberculosis es una enfermedad de los _____.
4. La disentería es una enfermedad del _____.
5. La meningitis es una enfermedad del _____.
6. La glaucoma es una enfermedad de los _____.

B. Complete cada oración con la mejor respuesta.
1. Una enfermedad infantil es _____.
   a. el ántrax.
   b. la rabia.
   c. la pulmonía.
   d. la tos ferina.
2. Esta enfermedad no el del parato respiratorio.
   a. La gripe.
   b. La rubéola.
   c. La influenza.
   d. El catarro.
3. Hay que _____ al paciente si tiene una enfermedad contagiosa.
   a. aislar
   b. ver
   c. tener visitas
   d. operar
4. Un sinónimo de paperas es _____.
   a. parotiditis.
   b. paludismo.
   c. encefalitis.
   d. gripe.
5. Las inyecciones contra _____ generalmente se ponen en la barriga.
   a. la viruela
   b. el sarampión
   c. el tétano
   d. la rabia

C. Conteste las preguntas de acuerdo con el ejemplo. Ejemplo: ¿Qué dice el médico? ¿*Debo descansar?* Dice que debe descansar.
1. ¿Puedo descansar?
2. ¿Hay que descansar?
3. ¿Es necesario descansar?
4. ¿Necesito descansar?
5. ¿Voy a descansar?
6. ¿Tengo que descansar?

D. Ejemplo: *Al descansar.* Dice que *al descansar,* se cura.
1. Al caminar.
2. Al dormir.
3. Al alimentarse bien.
4. Al tomar medicinas.
5. Al hacer ejercicio.

Combining Review

Review the following sections: 14.5, 15.6, 16.3, 17.4, 18.2, 19.6.

Choose questions, answers, and statements from each section. Make up a conversation using some of the material; add additional vocabulary as you wish. Remember, the purpose of this review is to study and recombine material that you have previously studied.

Actions

Choose one word or phrase from each column to form a complete sentence.

If you had	tuberculosis	it would be	avoid visitors.
	yellow fever	convenient to	stay in bed.
	measles	you'd have to	be in a dark room.
	rabies		be isolated from others.
	polio		take antibiotics.
	malaria		take quinine.
	tetanus		be careful for a long time.
			have injections in the stomach.

Situation

You are a public health nurse explaining to a class of fifth-graders about some of the diseases that once caused epidemics, but which man has now learned to control. You might describe some of the famous epidemics of the past, or some of the symptoms about which little could be done. The class takes the part of the fifth-graders, and they have many questions for you.

Combinación de repaso

Repase las siguientes secciones: 14.5, 15.6, 16.3, 17.4, 18.2, 19.6.

Escoja preguntas, respuestas y oraciones de cada sección. Haga una conversación usando parte del material; añada más vocabulario si desea. Recuerde que el propósito de este repaso es estudiar y recombinar material que usted ha estudiado previamente.

Acciones

Escoja una palabra o frase de cada columna para completar la oración.

Si Ud. tuviera			
	tuberculosis	sería necesario	evitar visitas.
	fiebre amarilla	tendría que	quedarse en cama.
	sarampión		estar en un cuarto obscuro.
	rabia		estar aislado de otros.
	poliomielitis		tomar antibióticos.
	paludismo		tomar quinina.
	tétano		tener cuidado por mucho tiempo.
			ponerle inyecciones en la barriga.

Situación

Usted es una enfermera de salud pública explicándole a una clase de quinto grado algunas de las enfermedades que antes causaban epidemias pero que el hombre ha aprendido a controlar. Usted describe algunas de las famosas epidemias del pasado o algunos de los síntomas acerca de los cuales no se podía hacer nada. La clase hace el papel de los niños de quinto grado y le hace a usted muchas preguntas.

Cultural Topics

Time, Space, and Companionship

All cultures perceive reality differently. The ways in which we perceive reality affect our perceptions of time, of space, and the closeness we want to share with others.

While both English-speakers and Spanish-speakers value time, they value it in different ways. For the most part, the Anglo-Saxon concept of time reveals the need to remark its passing by the amount of activities that can be crowded into it. Hence, the clock is the valued recorder of how time is used and often the mechanical tyrant of the human being. Work must be done quickly so that it may be "got over with," and then as much leisure as possible must be fitted into a schedule that tends to separate work and leisure. The Hispanic concept of time, on the other hand, reflects the need to spend it well. Therefore, if time is well spent, there is the tendency to ignore the clock; work and leisure are interspersed. Nowhere is this more obvious than the long lunch hour typical of the business day in Spanish-speaking countries. It is obvious, too, in the concept that work can just as well be done tomorrow as today.

Our cultural concepts of space reveal how comfortable we are with the physical nearness of others. Those who have had the opportunity to compare the Hispanic concept of space with the Anglo-Saxon concept of space are aware that Anglo-Saxons prefer greater distances between themselves and others and are more reserved in bodily contact. Hispanic people, on the other hand, stand much closer to one another and touch more — in greetings, in leave takings, and simply in gestures while speaking.

The preference for greater closeness among Spanish-speaking people may reflect the custom of having more people around one in the course of daily living. Families tend to be larger, households include more people, social gatherings typically bring together greater numbers of people. In the Hispanic culture, by contrast with the Anglo culture, one simply spends more time with people constantly around one, whether these are family, servants, acquaintances, or associates.

One problem this poses for health care professionals is that the Spanish-speaking patient does not like to be isolated when he or she is ill. To need a quiet room because one is ill may seem very unsociable; to have to be completely isolated because one has a contagious disease may seem a great burden for an ill person to bear. Yet others may be exposed to the disease if they are not kept away from the patient.

As with other facets of medical care, it is clear that those in the health profession are inherently involved with the patient's sense of relationship to the physical world that surrounds him or her.

Questions

What does the way in which we perceive reality affect?

What is the Hispanic concept of time?

What is the Anglo-Saxon concept of time?

What differences are there typically between English-speakers and Spanish-speakers in regard to concepts of space?

In what ways are Spanish-speakers accustomed to having more people around them in their daily lives?

What problems may this create for health-care providers?

What advantages or disadvantages do you see in the Hispanic concept of time?

What advantages or disadvantages do you see in the Anglo-Saxon concept of space?

Which concept is quantitative and which is qualitative?

Tópicos culturales

El tiempo, el espacio y el compañerismo

Todas las culturas perciben la realidad de un modo diferente. Nuestro modo de percibir la realidad es afectado por nuestro concepto del tiempo, del espacio y de la proximidad que queremos tener con otras personas.

Tanto las personas que hablan inglés como las que hablan español le dan valor al tiempo, pero lo valúan de un modo diferente. En su mayoría, las personas de origen anglosajón tienen un concepto del tiempo que revela la necesidad de notar el paso del tiempo por el número de actividades que pueden acumular en él. Por eso el reloj es un valioso contador de cómo se usa el tiempo y a menudo se convierte en un tirano mecánico del ser humano. El trabajo debe hacerse rápidamente para "acabar con él" y entonces acumular tanto ocio y placer como sea posible en un horario que tiende a separar el trabajo y el recreo. El concepto hispánico del tiempo, de otro modo, refleja la necesidad de pasarlo bien. Por lo tanto, si el tiempo se pasa bien hay la tendencia a ignorar el reloj; el trabajo y el ocio están entremezclados. En ninguna parte se nota más esto que en la hora demorada del almuerzo, típica del día de trabajo en los países de habla española. Es obvio también, en el concepto de que el trabajo tan bien puede ser pospuesto hasta mañana como hecho hoy.

Nuestros conceptos culturales de espacio revelan lo cómodo que estamos con la proximidad física de otros. Los que han tenido la oportunidad de comparar el concepto hispánico del espacio con el concepto anglosajón del espacio se dan cuenta de que los anglosajones prefieren una distancia mayor entre ellos y otros y son más reservados en su contacto físico. Los hispanos, en cambio, se sitúan mucho más cerca unos de otros y se tocan más — en saludos, en despedidas, y simplemente en gestos mientras hablan.

La preferencia por mayor acercamiento entre las personas de origen hispano quizás refleje la costumbre de tener más personas alrededor en el proceso de la vida diaria. Las familias tienden a ser más numerosas, el ambiente doméstico incluye más personas, las reuniones sociales típicamente agrupan a un número mayor de personas. En la cultura hispana, en contraste con la anglosajona, uno simplemente pasa más tiempo con gente constantemente a su alrededor sean familia, sirvientes, conocidos o asociados.

Un problema que esto presenta para el personal médico es que al paciente de origen hispano no le gusta estar aislado cuando está enfermo. Estar aislado en un cuarto porque uno esté enfermo puede parecerle antisocial; tener que estar completamente aislado porque uno tenga una enfermedad contagiosa puede parecerle una carga muy gravosa para una persona enferma. Sin embargo, otros pueden estar expuestos al contagio si no están separados del paciente.

Como con otros aspectos del cuidado médico, es claro que los profesionales de salud están implicados en el concepto que el paciente tenga de su relación con el mundo físico que lo/la rodea.

Preguntas

¿Qué afecta nuestro concepto de la realidad?

¿Cuál es el concepto hispánico del tiempo?

¿Cuál es el concepto anglosajón del tiempo?

¿Qué diferencias típicas existen entre los hispano-hablantes y los anglo-hablantes con respecto al espacio?

¿De qué modos los hispano-hablantes acostumbran a tener más personas a su alrededor en su vida diaria?

¿Qué problemas puede esto crear al personal médico?

¿Qué ventajas o desventajas ve usted en el concepto hispánico del tiempo?

¿Qué ventajas o desventajas ve usted en el concepto anglosajón del tiempo?

¿Cuál es un concepto cuantitativo y cuál es cualitativo?

Pronunciation of Cognate Words

Keeping in mind what you have studied about English pronunciation, pronounce each italicized word in the following sentences.

When your teacher or partner reads these sentences, write yes if the information is correct and no if it is incorrect.

1. The *prognosis* of the case: *acidosis* of the *cranial cavity.*
2. The *animosity* of her husband is *durable, terrible,* and *insufferable.*
3. The heart has four *compartments* or *cavities.*
4. The *decision* of the *group* is *acceptable* but not *infallible.*
5. The lady is seriously ill; she is in an *inoperable* stage.
6. *Abstinence* from *alcohol* is *convenient* when you take *antibiotics.*
7. *Hyperventilation* and *hypoventilation* are *related* to *respiration.*
8. *Hydrotherapy* is a *treatment.*
9. *Indigestion* can cause *premature menstruation.*
10. *Asthenia* is the *result* of poor *vision.*

Notas gramaticales/estructuras en inglés

El subjuntivo

El inglés usa muy poco el subjuntivo. La mayoría de estos usos incluyen el uso del verbo *be:*

I would tell you if he were here.	Le avisaría si él estuviera aquí.

Por lo tanto, en inglés las frases infinitivas, los tiempos presente y pasados o los modales hacen el papel del subjuntivo en inglés.

He told me to take the medicine.	Me dijo que tomara la medicina.
He would leave if he could.	Saldría si pudiera.
If you had malaria, you'd have to take this medicine.	Si tuviera paludismo tendría que tomar esta medicina.

Pronunciación de palabras cognadas

Recordando lo que usted ha estudiado acerca de la pronunciación española, pronuncie cada palabra subrayada en las siguientes oraciones.

Cuando su maestro/maestra lea las oraciones, escriba sí si la información es correcta y no si la información es incorrecta.

1. La *prognosis* del caso: *acidosis* de la *cavidad craneana*.
2. La *animosidad* de su esposo es *durable, terrible* e *insufrible*.
3. El corazón tiene cuatro *compartimientos* o *cavidades*.
4. La *decisión* del *grupo* es *aceptable* pero no *infalible*.
5. La señora está muy grave; está en estado *inoperable*.
6. La *abstinencia* del *alcohol* es *conveniente* cuando usted toma *antibióticos*.
7. La *hiperventilación* y la *hipoventilación* se *relacionan* con la *respiración*.
8. La *hidroterapia* es un *tratamiento*.
9. La *indigestión* puede causar *menstruación prematura*.
10. La *astenia* es el *resultado* de la mala *visión*.

Grammar/Structure Notes on Spanish

Imperfect Subjunctive

Subjunctive is a "mood" of the verb that shows what is unknown, emotional, wished for, or dependent on other outcomes and actions. This is in contrast to the indicative mood, which states facts, asks questions, and makes independent statements.

In this lesson, you practiced the imperfect, or past, form of the subjunctive in the Acciones section, as in: Si *tuviera* fiebre amarilla, tendría que quedarse en cama. The past subjunctive, *tuviera,* means *if you had* yellow fever, but indicates you do not have it. Notice that in this sentence, the *si* (if) clause, as it is called, is accompanied by another clause that uses the conditional tense.

Tuviera, from *tener,* is an irregular form, but the imperfect subjunctive forms will always look like the third-person plural of the preterit forms but without the *n.* If these forms are irregular, the same irregularity will appear in the past subjunctive. The *-iera* in the ending indicates that the form is imperfect subjunctive.

Lesson 21
The Dentist

New Material

21.1 In the Dentist's Chair

✔ Dentist	Student Observer
Sit down in the chair, *please*.	She sits down in the chair.
Take off your lipstick, _____.	She takes off her lipstick.
Open your mouth.	She opens her mouth.
Close your mouth.	She closes her mouth.
Raise your head.	She raises her head.
Lower your head.	She lowers her head.
Rinse your mouth.	She rinses her mouth.
Spit in the bowl.	She spits in the bowl.
Don't move.	She doesn't move.
Bite hard.	She bites hard.
Don't move your jaw.	She doesn't move her jaw.

Practice

Find a word in column B related in some way to a word in column A.

A	B
molar	tooth
open	don't move
rinse	close
lipstick	wash
spit	lower
before	bowl
raise	after
bite	mouth

532

Lección 21
El dentista

Materia nueva

21.1 En la silla del dentista

✔ Dentista

Siéntese en la silla, *por favor.*

Quítese la pintura de los labios, _____.

Abra la boca.

Cierre la boca.

Levante la cabeza.

Baje la cabeza.

Enjuaguese la boca.

Escupa en la taza.

No se mueva.

Muerda fuerte.

No mueva la quijada.

Estudiante que observa

Se sienta en la silla.

Se quita la pintura de los labios.

Abre la boca.

Cierre la boca.

Levanta la cabeza.

Baja la cabeza.

Se enjuaga la boca.

Escupe en la taza.

No se mueve.

Muerde fuerte.

No mueve la quijada.

Práctica

Escoja una palabra de la columna B que esté relacionada con una palabra de la columna A.

A	B
muela	diente
abrir	no mover
enjuagar	cerrar
pintura de labios	lavar
escupir	bajar
antes	taza
levantar	después
morder	boca

21.2 Care of the Teeth

✔Dentist   Patient

You should | have regular checkups.   Have regular checkups? How often?
              | have your teeth cleaned regularly.   Have my teeth cleaned? How often?
              | use dental floss.   Use dental floss? When?
              | brush your teeth after eating.   After eating?
              | brush your teeth before going to bed.   Before going to bed?
              | consult an orthodontist/a dental   An orthodontist/a dental surgeon?
              | surgeon.

Does your molar hurt?   Yes, it hurts.

Does your tooth hurt?   No, it doesn't hurt.

Do your teeth hurt?   Yes, they hurt.

Do your molars hurt?   *No, they don't hurt.*

Do your teeth hurt when you chew?

Do your teeth hurt when you bite?

Do your gums bleed?   No, they don't.

Does something | hot *bother your teeth?*   *No, it doesn't.*
                 | cold
                 | sweet
                 | sour

Practice

Use each of the following expressions in a sentence or a question.

when you bite   hurt
after eating   bleed
dental floss   checkup
an orthodontist   cleaned

21.2 Cuidado de los dientes

Dentista	Paciente

✔Dentista

Paciente

Debe | tener chequeos regulares.
hacer que le limpien los dientes regularmente.
usar seda dental.
cepillarse los dientes después de comer.
cepillarse los dientes antes de acostarse.
consultar un ortodontista/ortopédico dental.

¿Chequeos regulares? ¿Cada cuánto tiempo?
¿Que me limpien los dientes? ¿Cada cuanto tiempo?
¿Seda dental? ¿Cuándo?
¿Después de comer?
¿Antes de acostarse?
¿Un ortodontista/ortopédico dental?

¿Le duele la muela?

Sí, me duele.

¿Le duele el diente?

No, no me duele.

¿Le duelen los dientes?

Sí, me duelen.

¿Le duelen las muelas?

No, no me duelen.

¿Le duelen los dientes al mascar?

¿Le duelen los dientes al morder?

¿Le sangran las encías?

No, no me sangran.

¿Le molesta | lo caliente *en los dientes?*
lo frío
lo dulce
lo agrio

No, *no me molesta.*

Práctica

Emplee las expresiones siguientes en oraciones o preguntas.

al morder
después de comer
seda dental
un ortodontista

duelen
sangran
chequeo
limpien

21.3 Diagnosis and Problems

✔ Dentist	Patient
You have good teeth.	*I'm glad to hear that.*
You have _____.	*I'm sorry to hear that.*

a cavity in one tooth	healthy gums
a decayed tooth	inflamed gums
an abscessed tooth	stained teeth
an impacted molar	even teeth
an impacted	pyorrhea
wisdom tooth	gingivitis
a loose tooth	

You're going to need a denture.   A denture? *I was afraid I might.*

You're going to need _____.   _____? *I was afraid I might.*

| a partial plate | a filling | a crown |

You're going to need a bridge.   A bridge? Where?

In front.

In the upper jaw.

In the lower jaw.

On the upper right side.

On the lower right side.

On the upper left side.

On the lower left side.

Practice

Give a possible location for each of the following, as in the example: an impacted molar—on the lower left side.

a cavity in one tooth	a filling
an impacted wisdom tooth	a bridge
a loose tooth	a crown
a partial plate	pyorrhea
dentures	an abscessed tooth

21.3 Diagnóstico y problemas

Dentista	Paciente
Ud. tiene una dentadura buena.	*Me alegra oírlo.*
Ud. tiene _____.	*Me da pena oírlo.*

una carie en un diente	las encías sanas
un diente cariado	las encías inflamadas
un absceso en un diente	los dientes manchados
un molar impactado	los dientes parejos
una muela del juicio impactada/un cordal impactado	piorrea
	gingivitis
un diente flojo	

Ud. va a necesitar una dentadura postiza.   ¿Una dentadura? *Temía eso.*

Ud. va a necesitar _____.   ¿_____? *Temía eso.*

| una dentadura parcial | un empaste | una corona |

Ud. va a necesitar un puente.   ¿*Un puente? ¿Dónde?*

En el frente.

En la mandíbula superior.

En la mandíbula inferior.

En el lado derecho superior.

En el lado derecho inferior.

En el lado izquierdo superior.

En el lado izquierdo inferior.

Práctica

Diga donde puede localizarse cada uno de los problemas siguientes, como en el ejemplo: un molar impactado—en el lado izquierdo inferior.

una carie en un diente	un empaste
un cordal impactado	un puente
un diente flojo	una corona
una dentadura parcial	piorrea
dentaduras postizas	un absceso en un diente

21.3 Procedures

<u>Dentist</u>

<u>Patient</u>

What are you going to do?

I'm going to take an x-ray.

I'm going to _____.

deaden the nerve	drill
block the nerve	use the drill
extract your tooth	do a root canal
extract your molar	straighten your teeth
extract the baby tooth	

Practice

Tell the patient what must be done. Use each of the following words or expressions in a sentence. Begin the sentence with *We must,* as in the example: *We must* extract the tooth.

root canal	molar	nerve	straighten
gums	bridge	cavity	deaden
baby tooth	denture	drill	block

21.3 Procedimientos

<u>Dentista</u>   ✔ <u>Paciente</u>

                                                        ¿Qué va a hacer?

Voy a hacerle una radiografía.

Voy a _____.

adormecer el nervio	taladrar
obstruir el nervio	usar el taladro
extraer el diente	hacer un canal de raíz
extraer la muela	enderezar los dientes
extraer el diente de leche	

Práctica

Dígale al paciente lo que hay que hacer. Emplee las palabras o frases que siguen en una oración. La oración debe empezar con *Hay que,* como en el ejemplo: *Hay que* extraerle la muela.

canal de raíz	la muela	el nervio	enderezar
las encías	el puente	la carie	adormecer
el diente de leche	la dentadura postiza	taladrar	obstruir

Reading

Medicines and You

Before taking the medicine recommended by your doctor, be sure that you understand the directions, which sometimes may seem confusing, and follow some of the basic rules.

In the first place, take the medicine according to the directions in order to be sure that the medicine will produce the desired effect. The doctor has a reason for prescribing the medicine.

The times for taking the medicine are very important. For example, four times a day can mean every four hours during the time you're awake or every six hours during the day and night. If you're not sure, ask. Half an hour more or less is not important, but try to take your medicines on time.

If you've skipped a dose, don't try to recover what you lost by taking several at once.

"Take the medicine with meals" means that the medicine should be taken with or immediately after a meal or a snack. This is recommended to keep the medicine from producing nausea or an upset stomach which otherwise might occur. "Take the medicine without meals" means that the medicine should be taken on an empty stomach because a full stomach could interfere with the absorption of the drug and its effect on the body. In this case, it is wise to take the medicine one or two hours before eating since, generally, the stomach is empty then. Take it with water, not with juice or milk.

Remember that alcohol is a depressant; that is, it decreases your coordination, feeling of pain, lucidity, breathing, vision, and so on. There are medicines that produce similar effects and in combination with alcohol can decrease these vital functions of the body to a dangerous level.

When two or more medicines, whether prescribed or not, are taken at the same time, their interaction can produce undesirable effects.

Antibiotics are drugs that kill certain harmful bacteria. If antibiotics are prescribed for your infection, take all the medicine, even though the symptoms may have disappeared. If you don't take all of the medicine, the bacteria can still be alive inside you and cause you to have a relapse. Most antibiotics should be taken on an empty stomach because food interferes with their absorption and diminishes their effectiveness.

Drugs can produce secondary effects such as sleepiness, slowness, and lack of coordination. If you have some of these effects, don't drive your car, and don't use machines or home appliances. The secondary effects may mean that the medicine is having its desired effect, or they may be a warning that the medicine does not agree with you and has harmful effects. If you have an unexpected reaction, consult your doctor immediately.

Always cap the bottle of medicine when you have finished taking it so that it will not spoil or fall into the hands of a child. Never pour medicine from one bottle to another because you may mix up the medicines. Remember, too, that any medicine is dangerous in the hands of a child. Keep medicines out of the reach of children.

Lectura

Las medicinas y usted

Antes de tomar la medicina recomendada por su médico, esté seguro de que usted comprende las instrucciones que a veces son algo confusas y siga algunas reglas básicas.

En primer lugar, tome la medicina de acuerdo con las instrucciones para estar seguro de que la medicina va a surtir el efecto deseado. El médico tiene alguna razón para recetarle la medicina.

Las horas de tomar la medicina son muy importantes. Por ejemplo, cuatro veces al día puede significar cada cuatro horas durante las horas que usted está despierto o cada seis horas durante el día y la noche. Si usted no está seguro, pregunte. Media hora más o menos no tiene importancia, pero trate de tomar sus medicinas a tiempo.

Si ha omitido algunas dosis, no trate de recuperar lo perdido tomando varias a la vez.

"Tome la medicina con las comidas" quiere decir que la medicina debe ser tomada con o inmediatamente después de una comida o merienda. Esto se recomienda para evitar que la medicina la produzca náusea o descomposición del estómago que de otro modo pudiera ocurrir. Tome la medicina sin comidas quiere decir que la medicina debe tomarse con el estómago vacío porque puede interferir con la absorción de la droga y su efecto en el organismo. En este caso, es bueno tomarla una o dos horas antes de comer pues generalmente, el estómago está vacío entonces. Tómela con agua, no jugo o leche.

Recuerde que el alcohol es un depresivo, es decir que disminuye su coordinación, sensación de dolor, lucidez, respiración, visión, y otras. Hay medicinas que producen efectos similares y en combinación con el alcohol pueden disminuir esas funciones vitales del organismo a un nivel peligroso.

Cuando dos o más medicinas, sean recetadas o no, se toman al mismo tiempo, su interacción puede producir efectos indeseables.

Los antibióticos son drogas que matan ciertas bacterias dañinas. Si le recetan antibióticos para su infección, tome toda la medicina, aunque los síntomas hayan desaparecido. Si no lo hace, las bacterias pueden estar vivas dentro de usted y causarle una recaída. La mayoría de los antibióticos deben tomarse con el estómago vacío ya que la comida interfiere con su absorción y disminuye su efectividad.

Las drogas pueden producir efectos secundarios tales como somnolencia, lentitud y falta de coordinación. Si tiene algunos de estos efectos no maneje su automóvil o maquinarias eléctricas o utensilios domésticos eléctricos. Los efectos secundarios pueden significar o que la medicina está surtiendo sus efectos o son una advertencia de que la medicina no le sienta y le produce un efecto dañino. Si usted tiene una reacción que no espera, consulte a su médico inmediatamente.

Siempre tape el frasco de medicina cuando termine de usarlo para evitar que se eche a perder o que caiga en manos de un niño. Nunca eche medicina de un frasco a otro pues puede confundir la medicina con otra y recuerde que cualquier medicina es peligrosa en manos de un niño. Guarde las medicinas fuera del alcance de los niños.

Questions

What should you do before taking your medicine?
What can "four times a day" mean?
What should you do if you have skipped some doses?
Why is it sometimes recommended that you take your medicine with your meal?
When is it recommended that you take your medicine on an empty stomach?
What are some effects of alcohol?
Why is it dangerous to mix some medicines with alcohol?
What are antibiotics? Why is it important to take all the medicine?
What can secondary effects indicate?
What should you do if you have an unexpected reaction?
Why should you cap the bottle after using the medicine?
Where should medicines be kept?

Evaluation

A. Choose the word opposite in meaning from the one italicized in each sentence.

1. Please *raise* your hand.
2. Please *open* your mouth.
3. Please brush your teeth *before* eating.
4. You have *good* teeth.
5. You have *healthy* gums.
6. I don't have pain on the *right* side.
7. Do *hot* things on your teeth bother you?

a. close
b. inflamed
c. lower
d. cold
e. left
f. bad
g. after

B. Complete each statement with the word that gives the appropriate specialty, profession, or place of work. See the cognate lists in the Appendix.

1. The pharmacist works in the _____.
2. The surgeon practices _____.
3. A radiologist is an expert in _____.
4. The specialty of the cardiologist is _____.
5. A psychologist is an expert in _____.
6. The specialty of the gynecologist is _____.
7. The anesthesiologist is the doctor who gives _____ to the patient.

Preguntas

¿Qué debe hacer usted antes de tomar su medicina?

¿Qué puede significar "cuatro veces al día"?

¿Qué debe usted hacer si ha omitido algunas dosis?

¿Por qué a veces se recomienda que usted tome la medicina con la comida?

¿Cuándo se recomienda que usted tome la medicina con el estómago vacío?

¿Cuáles son algunos efectos del alcohol?

¿Por qué es peligroso mezclar algunas medicinas con el alcohol?

¿Qué son antibióticos? ¿Por qué es importante tomar toda la medicina?

¿Qué pueden indicar los efectos secundarios?

¿Qué debe usted hacer si tiene una reacción inesperada?

¿Por qué hay que tapar el frasco después de usar la medicina?

¿Dónde deben guardarse las medicinas?

Evaluación

A. Escoja la palabra de sentido opuesto a la subrayada.

1. Favor de *levantar* la mano.   a. cerrar
2. Favor de *abrir* la boca.   b. inflamadas
3. Favor de cepillarse los dientes *antes* de comer.   c. bajar
4. Ud. tiene una dentadura *buena*.   d. frío
5. Juan tiene las encías *sanas*.   e. izquierdo
6. No tengo dolor en el lado *derecho*. f. mala
7. ¿Le molesta lo *caliente* en la boca? g. después

B. Complete cada oración con la palabra que representa la especialidad, la profesión o el lugar de empleo. Vea las listas en el Apéndice.

1. El farmacéutico trabaja en la _____.
2. El cirujano practica la _____.
3. Un radiólogo es un experto en _____.
4. La especialidad del cardiólogo es la _____.
5. Un psicólogo es un experto en _____.
6. La especialidad del ginecólogo es _____.
7. El anestesiólogo es el médico que da la _____ al paciente.

Final Evaluation   Evaluación final

Lessons 1–21
Final Evaluation

A. Choose the best answer or response to the question or statement.

1. Good morning.
   a. Good morning.
   b. See you later.
   c. And you?
   d. Good afternoon.

2. How do you feel today?
   a. Hi!
   b. It's nothing.
   c. So-so.
   d. How's it going?

3. How goes it?
   a. What's the matter with you?
   b. Please.
   c. Come in.
   d. Fine, thanks.

4. I'm sorry.
   a. It's nothing.
   b. You are welcome.
   c. Come in.
   d. Excuse me.

5. Thanks.
   a. Please.
   b. Pardon me.
   c. My deepest sympathy.
   d. Don't mention it.

6. Do you understand Spanish?
   a. Good luck.
   b. Yes, a little.
   c. Delicious.
   d. Gladly.

7. How do you say *enfermera*?
   a. It means nurse.
   b. You say *nurse*.
   c. She's the nurse.
   d. She's studying nursing.

8. The food is just great.
   a. Yes, it's delicious.
   b. Poor thing.
   c. What a shame!
   d. No, I don't have money.

9. Good luck.
   a. Do you understand Spanish?
   b. Gladly.
   c. Thanks, the same to you.
   d. Yes, a little.

10. Where's the bathroom?
    a. It means *exit*.
    b. It's here.
    c. What's the matter?
    d. It's okay.

11. Do you need something?
    a. How goes it?
    b. Nothing, thanks.
    c. It's nothing.
    d. I don't know.

12. Take this off.
    a. The robe?
    b. Slower.
    c. The bed?
    d. The table?

13. Go to bed, please.
    a. I hope you'll feel better.
    b. It doesn't cost anything.
    c. The head.
    d. Now? So early?

14. This thing isn't working.
    a. You're right, it isn't.
    b. It's here.
    c. It's early.
    d. Do you want something?

Lecciones 1–21
Evaluación final

A. Escoja la mejor respuesta a la pregunta o expresión.

1. Buenos días.
   - a. Buenos días.
   - b. Hasta luego.
   - c. ¿Y usted?
   - d. Buenas tardes.
2. ¿Cómo se siente hoy?
   - a. ¡Hola!
   - b. No es nada.
   - c. Así, así.
   - d. ¿Cómo le va?
3. ¿Qué tal?
   - a. ¿Qué le pasa?
   - b. Por favor.
   - c. Pase.
   - d. Bien, gracias.
4. Lo siento.
   - a. No es nada.
   - b. De nada.
   - c. Pase.
   - d. Con permiso.
5. Gracias.
   - a. Por favor.
   - b. Perdón.
   - c. Mi sentido pésame.
   - d. No hay de qué.
6. ¿Comprende Ud. español?
   - a. Buena suerte.
   - b. Sí, un poco.
   - c. Deliciosa.
   - d. Con mucho gusto.
7. ¿Cómo se dice *nurse*?
   - a. Quiere decir enfermera.
   - b. Se dice *enfermera*.
   - c. Es la enfermera.
   - d. Estudia enfermería.
8. La comida está muy rica.
   - a. Sí, está deliciosa.
   - b. Pobrecito.
   - c. ¡Qué lástima!
   - d. No, no tengo dinero.
9. Buena suerte.
   - a. ¿Comprende Ud. español?
   - b. Con mucho gusto.
   - c. Gracias, igualmente.
   - d. Sí, un poco.
10. ¿Dónde está el baño?
    - a. Quiere decir salida.
    - b. Está aquí.
    - c. ¿Qué pasa?
    - d. Está bien.
11. ¿Necesita algo?
    - a. ¿Qué tal?
    - b. Nada, gracias.
    - c. No es nada.
    - d. No sé.
12. Quítese esto.
    - a. ¿La bata?
    - b. Más despacio.
    - c. ¿La cama?
    - d. ¿La mesa?
13. Acuéstese, por favor.
    - a. ¡Qué se mejore!
    - b. No cuesta nada.
    - c. La cabeza.
    - d. ¿Ahora? ¿Tan temprano?
14. El aparato no funciona (bien).
    - a. Sí, no está bien.
    - b. Está aquí.
    - c. Es temprano.
    - d. ¿Desea algo?

15. I feel worse.
    a. I'm sorry.
    b. Yes, she's the nurse.
    c. Fantastic.
    d. It's not all right.
16. Put on your sweater.
    a. Yes, I'm afraid.
    b. Yes, I'm cold.
    c. Yes, I'm hot.
    d. Yes, I'm right.
17. Please speak more slowly.
    a. Yes, gladly.
    b. It's just delicious.
    c. I feel bad.
    d. It means doctor.

18. Get up, please.
    a. Yes, I want to go to bed.
    b. Sit down.
    c. Yes, I'm in traction.
    d. Thanks. I want to walk.
19. Repeat, please.
    a. Don't you understand?
    b. Poor thing.
    c. Stupendous.
    d. Thanks a million.
20. Excuse me.
    a. Same to you.
    b. So-so.
    c. Certainly.
    d. My deepest sympathy.

B. *Completion.* Choose the answer that best completes each statement or question.

1. Do you have an infection in your _____?
   a. ear
   b. pan
   c. bedpan
   d. hair
2. I have my razor, but I don't have
   _____.
   a. scissors
   b. the pitcher
   c. blades
   d. brushes
3. The mother of your husband is your _____.
   a. sister-in-law
   b. cousin
   c. niece
   d. mother-in-law
4. How long have you had a cough? _____ some days.
   a. When
   b. For
   c. How much
   d. There are
5. Put the bottle on top of _____.
   a. the elevator
   b. the stairs
   c. the laboratory
   d. the table
6. I'm worried because _____.
   a. I don't have work
   b. they're going to dismiss me
   c. it's okay
   d. I don't have pain
7. Here's the pitcher and ice, but there isn't any
   _____.
   a. vase
   b. pan
   c. glass
   d. gauze

8. 200 and 300 are _____.
   a. 15
   b. 500
   c. hot
   d. who
9. Miss, please _____ the air conditioning. I'm cold.
   a. turn on
   b. turn off
   c. close
   d. open
10. You have hospitalization _____.
    a. room
    b. certain
    c. insurance
    d. police
11. I have to change _____.
    a. the door
    b. the sheets
    c. the comb
    d. the tonsils
12. I feel like laughing. I'm _____.
    a. sad
    b. upset
    c. happy
    d. tired
13. I'm nauseated. I need _____.
    a. the spitting pan
    b. the bedpan
    c. the thermometer
    d. the head
14. The son of your son is your _____.
    a. little son
    b. son-in-law
    c. uncle
    d. grandson

15. Me siento peor.
    a. Lo siento.
    b. Sí, es la enfermera.
    c. Fantástico.
    d. No está bien.
16. Póngase el suéter.
    a. Sí, no tengo miedo.
    b. Sí, tengo frío.
    c. Sí, tengo calor.
    d. Sí, tengo razón.
17. Favor de hablar más despacio.
    a. Sí, con mucho gusto.
    b. Está muy rica.
    c. Me siento mal.
    d. Quiere decir médico.

18. Levántase, por favor.
    a. Sí, quiero acostarme.
    b. Siéntese.
    c. Sí, estoy en tracción.
    d. Gracias. Quiero caminar.
19. Repita, por favor.
    a. ¿No comprende?
    b. Pobrecito.
    c. Estupendo.
    d. Un millón de gracias.
20. Con permiso.
    a. Igualmente.
    b. Así, así.
    c. Ud. lo tiene.
    d. Mi sentido pésame.

B. *Completar.* Escoja la respuesta que mejor complete cada pregunta u oración.

1. ¿Tiene infección en el _____?
    a. oído
    b. tazón
    c. bacín
    d. pelo
2. Tengo la máquina de afeitar pero no tengo
   _____.
    a. tijeras
    b. la jarra
    c. cuchillas (hojas de afeitar)
    d. cepillos
3. La madre de su esposo es su _____.
    a. cuñada
    b. prima
    c. sobrina
    d. suegra
4. ¿Desde cuándo tiene Ud. tos? _____ unos
   días.
    a. Cuándo
    b. Hace
    c. Cuánto
    d. Hay
5. Ponga el frasco encima de _____.
    a. el elevador
    b. la escalera
    c. el laboratorio
    d. la mesa
6. Estoy preocupado porque _____.
    a. no tengo trabajo
    b. me van a dar de alta
    c. está bien
    d. no tengo dolor
7. Aquí está la jarra de agua con hielo pero no hay
   _____.
    a. florero
    b. tazón
    c. vaso
    d. gasa

8. Doscientos y trescientos son _____.
    a. quince
    b. quinientos
    c. calientes
    d. quienes
9. Señorita, favor de _____ el aireacondicionado.
   Tengo frío.
    a. poner
    b. apagar
    c. cerrar
    d. abrir
10. Ud. tiene el _____ de hospitalización.
    a. cuarto
    b. cierto
    c. seguro
    d. policía
11. Tengo que cambiar _____.
    a. la puerta
    b. las sábanas
    c. el peine
    d. las amígdalas
12. Tengo ganas de reír. Estoy _____.
    a. triste
    b. mortificada
    c. contenta
    d. cansada
13. Tengo náuseas. Necesito _____.
    a. la vasija
    b. el bidet
    c. el termómetro
    d. la cabecera
14. El hijo de su hijo es su _____.
    a. hijito
    b. yerno
    c. tío
    d. nieto

15. My _____ hurt.
  a. gargle
  b. eyes
  c. hours
  d. spoonfuls
16. When do I have to take _____?
  a. the ointment
  b. the cough
  c. the liniment
  d. the laxative
17. _____ treatments are necessary.
  a. Cobalt
  b. Sponge
  c. Blood
  d. Duty
18. I have itching on my skin. I have _____.
  a. yellow fever
  b. flu
  c. poliomyelitis
  d. hives
19. For going to the hospital you should take

  _____.
  a. the fountain
  b. the contractions
  c. the navel
  d. personal articles
20. You have pain and frequent _____.
  a. breasts
  b. contractions
  c. strong
  d. deep
21. You must put the bottles in a _____.
  a. sterilizer
  b. baby bottle
  c. nipple
  d. navel
22. Do you have _____ trouble?
  a. dentures
  b. kidney
  c. spinal anesthesia
  d. scars

23. We're going to do an _____ operation.
  a. pharmacy
  b. measles
  c. German measles
  d. exploratory
24. If you need cotton, you can _____ in the
  pharmacy.
  a. sell them
  b. buy them
  c. buy it
  d. buy him
25. We must ask for _____, because it's very
  serious.
  a. patient
  b. help
  c. fatigue
  d. fracture
26. Do you have _____ insufficiency?
  a. varicose
  b. embolism
  c. arterial
  d. aortic
27. _____ is a hereditary disease.
  a. Gangrene
  b. Hemophilia
  c. The common cold
  d. Tonsillitis
28. His _____ are bleeding.
  a. bridge
  b. gums
  c. front
  d. fillings
29. Please take off your _____.
  a. head
  b. cup
  c. cavity
  d. wig
30. You must burp the baby _____ giving him
  milk.
  a. before
  b. quickly
  c. after
  d. also

C. *Responses.* Choose the best answer or response to each question or statement.
  1. Do you feel burning when you urinate?
    a. Yes, I have a kidney infection.
    b. Yes, I have a cough.
    c. Yes, I have a tonsil infection.
    d. Yes, I have chills.
  2. Can I have a private room?
    a. No, there aren't any wards.
    b. No, there aren't any doubles.
    c. No, there aren't any vacant.
    d. No, they don't have a bath.

  3. Do you like fruit?
    a. Yes, especially bread and cheese.
    b. Yes, especially strawberries and apples.
    c. Yes, I like garlic and onion.
    d. Yes, I need a fork and a spoon.
  4. What would you like for dessert?
    a. Sausage.
    b. Cottage cheese.
    c. Ice cream.
    d. Bacon.

15. Me duelen _____.
    a. las gárgaras
    b. los ojos
    c. las horas
    d. las cucharadas
16. ¿Cuándo tengo que tomar _____?
    a. el ungüento
    b. la tos
    c. el linimento
    d. el purgante
17. Los tratamientos de _____ son necesarios.
    a. cobalto
    b. esponja
    c. sangre
    d. turno
18. Tengo picazón en la piel. Tengo _____.
    a. fiebre amarilla
    b. gripe
    c. poliomielitis
    d. urticaria
19. Para ir al hospital debe llevar
    _____.
    a. la fuente
    b. las contracciones
    c. el ombligo
    d. artículos personales
20. Tiene dolores y _____ frecuentes.
    a. pechos
    b. pujos
    c. fuertes
    d. profundos
21. Hay que poner las botellas en _____.
    a. el esterilizador
    b. el biberón
    c. la tetera
    d. el ombligo
22. ¿Padece Ud. de _____?
    a. dientes postizos
    b. los riñones
    c. raquídea
    d. cicatrices

23. Le vamos a hacer una operación _____.
    a. farmacia
    b. sarampión
    c. rubéola
    d. exploratoria
24. Si necesita algodón puede _____ en la farmacia.
    a. venderlos
    b. comprarlos
    c. comprarlo
    d. comprarle
25. Hay que pedir _____ porque está muy grave.
    a. paciente
    b. socorro
    c. fatiga
    d. fractura
26. ¿Tiene Ud. insuficiencia _____?
    a. varicosa
    b. embolia
    c. arteria
    d. aórtica
27. _____ es una enfermedad hereditaria.
    a. La gangrena
    b. La hemofilia
    c. El catarro
    d. La amigdalitis
28. Le sangran _____.
    a. el puente
    b. las encías
    c. el frente
    d. los empastes
29. Favor de quitarse _____.
    a. la cabeza
    b. la taza
    c. la carie
    d. la peluca
30. Hay que hacer eructar al niño _____ de darle la leche.
    a. antes
    b. pronto
    c. después
    d. también

C. *Respuestas.* Escoja la mejor respuesta a cada pregunta o expresión.

1. ¿Siente ardor al orinar?
   a. Sí, tengo infección en los riñones.
   b. Sí, tengo tos.
   c. Sí, tengo infección en las amígdalas.
   d. Sí, tengo escalofríos.
2. ¿Puedo tener un cuarto privado?
   a. No, no hay múltiple.
   b. No, no hay doble.
   c. No, no hay vacante.
   d. No, no tienen baño.

3. ¿Le gustan las frutas?
   a. Sí, especialmente pan y queso.
   b. Sí, especialmente fresas y manzanas.
   c. Sí, me gustan el ajo y la cebolla.
   d. Sí, necesito tenedor y cuchara.
4. ¿Qué quiere de postre?
   a. Salchica.
   b. Requesón.
   c. Helado.
   d. Tocino.

5. Are you single?
   a. My husband isn't here.
   b. Yes, I don't have a husband.
   c. Yes, I'm married.
   d. Yes, I have a family.
6. How would you like your eggs?
   a. Tomatoes, please.
   b. Salad, thanks.
   c. Scrambled, please.
   d. Jam and butter.
7. Do you have a headache?
   a. No, I don't have a cough.
   b. No, I don't have pain when I urinate.
   c. No, I don't have tingling.
   d. No, I don't have a headache.
8. What is your religion?
   a. I'm a housewife.
   b. I'm from Mexico.
   c. I'm Jewish.
   d. I'm a nurse.
9. Have you had colitis?
   a. Yes, I've had intestinal inflammation.
   b. Yes, I've had whooping cough.
   c. Yes, I've had pain in the area of my heart.
   d. No, I haven't had measles.
10. You have an infection in the respiratory system.
    a. Is it my womb?
    b. Is it in my bronchial tubes?
    c. Is it in the joint?
    d. Is it my fingers?
11. I'm very hungry.
    a. Yes, very hot.
    b. You may visit now.
    c. They'll serve the meal soon.
    d. The food is very bad.
12. I think I'm pregnant.
    a. We'll give you a rabbit test.
    b. Do you have the written order?
    c. It hurts a lot.
    d. We'll do a Pap
       smear.
13. What time is it?
    a. It's 2:30.
    b. It's time.
    c. There are 4 weeks in a month.
    d. He weighs 8 pounds.
14. Is it necessary to do exercises?
    a. Yes, I need a liter of glucose.
    b. Yes, you need to bend your leg.
    c. No, an ice pack.
    d. You need an alcohol bath.

15. Should I let air get to the incision?
    a. Yes, to dry it.
    b. Yes, you need to clean the instrument.
    c. Yes, you can avoid germs.
    d. Yes, I have to use bleach.
16. Why do you think you're pregnant?
    a. Because I have piles.
    b. Because I'm in a bad mood.
    c. Because I'm not having a discharge of blood.
    d. Because my breasts are normal.
17. Are you going to do a cesarean section?
    a. If you have a normal delivery.
    b. If you have a difficult delivery.
    c. If your bag of waters breaks.
    d. If you lose water.
18. Why do I need to take pills?
    a. Every 6 hours.
    b. To take many liquids.
    c. You can dangle your legs.
    d. To sleep well.
19. Can I nurse the baby?
    a. Yes, I'm going to bring you the baby.
    b. It's necessary to give you an enema.
    c. You should rinse the bottles.
    d. You should prepare the formula.
20. When can I put the baby in water?
    a. You must bathe him in warm water.
    b. You must avoid drafts.
    c. After drying him well.
    d. After his umbilical cord falls off.
21. What effects can the pill have?
    a. Some women are efficient.
    b. You should decide it with your husband.
    c. Some methods are efficient.
    d. Some women lose hair.
22. What anesthesia are they going to give me?
    a. We're going to give you an enema.
    b. We're going to prepare you.
    c. We're going to give you sodium pentothal.
    d. We're going to take you to the operating room.
23. Where can I get a Band-Aid?
    a. On the label.
    b. In the medicine cabinet.
    c. In the prescription.
    d. On the bandage.
24. He must have mouth-to-mouth resuscitation.
    a. Yes, he almost drowned.
    b. Yes, he almost had an accident.
    c. Yes, he almost had an attack.
    d. Yes, he almost had a tourniquet.

5. ¿Es Ud. soltera?
   a. Mi esposo no está aquí.
   b. Sí, no tengo esposo.
   c. Sí, soy casada.
   d. Sí, tengo familia.
6. ¿Cómo quiere los huevos?
   a. Tomates, por favor.
   b. Ensalada, gracias.
   c. Revueltos, por favor.
   d. Mermelada y mantequilla.
7. ¿Tiene jaqueca?
   a. No, no tengo tos.
   b. No, no tengo dolor al orinar.
   c. No, no tengo hormigueo.
   d. No, no tengo dolor de cabeza.
8. ¿Qué religión tiene?
   a. Soy ama de casa.
   b. Soy de México.
   c. Soy judío.
   d. Soy enfermera.
9. ¿Ha tenido Ud. colitis?
   a. Sí, he tenido inflamación intestinal.
   b. Sí, he tenido tos ferina.
   c. Sí, he tenido dolor en la región del corazón.
   d. No, no he tenido sarampión.
10. Tiene infección en el aparato respiratorio.
    a. ¿Es la matriz?
    b. ¿Es en los bronquios?
    c. ¿Es en la coyuntura?
    d. ¿Son los dedos?
11. Tengo mucha hambre.
    a. Sí, mucho calor.
    b. Se visita ahora.
    c. Se sirve la comida pronto.
    d. La comida está muy mala.
12. Creo que estoy embarazada.
    a. Le vamos a hacer el examen del conejo.
    b. ¿Tiene usted la orden escrita?
    c. Le duele mucho.
    d. Le vamos a hacer el examen de los untos de Papanicolaou.
13. ¿Qué hora es?
    a. Son las dos y media.
    b. Es la hora.
    c. Hay cuatro semanas en un mes.
    d. Pesa ocho libras.
14. ¿Es necesario hacer ejercicios?
    a. Sí, necesito un litro de glucosa.
    b. Sí, necesita doblar la pierna.
    c. No, una bolsa de hielo.
    d. Hay que darle un baño de alcohol.

15. ¿Hay que exponer la herida al aire?
    a. Sí, para secarla.
    b. Sí, necesita limpiar el aparato.
    c. Sí, puede evitar microbios.
    d. Sí, tengo que usar cloro.
16. ¿Por qué cree que está embarazada?
    a. Porque tengo almorranas.
    b. Porque tengo mal humor.
    c. Porque no tengo flujo de sangre.
    d. Porque tengo los senos normales.
17. ¿Van a hacerme una operación cesárea?
    a. Si tiene un parto normal.
    b. Si tiene un parto difícil.
    c. Si se le rompe la fuente.
    d. Si pierde agua.
18. ¿Para qué necesito tomar píldoras?
    a. Cada 6 horas.
    b. Para tomar mucho líquidos.
    c. Puede colgar las piernas.
    d. Para dormir bien.
19. ¿Puedo darle el pecho al niño?
    a. Sí, voy a traer al bebé.
    b. Es necesario ponerle una enema.
    c. Debe enjuagar las botellas.
    d. Debe preparar la fórmula.
20. ¿Cuándo puedo sumergir al niño en agua?
    a. Hay que bañarlo en agua tibia.
    b. Hay que evitar la corriente de aire.
    c. Después de secarlo bien.
    d. Después de caérsele el ombligo.
21. ¿Qué efectos puede tener la píldora?
    a. Algunas mujeres son eficaces.
    b. Debe decidirlo con su esposo.
    c. Algunos métodos son eficaces.
    d. Algunas mujeres pierden pelo.
22. ¿Qué anestesia me van a a dar?
    a. Le vamos a poner un lavado.
    b. Vamos a prepararlo.
    c. Le vamos a dar pentotal de sodio.
    d. Vamos a llevarlo a la sala de operaciones.
23. ¿Dónde puedo obtener una curita?
    a. En la etiqueta.
    b. En el botiquín.
    c. En la receta.
    d. En la venda.
24. Hay que darle respiración boca a boca.
    a. Sí, por poco se ahoga.
    b. Sí, por poco tiene un accidente.
    c. Sí, por poco tiene ataque.
    d. Sí, por poco tiene un torniquete.

25. We've got to call an ambulance.
    a. No, it's the emergency room.
    b. Yes, he's bleeding badly.
    c. Yes, he has a coin.
    d. No, it's not a very serious injury.
26. How long have you felt bad?
    a. For 100 years.
    b. For several days.
    c. I don't have symptoms.
    d. No, never.

27. What symptoms does he have?
    a. He has a good appetite.
    b. He has five fingers.
    c. He has suicidal tendencies.
    d. He has a lot of money.
28. Did you take your medicine?
    a. Yes, tomorrow.
    b. No, I forgot.
    c. Yes, he's very nice.
    d. You slept well.

D. Cross out the word that *cannot* be used to complete the statement.

1. We're going to shave _____.
   a. your hair.
   b. your body hair
   c. your beard
   d. your ankle
2. We're going to do an analysis of your _____.
   a. blood
   b. sleeve
   c. sputum
   d. urine
3. Do you have a swelling in the area of your _____?
   a. legs
   b. eyes
   c. kidneys
   d. hands
4. You can pay _____.
   a. with permission
   b. on terms
   c. cash
   d. in December
5. You should follow a diet for _____.
   a. gaining weight
   b. losing weight
   c. washing your back
   d. lowering the cholesterol level
6. Ma'am, please take off your _____.
   a. undershorts
   b. panties
   c. stockings
   d. bra
7. I'm Jewish, and I don't want to eat _____.
   a. ham
   b. veal
   c. pork
   d. bacon
8. What childhood illnesses have you had? Have you had _____?
   a. headache
   b. measles
   c. whooping cough
   d. scarlet fever

9. I don't want _____ with my meal.
   a. wine
   b. coffee
   c. oven
   d. milk
10. I think I have sinus trouble, because I have _____.
    a. headache
    b. hives
    c. mucus
    d. a stopped-up nose
11. In the hospital you need _____.
    a. a robe
    b. a nightgown or nightshirt
    c. a coat
    d. slippers
12. When do I take the medicine?
    a. Every 2 hours.
    b. According to the label.
    c. Before you go to bed.
    d. Don't mention it.
13. He must have immunization against _____.
    a. dysentery
    b. tuberculosis
    c. whooping cough
    d. smallpox
14. _____ is (are) a very contagious disease.
    a. Impetigo
    b. German measles
    c. Tetanus
    d. Mumps
15. I have to use _____.
    a. soap
    b. injuries
    c. adhesive tape
    d. boiled water
16. You can _____ from the first day.
    a. get up
    b. bathe
    c. especially
    d. sit down

25. Hay que llamar la ambulancia.
    a. No, es la sala de urgencia.
    b. Sí, está sangrando mucho.
    c. Sí, tiene una moneda.
    d. No, es una herida muy grave.
26. ¿Desde cuándo se siente mal?
    a. Hace cien años.
    b. Hace unos días.
    c. No tengo síntomas.
    d. No, nunca.

27. ¿Qué síntomas tiene?
    a. Tiene buen apetito.
    b. Tiene cinco dedos.
    c. Tiene tendencias suicidas.
    d. Tiene mucho dinero.
28. ¿Tomaste la medicina?
    a. Sí, mañana.
    b. No, se me olvidó.
    c. Sí, es muy simpático.
    d. Dormiste bien.

D. Tache la palabra que *no* se pueda usar para completar la frase.

1. Vamos a rasurarle _____.
    a. el pelo
    b. el vello
    c. la barba
    d. el tobillo
2. Le vamos a hacer un análisis de _____.
    a. sangre
    b. manga
    c. esputo
    d. orina
3. ¿Tiene Ud. hinchazón en _____?
    a. las piernas
    b. los ojos
    c. los riñones
    d. las manos
4. Ud. puede pagar _____.
    a. con permiso
    b. a plazos
    c. al contado
    d. en diciembre
5. Debe seguir una dieta para _____.
    a. aumentar de peso
    b. bajar de peso
    c. lavarse la espalda
    d. bajar el nivel del colesterol
6. Señora, favor de quitarse _____.
    a. los calzoncillos
    b. las pantaletas
    c. las medias
    d. el sostén
7. Soy judío, y no quiero comer _____.
    a. jamón
    b. ternera
    c. puerco
    d. tocino
8. ¿Qué enfermedades de la infancia ha tenido Ud.? ¿Ha tenido _____?
    a. dolor de cabeza
    b. sarampión
    c. tos ferina
    d. escarlatina

9. No quiero tomar _____ con la comida.
    a. vino
    b. café
    c. horno
    d. leche
10. Creo que tengo sinusitis, porque tengo _____.
    a. dolor de cabeza
    b. urticaria
    c. mucosidad
    d. la nariz tapada
11. En el hospital, Ud. necesita _____.
    a. bata
    b. camisa de noche
    c. abrigo
    d. zapatillas
12. ¿Cuándo tomo la medicina?
    a. Cada dos horas.
    b. Según la etiqueta.
    c. Antes de acostarse.
    d. No hay de qué.
13. Hay que inmunizarlo contra la _____.
    a. disentería
    b. tuberculosis
    c. tos ferina
    d. viruela
14. _____ es una enfermedad muy contagiosa.
    a. El impétigo
    b. La rubéola
    c. El tétano
    d. La parotiditis
15. Tengo que usar _____.
    a. jabón
    b. las heridas
    c. tela adhesiva
    d. agua hervida
16. Ud. puede _____ desde el primer día.
    a. levantarse
    b. bañarse
    c. especialmente
    d. sentarse

17. If you want to urinate, we're going to give you
    _____.
    a. the bedpan
    b. the bedpan
    c. the bedpan
    d. the flow
18. Some women use _____.
    a. the condom
    b. the cervical cap
    c. the diaphragm
    d. jellies
19. They're going to operate on my _____.
    a. jaw
    b. eyelash
    c. nose
    d. throat

20. What happened to him? He got _____.
    a. burned
    b. a broken foot
    c. frostbitten
    d. careful
21. What's the matter? He has a _____ fracture.
    a. better
    b. serious
    c. minor
    d. compound
22. Let me fasten your _____.
    a. hair
    b. shirt
    c. shoes
    d. pants

17. Si quiere orinar vamos a ponerle
    _____.
    a. la chata
    b. el bacín
    c. la cuña
    d. el flujo
18. Algunas mujeres usan _____.
    a. el condón
    b. el gorro cervical
    c. el diafragma
    d. jaleas
19. Me van a operar de la _____.
    a. mandíbula
    b. pestaña
    c. nariz
    d. garganta

20. ¿Qué le pasó? Se ha _____.
    a. quemado
    b. fracturado un pie
    c. congelado
    d. cuidado
21. ¿Qué tiene? Tiene una fractura _____.
    a. mejor
    b. mayor
    c. menor
    d. compuesta
22. Déjame abrocharte _____.
    a. el pelo
    b. la camisa
    c. los zapatos
    d. el pantalón

Appendix

Apéndice

Vocabularies

The vocabularies include words from the New Material in the lessons supplemented by other useful words and verb forms. Words from the pronunciation section and the identification exercises in the lessons are not necessarily included since these may not be frequently used words. Listed separately immediately preceding the vocabularies are tables of numbers and time units, and this section begins with lists of cognate words with the following terminations:

English	Spanish
(cognate infinitives)	-ar, -er, -ir
-ion	-ión
-ance, -ence, -ia, -y	-ancia, -encia, -ia
-y	-ía*
-in, -ine	-ina, -ino
-ic, -ical	-ico
-ry	-rio
-ism	-ismo
-ous	-oso
-ant, -ent	-ante, -ente
-ent	-ento
-ble	-ble
-ty	-dad
-sis, -lis	-sis, -lis
-itis	-itis

Cognates not included in these lists that are of particular medical importance or that are pronounced very differently are listed in the vocabularies.

Nouns that are not obviously masculine (-o) or feminine (-a) are marked in the vocabularies (m.) or (f.). In the English-Spanish Vocabulary, if nouns and verbs have the same form in English, the Spanish noun is given first, followed by the infinitive (which ends in -ar, -er, or -ir). In the Spanish-English Vocabulary, the first and third person singular forms of frequently used irregular verbs are given, either under the infinitive or, if the spelling is very different from the infinitive, as a separate entry.

---

* Cognates ending in -ia and -ía are separated because of the pronunciation problems they pose for English-speaking students.

Vocabularios

Los vocabularios incluyen palabras de Materia nueva en las lecciones suplementados por otras palabras y formas verbales útiles. Las palabras en las secciones de pronunciación y en las de ejercicios de identificación en las lecciones no han sido incluídas puesto que muchas de ellas no son palabras de uso frecuente. Las tablas de números y de unidades de tiempo se encuentran en listas separadas inmediatamente antes de los vocabularios. Esta sección comienza con listas de palabras cognadas con las terminaciones siguientes:

Inglés	Español
(cognadas infinitivos)	-ar, -er, -ir
-ion	-ión
-ance, -ence, -ia, -y	-ancia, -encia, -ia
-y	-ía
-in, -ine	-ina, -ino
-ic, -ical	-ico
-ry	-rio
-ism	-ismo
-ous	-oso
-ant, -ent	-ante, -ente
-ent	-ento
-ble	-ble
-ty	-dad
-sis, -lis	-sis, -lis
-itis	-itis

Las palabras cognadas que están incluídas en estas listas pero que tienen importancia médica especial o que se pronuncian de un modo diferente se incluyen en los vocabularios.

Nombres que no se puedan identificar fácilmente como masculinos (-o) o femeninos (-a), se indican en los vocabularios (m.) o (f.). En el vocabulario Inglés-Español, si los nombres y los verbos tienen la misma forma en inglés, se da primero el nombre en español seguido por el infinitivo (que termina en -ar, -er, o -ir). En el vocabulario Español-Inglés se dan las primera y tercera formas del singular de verbos irregulares de uso frecuente a continuación del infinitivo o como entrada separada si la forma es muy diferente del infinitivo.

Cognate Words

Infinitives

to absorb	to consist	to distinguish	to maintain
to accept	to constipate	to distribute	to masticate
to acquire	to consult	to divide	to masturbate
to affirm	to contaminate	to eliminate	to note
to adjust	to contain	to sterilize	to observe
to alienate	to contract	to evacuate	to obstruct
to alter	to control	to evaluate	to occur
to amputate	to converse	to examine	to offend
to analyze	to convert	to exist	to omit
to annul	to cost	to explore	to operate
to appreciate	to cure	to facilitate	to urinate
to arrest	to debilitate	to form	to penetrate
to articulate	to decide	to fracture	to perceive
to authorize	to declare	to function	to permit
to balance	to depend	to imagine	to practice
to calm	to describe	to include	to precipitate
to cause	to discover	to indicate	to preoccupy
to circulate	to disinfect	to infect	to prepare
to coagulate	to destroy	to inform	to prevent
to compensate	to determine	to inhibit	to proceed
to communicate	to diagnose	to immunize	to progress
to concede	to digest	to inoculate	to prohibit
to concentrate	to dilate	to inspect	to prolong
to conclude	to discuss	to interest	to pronounce
to conserve	to diminish	to interpret	to propagate
to consider	to dissolve	to investigate	to propose

Palabras cognadas

Infinitivos

absorber
aceptar
adquirir
afirmar
ajustar
alienar
alterar
amputar
analizar
anular
apreciar
arrestar
articular
autorizar
balancear
calmar
causar
circular
coagular
compensar
comunicar
conceder
concentrar
concluir
conservar
considerar

consistir
constipar
consultar
contaminar
contener
contraer
controlar
conversar
convertir
costar
curar
debilitar
decidir
declarar
depender
describir
descubrir
desinfectar
destruir
determinar
diagnosticar
digerir
dilatar
discutir
disminuir
disolver

distinguir
distribuir
dividir
eliminar
esterilizar
evacuar
evaluar
examinar
existir
explorar
facilitar
formar
fracturar
funcionar
imaginar
incluir
indicar
infectar
informar
inhibir
inmunizar
inocular
inspeccionar
interesar
interpretar
investigar

mantener
masticar
masturbar
notar
observar
obstruir
ocurrir
ofender
omitir
operar
orinar
penetrar
percibir
permitir
practicar
precipitar
preocupar
preparar
prevenir
proceder
progresar
prohibir
prolongar
pronunciar
propagar
proponer

to protect
to protest
to provoke
to project
to purify
to recommend
to recognize
to recuperate
to reduce
to refer

to relate
to remedy
to renovate
to repair
to repeat
to represent
to resent
to resolve
to respect
to respire

to restore
to resuscitate
to result
to resume
to retire
to revise
to select
to separate
to suffer
to suppurate

to suspend
to transmit
to ulcerate
to use
to utilize
to ventilate
to visit
to vomit
to vote

Endings: -ion

action
administration
admission
alienation
alimentation
alteration
hallucination
amplification
application
articulation
association
attention
authorization
calcification
cauterization
certification
cession
circulation
coagulation
commission
comparison
complication
compression
communication
concentration
condition
conservation
consideration

constipation
constitution
construction
contamination
contraction
contraception
conversation
convulsion
deception
decision
declaration
defecation
depression
description
desertion
malnutrition
deterioration
determination
digestion
direction
discretion
discussion
distribution
division
duration
education
elevation
elimination

emotion
eruption
station
sterilization
evacuation
evaluation
evasion
evolution
expectation
expectoration
explication
exploration
explosion
extraction
ejaculation
fecundation
fibrillation
flexion
formation
friction
function
gestation
hospitalization
hypertension
hyperventilation
hypotension
hypoventilation
identification

illusion
incision
incubation
indecision
indication
indigestion
indisposition
infection
inflammation
information
infraction
inhalation
immersion
immunization
inoculation
inspection
installation
institution
instruction
interaction
interpretation
interruption
intoxication
investigation
injection
irritation
lesion
limitation

proteger
protestar
provocar
proyectar
purificar
recomendar
reconocer
recuperar
reducir
referir

relatar
remediar
renovar
reparar
repetir
representar
resentir
resolver
respetar
respirar

restaurar
resucitar
resultar
resumir
retirar
revisar
seleccionar
separar
sufrir
supurar

suspender
transmitir
ulcerar
usar
utilizar
ventilar
visitar
vomitar
votar

Terminaciones: -ión

acción
administración
admisión
alienación
alimentación
alteración
alucinación
amplificación
aplicación
articulación
asociación
atención
autorización
calcificación
cauterización
certificación
cesión
circulación
coagulación
comisión
comparación
complicación
compresión
comunicación
concentración
condición
conservación
consideración

constipación
constitución
construcción
contaminación
contracción
contracepción
conversación
convulsión
decepción
decisión
declaración
defecación
depresión
descripción
deserción
desnutrición
deterioración
determinación
digestión
dirección
discreción
discusión
distribución
división
duración
educación
elevación
eliminación

emoción
erupción
estación
esterilización
evacuación
evaluación
evasión
evolución
expectación
expectoración
explicación
exploración
explosión
extracción
eyaculación
fecundación
fibrilación
flexión
formación
fricción
función
gestación
hospitalización
hipertensión
hiperventilación
hipotensión
hipoventilación
identificación

ilusión
incisión
incubación
indecisión
indicación
indigestión
indisposición
infección
inflamación
información
infracción
inhalación
inmersión
inmunización
inoculación
inspección
instalación
institución
instrucción
interacción
interpretación
interrupción
intoxicación
investigación
inyección
irritación
lesión
limitación

lotion
locomotion
mastication
masturbation
menstruation
moderation
mortification
nutrition
observation
obsession
obstruction
occupation
omission
operation
palpitation
perception
portion
position
prostration
preoccupation

preparation
presentation
prevention
privation
profession
prohibition
promotion
propensity
protection
provision
projection
pulsation
ration
radiation
reaction
recreation
recuperation
reduction
reflection

refraction
region
rehabilitation
relation
religion
repetition
reputation
resolution
respiration
restriction
resuscitation
retention
revision
revolution
salivation
satisfaction
section
secretion
selection

separation
session
signification
situation
solution
suggestion
suppuration
tension
temptation
traction
transformation
transfusion
transmission
trepanation
ulceration
union
variation
ventilation
vision

Endings: -ance, -ence, -ia, -y

abstinence
acromegaly
adolescence
allergy
ambulance
analgesia
anemia
anesthesia
anorexia
anuria
arrogance
assistance
asthenia
atrophy
autopsy
biopsy
clemency

competency
conscience
constancy
convalescence
decency
deficiency
dementia
diathermy
diphtheria
discrepancy
dyspepsia
distance
dystrophy
eclampsia
efficiency
elegance
embolism

emergency
eminence
epilepsy
essence
spice
euphoria
eugenics
euthanasia
evidence
excellence
existence
experience
family
pharmacy
flatulence
phobia
frequency

hemophilia
hemorrhage
hernia
hydrophobia
hydrotherapy
hysteria
idiosyncrasy
ignorance
importance
incontinence
independence
indigence
indulgence
infancy
imminence
instance
insufficiency

loción
locomoción
masticación
masturbación
menstruación
moderación
mortificación
nutrición
observación
obsesión
obstrucción
ocupación
omisión
operación
palpitación
percepción
porción
posición
postración
preocupación

preparación
presentación
prevención
privación
profesión
prohibición
promoción
propensión
protección
provisión
proyección
pulsación
ración
radiación
reacción
recreación
recuperación
reducción
reflexión

refracción
región
rehabilitación
relación
religión
repetición
reputación
resolución
respiración
restricción
resucitación
retención
revisión
revolución
salivación
satisfacción
sección
secreción
selección

separación
sesión
significación
situación
solución
sugestión
supuración
tensión
tentación
tracción
transformación
transfusión
transmisión
trepanación
ulceración
unión
variación
ventilación
visión

Terminaciones: -ancia, -encia, -ia

abstinencia
acromegalia
adolescencia
alergia
ambulancia
analgesia
anemia
anestesia
anorexia
anuria
arrogancia
asistencia
astenia
atrofia
autopsia
biopsia
clemencia

competencia
conciencia
constancia
convalescencia
decencia
deficiencia
demencia
diatermia
difteria
discrepancia
dispepsia
distancia
distrofia
eclampsia
eficiencia
elegancia
embolia

emergencia
eminencia
epilepsia
esencia
especia
euforia
eugenesia
eutanasia
evidencia
excelencia
existencia
experiencia
familia
farmacia
flatulencia
fobia
frecuencia

hemofilia
hemorragia
hernia
hidrofobia
hidroterapia
histeria
idiosincracia
ignorancia
importancia
incontinencia
independencia
indigencia
indulgencia
infancia
inminencia
instancia
insuficiencia

interference
laparoscopy
leukemia
malaria
memory
menopause
negligence
neuralgia
neurasthenia

orthopedics
patience
permanence
polycythemia
potency
presence
prominence
rabies

reference
residence
resistance
resonance
septicemia
sufficiency
tendency
therapy

tolerance
toxemia
transcendence
transparency
uremia
urgency
vehemence
violence

Endings: -y

anatomy
anesthesiology
anomaly
bacteriology
biology
bronchopneumonia
calorie
cardiology
surgery
citizenry
colectomy
company
accounting
courtesy
dermatology
dysentery
ecology

empathy
endocrinology
infirmary
epidemiology
episiotomy
pharmacology
physiology
gastroenterology
geography
geriatrics
gynecology
hematology
hypochondria
hysterectomy
engineering
immunology

laparotomy
lobectomy
mastectomy
microbiology
myopia
neonatology
neurology
odontology
ophthalmology
optometry
orthodontics
osteopathy
otorhinolaryngology
parasitology
pathology
pediatrics

pleurisy
police
proctology
psychology
psychiatry
pneumonia
radiography
radiology
roentgenology
sympathy
sociology
technology
tracheotomy
urology
vasectomy
zoology

Endings: -in, -ine

Achromycin
adrenaline
amphetamine
angina
aspirin
calamine
cholesterol
curtain

discipline
Dramamine
ephedrine
endocrine
scarlet fever
streptomycin
strychnine
extrauterine

gamma globulin
gasoline
gelatin
glycerin
insulin
intestine
intrauterine
margarine

medicine
melamine
mescaline
mine
office
urine
penicillin
protein

interferencia
laparoscopia
leucemia
malaria
memoria
menopausia
negligencia
neuralgia
neurastenia

ortopedia
paciencia
permanencia
policitemia
potencia
presencia
prominencia
rabia

referencia
residencia
resistencia
resonancia
septicemia
suficiencia
tendencia
terapia

tolerancia
toxemia
transcendencia
transparencia
uremia
urgencia
vehemencia
violencia

Terminaciones: -ía

anatomía
anestesiología
anomalía
bacteriología
biología
bronconeumonía
caloría
cardiología
cirugía
ciudadanía
colectomía
compañía
contaduría
cortesía
dermatología
disentería
ecología

empatía
endocrinología
enfermería
epidemiología
episiotomía
farmacología
fisiología
gastroenterología
geografía
geriatría
ginecología
hematología
hipocondría
histerectomía
ingeniería
inmunología

laparotomía
lobectomía
mastectomía
microbiología
miopía
neonatología
neurología
odontología
oftalmología
optometría
ortodontología
osteopatía
otorrinolaringología
parasitología
patología
pediatría

pleuresía
policía
proctología
psicología
psiquiatría
pulmonía
radiografía
radiología
roentgenología
simpatía
sociología
tecnología
traqueotomía
urología
vasectomía
zoología

Terminaciones: -ina, -ino

acromicina
adrenalina
anfetamina
angina
aspirina
calamina
colesterina
cortina

disciplina
dramamina
efedrina
endocrina
escarlatina
estreptomicina
estricnina
extrauterino

gamaglobulina
gasolina
gelatina
glicerina
insulina
intestino
intrauterino
margarina

medicina
melamina
mescalina
mina
oficina
orina
penicilina
proteína

quinine
resin
routine

saccharin
sardine
tetramycin

toxin
vagina

Vaseline
vitamin

Endings: -ic, -ical

alcoholic
anaphylactic
analgesic
analytic
antibiotic
antispasmodic
antiseptic
antitetanic
aortic
barbaric

bubonic
characteristic
Catholic
clinic
cosmetic
cubic
diabetic
ectopic
emetic

spasmodic
physical
genetic
mechanical
narcotic
orthopedic
paralytic
plastic
prophylactic

pubic
public
rheumatic
rhythmic
technical
therapeutic
tetanic
tubal
uric

Endings: -ry

adversary
agrarian
ambulatory
anniversary
circulatory
commentary
compensatory
consulting (office)
contrary
criterion

dictionary
dormitory
exploratory
functionary
funerary
gregarious
hereditary
laboratory
lavatory
mystery

necessary
ordinary
ovary
preparatory
primary
regulatory
revolutionary
rudimentary
sanatorium

sanitary
secretary
solitary
suppository
territory
transitory
various
veterinary
vibratory

Endings: -ism

activism
albinism
alcoholism
altruism
anachronism

aneurysm
anglicism
asceticism
astigmatism
baptism

botulism
conventionalism
cretinism
dramatization
egotism

embolism
strabismus
fatalism
favoritism
feudalism

quinina
resina
rutina

sacarina
sardina
tetramicina

toxina
vagina

vaselina
vitamina

Terminaciones: -ico

alcohólico
anafiláctico
analgésico
analítico
antibiótico
antiespasmódico
antiséptico
antitetánico
aórtico
barbárico

bubónico
característico
Católico
clínico
cosmético
cúbico
diabético
ectópico
emético

espasmódico
físico
genético
mecánico
narcótico
ortopédico
paralítico
plástico
profiláctico

púbico
público
reumático
rítmico
técnico
terapeútico
tetánico
tubárico
úrico

Terminaciones: -rio

adversario
agrario
ambulatorio
aniversario
circulatorio
comentario
compensatorio
consultorio
contrario
criterio

diccionario
dormitorio
exploratorio
funcionario
funerario
gregario
hereditario
laboratorio
lavatorio
misterio

necesario
ordinario
ovario
preparatorio
primario
regulatorio
revolucionario
rudimentario
sanatorio

sanitario
secretario
solitario
supositorio
territorio
transitorio
vario
veterinario
vibratorio

Terminaciones: -ismo

activismo
albinismo
alcoholismo
altruismo
anacronismo

aneurismo
anglicismo
ascetismo
astigmatismo
bautismo

botulismo
convencionalismo
cretinismo
dramatismo
egoismo

embolismo
estrabismo
fatalismo
favoritismo
feudalismo

humanism	metabolism	patriotism	rheumatism
humorousness	mysticism	pessimism	symbolism
illusionism	mongolism	professionalism	sinapism
intellectualism	occultism	rickets	somnambulism
mechanism	optimism	regionalism	vandalism

Endings: -ous

ambitious	envious	industrious	nervous
anxious	spacious	ingenious	prodigious
harmonious	studious	intravenous	religious
cancerous	famous	marvelous	suspicious
contagious	fibrous	melodious	talented
copious	furious	meticulous	verbose
curious	generous	mysterious	vigorous
defective	glorious	monstrous	
delicious	gracious	morbid	
desirous	impetuous	mucous	

Endings: -ant, -ent

abundant	demented	important	president
agent	disinfectant	incoherent	Protestant
ambulant	deodorant	incompetent	recent
arrogant	different	independent	referring
assistant	diligent	infant	regent
brilliant	distant	imminent	repugnant
sedative	efficient	instant	resident
competent	stimulant	interesting	servant
complaisant	student	intermittent	solvent
conscious	excellent	latent	sufficient
constant	frequent	patient	tolerant
convalescent	gallant	permanent	turgid
correspondent	ignorant	pertinent	urgent
current	impatient	potent	vacant
decent	impertinent	present	vehement
deficient			

humanismo	metabolismo	patriotismo	reumatismo
humorismo	misticismo	pesimismo	simbolismo
ilusionismo	mongolismo	profesionalismo	sinapismo
intelectualismo	ocultismo	raquitismo	sonambulismo
mecanismo	optimismo	regionalismo	vandalismo

Terminaciones: -oso

ambicioso	envidioso	industrioso	nervioso
ansioso	espacioso	ingenioso	prodigioso
armonioso	estudioso	intravenoso	religioso
canceroso	famoso	maravilloso	sospechoso
contagioso	fibroso	melodioso	talentoso
copioso	furioso	meticuloso	verboso
curioso	generoso	misterioso	vigoroso
defectuoso	glorioso	monstruoso	
delicioso	gracioso	morboso	
deseoso	impetuoso	mucoso	

Terminaciones: -ante, -ente

abundante	demente	importante	presidente
agente	desinfectante	incoherente	protestante
ambulante	desodorante	incompetente	reciente
arrogante	diferente	independiente	referente
asistente	diligente	infante	regente
brillante	distante	inminente	repugnante
calmante	eficiente	instante	residente
competente	estimulante	interesante	sirviente
complaciente	estudiante	intermitente	solvente
consciente	excelente	latente	suficiente
constante	frecuente	paciente	tolerante
convaleciente	galante	permanente	turgente
correspondiente	ignorante	pertinente	urgente
corriente	impaciente	potente	vacante
decente	impertinente	presente	vehemente
deficiente			

Endings: -ent

accompaniment	establishment	ligament	requirement
apartment	excrement	liniment	resentment
compartment	firmament	medication	rudiment
condiment	fomentation	moment	section
consent	fragment	monument	sentiment
corpulent	function	movement	somnolent
department	impediment	procedure	talent
discovery	implement	recognition	temperament
deterioration	instrument	refinement	torment
document	lament	regiment	treatment

Endings: -ble

acceptable	fallible	insensible	probable
agreeable	flexible	inseparable	reasonable
amiable	impassive	unserviceable	removable
applicable	impossible	unsupportable	resistible
comparable	improbable	unreasonable	responsible
communicable	incomparable	irresistible	sensible
conservable	incommunicable	irritable	serviceable
considerable	uncontrollable	laudable	sociable
countable	incorrigible	maintainable	soluble
controllable	incredible	movable	supportable
credible	incurable	notable	sufferable
disagreeable	indicatable	observable	terrible
digestible	indigestible	obtainable	tractable
disposable	uneducable	operable	usable
durable	unstable	passable	variable
educable	immobile	possible	visible
emotional	unobservable	potable	vulnerable
stable	inoperable	presentable	

Endings: -ty

amiability	abnormality	capacity	clarity
amenity	atrocity	charity	community
animosity	calamity	cavity	continuity

Terminaciones: -ento

acompañamiento	establecimiento	ligamento	requerimiento
apartamento	excremento	linimento	resentimiento
compartimiento	firmamento	medicamento	rudimento
condimento	fomento	momento	seccionamiento
consentimiento	fragmento	monumento	sentimiento
corpulento	funcionamiento	movimiento	soñoliento
departamento	impedimento	procedimiento	talento
descubrimiento	implemento	reconocimiento	temperamento
deterioramiento	instrumento	refinamiento	tormento
documento	lamento	regimiento	tratamiento

Terminaciones: -ble

aceptable	falible	insensible	probable
agradable	flexible	inseparable	razonable
amable	impasible	inservible	removible
aplicable	imposible	insoportable	resistible
comparable	improbable	irrazonable	responsable
comunicable	incomparable	irresistible	sensible
conservable	incomunicable	irritable	servible
considerable	incontrolable	laudable	sociable
contable	incorregible	mantenible	soluble
controlable	increíble	movible	soportable
creíble	incurable	notable	sufrible
desagradable	indicable	observable	terrible
digestible	indigestible	obtenible	tratable
disponible	ineducable	operable	usable
durable	inestable	pasable	variable
educable	inmovible	posible	visible
emocionable	inobservable	potable	vulnerable
estable	inoperable	presentable	

Terminaciones: -dad

amabilidad	anormalidad	capacidad	claridad
amenidad	atrocidad	caridad	comunidad
animosidad	calamidad	cavidad	continuidad

quality
debility
deformity
density
difficulty
durability
infirmity
stability
sterility
eternity
facility
faculty
familiarity
femininity
flexibility
formality
fragility

generality
generosity
gentility
gravity
ability
hospitality
humanity
impossibility
improbability
incapacity
identity
instability
immobility
immunity
insensibility
intensity
invisibility

irritability
legality
liberty
maternity
morality
mobility
nationality
naturalness
necessity
nervousness
neutrality
obesity
opportunity
partiality
popularity
possibility

priority
probability
regularity
responsibility
sanity
security
sensibility
similarity
solemnity
solidarity
university
vanity
versatility
viscosity
visibility
vitality

Endings: -sis, -lis

acidosis
alkalosis
amebiasis
analysis
enuresis
arteriosclerosis
avitaminosis
brucellosis
cyanosis
cirrhosis

chlorosis
diagnosis
dose
elephantiasis
sclerosis
halitosis
hypnosis
hypochondriasis
hypothesis

lordosis
mononucleosis
necrosis
paralysis
paresis
prognosis
prosthesis
psychoanalysis
psychosis

psoriasis
syphilis
synthesis
thesis
phthisis
torticollis
trichinosis
thrombosis
tuberculosis

Endings: -itis

appendicitis
arthritis
bronchitis
bursitis
cystitis
colitis

conjunctivitis
dermatitis
diverticulitis
encephalitis
encephalomyelitis
endocarditis

enteritis
scleritis
sclerotitis
phlebitis
gastritis
gingivitis

hepatitis
iritis
laryngitis
mastoiditis
meningitis
metritis

cualidad
debilidad
deformidad
densidad
dificultad
durabilidad
enfermedad
estabilidad
esterilidad
eternidad
facilidad
facultad
familiaridad
feminidad
flexibilidad
formalidad
fragilidad

generalidad
generosidad
gentilidad
gravedad
habilidad
hospitalidad
humanidad
imposibilidad
improbabilidad
incapacidad
identidad
inestabilidad
inmovilidad
inmunidad
insensibilidad
intensidad
invisibilidad

irritabilidad
legalidad
libertad
maternidad
moralidad
movilidad
nacionalidad
naturalidad
necesidad
nerviosidad
neutralidad
obesidad
oportunidad
parcialidad
popularidad
posibilidad

prioridad
probabilidad
regularidad
responsabilidad
sanidad
seguridad
sensibilidad
similaridad
solemnidad
solidaridad
universidad
vanidad
versatilidad
viscosidad
visibilidad
vitalidad

Terminaciones: -sis, -lis

acidosis
alcalosis
amebiasis
análisis
anuresis
arterioesclerosis
avitaminosis
brucelosis
cianosis
cirrosis

clorosis
diagnosis
dosis
elefantiasis
esclerosis
halitosis
hipnosis
hipocondriasis
hipótesis

lordosis
mononucleosis
necrosis
parálisis
paresis
prognosis
prótesis
psicoanálisis
psicosis

psoriasis
sífilis
síntesis
tesis
tisis
tortícolis
triquinosis
trombosis
tuberculosis

Terminaciones: -itis

apendicitis
artritis
bronquitis
bursitis
cistitis
colitis

conjuntivitis
dermatitis
diverticulitis
encefalitis
encefalomielitis
endocarditis

enteritis
escleritis
esclerotitis
flebitis
gastritis
gingivitis

hepatitis
iritis
laringitis
mastoiditis
meningitis
metritis

myocarditis
osteomyelitis
otitis
pancreatitis

parotitis/
    parotiditis
pericarditis
peritonitis

pyelitis
poliomyelitis
prostatitis
retinitis

rhinitis
sinusitis
tonsillitis
vaginitis

miocarditis
osteomielitis
otitis
pancreatitis

parotitis/
   parotiditis
pericarditis
peritonitis

pielitis
poliomielitis
prostatitis
retinitis

rinitis
sinusitis
tonsilitis
vaginitis

Numbers and Miscellaneous

Numbers	Numerals
one	1
two	2
three	3
four	4
five	5
six	6
seven	7
eight	8
nine	9
ten	10
eleven	11
twelve	12
thirteen	13
fourteen	14
fifteen	15
sixteen	16
seventeen	17
eighteen	18
nineteen	19
twenty	20
twenty-one	21
twenty-two	22
twenty-three	23
twenty-four	24
twenty-five	25
twenty-six	26
twenty-seven	27
twenty-eight	28
twenty-nine	29

Números y misceláneo

Números	Numerals
uno	1
dos	2
tres	3
cuatro	4
cinco	5
seis	6
siete	7
ocho	8
nueve	9
diez	10
once	11
doce	12
trece	13
catorce	14
quince	15
dieciséis, diez y seis	16
diecisiete, diez y siete	17
dieciocho, diez y ocho	18
diecinueve, diez y nueve	19
veinte	20
veintiuno, veinte y uno	21
veintidós, veinte y dos	22
veintitrés, veinte y tres	23
veinticuatro, veinte y cuatro	24
veinticinco, veinte y cinco	25
veintiséis, veinte y seis	26
veintisiete, veinte y siete	27
veintiocho, veinte y ocho	28
veintinueve, veinte y nueve	29

thirty	30
forty	40
fifty	50
sixty	60
seventy	70
eighty	80
ninety	90
one hundred	100
two hundred	200
three hundred	300
four hundred	400
five hundred	500
six hundred	600
seven hundred	700
eight hundred	800
nine hundred	900
one thousand	1,000
one million	1,000,000

Ordinal Numbers

first	1st
second	2nd
third	3rd
fourth	4th
fifth	5th
sixth	6th
seventh	7th
eighth	8th
ninth	9th
tenth	10th

Months

January
February
March
April
May
June
July
August
September
October
November
December

treinta	30
cuarenta	40
cincuenta	50
sesenta	60
setenta	70
ochenta	80
noventa	90
cien, ciento	100
doscientos, -as	200
trescientos, -as	300
cuatrocientos, -as	400
quinientos, -as	500
seiscientos, -as	600
setecientos, -as	700
ochocientos, -as	800
novecientos, -as	900
mil	1.000
un millón	1.000.000

Números ordinales

primer, primero, primera	1º, 1ª
segundo, -a	2º, 2ª
tercer, tercero, tercera	3º, 3ª
cuarto, -a	4º, 4ª
quinto, -a	5º, 5ª
sexto, -a	6º, 6ª
séptimo, -a	7º, 7ª
octavo, -a	8º, 8ª
noveno, -a	9º, 9ª
décimo, -a	10º, 10ª

Meses

enero
febrero
marzo
abril
mayo
junio
julio
agosto
septiembre
octubre
noviembre
diciembre

Days of the Week

Sunday
Monday
Tuesday
Wednesday
Thursday
Friday
Saturday

Seasons of the Year

spring
summer
fall, autumn
winter

Cardinal Points

north, northern
south, southern
east, eastern
west, western

Días de la semana

domingo
lunes
martes
miércoles
jueves
viernes
sábado

Estaciones del año

primavera
verano
otoño
invierno

Puntos cardinales

norte, septentrional
sur, meridional
este, oriental
oeste, occidental

Vocabulario español-inglés
Spanish-English Vocabulary

A

a at, to, per

abajo underneath

abandonado, -a abandoned, left

abdomen (m.) abdomen

abogado, -a lawyer

aborto abortion, miscarriage; **aborto accidental** o **espontáneo** spontaneous abortion; **aborto provocado** induced abortion; **aborto teraupéutico** therapeutic abortion

abrazo hug

abrigarse to cover up, to wrap up

abrigo coat, overcoat, shelter

abrir to open

abrochar to fasten

absceso abscess

abstenerse to abstain

abstinencia abstinence

abuela grandmother

abuelo grandfather

abultamiento mass, growth

aceite (m.) oil; **aceite de ricino** castor oil

acerca about

acezar to pant

acidez (f.) acidity

acostarse to go to bed; **la hora de acostarse** bedtime

acostumbrarse to become accustomed to

acupuntura acupuncture

acústico, -a acoustic; **prótesis acústica** hearing aid

adelante come in, forward, ahead

adenoides adenoids

adhesivo, -a adhesive; **tela adhesiva** adhesive tape

adicto, -a addicted, addict

adiós good-bye

adiposo, -a adipose

adormecer to deaden, to put to sleep

adquirir to get, to acquire

aerosol inhalation therapy

afectado, -a affected

afeitar(se) to shave

afuera outside

agua water; **agua potable** drinking water; **agua oxigenada** hydrogen peroxide

aguacate (m.) avocado

agudo acute

aguja needle

ahí there, right there

ahora now; **ahora mismo** right now, right away

aire (m.) air

aireacondicionado air conditioned

aislamiento isolation

aislar to isolate

ají (m.) bell pepper, chili pepper

ajo garlic

ajustador (m.) bra, brassiere

al + infinitive when + verb; **al pie de la letra** verbatim

albaricoque (m.) apricot

alcantarillado drainage, sewer, contaminated cistern

alcanzar to reach

alcohol alcohol

alegrarse   to be glad

alergia   allergy

aletargamiento   lethargy, stupor

alfiler (m.)   pin

algo   something

algodón (m.)   cotton

alguno, -a   some, someone

alienación   alienation

alimentar   to feed

alimento   food

almeja   clam

almíbar (m.)   syrup

almohada   pillow

almohadilla eléctrica   heating pad

almorranas   piles, hemorrhoids

almuerzo   lunch

alto, -a   high; **alta presión**   high blood pressure

alucinación   hallucination

allí   there

ama de casa   housewife

amable   kind

amamantar   to breast-feed, to nurse

amar   to love

amarillo, -a   yellow

amígdalas   tonsils

amigdalitis   tonsillitis

amigo, -a   friend

amoníaco   ammonia

amor (m.)   love

amplio, -a   loose

ampolla   blister

ampolleta   ampule

analgésico   analgesic

analizador (m.)   analyzer; **analizador del oxígeno de la sangre**   blood oxygen analyzer

anchoa   anchovy

andador (m.)   walker

anemia   anemia

anestesia   anesthesia; **anestesia general**   general anesthesia; **anestesia local**   local anesthesia; **anestesia raquídea**   spinal anesthesia; **anestesia caudal**   caudal anesthesia

anestesiólogo, -a   anesthesiologist

angina   angina; **angina de pecho**   angina pectoris

anginas   tonsils

anillo   ring; IUD ring

ano   anus

anorexia   anorexia

ansiedad (f.)   anxiety

antebrazo   forearm

anteojos   eyeglasses

antes, antes de   before

antibiótico   antibiotic

anticoncepción (f.)   birth control

anticuerpo   antibody

antiespasmódico, -a   antispasmodic

antipático, -a   disagreeable, unpleasant

antitetánico   antitetanus

ántrax (m.)   anthrax

añadir   to add

año   year; **año bisiesto**   leap year

aparato   equipment, device, system; **aparato auricular**   hearing aid; **aparato intrauterino**   intrauterine device

apartado postal   post office box

apéndice (m.)   appendix

apetito   appetite

apio   celery

apósito   dressing

apretado, -a   tight

apretar   to tighten

aprisa   fast, quick; **de prisa**   in a hurry

aquí   here

arañar   to scratch

arañazo   scratch

ardor (m.)   burning

arete (m.)   earring

armario   closet, wardrobe

arreglar   to fix

arriba   on top, above; upstairs

arroz (m.)   rice; **arroz con leche**   rice pudding; **arroz con pollo**   chicken and rice

articulación (f.)   joint

asado, -a   roasted

asar   to roast

aseo   cleanliness

así   thus, like this; **así, así**   so-so

asiento   seat; **baño de asiento**   sitz bath

asilo   asylum

asma   asthma

asoleado, -a   sunburned

astigmatismo   astigmatism

astilla   splinter

atacar   to attack, to rape

ataque (m.)   attack, fit; **ataque al cerebro**   stroke; **ataque al corazón**   heart attack

atar   to tie

atento, -a   attentive, courteous

atraso   setback

atún (m.)   tuna

audífono   hearing aid, ear phone, head phone

aumentar   to gain, to increase; **aumentar de peso**   to gain weight

ausente   absent

automóvil (m.)   automobile, car

autorizar   to authorize

avena   oatmeal

avitaminosis (f.)   avitaminosis, lack of vitamins

axila   armpit, axilla

ayer   yesterday

ayuda   aid, help; enema

ayudante   helper

ayudar   to help

ayunar   to fast

ayuno   fast (abstention)

azúcar (f. or m.)   sugar

azufre (m.)   sulfur

azul   blue

azuloso, -a   bluish

B

bacín (m.)   bedpan, urinal, chamber pot; basin

bajar   to lower; to come down; to bring down

bajo, -a   short, low

bala   bullet; **herida de bala**   bullet wound

balanceado, -a   balanced; **dieta balanceada**   balanced diet

banco   bank; **banco de sangre**   blood bank

bandeja   tray, basin

bañadera   bathtub

bañarse   to take a bath

baño   bath, bathroom; **baño de asiento**   sitz bath; **baño de inmersión, baño de tina**   tub bath; **cuarto de baño**   restroom, bathroom; **papel de baño**   toilet tissue

barba   chin, beard

barbacoa   barbecue; **costillas en barbacoa**   barbecued ribs

barbilla   chin

barbiturato   barbiturate

barriga   tummy, belly

barro   pimple, blackhead

bastante   enough, sufficient

bastón (m.)   cane (walking)

basura   trash, garbage

bata   robe, gown; **bata de casa**   housecoat; **bata de dormir**   nightgown

bazo   spleen

bebé (m. or f.)   baby

beber   to drink

bebida   drink; **bebida caliente**   hot drink; **bebida fría**   cold drink

benigno, -a   benign; **tumor benigno**   benign tumor

berenjena   eggplant

beso   kiss

betabel (m.)   beet

biberón (m.)   baby bottle

bicarbonato   bicarbonate

bidet (m.)   bedpan

bien   well

biftec (m.)   steak

bilis (f.)   bile

billetera   billfold

biopsia   biopsy

bizcocho   cookie, wafer

blanco, -a   white

blanquillos   eggs

boca   mouth; **resucitación boca a boca**   mouth-to-mouth resuscitation

bocio   goiter

boicotear   to boycott

bolsa   bag, handbag, purse; **bolsa de agua caliente**   hot water bottle; **bolsa de hielo**   icepack

bonito, -a   pretty

borracho, -a   drunk

bostezar   to yawn

botella   bottle

botiquín (m.)   medicine chest, cabinet, kit

botón (m.)   button

brazo   arm

brécol, bróculi (m.)   broccoli

bronquios   bronchial tubes

buen, bueno, buena   good; **buenas noches**   good evening, good night; **buenas tardes**   good afternoon; **buenos días**   good morning

bufanda scarf
bursitis bursitis
busto breast, bust

C

cabecera head (of the bed, table)
cabello hair
cabestrillo sling
cabeza head
cabrito kid (goat)
cacahuate, cacahuete (m.) peanut; **mantequilla de maní** peanut butter
cacerola casserole (food container)
cada each, every
cadera hip
caer(se) to fall (down)
café coffee; brown (color); **café con crema** coffee with cream; **café con leche** coffee with milk; **café solo, café puro, café negro** black coffee
caída fall
caja box, cashier (window, office); **caja de seguridad** safe
cajera cashier
calabaza squash, pumpkin
calambre (m.) cramp
calcetines (m.) socks
calcificado, -a calcified
calcio calcium
cálculos stones; **cálculos biliares** gallstones; **cálculos renales** kidney stones
caldo broth
calefacción (f.) heat, heating system
calentura fever
caliente hot (temperature)
calma calm; **tener calma** to be calm
calmante (m.) sedative
calmarse to calm (oneself)
calor (m.) heat; **tener calor** to be hot
calorías calories
calvo bald
calzoncillos men's undershorts
calzones (m.) panties
callado quiet
callarse to quiet oneself; **callarse la boca** to shut up
callo callus, corn

calloso, -a callous
cama bed
camarón (m.) shrimp
cambiar to change
camilla stretcher, litter; **camilla de cuidado crítico** critical care cot
caminar to walk
camisa shirt; **camisa de noche** nightgown
camiseta undershirt
cana gray hair
cancer (m.) cancer
cangrejo crab
canica marble
canoso, -a gray-haired
cansado, -a tired
cansancio tiredness
capa cape; layer
capacidad (f.) capacity, space, room; **capacidad vital** vital capacity
capellán (m.) chaplain
cápsula capsule
cara face
carbohidrato carbohydrate
cárcel (f.) jail
cardíaco, -a cardiac; **paro cardíaco** cardiac arrest
cardiopulmonar cardiopulmonary; **resucitador cardiopulmonar** cardiopulmonary resuscitator
cardioscopio cardioscope
cargar to charge, to carry, to load
carie (f.) tooth decay, cavity (tooth)
cariño caress
carne (f.) meat; **carne asada** roast beef; **carne de puerco** pork
caro, -a expensive, dear
carpintero carpenter
carro car
cartera billfold, handbag
cartílago cartilage
casa house, home; **a casa** (to) home; **en casa** at home
casado, -a married
cáscara peel, rind, hull, shell
caso case
casualidad (f.) chance; **por casualidad** by chance
cataplasma poultice
catarata cataract
catarro catarrh, cold

catéter (m.)   catheter
cateterismo   heart catheterization
cauda   tail, coccyx
caudal (m.)   abundance, capital; **anestesia caudal** caudal anesthetic
cauterizar   to cauterize
cebolla   onion
ceja   eyebrow
cena   supper
centeno   rye
centígrado   centigrade
centímetro   centimeter; **centímetro cúbico**   cubic centimeter (cc)
centro   center
cepillo   brush; **cepillo de cabeza**   hairbrush; **cepillo de dientes**   toothbrush
cerca   near, close; (f.)   fence
cerdo   pork
cerebelo   cerebellum
cerebro   brain
cereza   cherry
cerrado, -a   closed
cerradura   lock
cerrar   to lock
cerveza   beer
cicatriz (f.)   scar
ciego, -a   blind
ciento   one hundred; **por ciento**   percent
cierto   certain
cinc (m.)   zinc
cinta   ribbon, tape
cintura   waist
cinturón (m.)   belt
circulación (f.)   circulation
cirrosis   cirrhosis
ciruela   plum; **ciruela pasa**   prune
cirugía   surgery
cirujano   surgeon
ciudad (f.)   city
clara   egg white
claro, -a   clear; **claro**   certainly, of course
clase (f.)   kind, type, class
clave (f.)   code, key
clavícula   clavicle
clínica de reposo   nursing home
cloro   bleach
coagulación   coagulation

cobalto   cobalt
coca   cola drink
cocido, -a   cooked, stewed
coctel (m.)   cocktail; **coctel de fruta**   fruit cocktail
coche (m.)   car
codo   elbow
coito   intercourse, coitus; **interrupción de coito** coitus interruptus
cojo, -a   lame
col (f.)   cabbage; **col de Bruselas**   brussels sprout
colapso nervioso   nervous breakdown; **colapso pulmonar**   collapsed lung
colcha   quilt, blanket
colchón   mattress
cólera   cholera; anger
colesterina (f.), **colesterol** (m.)   cholesterol; **nivel del colesterol**   cholesterol count
colgar   to dangle, to hang
cólico   colic
coliflor (f.)   cauliflower
colitis (f.)   colitis
colmillo   eyetooth
colon (m.)   colon
columna vertebral   spinal column
coma   coma
comadrona, partera   midwife
comer   to eat
comezón   itching
comida   food, meal, dinner
como   as, like, how; **¿cómo?**   how? what?; **¡cómo!**   how . . . !; **¡cómo no!**   of course
cómodo, -a   comfortable
complaciente   pleasing
componer   to set (a fracture), to fix
comprar   to buy
comprender   to understand
compresa   compress
compuesto, -a   compound; fixed (repaired)
con   with; **con cuidado**   carefully; **con frecuencia** frequently, often; **con mucho gusto**   gladly; **con permiso**   with your permission; **con regularidad** regularly
concentrado, -a   concentrated
condado   county
condón (m.)   condom
conejo   rabbit; **examen de conejo**   rabbit test
confuso, -a   confused
congelado, -a   congealed, frozen, frostbitten

congénito, -a   congenital
conseguir   to get, to obtain
consejero, -a   counselor
conservar   to keep
constipación   head cold, stuffed-up nose; **constipación de vientre**   constipation
constipado, -a   constipated
consulta   consultation, doctor's office
consultorio   doctor's office
contado: al contado   cash
contagiar   to infect
contagioso, -a   contagious
contaminado, -a   contaminated
contaminar   to contaminate, to infect
contento, -a   happy
conteo   count, blood count
contra   against
contracepción (f.)   birth control, contraception
convulsión (f.)   convulsion
corazón (m.)   heart
corbata   necktie
corcho   cork
cordal (m.)   wisdom tooth
cordero   lamb
córnea   cornea
corona   crown
corpiño   short, sleeveless jacket; bra, brassiere
corpulento   stocky
corral (m.)   corral, playpen
correa   strap
correos   post office
corriente (f.)   running (water); **corriente de aire**   draft; **estar al corriente**   to have normal bowel movements
corrompido, -a   putrid, rotten
cortado, -a   cut
cortar   to cut
cortés   courteous
cortinas   blinds, drapes
cortisona   cortisone
cosa   thing
cosméticos   cosmetics
costilla   rib; **costillas falsas**   false ribs; **costillas flotantes**   floating ribs
coyuntura   joint
cráneo   cranium
creer   to believe

crema   cream, ointment
cretinismo   cretinism
cruzar   to cross; **cruzar pruebas**   cross-match
cuajado, -a   set, curdled; **leche cuajada**   junket
cuál, cuáles   what?, which?
cualquier   any
cuándo   when?; **cuando usted quiera**   whenever you want; **desde cuándo?**   how long?
cuánto, -a   how much?
cuántos, -as   how many?
cuarto   quarter; quart; room; **cuarto de niños**   nursery
cubrir   to cover
cuchara   spoon
cucharada   tablespoonful
cucharadita   teaspoonful
cucharilla, cucharita   teaspoon
cuchilla de afeitar   razor blade
cuchillo   knife
cuello   neck; **cuello uterino, cuello de la matriz**   cervix
cuenta   bill
cuerda   string
cuerpo   body; **cuerpo extraño**   foreign body
cuesta   it costs, does it cost?
cuidado   care; **cuidado intenso/intensivo**   intensive care
cuidarse   to take care of oneself
cuna   cradle, crib
cuña   bedpan
cuñada   sister-in-law
cuñado   brother-in-law
cura (f.)   cure
cura (m.)   priest
curar   to cure
curita   Band-Aid
cutis (m.)   complexion, skin

Ch

chaleco   vest
champiñón (m.)   mushroom
chancro   chancre
chaqueta   jacket
chata   bedpan
cheque (m.)   check
chequeo   medical check-up

chicharo   pea

chichón   bump or swelling on the head, especially on forehead

chile (m.)   hot pepper; **chile relleno**   stuffed pepper

chinche (f.)   bedbug

chinchona   quinine

chiquitín, -a   tiny baby, little one

chófer, chofer   chauffeur

choque (m.)   shock; **choque anafiláctico**   anaphylactic shock

chorizo   sausage

chuleta   chop; **chuleta de puerco**   pork chop

chupar   to suck

D

dama   lady

dar   to give; **dar de alta**   to discharge, dismiss; **dar de comer**   to feed; **dar de mamar**   to nurse; **dar el pecho**   to breast-feed

de   from, of; **dé**   you give (command)

debajo, debajo de   under

deber (m.)   duty

deber   ought, should; to owe

débil   weak

debilidad (f.)   weakness

decafeinado   decaffeinated

decir   to say, to tell

dedo   finger; **dedo del pie**   toe

defecar   to defecate, to have a bowel movement

defecto   defect

defibrilador (m.)   defibrillator

deficiencia   deficiency

deglutir   to swallow

dejar   to leave (behind)

delantal (m.)   apron

delante, delante de   in front, in front of

deletrear   to spell

delgado, -a   thin, slender

delirando   delirious

demasiado   too much

demora   delay

dentadura   denture, set of teeth; **dentadura parcial** partial plate

dentista (m. or f.)   dentist

depósito   deposit

depresor (m.)   depressor; **depresor de lengua**   tongue depressor

derecho, -a   right, straight; **a la derecha**   to the right

derivación del flujo coronario, revascularización bypass

desagradable   unpleasant

desangrarse   to bleed profusely

desastre (m.)   disaster

desayunar(se)   to eat breakfast

descansar   to rest

descanso   rest

descremar   to skim; **leche descremada**   skimmed milk

desde   since

desear   to wish, to want

desecho   discharge; **desecho de sangre**   discharge of blood

deshidratado, -a   dehydrated

desinfectante (m.)   disinfectant

desmayarse   to faint

desmayo   fainting spell

despacio   slowly; **más despacio**   more slowly

despertarse   to wake up; **despiértese**   wake up (imperative)

después   later; **después de**   after

destemplanza   malaise, indisposition

desventaja   disadvantage

detrás, detrás de   behind

día (m.)   day

diabetes (f.)   diabetes

diafragma (m.)   diaphragm

diagnosticar   to diagnose

diario   newspaper; daily

diarrea   diarrhea

dice   you say; he, she says

diente (m.)   tooth; **dientes postizos**   bridgework, dentures

dieta   diet

dietista (m. or f.)   dietitian

dificultad (f.)   difficulty

difteria   diphtheria

difunto, -a   dead person

diga, dígame   tell me

diligente   diligent, hard-working

dinero   money

dirección (f.)   address

disco   disk; **disco calcificado**   calcified disk; **disco desplazado**   slipped disk

disentería   dysentery

dispositivo   device; **dispositivo intrauterino**   intra-uterine device, IUD

distrofía muscular   muscular dystrophy

diurético   diuretic

diverticulitis (f.)   diverticulitis

divorciado, -a   divorced, divorcée

doblar   to bend, to fold, to double

doble   double

doce   twelve

docena   dozen

doler   to ache, to be sore, to have pain

dolor (m.)   pain; **dolor expulsivo**   expulsive pain; **dolor fantasma**   ghost pain; **dolor de parto**   labor pain; **tener dolor**   to be in pain

dónde   where?; **a dónde**   (to) where?; **de dónde**   (from) where?

dormir   to sleep

dorso   back; **dorso de la mano**   back of the hand

dosis (f.)   dose

dracma   dram

droga   drug

ducha   shower, douche

duele   it aches; **me duele**   my . . . aches; **le duele**   your, his, her . . . aches

dulces   candy, sweets

durante   during

durar   to last

durazno (m.)   peach

dureza   hardness

E

ecología   ecology

edad   age

efectivo, -a   effective; **en efectivo**   in cash

eficaz   effective

ejercicio   exercise

ejote (m.)   green bean

el (m.)   the; **él**   he

electrocardiograma (m.)   electrocardiogram

elevador (m.)   elevator

eliminar   to eliminate, to have a bowel movement, to urinate

elote (m.)   corn on the cob

embarazada   pregnant

embarazo   pregnancy; **embarazo tubárico**   tubal pregnancy, ectopic pregnancy

embolia   embolism, embolus

embriagado, -a   intoxicated

embrujado, -a   bewitched

emergencia   emergency; **sala de emergencia**   emergency room

emético   emetic, vomiting agent

empaste (m.)   filling (of a tooth)

empeine (m.)   instep (of a foot)

empezar   to begin; **empieza**   you begin; he, she begins

emplasto   poultice

en   in, on, at, around; **en frente**   in front

enagua   slip (lingerie)

encantar   to like very much, to love; **me encanta(n)**   I love it (them); **le encanta(n)**   you love it (them); he, she loves it (them)

encías   gums

encinta   pregnant

encubrir   to cover over, to cover up

enchufe (m.)   socket, outlet

enderezar   to straighten

endocrina   endocrine

endometrio   endometrium

enema   enema

energía   energy, pep

enfermedad (f.)   disease, illness

enfermería   nursing (career), infirmary

enfermero, -a   nurse; **enfermera especial**   special nurse

enfermo, -a   sick; **el enfermo, la enferma**   the sick person, the patient

enfisema   emphysema

enfriar(se)   to chill, to cool, to get cold

enjuagar(se)   to rinse; **enjuáguese la boca**   rinse out your mouth

enlatado, -a   canned

enojado, -a   angry

enredado, -a   tangled

ensalada   salad

ensuciar   to dirty, stain, soil, smear; to have a bowel movement

entablillar   to splint

enterrado, -a   buried, ingrown; **uña enterrada**   ingrown nail

entierro   burial

entonces then
entrada entrance, admission, admittance
entrar to enter
entrepierna crotch
enyesar to put in a plaster cast
epilepsia epilepsy
eructar to belch
eructo belch
erupción (f.) rash
es you are; he, she is; **es cierto** it is true; **es seguro** it is certain
escaldadura diaper rash
escalera stairs, stepladder
escalofrío chill
escápula, omóplato scapula, shoulder blade
escarlatina scarlet fever
escaso, -a scarce, sparse
esclerosis (f.) sclerosis; **esclerosis arterial, arteriosclerosis** arteriosclerosis; **esclerosis multiple** multiple sclerosis
escoger to choose, to select
escribir to write
escudo shield, IUD shield
escudriñar to scan, to research
escupir to spit; **escupir sangre** to spit blood
esófago esophagus
espalda back
espárrago asparagus
espasmo spasm
especializado, -a specialized, specialist
espejo mirror
espejuelos eyeglasses
esperanza hope
esperar to wait, to hope
espermatozoide (m.) spermatozoid
espermicida spermicide
espeso, -a thick
espina spine; **espina dorsal** dorsal spine; **espina bífida** spina bifida
espinaca spinach
espinilla shin bone; pimple, blackhead
espiral (f.) spiral (IUD)
esplín (m.) spleen
esponja sponge
esposa wife
esposo husband

esputo sputum, saliva
esquina corner
esquite (m.) popcorn
esquizofrénico schizophrenic
esta (f.), **este** (m.), **esto** (n.) this
está you are; he, she is; **¿cómo está?** how are you? how is he, she?
estado state, stage; **en estado, en estado de gestación** pregnant; **estado secundario** secondary stage
Estados Unidos United States
estampilla stamp
están you (pl.) are; they are
estar to be, to stay
estas, estos these
esterilizador (m.) sterilizer
esternón (m.) sternum, breastbone
estetoscopio stethoscope
estimulante (m.) stimulant
estómago stomach
estornudar to sneeze
estreñido, -a constipated
estribos stirrups
estricto, -a strict
estrógeno estrogen
estuche (m.) case; **estuche de drogas de emergencia** emergency drug kit
estupor (m.) stupor
etiqueta label
evacuación (f.) bowel movement, BM, stool
evitar to avoid
examen (m.) examination
examinar to examine
exánime lifeless, limp
excusado toilet
exhalar to exhale
expectorar to expectorate
expirar to die; to emit the last breath; to breath out
exploratoria exploratory
explosión (f.) boom, explosion
exponer to expose
expulsivo, -a expulsive
extraer to extract
extremidades (f., pl.) extremities; **extremidades superiores** upper extremities; **extremidades inferiores** lower extremities
extrovertido extrovert
eyaculación (f.) ejaculation

F

fábrica factory
factor (m.)   factor; **factor Rhesus**   Rh factor
faja girdle, belt
falda skirt
Falopio fallopian; **trompa de Falopio**   fallopian tube
falta lack; **falta de aire**   shortness of breath
fallar to fail
fallo cardíaco cardiac arrest
familia family
fantástico fantastic
farmacéutico pharmacist
farmacia pharmacy
fatiga fatigue
favor de + infinitive   please + verb; **por favor**   please
fecha date; **fecha de nacimiento**   date of birth
feliz happy
feo, -a ugly
fibroma fibroma, cyst, fibrous tumor
fibrosis (f.)   fibrosis; **fibrosis quística**   cystic fibrosis
fideo noodle, spaghetti
fiebre (f.)   fever; **fiebre amarilla**   yellow fever; **fiebre reumática**   rheumatic fever; **fiebre tifoidea**   typhoid fever
firma signature
firmar to sign
fisioterapia physiotherapy
flaco, -a skinny
flan (m.)   custard, pudding
flatulencia flatulence
flema phlegm
flojo, -a loose
flor (f.)   flower
florero vase
fluoroscopio fluoroscopy
flujo flow; **flujo purulento**   pus
fondo bottom; slip (lingerie)
fosa nasal nostril
fractura fracture
fracturado, -a fractured
fracturar to fracture
frambuesa raspberry
frasco bottle, flask, vial
frazada blanket

frecuencia frequency
frecuentemente frequently
freír to fry
frente (f.)   forehead
frente (m.)   front
fresa strawberry
fresco, -a fresh, cool; impudent
frijol (m.)   bean; **frijol blanco**   navy bean
frío, -a cold (temperature)
frito, -a fried
frotis (m.)   smear; **frotis de Papanicolaou**   Pap smear
frustración frustration
fruta fruit
fuente (f.)   bag of waters; fountain, drinking fountain
fuerte strong, intense
fuerza strength
fumar to smoke
funda pillowcase
funeral (m.)   funeral
funeraria funeral home

G

gabinete (m.)   cabinet, closet; **gabinete para la ropa**   clothes closet
galón (m.)   gallon
galleta cookie, cracker; **galleta blanca**   soda cracker
gana wish, desire, longing; **de buena gana**   willingly; **tener ganas de +** infinitive   to feel like + -ing
ganar to gain, to win, to earn
gangrena gangrene
garganta throat
gárgaras gargle; **hacer gárgaras con agua de sal**   gargle with salt water
garrapata tick (insect)
gas (m.)   gas, flatulence
gasa gauze
gelatina gelatin; gelatin dessert; vaginal jelly; **gelatina de fruta**   fruit gelatin
gemelos twins
genérico generic
genitales (m., pl.)   genitals
genitourinario genitourinary
gente (f.)   people
gerente (f. or m.)   manager
germen (m.)   germ

germicida (f.)   germicide
gestación (f.)   gestation
glándula   gland
globo   globe; **globo del ojo**   eyeball
glóbulo   corpuscle; **glóbulo blanco**   white corpuscle; **glóbulo rojo**   red corpuscle
glucosa   glucose
golpe (m.)   blow, contusion
goma   rubber, condom; glue
gonorrea   gonorrhea
gordo, -a   fat, thick
gorro cervical   cervical cap
gota   gout; drop
gracias   thanks; **muchas gracias**   many thanks, thanks a lot
gracioso, -a   funny
grado   degree
gramo   gram
grande   large
grano   sore, pimple; grain
grasa   fat, grease
grasoso, -a   greasy, fatty
grave   serious, seriously ill
gravedad (f.)   graveness, gravity
gripe (f.)   flu, influenza
gris   gray
gritar   to yell, to scream
grito   yell, scream
grueso   heavy, thick
grupo   group
guajalote, guajolote (m.)   turkey
guapo, -a   handsome
guardar   to keep, to put away
guerra   war, hostility; **dar guerra**   annoy, trouble, cause difficulties
guisante (m.)   pea
gustar   to like; **me gusta(n)**   I like; **le gusta(n)**   you like; he or she likes
gusto   taste, pleasure; **con mucho gusto**   gladly; **mucho gusto**   pleased to meet you

H

ha (auxiliary verb)   you have; he, she has; **ha sentido** you have felt; **ha tenido**   you have had; he, she has had

haba   lima bean, large bean
habichuela   green bean
hablar   to speak
hacer   to do, to make; **hago**   I make, do; **hace** you make, do; he, she makes, does; **hace calor**   it is hot; **hace frío**   it is cold; **hace** + time   for + duration of time
halitosis (f.)   halitosis
hambre (f.)   hunger; **tener hambre**   to be hungry
hamburguesa   hamburger
harina   flour
hasta   until
hay   there is, there are; **hay que** + infinitive   one should, one must
heces   feces
helado   ice cream
hemorragia   bleeding, hemorrhaging; **hemorragia nasal**   nosebleed
hemorroides (f.)   hemorrhoids
herida   incision, wound; **herida de bala**   gunshot wound
herido, -a   injured
hermana   sister
hermano   brother
hermoso, -a   beautiful
hervido, -a   boiled
hervir   to boil
hervor (m.)   heartburn
heteroplastia   graft from another person; **autoplastia** graft from self
hiedra venenosa   poison ivy
hielo   ice; sherbet
hierro   iron
hígado   liver
hija   daughter
hijo   son
hijos   children
hinchado, -a   swollen
hinchar   to swell
hinchazón (f.)   swelling
hipo   hiccup, hiccough
hipócrita   hypocrite
hipoglucemia   hypoglycemia
hipotermia   hypothermia
histerectomía   hysterectomy
histeria   hysteria

histérico   hysterical
historotomía   hysterotomy
Hodgkin: enfermedad Hodgkin   Hodgkin's disease
hombre (m.)   man; **hombre de negocios**   businessman
hombro   shoulder
homosexual (m.)   homosexual
hongo   mushroom
honrado, -a   honest, honorable
hora   time, hour
hormigueo   tingling
hormonas   hormones
horno   oven; **al horno**   baked
hospicio   orphanage
hoy   today
hueco   hollow
hueso   bone
huevo   egg; **huevo duro**   hard-boiled egg; **huevo
frito**   fried egg; **huevo hervido en agua**   poached
egg; **huevos con jamón**   ham and eggs; **huevo
pasado por agua**   soft-boiled egg; **huevos revueltos**
scrambled eggs; **huevos con tocino**   bacon and eggs
humano, -a   human
humilde   humble

I

ictericia   jaundice
impactado, -a   impacted
impétigo   impetigo
incapacidad (f.)   disability
incubación (f.)   incubation
incubadora   incubator
indicar   to indicate
infancia   childhood, infancy
infarto   infarct
infección (f.)   infection
infectado, -a   infected
inferior   lower, inferior
inflamado, -a   inflamed
influenza   flu, influenza
ingeniero   engineer
ingle (f.)   groin
inglés   English
ingresar   to be admitted

injerto   graft
inmunizar   to immunize
inmunoterapia   immunotherapy
inocular   inoculate
inodoro   toilet
insecticida   insecticide
insolación (f.)   sunstroke
insomnio   insomnia
insulina   insulin
intensivo, -a   intensive
intenso, -a   intensive
interferon (m.)   interferon
interior   inner
intestino   intestine
intrauterino, -a   intrauterine; **dispositivo intrauterino**   intrauterine device, IUD
inyección (f.)   injection, shot; **inyección secundaria**
booster shot
ir   to go
izquierdo, -a   left; **a la izquierda**   to the left

J

jabón (m.)   soap; **jabón germicida**   germicidal soap
jalea   jelly
jamón   ham
jaqueca   headache, migraine headache
jarabe (m.)   syrup; **jarabe para la tos**   cough syrup
jarra   pitcher
jefe (m.)   head, chief, boss; **jefe de la casa**   head of
household
jengibre (m.)   ginger; **pan de jengibre**   gingerbread
jeringuilla   syringe
jorobado, -a   hunchback, hunchbacked
joven (m., f.)   young man, young lady; young; **es muy
joven**   he, she is very young
judío, -a   Jewish
jugar   to play
jugo   juice; **jugo gástrico**   gastric juice; **jugo de
naranja**   orange juice; **jugo de tomate**   tomato
juice
juguete (m.)   toy
justillo   bra, brassiere
juventud (f.)   youth

K

kilogramo, kilo   kilogram
Kleenex (m.)   facial tissues

L

la, las   the, her, them (direct object pronoun)
labio   lip; **labio hendido, labio leporino**   harelip
labor (f.)   labor
laboratorio   laboratory
ladillas   crab lice
lado   side; **al lado**   beside, next to; **ponerse de lado** to turn on one's side
lámpara   lamp
laparoscopía   laparoscopy
lápiz (m.)   pencil; **lápiz de cejas**   eyebrow pencil; **lápiz de labios**   lipstick
laringe (f.)   larynx
laringitis (f.)   laryngitis
lástima   shame, pity; **¡qué lástima!**, what a pity!
lastimado, -a   injured, hurt
lastimar   to hurt, to injure
lata   can (container)
latido   heartbeat, throb
latir   to beat, to throb
lavado   enema
lavamanos (m., sing.)   lavatory, washbowl
lavar(se)   to wash (oneself); **lavarse los dientes**   to brush one's teeth
lavativa   enema
laxante (m.)   laxative
lazo   loop (IUD)
lección (f.)   lesson
leche (f.)   milk; **leche con chocolate**   chocolate milk; **leche condensada**   condensed milk; **leche descremada**   skim milk; **leche evaporada**   evaporated milk; **leche de magnesia**   milk of magnesia; **leche en polvo**   powdered milk
lechuga   lettuce
legumbre (f.)   vegetable, legume
lejía   lye
lejos   far away, far
lengua   tongue
lentes (m.)   lenses, glasses; **lentes de contacto**   contact lenses
lesión (f.)   sore, injury, lesion
letárgico, -a   lethargic

letargo   lethargy
leucemia   leukemia
levantar   to raise; **levantarse**   to get up, to stand up; **levantarse la manga**   to roll up one's sleeve
leve   minor, light
libra   pound
libro   book; **libro de cheques**   checkbook
liendre (f.)   nit
ligadura   tie, bond, ligature
ligar   to tie
lima   lime
limón (m.)   lemon
limpiar   to clean
limpieza   cleaning, cleanliness; **agente de limpieza** cleaning fluid
limpio, -a   clean
linfa   lymph
linfático   lymphatic; **vaso linfático**   lymphatic duct
líquido   liquid
lisiado, -a   crippled, maimed
lisiar   to cripple
listo, -a   ready
litro   liter
lívido, -a   livid
lo   him, you, it
local   local
loción   lotion
loco, -a   crazy, insane
locura   insanity
lombriz (f.)   worm
los (m., pl.)   the
lucidez (f.)   lucidity, clarity, clearness; sanity
lucha   fight
luego   later, then
lumbre (f.)   fire
lunar (m.)   mole, blemish
luz (f.)   light; **encender la luz**   turn on the light

ll

llaga   ulcer
llama   flame, blaze
llamada   call; **llamada de teléfono**   telephone call
llamar(se)   to call, to be named; **me llamo**   my name is; **se llama**   your, his, her name is; **llamar a la puerta**   knock at the door
llano   plain, flat surface

llanta (auto) tire
llanto cry
llave (f.) key
llenar to fill
lleno, -a full
llevar to wear, to take with one, to carry
llorar to cry
llover to rain
lluvia rain

M

maceración (f.) maceration
madrastra stepmother
madre (f.) mother
maíz (m.) corn; **maíz tierno** sweet corn
mal bad, badly
maleta suitcase
maletín (m.) kit; **maletín de drogas de emergencia** emergency drug kit
malo, -a bad; ill, sick
mamar to suck, to suckle; **dar de mamar** to breast-feed
manco, -a maimed or crippled in the hand
mancha spot, stain
manchado, -a stained, spotted
mandíbula jaw
manejar to drive, to handle
manga sleeve
mango mango (fruit); a handle
manicomio mental institution, insane asylum
mantequilla butter
manzana apple
mañana tomorrow; morning; **de la mañana** A.M.; **por la mañana, en la mañana** in the morning
maquillaje (m.) makeup
maquillarse to put on makeup
máquina machine; **máquina ultrasónica** ultrasound machine; **máquina de afeitar** razor
marca mark
marcar to mark
mareo dizziness
marido husband
marisco shellfish
mármol (m.) marble
más more, most; **más despacio** more slowly; **más rápido** more quickly

masaje (m.) massage
mascar to chew
mascarilla mask
mastectomía mastectomy
masticar to chew
matriz (f.) uterus
mayonesa mayonnaise
mayor older, oldest; major
me me, to me
mear to urinate
mecánico mechanic
medianoche (f.) midnight
medias hose, stockings; **medias pantalón** panty hose
medicina medicine
médico doctor
medida measure
medio, -a half
mediodía (m.) noon
medir to measure
mejilla cheek
mejor better; **mejorarse** to get better; **que se mejore** I hope you get better
melocotón (m.) peach
melón melon; **melón de agua** watermelon
membrana membrane
menor younger; **el menor** the youngest; **menor de edad** (a) minor
menos less, least, minus
menstruación menstruation
mente (f.) mind
merienda snack
mermelada marmalade, jam
mertiolato Merthiolate
mes (m.) month; **al mes** per month; **por meses** by the month
mesa table
metabolismo metabolism
metadona methadone
método method
metro meter
mi, mis my
microbio germ, microbe
microscopio microscope
miedo fear; **tener miedo** to be afraid
miel (f.) honey
miembro limb, member; **miembro artificial** artificial limb

miligramo milligram
mililitro milliliter
millón (m.) million
ministro minister, pastor
mirar to look at
mitad (f.) a half
moderado, -a moderate
mojado, -a wet
mojar to wet; **mojarse** to get wet
molestar to bother, to annoy
molestia discomfort
momentáneo, -a momentary, prompt, of short duration
moneda coin
monja nun
mono, -a cute
morder to bite, to chew
mordida bite; **mordida de serpiente** snakebite
morir to die
mortificado, -a worried, upset
mover to move
mucosidad (f.) mucus
mucoso, -a mucous
muchacha girl
muchacho boy
mucho, -a much, a lot
muchos, -as many
muela molar, tooth; **muela del juicio** wisdom tooth
muerte (f.) death
muerto, -a dead
muestra sample, specimen
mujer (f.) woman, wife
muleta crutch
muñeca wrist; doll
murmullo murmur
músculo muscle
muslo thigh
muy very

N

nacer to be born
nacimiento birth
nació you were born; he, she was born
nada nothing; **de nada** you are welcome; don't mention it

nalga buttock
naranja orange; **color de naranja** orange color
nariz (f.) nose; **nariz tapada, tupida** stuffed-up nose
nasal nasal; **congestión nasal** nasal congestion; **fosa nasal** nostril
náusea(s) nausea
necesario, -a necessary
necesidad (f.) need, necessity
necesitar to need
negativo, -a negative
negocios business
negro, -a black, dark
nervio nerve
nerviosidad (f.) nervousness
nervioso, -a nervous
neumonía pneumonia; **neumonía bronquial** bronchopneumonia
neuronas neurons
neurótico, -a neurotic
nieta granddaughter
nieto grandson
nieve (f.) snow; sherbet, ice cream
ninguno, -a no one, none
niña girl, baby girl
niño boy, baby boy, child
no no, not
noche (f.) night; **de noche** at night; **de la noche** P.M.; **por la noche** in the evening, during the night
nombre (m.) name
notar to note, to mark; to observe; to notice
notificar to notify
novia fiancée, sweetheart, bride, steady girlfriend
novio fiancé, groom, steady boyfriend
nuca nape (of neck)
nudillo knuckle
nudo knot, tangle
nuera daughter-in-law
nuevo, -a new
nuez walnut, nut; **nuez moscada** nutmeg; **nuez de la garganta, manzana de Adán** Adam's apple
número number
nunca never
nutrición nutrition
nutrimento nutriment, food, nourishment; nutrition
nutrir to nourish, feed
nutritivo, -a nutritive, nourishing

O

obesidad (f.)   obesity, adiposis
obeso, -a   obese
obrero, -a   worker, laborer
obscuro, -a   dark
observar   to observe, to notice
obstrucción   obstruction
obstruir   to block, to obstruct
oficina   office
oído   inner ear, hearing
ojalá   I hope so
ojo   eye
olfato   sense of smell
olor (m.)   odor, smell
ombligo   umbilicus, navel, umbilical cord
omóplato   shoulder blade
onza   ounce
operación (f.)   operation
operar   to operate, to do surgery
oración (f.)   prayer
orden (f.)   order, authorization; **orden escrita**   written order
orden (m.)   order, series
oreja   outer ear, ear lobe
órganos   organs
orgullo   pride
orgulloso, -a   proud
orinal (m.)   urinal
orinar   to urinate
ortodoncia   orthodontia
ortodontista   orthodontist
ortopedista (m. or f.)   orthopedist
orzuelo   sty
ostra   oyster
otro, -a   other, another
ovario   ovary
óvulo   ovum
oxígeno   oxygen

P

paciente (m. or f.)   patient
padecer   to suffer
padezco   I suffer

padrastro   stepfather
padre (m.)   father
padres (m.)   fathers, parents
pagar   to pay
pago   payment, fee; I pay
paja   speck, straw
paladar (m.)   palate
palangana   washbowl
paleta   shoulder blade; bedpan
palidez (f.)   paleness
pálido, -a   pale
palma de la mano   palm of the hand
palta (Arg., Urug.)   avocado pear
paludismo   malaria
pan (m.)   bread; **pan blanco**   white bread; **pan dulce** sweet roll; **pan duro**   stale bread; **pan moreno** dark bread; **pan tostado**   toast
páncreas (m.)   pancreas
pantaletas   panties
pantalón (m.)   pants, panties
pantalones (m.)   pants, slacks, trousers
pantorrilla   calf of the leg
pantuflas   slippers (bedroom)
pañal (m.)   diaper; **pañales desechables**   disposable diapers
papa   potato; **papa asada**   baked potato; **papas fritas** French fries; **puré de papas**   mashed potatoes
papá   daddy, papa
papel (m.)   paper; **papel de baño**   toilet tissue; **papel de escribir**   stationery
papera   mumps, parotiditis
par, pares (m.)   pair, pairs
para   for, in order to, to
parálisis (f.) **infantil**   infantile paralysis
paralítico, -a   paralytic
paralizado, a   paralyzed
paranoia   paranoia
paranoico   paranoid
parásito   parasite
parche (m.)   dressing, patch
pared (f.)   wall
parejo, -a   even, smooth
parentesco   relationship
pariente (m. or f.)   relative
Parkinson, enfermedad de   Parkinson's disease
paro cardíaco   cardiac arrest

parótidas   parotid glands

parotiditis (f.)   mumps

párpado   eyelid

parrilla   grill, broiler; **a la parrilla**   grilled, broiled, barbecued

parte (f.)   part

partera   midwife

parto   childbirth, birth, delivery; **parto cesáreo** cesarean birth; **parto natural**   natural childbirth

pasa   raisin

pasa: ¿qué pasa?   what is the matter?; **¿qué le pasa?** what is the matter with you?

pasar   to pass; to happen, to occur; to enter

pase   come in (imperative)

pasillo   hall

paso   step

pasta   paste; **pasta dentífrica**   tooth paste

pastel (m.)   pie, pastry; **pastel de cereza**   cherry pie; **pastel de limón**   lemon pie; **pastel de manzana** apple pie

pastilla   tablet, lozenge, pill

patata   potato

pato   duck; bedpan

patología   pathology

patológico   pathologic

patólogo   pathologist

pavo   turkey

peca   freckle

pecho   chest; **dar el pecho**   to breast-feed

pedazo   piece

pedir   to ask for; **pedir prestado**   to borrow

peinar(se)   to comb (one's hair)

peine (m.)   comb

pelar   to peel; to cut (hair)

peligro   danger

pelirrojo, -a   redheaded

pelo   hair

peluca   wig

pelvis (f.)   pelvis

pena   sorrow, grief; punishment; suffering; pity; **¡qué pena!**   what a pity!

pene (m.)   penis

pensar   to think, to believe

pentotal (m.)   **de sodio**   sodium pentothal

peor   worse

pepinillo   pickle

pepino   cucumber

pequeño, -a   little, small (size)

pera   pear

perder   to lose

pérdida   loss

perdido, -a   lost

perejil (m.)   parsley

pereza   laziness

perezoso, -a   lazy

perineo   perineum

periódico   newspaper, periodical

período   period, space of time, age, era, epoch; menstruation

permiso   permission; **con permiso**   excuse me

permitir   to allow, to permit

persona   person

pesar(se)   to weigh; to get weighed

pescado   fish

pescuezo   neck

peso   weight

pestaña   eyelash

peste bubónica   plague

peticot (m.)   petticoat, slip

pezón (m.)   nipple (of female breast)

picada, picadura   insect bite; **picadura en una muela o una muela picada**   a cavity or a decayed spot in a tooth or molar

picante   spicy (hot)

picar   to itch; **me pica**   it itches; **¿le pica?**   does it itch?

picazón (f.)   itching

pie (m.)   foot; **pie de la cama**   foot of the bed

piedra   stone

piel (f.)   skin, fur

pierna   leg

pijamas, piyamas   pajamas

píldora   pill; **píldoras para dormir**   sleeping pills

píloro   pylorus

pimienta   pepper (table)

pimiento   bell pepper

pinchar   to prick, to puncture

pineal (glándula)   pineal gland

pinta   pint

pintura de labios   lipstick

pinza   pliers, forceps, tweezers; tuck (in a dress)

piña   pineapple

piojos   lice

piorrea   pyorrhea

pisada   step

pisar   to step on

piso floor (of a building)

pituitaria pituitary

placa plate; **placa de metal** metal plate; **placa de rayos X** x-ray plates

planta plant; floor; sole; **la planta del pie** the sole of the foot; **la planta baja** the first floor

plaqueta blood platelet

plasma plasm

plástica: cirugía plástica plastic surgery

plátano banana

platillo ragout of meat and vegetables; saucer; **platillo volante** flying saucer

plato dish, plate

plazo: a plazos on terms, on credit

pluma pen, feather

población (f.) population

pobre poor

poco, -a little (amount)

poder to be able, can; power

poliomielitis (f.) polio, poliomyelitis

póliza policy

polvo powder, dust

pollo chicken; **pollo asado** baked chicken; **pollo frito** fried chicken; **caldo de pollo** chicken broth; **sopa de pollo** chicken soup

pomada salve, ointment, pomade

poner to put, to turn on, to give; **ponerse** to put on; **ponerse de lado** to turn on one's side; **póngase** put on (imperative)

por for, per; **por favor** please; **¿por qué?** why?; **porque** because

por ciento percent

porciones (f., pl.) portions

positivo, -a positive

postilla scab

postizo, -a false; **dentadura postiza** false teeth

postoperativo, -a postoperative

postración (f.) **del calor** heat prostration

postre (m.) dessert

potable: agua potable drinking water, potable water

precioso, -a darling, precious

pregunta question

preguntar to ask (a question)

prenatal prenatal, predelivery

prender to turn on; to fasten

preocupado, -a worried

preocuparse to worry or to be worried with or about

preparar to prepare

presbicia farsightedness

presentar to introduce; **presentarle** to introduce to you, him, her

presilla clip, fastener, loop

presión (f.) pressure; **presión alta** high blood pressure; **presión baja** low blood pressure; **presión de la sangre** blood pressure

prestado, -a lent

prestar to lend

preventivo, -a preventive

primero, -a first; **primeros auxilios** first aid

primo, -a cousin

principal main, principal

privado, -a private

privar to deprive

probar to taste; to test

problema (m.) problem

profesor (m.) professor

profundo, -a deep(ly); **profundamente** deeply

progeria progeria

prohibir to forbid, to prohibit, to ban

prolongago, -a prolonged

promesa promise

prometer to promise

promiscuidad (f.) promiscuity

pronto soon

proponer to propose

próstata prostate

proteger(se) to protect (oneself)

prótesis (f.) prosthesis

prueba test; **pruebas cruzadas** cross-match

psicólogo psychologist

psicopático psychopathic

psicótico psychotic

psiquiatra psychiatrist

puede you, he, she can; **se puede** one can

puedo I can

puerco pork; **chuleta de puerco** pork chop

pujar to push

pujo expulsive contraction, a pushing sensation

pulga flea

pulgada inch

pulgar (m.) thumb

pulmón (m.) lung; **pulmón de acero, pulmotor** iron lung, pulmotor

pulmonía bronquial bronchopneumonia

pulsación (f.) beat, throb, pulse

pulsera bracelet
pulso pulse
puntada stitch
punto stitch; period; **puntos negros** black spots
puño fist; **cerrar el puño** to make a fist
pupila pupil
purgante (m.) laxative, purgative
pus (m.) pus
pústula pustule, pimple

Q

que which, that; **lo que** that which
qué what? which?; **¿qué tal?** how are things?
quebrado, -a broken
quebrar to break
quedar(se) to stay, to remain
quemado, -a burned, sunburned
quemar(se) to burn; to get burned
queque (m.) cake
querer to want, to wish; to love
querido, -a dear, darling
queso cheese; **queso amarillo** yellow cheese; **queso blanco** white cheese; **queso crema** cream cheese; **queso requesón** cottage cheese
quien who, whom; **quienes** who (pl.); **a quien(es)** whom
quién who?; **quiénes** who (pl.)?
quiere you want; he, she wants
quiero I want
quijada jaw
quimioterapia chemotherapy
quince fifteen
quinina quinine
quinto, -a fifth
quiste (m.) cyst
quitar to take away, to take off, to subtract, to remove
quizá, quizás perhaps, maybe
quórum (m.) quorum

R

rábano radish
rabia rabies
radio (m. or f.) radio

radio (m.) radius, radium
radiografía x-ray
radiología radiology
radioterapia x-ray therapy, radium therapy
raíz (f.) root; **canal** (m.) **de la raíz** root canal
rápido, -a quick, fast, rapid(ly); **rápidamente** rapidly
raptar to abduct, to kidnap
raquídea spinal anesthesia
rascar(se) to scratch (oneself)
rasgar to tear, to rip
rasurar to shave
rebanada slice
receta prescription; recipe
recibir to receive
recibo receipt
reconocimiento examination; **reconocimiento completo** complete examination; **reconocimiento médico** physical examination
recto rectum
recuento blood count
regadera water sprinkler, shower; **baño de regadera** shower
regla menstrual period; ruler; rule
reglamento regulation
rehabilitación rehabilitation
reír(se) to laugh; to smile; **se ríe** you laugh; he, she laughs, smiles
relación (f.) relation
relaciones sexuales intercourse, sexual relations
relajar to relax; to get a hernia
religión (f.) religion
reloj (m.) watch, clock
relleno dressing, stuffing; stuffed
remolacha beet
repente start, sudden movement; **de repente** suddenly; **repentinamente** suddenly
repetir to repeat
repollo cabbage
resfriado, resfrío cold (disease)
resfriarse to catch a cold
residuo residue; **residuo bajo** low residue
resolver to resolve
respiración (f.) breath, breathing; **respiración artificial** artificial respiration; **respiración boca a boca** mouth-to-mouth resuscitation; **respiración corta** shortness of breath; **respiración profunda** deep breath

respirar to breathe
responsable responsible party
resto remainder, residue; **el resto** the rest
resucitación (f.) resuscitation; **resucitación cardiopul-monar** cardiopulmonary resuscitation, CPR
resucitador resuscitator
resultado result
retirada withdrawal
retraído, -a withdrawn
reumático, -a rheumatic
reumatismo rheumatism
revés (m.) reverse, back; setback
revista magazine
revuelto, -a upset, stirred up
rico, -a rich; delicious
riñón (m.), **riñones** (pl.) kidney, kidneys
ritmo rhythm
rodilla knee
rojo, -a red
rollo roller, curler
romper to break, to tear
ronquera hoarseness
ropa clothes, clothing; **ropa de cama** bed linens; **ropa de dormir** night clothes
ropero closet
rosa rose; **color de rosa** pink
rosado, -a pink, rosy
rosbif (m.) beef, roast beef
roto, -a broken
rótula kneecap
rubéola German measles, rubella
rubia blond
rubor (m.) blush; redness
ruborizar to blush
ruboroso, -a bashful, blushing
ruido noise

S

sábana sheet
saber to know, to find out
sabio, -a wise
sabor (m.) taste, flavor
sabroso, -a delicious
sacar to take out

saco coat; I take out
sádico sadistic; sadist
sal (f.) salt
sala room; **sala de emergencia, sala de urgencia** emergency room; **sala de partos** delivery room; **sala prenatal** labor room or predelivery room; **sala de enfermeras** nurses' lounge; **sala de espera** waiting room
salado, -a salty
salchicha sausage
salida exit
salir to leave (a place)
saliva saliva, spit
salpullido rash
salsa sauce; **salsa de ensalada** salad dressing; **salsa de tomate** catsup, tomato sauce
salubridad (f.) public health
salud (f.) health
saludar to greet
saludo greeting; **saludo de mano** handshake
salvavidas (m., pl.) lifeguard, life preserver
sanar to heal, to get well
sandía watermelon
sangrando bleeding
sangrar to bleed
sangre (f.) blood
sarampión (m.) measles
se + verb one + verb
sé (saber) I know
sebáceo, -a sebaceous
sebo fat
secar to dry
seco, -a dried, dry
secreción (f.) secretion
sed (f.) thirst; **tener sed** to be thirsty; **sediento** thirsty
seda silk; **seda dental** dental floss
seguida succession, continuation; **en seguida** right away
seguir to follow
según according to
seguro insurance; **es seguro** it's certain; **seguro social** social security
seleccionar to choose, to select
sello stamp, seal
semana week; **a la semana** per week
semicomatoso, -a semicomatose

semilla seed; sperm
sencillo, -a simple, plain
seno bosom, breast; womb
sensible sensitive, (able) to feel; reasonable
sensitivo, -a sensitive, touchy
sentimiento feeling, sentiment
sentir to feel, to regret
separado, -a separated
separar to put away from, to spread apart, to separate
séptico, -a septic
sequedad (f.) dryness
ser to be
serio, -a serious
servilleta napkin; **servilleta sanitaria** sanitary napkin
servir to serve
si if; **sí** yes, indeed
sien (f.), **sienes** (pl.) temple, temples
siente (sentir) se siente you feel; he, she feels
siéntese (sentarse) sit down (imperative)
siento: lo siento I'm sorry; **me siento** I feel; I sit
signos vitales vital signs
silla chair; **silla de reudas** wheelchair
silleta small chair; bedpan
simpático, -a pleasing, nice
sin without
síncope (m.) syncope, fainting spell
Síndrome de deficiencia immunológica adquirida (SDIA) Acquired Immunological Deficiency Syndrome (AIDS)
síndrome (m.) **de Down** Down's syndrome, mongolism
síntoma (m.) symptom
sinusitis (f.) sinusitis
sirve you serve; he, she serves; **se sirve,** it is served; **¿Le sirvo?** Do I serve you?
sobaco armpit
sobre (m.) envelope; **sobre** over, above, on top of
sobrecama bedspread
sobrina niece; **sobrino** nephew
socorro help
soda soda pop, carbonated beverage
solo, -a alone
sólo, solamente only
soltero, -a single (not married)
son you (pl.) are; they are
sonar to ring, to sound; **sonarse la nariz** to blow one's nose

sonda catheter
sondear to catheterize
sonreir to smile
sopa soup
sopero soup bowl
soplar to blow; **soplarse la nariz** to blow one's nose
soplo murmur (heart)
soporte (m.) brace, support, base
sorbete (m.) sherbet
sordo, -a deaf
sortija ring (jewel)
sospechar to suspect
sostén (m.) bra, brassiere
sostener to support, to hold
su, sus his, her, your, their
sucio, -a dirty, soiled
sudar to perspire, to sweat
sudor (m.) sweat, perspiration
sudorífero, sudorífico causes sweat
suegra mother-in-law
suegro father-in-law
suelo ground, floor
sueño sleepiness, drowsiness
suero serum; **suero intravenoso** intravenous serum, I.V. fluids
suéter (m.) sweater
suficiente sufficient, enough
sufrir to suffer
suicidarse to commit suicide
suicidio suicide
sujetar to hold
sulfa sulfa
superior upper, top
supermercado supermarket
suprarrenales (f.) adrenal glands
supurar to suppurate
suspirar to sigh
suspiro sigh, breath
susto scare, frightening experience; **¡qué susto!** how frightening!

T

tableta tablet
tacto touch; **tacto rectal** rectal examination
tachar to scratch out
tajada slice

talco   talcum powder
talón (m.)   heel
tallarines (m., pl.)   noodles
tamaño   size
tampón (m.)   tampon
tanto, -a   so much, as much
tantos, -as   many, as many, so many
tapa   cover
tapada, tupida   blocked, stuffy; **nariz tapada, tupida** stuffy nose
tapioca   pudding
tapón (m.)   plug, cap, cork, tampon
taquicardia   tachycardia
taquifagia   tachyphagia, rapid eating
tarde (f.)   afternoon; **de la tarde**   P.M.; **por la tarde, en la tarde**   in the afternoon
tarde   late
tartamudo, -a   stutterer
taza   cup; bedpan; dentist's bowl; **taza de medir** measuring cup; **taza de orinar**   bedpan; **taza de vomitar**   emesis basin
tazón (m.)   basin, bowl
té (m.)   tea; **té helado**   iced tea
técnica   technique; technical ability
tejido   fiber, tissue (body); fabric
tela   cloth, fabric; **tela adhesiva**   adhesive tape
televisor (m.), **televisión** (f.)   television
temblor (m.)   tremor
temperatura   temperature
temprano, -a   early
tenazas   forceps
tendón (m.)   tendon
tendosinovitis   tendosynovitis
tenedor (m.)   fork
tener   to have; **tener calor**   to be hot; **tener frío** to be cold; **tener hambre**   to be hungry; **tener miedo**   to be afraid; **tener razón**   to be right; **tener sed**   to be thirsty; **tener sueño**   to be sleepy; **tener que** + infinitive   to have to + verb
tenesmo (m.)   tenesmus
tengo   I have
tensión (f.)   tension, stress
tenso   tense
terapéutica   therapeutics
termal   thermal; **aguas termales**   thermal waters
termómetro   thermometer
termoterapia   heat therapy
ternera   female calf, veal
terraciclinas   group of antibiotics

testículo   testicle
testigo   witness
testosterona   testosterone
teta   nipple, teat
tétano   tetanus
tetera, teto   nipple (of nursing bottle)
tetracloruro de carbón   carbon tetrachloride
tía   aunt
tibia   tibia, shinbone
tibio, -a   warm
tiene   you have; he, she has; **¿qué tiene?**   what's the matter?
tifo, tifus   typhus
tifoidea   typhoid
tijeras   scissors
timbre (m.)   bell, seal, stamp
timo   thymus
tímpano   tympanum, eardrum
tina   tub
tintura   tincture; **tintura de yodo**   tincture iodine
tío   uncle
tipo   type; **tipo y cruzar pruebas**   type and cross-match
tira   strap
tiramina   tyramine
tiro   shot (gun); **tiro de bala**   gunshot
tiroides (f.)   thyroid
tisis (f.)   consumption, tuberculosis
toalla   towel; **toalla sanitaria**   sanitary napkin
toallita   washcloth
tobillo   ankle
tocar   to ring (bell); to touch
tocino   bacon; **huevos con tocino**   bacon and eggs
todavía   yet; still; **todavía no**   not yet
todo, -a   all, everything, every; **todos, -as**   everybody; **todas las noches**   every night; **todos los días**   every day
tomar   to drink, to take; **tome**   drink, take (imperative)
tomate (m.)   tomato
tónico   tonic
tonsilas, amígdalas   tonsils
tonsilitis, amigdalitis   tonsillitis
tórax (m.)   thorax
torcido, -a   twisted
torniquete (m.)   tourniquet
toronja   grapefruit
tortícolis (m.)   wry neck, torticollis
tos (f.)   cough; **tos ferina**   whooping cough

toser to cough
total complete, total
tóxico, -a toxic
toxina toxin
trabajar to work
trabajo work, job
trabilla small strap, clasp
traer to bring
tragar to swallow
traigo I bring
traje (m.) suit; **traje pantalón** pantsuit
tranquilizante (m.) tranquilizer
tranquilo, -a calm; **estar tranquilo** to be calm, to be resting
transfusión (f.) transfusion
transmisible communicable
transplante (m.) transplant
tráquea trachea
traqueotomía tracheotomy
tratar to try, to deal; **tratar de** + infinitive, to try to + verb
trauma (m.) trauma
trementina turpentine
trepanación (f.) trepanation
trigueño, -a brunette, dark-complexioned
tripa intestine, tripe
triste sad
trócar (m.) trocar
trombo thrombus
trompa tube, horn; **trompa de Eustaquio** eustachian tube; **trompa de Falopio** fallopian tube
tronco trunk
tu, tus your (familiar)
tú you (familiar)
tubárico tubal; **embarazo tubárico** tubal pregnancy
tuberculosis (f.) tuberculosis
tubo tube
tullido, -a crippled; unable to move one or both legs
turno turn; **appointment de turno** on duty; **es su turno** it's your turn; **turno de día** day shift; **turno de noche** night shift

U

úlcera ulcer
ulna ulna
último, -a last

ultrasónica ultrasonic
ultrasonido ultrasound
un, uno, una a, an, one
ungüento ointment
unos, -as some
unto smear; **unto de Papanicolaou** Pap smear
uña nail; **uña enterrada** ingrown nail
uréter (m.) ureter
uretra urethra
uretritis uretritis
urgencia emergency; **llamado de urgencia** emergency call
urgente urgent
urticaria hives, urticaria
usar to use
usted you (formal) (abbrev. Ud., Vd., V.)
utensilio utensil, silverware
uterino uterine
útero uterus
uva grape
úvula, campanilla, galillo uvula

V

va you go; he, she goes
vacante vacant, empty
vacío, -a vacuum, emptiness, unoccupied, void
vacuna vaccination, vaccine
vagina vagina
vamos we go, let's go
van you (pl.) go; they go
vapor (m.) steam
vaporizador (m.) vaporizer
vara long, thin stick; measure of length, 0.835 meter
varicela chicken pox
várices (f., pl.) varicose veins
varicoso, -a varicose
varilla rod; **varilla de metal** metal rod
varios, -as some, various
vasija basin, bowl, dish, container
vaso glass
vecino, -a neighbor
vegetal (m.) vegetable
vejiga bladder
vello body hair, fuzz
vena vein; **venas varicosas** varicose veins

venda bandage
vendaje (m.) bandage
vendedor, -a seller, salesman
vender to sell
veneno poison
venéreo, a venereal
venir to come; **vengo** I come
ventaja advantage
ver to see; **veo** I see
verdad (f.) truth; **es verdad** it's true
verde green
verdura green vegetable; greenery, foliage
verruga wart
vértigo vertigo, dizziness
vesícula gallbladder
vestíbulo vestibule
vestido dress
vez (f.) time; **veces** times; **a veces** at times; **pocas veces** few times, seldom; **la primera vez** the first time; **una vez** one time
viajar to travel
viejo, -a old
vientre (m.) stomach, abdomen
vigilante (m.) watchman
vigilar to watch
vigor (m.) vigor, pep
vinagre (m.) vinegar
vino wine
violar to rape
viruela smallpox
viruelas locas chickenpox
visión (f.) sight, vision; **visión borrosa** blurred vision
visita visit; **horas de visita** visiting hours
visitante (m., f.) visitor, caller
vista sight; **el sentido de la vista** sense of sight
vital vital; **signos vitales** vital signs
viuda widow
viudo widower
vivir to reside, to live
vivo, -a alive
voces voices
volar to fly
voltearse to turn (oneself) over
voluntariamente voluntarily
voluntario, -a volunteer

volver to return
vomitar to vomit
vómito vomit; **vómitos de sangre** vomiting blood; **vómitos de embarazo** morning sickness
voy I go, I am going
voz (f.) voice; **hablar en voz alta** to say aloud; to talk in a loud voice; **en voz baja** in a low voice

Y

y and
ya already
yagurt, yogur (m.) yogurt
yarda yard (unit of measure)
yema yolk, heart, center; **yema del dedo** fingertip; **yema del huevo** egg yolk
yerba herb, weed
yerno son-in-law
yeso plaster, gypsum, plaster cast
yo I
yodado, -a iodized
yodo iodine
yodoformo (m.) iodoform
yofobia morbid fear of poisons
yugular jugular

Z

zalea sheepskin
zanahoria carrot
zanca long leg (of bird); long leg, shank (of man or any animal)
zanja ditch, trench
zapatilla slipper
zapato shoe
zarzamora blackberry
zarzaparrilla sarsaparilla
zimo (m.) zyme
zinc o cinc (m.) zinc
zona zone; **zona postal** zip code, postal zone
zoología zoology
zumbido buzz, buzzing, hum, humming; **zumbido de oídos** continued buzzing in the ears

English-Spanish Vocabulary
Vocabulario inglés-español

A

a, an   un, una
abdomen   vientre (m.)
able   capaz, hábil; **to be able**   poder
abortion   aborto
about, concerning   acerca de
about, nearly   casi
above   arriba, encima, sobre
abscess   absceso
to abstain   abstenerse
according to   según
accustomed   acostumbrado, -a; **to become accustomed**   acostumbrarse
ache   dolor (m.)
to ache   doler; **my . . . aches**   me duele; **your, his, her . . . aches**   le duele; **they ache**   duelen
acidity   acidez (f.)
Acquired Immunological Deficiency Syndrome (AIDS)   Síndrome de deficiencia immunológica adquirida (SDIA)
acupuncture   acupuntura
to add   añadir; **added**   añadido, -a
addict, addicted   adicto, -a
address   dirección (f.)
adhesive   adhesivo, -a; **adhesive tape**   tela adhesiva
admission, admittance   admisión (f.), entrada; **admission desk, admission office**   oficina de admisión
adrenal glands   suprarrenales
advantage   ventaja
affected   afectado, -a

afraid, to be afraid   tener miedo
after   después de
again   otra vez
against   contra
air   aire (m.)
air conditioning, air-conditioned   aireacondicionado
alcohol   alcohol (m.)
alive   vivo, -a
all   todo, -a
alone   solo, -a
aloud   en voz alta, con voz fuerte
already   ya
A.M.   de la mañana
amniocentesis   amniocentesis (f.)
amputee, amputated   amputado, -a
to analyze   analizar
analyzer   analizador (m.); **blood oxygen analyzer**   analizador del oxigeno de la sangre
anchovy   anchoa
and   y
anemia   anemia
anesthesia   anestesia
anesthesiologist   anestesiólogo, -a
angry   enojado, -a; enfurecido, -a; **to become angry**   enojarse
ankle   tobillo
anorexia   anorexia, falta de apetito
antacid   antiácido
anthrax   ántrax (m.)
antibiotic   antibiótico
antibody   anticuerpo

antidote   antídoto
antihistamine   antihistamínico
antispasmodic   antiespasmódico
antitetanic   antitetánico
anus   ano
anxiety   ansiedad (f.)
any   algún, alguno, alguna; cualquier, cualquiera
appendicitis   apendicitis
appendix   apéndice (m.)
appetite   apetito
apple   manzana; **apple pie**   pastel (m.) de manzana; **Adam's apple**   nuez de Adán
appointment   turno, cita
apricot   albaricoque (m.)
apron   delantal (m.)
are: you are   (sing.) es, está; **you** (pl.), **they are**   son, están; **we are**   somos, estamos; **there are**   hay
arm   brazo
armpit   axila, sobaco
around   en torno, alrededor
arrest: cardiac arrest   paro cardíaco
arteries   arterias
arteriosclerosis   arteriosclerosis (f.)
artificial respiration   respiración (f.) artificial
ask: to ask for   pedir; **to ask a question**   preguntar
asparagus   espárrago
aspiration   aspiración (f.)
aspirin   aspirina
assistance   ayuda
assistant   ayudante, asistente
asthma   asma
astigmatism   astigmatismo
asylum   asilo; **insane asylum**   manicomio
at   a, en
ataxia   ataxia
atrophy   atrofia
attach (to)   añadir, unir
attached   añadido, -a
attack   ataque (m.); **heart attack**   ataque al corazón
to attack   atacar, violar
attentive   atento, -a
aunt   tía
auricle   aurícula
authorize   autorizar
autoclave   autoclave; esterilizar a vapor bajo presión
autopsy   autopsia

avitaminosis   avitaminosis (f.)
avocado   aguacate (m.), palta
to avoid   evitar
away   lejos; **far away**   muy lejos; **go away**   váyase (imperative)
awful   antipático, -a; horrible, terrible
ayuno   fasting; no breakfast

B

baby   bebé (m. or f.); niño, -a
back   espalda; **backache**   dolor (m.) de espalda
bacon   tocino; **bacon and eggs**   huevos con tocino
bacteria   bacteria; **bacterial**   bactérico
bacteriological   bacteriológico
bacteriologist   bacteriólogo
bad   mal, malo, mala; **badly**   mal
baffled   confundido, -a; confuso, -a
bag   bolsa, bolso, cartera; **ice bag**   bolsa de hielo; **bag of waters**   fuente (f.)
to bake   asar
baked   asado, -a
baking soda   bicarbonato de sosa
balanced   balanceado, -a; **balanced diet**   dieta balanceada
bald   calvo, -a
ball   bola, pelota, globo; **eyeball**   globo del ojo
banana   plátano
bandage   venda, vendaje (m.)
to bandage   vendar
Band-Aid   curita
barbecue   barbacoa
base   base (f.), soporte (m.)
basin   bacín (m.), tazón (m.), vasija, bandeja, palangana
bath   baño; **to take a bath, to bathe**   bañarse
bathroom   baño, cuarto de baño; **bathroom tissue, toilet paper**   papel (m.) de baño
be: to be   ser, estar
bean   frijol (m.); **green bean**   ejote (m.) habichuela; **lima bean, large bean**   haba; **navy bean**   frijol blanco
beard   barba
beautiful   hermoso, -a; lindo, -a
because   porque
bed   cama; **bed linens**   ropa de cama; **bedspread**   sobrecama; **to go to bed**   acostarse

bedpan   bacín (m.), bidet (m.), cuña, chata, pato, paleta, silleta, taza

bedtime   la hora de acostarse

beef   carne (f.) de res; **roast beef**   carne asada, rosbif (m.)

beer   cerveza

beet   remolacha, betabel (m.)

before   antes de

to begin   empezar; **you** (sing.) **begin**   empieza

behind   detrás de

belch   eructo

to belch   eructar

to believe   creer

bell   timbre, campana

to belong   pertenecer a, coresponder

belt   cinturón (m.), faja

to bend   doblar

benign   benigno, -a

beside   al lado de

best   mejor

beta blockers   bloqueadores beta

better   mejor; **to get better**   mejorarse; **I hope you get better**   que se mejore

bewitched   embrujado, -a

bicarbonate of soda   bicarbonato de soda

bile   bilis (f.)

bill   cuenta, billete

billfold   billetera, cartera

biopsy   biopsia

birth   nacimiento; **birth certificate**   certificado de nacimiento; **birth control**   anti concepción, contracepción; **date of birth**   fecha de nacimiento

biscuit   panecillo

bite   mordida; **snakebite**   mordida de serpiente; **insect bite**   picadura, picada, piquete (m.)

to bite   morder

black   negro, -a

bladder   vejiga; **gallbladder**   vesícula

blade   cuchilla, hoja; **razor blade**   cuchilla de afeitar

bland   blando, -a; suave

blanket   frazada, manta

bleach   cloro

to bleed   sangrar; **to bleed profusely**   desangrarse

bleeding   sangrando; **profuse bleeding**   hemorragia

blind   ciego, -a

blinds   cortinas

blister   ampolla

block   obstrucción (f.)

to block   obstruir; adormecer (con anestesia)

blond   rubio, -a

blood   sangre (f.); **blood count**   conteo de sangre, recuento; **blood pressure**   presión; **blood test**   examen (m.) de sangre

blouse   blusa

blow   golpe (m.)

to blow   soplar; **to blow one's nose**   soplarse la nariz, sonarse la nariz

blue   azul

bluish   azuloso, -a

body   cuerpo

boil   furúnculo, divieso, grano, tlacote

to boil   hervir

boiled   hervido, -a

bone   hueso

book   libro

boom   explosión (f.)

booster shot   inyección secundaria

born: to be born   nacer; **you were born, he, she was born**   nació

to borrow   pedir prestado, -a

to bother   molestar

bottle   botella; **baby bottle**   biberón

bottom   fondo

bouillon   consomé, caldo

bow   (IUD) nudo

bowel   intestino, tripa; **bowel movement, BM**   evacuación (f.), eliminación (f.); **to have a bowel movement**   defecar, eliminar, evacuar, ensuciar

bowl   bacín (m.), taza; **dentist's bowl**   taza

bowleg   pierna arqueada

box   caja; **post office box**   apartado postal

boy   niño, muchacho, hijo

bra, brassiere   sostén (m.), ajustador (m.), justillo, corpiño

brace   soporte (m.)

bracelet   pulsera

brachial   braquial

brain   cerebro, seso

brave   bravo, valiente

bread   pan (m.); **white bread**   pan blanco; **dark bread**   pan moreno

to break   quebrar, romper, fracturar

breakfast   desayuno; **to eat breakfast**   desayunarse

breast   seno, pecho, busto; **to breast-feed**   dar el pecho, dar de mamar

breath   respiración; **deep breath**   respiración profunda; **shortness of breath**   falta de aire; **to hold one's breath**   sostener la respiración

to breathe   respirar

bridgework   puente dental

to bring   traer; **I bring**   traigo

broccoli   bróculi (m.), brécol (m.)

broken   quebrado, -a; roto, -a; fracturado, -a

bronchial tubes   bronquios

bronchopneumonia   bronconeumonía

bronchus, bronchi   bronquio, bronquios

broth   caldo

brother   hermano

brother-in-law   cuñado

brown   café; moreno, -a; pardo, -a

bruise   contusión (f.) mallugadura, moretón

brush   cepillo; **toothbrush**   cepillo de dientes

to brush one's teeth   cepillarse los dientes, lavarse los dientes

brussels sprouts   col (f.) de Bruselas

bubonic plague   peste (f.) bubónica

bullet   bala; **bullet wound**   herida de bala

bunion   juanete (m.), adrián

burial   entierro

burn   quemadura

to burn   quemar

burned   quemado, -a

burning   ardor (m.)

to burp   eructar

bursitis   bursitis

businessman   hombre de negocios

bust   busto

butter   mantequilla

buttock   nalga

button   botón (m.); **buttonhole**   ojal (m.)

to buy   comprar

C

cabbage   col (f.), repollo (m.)

cabinet   gabinete (m.)

calcified   calcificado, -a

calf (animal)   ternero (m.), becerro (m.)

call   llamada

to call   llamar

call bell, call button   timbre de llamada

callus   callo, callosidad (f.)

calm   calma; **to be calm**   calmarse, estar tranquilo, -a; **be calm, calm down** (imperative)   calmese

can (container)   lata; **canned**   en lata, enlatado, -a

can, to be able   poder; **I can**   puedo; **you, he, she can**   puede

candy   dulce (m.)

cane (walking)   bastón (m.)

canker sore   ulceración (f.)

cap   gorro, -a; **cervical cap**   gorro cervical

capacity: vital capacity   capacidad (f.) vital

capillaries   capilares, vasos capilares

capsule   cápsula

car   carro, coche (m.), automóvil (m.)

carbohydrate   carbohidrato

carbon tetrachloride   tetracloruro de carbón

cardiac   cardíaco, -a; **cardiac arrest**   fallo cardíaco; **cardiac massage**   masaje cardíaco

cardiopulmonary resuscitator   resucitador (m. or f.) cardiopulmonar

cardioscope   cardioscopio

care   cuidado; **intensive care**   cuidado intensivo, cuidado intenso; **to take care of oneself**   cuidarse

caress   caricia, cariño

carpenter   carpintero

carrot   zanahoria

to carry   llevar, cargar

cartilage   cartílago

case   caso, caja

cash   efectivo; en efectivo, al contado

cashier   cajera; **cashier's office, cashier's window**   caja

casserole   cacerola

cast   yeso; **to put in a plaster cast**   enyesar

castor oil   aceite (m.) de ricino

casualty   accidente (m.), desastre (m.)

cataract   catarata

catarrh   catarro

catgut   catgut, hilo de tripa de carnero u otro animal (para suturas quirúrgicas)

cathartic   purgante (m.)

catheter   catéter (m.) sonda

to catheterize   sondear

cat scan   tomografía computerizada, cat scan
catsup   salsa de tomate
cauliflower   coliflor (f.)
cause   causa
cauterize   cauterizar
cavity   cavidad (f.); (in tooth) carie (f.)
cc   centímetro cúbico
celery   apio
cell   célula; **blood cell**   glóbulo
center   centro
centigrade   centígrado
centimeter   centímetro
cereal   cereal; **cooked cereal**   cereal cocido
cerebellum   cerebelo
cerebral hemorrhage   hemorragia cerebral
cerebral palsy   parálisis (f.) cerebral
cerebrum   cerebro
certain   cierto, -a; seguro, -a
certainly   claro, ciertamente
cervix   cuello uterino, cuello de la matriz
cesarean section   operación o sección cesárea
chair   silla
chance   casualidad (f.); **by chance**   por casualidad
chancre   chancro
change   cambio; **to change**   cambiar
chaplain   capellán (m.)
check   cheque (m.); **checkbook**   libro de cheques
checkup   reconocimiento médico
cheek   mejilla
cheese   queso; **cottage cheese**   queso requesón; **cream cheese**   queso crema; **white cheese**   queso blanco; **yellow cheese**   queso amarillo
chemotherapy   quimioterapia
chest   pecho
to chew   masticar, mascar
chicken   pollo; **baked chicken**   pollo asado; **chicken broth**   caldo de pollo; **chicken soup**   sopa de pollo; **fried chicken**   pollo frito
chickenpox   varicela, viruelas locas
child   niño, -a; hijo, -a
childbirth   parto; **natural childbirth**   parto natural
childhood   infancia
children   hijos, niños
chill   escalofrío
to chill   enfriar
chin   barbilla, mentón (m.) barba

chloroform   cloroformo
chocolate   chocolate (m.); **chocolate milk**   leche con chocolate; **hot chocolate**   chocolate caliente
cholecystectomy   colecistectomía
cholecystitis   colecistitis
cholera   cólera
cholesterol   colesterol (m.), colesterina; **to lower the cholesterol count**   bajar el nivel del colesterol
to choose   escoger, seleccionar
chop   chuleta; **lamb chop**   chuleta de cordero; **pork chop**   chuleta de puerco
chop   cortar, tajar; **chop wood**   cortar leña
circulation   circulación
circulatory   circulatorio; **circulatory system**   aparato circulatorio
to circumcise   circumcidar
circumcision   circuncisión
cirrhosis   cirrosis (f.); **cirrhosis of the liver**   cirrosis del hígado
city   ciudad (f.)
clam   almeja
clasp   presilla
class   kind, clase
clavicle   clavícula
clean   limpio, -a
to clean   limpiar
cleaning, cleanliness   limpieza, aseo
clear   claro, -a; limpio, -a
clerk   empleado, dependiente
clinic   clínica
clip   presilla
clock   reloj (m.)
to close   cerrar
closed   cerrado, -a
closet   closet (m.), gabinete (m.) para la ropa, ropero
clot   coágulo
clothes, clothing   ropa; **night clothes**   ropa de dormir
coagulation   coagulación (f.)
coat, overcoat   abrigo, saco
coccyx   cóccix (m.)
cocktail   coctel (m.)
code (key)   clave; **zip code**   zona postal
coffee   café (m.); **black coffee**   café negro, café obscuro, café puro, café solo; **coffee with cream**   café con crema; **coffee with milk**   café con leche
coin   moneda

coinsurance   coseguro, seguro copartícipe

coitus   coito; **coitus interruptus**   interrupción (f.) de coito

cola drink   coca

cold (disease)   resfriado, catarro, resfrío; **to catch a cold**   resfriarse

cold (temperature)   frío, -a; **cold drink**   bebida fría; **to be cold**   tener frío

colic   cólico

colitis   colitis (f.)

colon   colon (m.)

colostrum   calostro

coma   coma (m.); estupor, letargo, sopor

comb   peine (m.), peinete (m.), peineta; **to comb one's hair**   peinarse

to come   venir; **come in** (imperative)   adelante, entre, pase

comfortable   cómodo, -a; amplio, -a

command   mando, orden (f.), mandato

commode   cómoda, silla retrete, sillico, palanganero movible, lavabo, excusado, bacín

communicable   transmisible

company   compañía

complete   total; completo, -a

complexion   cutis (m.), piel (f.)

complication   complicación (f.)

compliment   cumplido, cumplimiento, lisonja

compound   compuesto, -a

computer   máquina computadora

to concentrate   concentrar

concentrated   concentrado, -a

condom   condón (m.)

to confuse   confundir

confused   confundido, -a; confuso, -a

congenital   congénito, -a

congestion   congestión (f.)

consciousness   conocimiento, sentido

to constipate   estreñir

constipated   constipado, -a; estreñido, -a

consultation   consulta

contact   contacto; **contact lenses**   lentes (m.) de contacto

contagious   contagioso, -a

to contain   contener, abarcar, incluir

container   recipiente (m.), vasija, caja

to contaminate   contagiar, contaminar

contaminated   contagiado, -a; contaminado, -a

to contract   contraer

contraction   contracción (f.), pujo

contusion   golpe (m.), contusión (f.), mayugamiento

conversation   conversación (f.)

convulsion   convulsión (f.), ataque, paroxismo

cook   cocinero, -a

to cook   cocinar

cooked   cocido, -a

cookie   galleta; **wafer**   bizcocho

cool   fresco, -a

to cool   refrescar, enfriar

cork   corcho, tapón de corcho

to cork   tapar con corcho

corn (callus)   callo

corn (vegetable)   maíz, maíz tierno; **corn on the cob** elote (m.), mazorca de maíz

cornea   córnea

corner   esquina

corpuscle   glóbulo; **red corpuscles**   glóbulos rojos; **white corpuscles**   glóbulos blancos

cortisone   cortisona

cosmetics   cosméticos

cost   costo

to cost   costar; it costs, cuesta

cot   catre (m.), camilla; **critical care cot**   camilla de cuidado crítico

cotton   algodón (m.)

cough   tos (f.); **cough syrup**   jarabe (m.) para la tos

to cough   toser

counselor   consejero, -a

count   conteo, recuento; **cholesterol count**   nivel de colesterol

to count   contar

county   condado

courteous   cortés

courtesy   cortesía

cousin   primo, -a

cover   tapa, cubierta; (blanket)   frazada, manta

to cover   cubrir; **to cover up** (conceal)   encubrir; **to cover up**, **to wrap up**   abrigarse

coward   cobarde (m.)

crab   cangrejo

crab lice   ladillas

cracker   galleta; **soda cracker**   galleta blanca

cradle   cuna

cramp   calambre (m.)
craniotomy   craneotomía
cranium   cráneo
crazy   loco, -a
cream   crema
credit: on credit   a plazos
cretinism   cretinismo
crib   cuna
to cripple   incapacitar, lisiar, tullir
crippled   lisiado, -a; tullido, -a; **in the hand**   manco, -a; **in the foot**   cojo, -a
crisis   crisis (f.)
crossmatch   pruebas cruzadas
crotch   entrepierna
crown   corona
crutch   muleta
cry   llanto, grito
to cry   llorar
cucumber   pepino
cup   taza
curdle   cuajar
curdled   cuajado, -a
cure   cura
to cure   curar
cured   curado, -a
curettage   raspado, raspa
custard   flan (m.)
cut   cortada
to cut   cortar
cute   mono, -a
cyst   quiste (m.)
cystic fibrosis   fibrosis quística
cystocele   cistocele (m.)

D

---

dad, daddy   papá
danger   peligro
dangerous   peligroso
to dangle   colgar
dark   obscuro, -a
darling   querido, -a; precioso, -a
date   fecha, cita; **date of birth**   fecha de nacimiento
daughter   hija
daughter-in-law   nuera
day   día (m.)

dead   muerto, -a; **dead person**   difunto, -a
to deaden   adormecer
deaf   sordo, -a
dear   querido, -a
death   muerte (f.)
decaffeinated   decafeinado
to decide   decidir
deep   profundo, -a; **deeply**   profundamente
to defecate   defecar, eliminar, ensuciar
defect   defecto; **birth defect**   defecto de nacimiento
defibrillator   defibrilador (m.)
degree   grado
dehydrated   deshidratado, -a
delay   demora
delicious   delicioso, -a; rico, -a; sabroso, -a
delirious   delirando, delirante
delivery (birth)   parto
dental floss   seda dental
dentist   dentista (m. or f.)
denture   dientes (m., pl.), postizos, dentadura, placa dental
deposit   depósito
to deposit   depositar
to deprive   privar
dessert   postre (m.)
device   aparato; **intrauterine device**   dispositivo uterino
diabetes   diabetes (f.)
diagnosis   diagnosis; **prenatal diagnosis**   diagnóstico prenatal
diagram   diagrama
diaper   pañal (m.) paño
diaphragm   diafragma (m.)
diarrhea   diarrea
to die   morir; **he, she died**   murió; **they died**   murieron
diet   dieta
dietitian   dietista (m. or f.)
dinner   comida
diphtheria   difteria
dirt   lodo, polvo, tierra, mugre (f.)
dirty   sucio, -a
disability   incapacidad (f.)
disadvantage   desventaja
disagreeable   antipático, -a; desagradable
disaster   desastre (m.)
discharge (fluid)   desecho, flujo, supuración

to discharge from the hospital   dar de alta

disease   enfermedad (f.)

dish   plato, vasija

disinfectant   desinfectante (m.)

disk   disco; **calcified disk**   disco calcificado; **slipped disk**   disco desplazado

to dismiss (from the hospital)   dar de alta

diuretic   diurético

diverticulitis   diverticulitis

divorced, divorcé, divorcée   divorciado, -a

dizziness   mareo

dizzy   mareado, -a; **to become dizzy**   marearse

do   hacer; **I do**   hago; **you do, he, she does**   hace

doctor   doctor, -a; médico

doll   muñeca

dollar   dólar (m.)

domestic   doméstico, -a

double   doble

douche   ducha

down   bajo, abajo

Down's syndrome   síndrome o enfermedad de Down

dozen   docena

draft (wind)   corriente (f.) de aire

dram   dracma (f.)

drapes   cortinas

drawer   gaveta, cajón (m.)

dress   vestido

dresser   tocador

dressing   apósito, emplaste (m.), parche (m.); (food stuffing) relleno

dried   seco, -a

drink   bebida

to drink   beber, tomar

to drive   manejar

drops   gotas

drug   droga; **drug store**   farmacia, botica, droguería

drunk   borracho, -a; embriagado, -a

dry   seco, -a

dryness   sequedad (f.)

during   durante

duty   deber, obligación; **on duty**   de turno, de guardia, de servicio; **off duty**   libre de servicio; **to do one's duty**   cumplir con su deber; **in line of duty**   en cumplimiento de sus deberes

duty-free   libre de derechos

dysentery   disentería

dyslexia   dislexia

E

each   cada

ear (outer)   oreja; (inner) oído; **ear lobe**   lóbulo de la oreja

early   temprano, -a

to earn   ganar

earring   arete (m.)

to eat   comer; **to eat breakfast**   desayunar(se); **to eat lunch**   almorzar; **to eat supper**   cenar

ecology   ecología

effective   eficaz; efectivo, -a

egg   huevo, blanquillo; **egg yolk**   yema de huevo; **fried egg**   huevo frito; **hard-boiled egg**   huevo duro; **poached egg**   huevo hervido en agua; **scrambled eggs**   huevos revueltos; **soft-boiled egg**   huevo pasado por agua; **egg white**   clara de huevo

eggplant   berenjena

elbow   codo

electrocardiogram   electrocardiograma (m.)

elevator   elevador (m.), ascensor (m.)

eliminated   eliminado; **he, she has eliminated well today**   ha eliminado bien hoy

embolism   embolia

emergency   emergencia, urgencia; **emergency drug kit**   estuche (m.) de drogas de emergencia; **emergency room**   sala de emergencia, sala de urgencia

emesis   vómito; **emesis basin**   taza de vómito; **emesis gravidarum**   vomitos del embarazo

emetic   emético, vomitivo

emphysema   enfisema

empty   vacío, -a

endocrinology   endocrinología

endometritis   endometritis

enema   ayuda, enema, lavado, lavativa

English   inglés

enough   bastante, suficiente

entrance   entrada

envelope   sobre (m.)

epilepsy   epilepsia

equipment   aparato, equipo

esophagus   esófago

estrogen   estrógeno

even (equal)   parejo, -a

evening   tarde (f.), noche (f.)

every   cada; **every day**   todos los días; **every night**   todas las noches

everybody, everyone   todos, -as

everything todo, -a

examination examen (m.); **physical examination** reconocimiento médico; **rectal examination** tacto rectal

excuse me (permission) con permiso; (pardon) perdón, lo siento

executive ejecutivo, administrativo; funcionario

exercise ejercicio

exit salida

expectoration expectoración

expensive caro, -a

expert experto, perito

exploratory exploratorio, -a; **exploratory operation** operación exploratoria

to expose exponer

expulsive expulsivo, -a; **expulsive pain** dolor expulsivo, pujo

to extract extraer

extremity extremidad (f.); **upper extremity** extremidad superior; **lower extremity** extremidad inferior

eye ojo

eyeball globo del ojo

eyebrow ceja

eyeglasses anteojos, espejuelos, lentes

eyelash pestaña

eyelid párpado

eyetooth colmillo, diente canino

F

face cara

factor factor (m.); **Rh factor** factor Rhesus

factory fábrica, factoría, taller (m.)

to fail fallar, faltar, fracasar

to faint desmayarse

fainting desmayos, síncope (m.)

fall caída

to fall down caerse

fallopian Falopio; **fallopian tube** trompa de Falopio

far lejos

fast (abstinence) ayuno; (speed) rápido, -a; **faster** más rápido

to fast ayunar

to fasten abrochar, asegurar

fat (obese) gordo, -a, grueso, -a; (grease) grasa; **fatty** sebáceo, -a; grasoso, -a

father padre (m.)

father-in-law suegro

fatigue fatiga

faucet llave (f.), grifo, espita

fear temor (m.)

feces heces (f.) fecales

to feed dar de comer, alimentar

to feel sentir; **I feel** me siento; **you feel, he, she feels** se siente; **to feel like + ing** tener ganas de + infinitive; **to have no feeling** no sentir nada

feet pies (m., pl.)

fetal surgery cirugía fetal

fetoscopy fetoscopía

fever fiebre (f.); **rheumatic fever** fiebre reumática; **typhoid fever** fiebre tifoidea; **yellow fever** fiebre amarilla

fiancé, -ée novio, -a

fibroid fibroma, fibroide

fibrous tumor tumor (m.) fibroso, fibroma

fibula fíbula, peroné

fight lucha

to fight luchar

filling (dental) empaste (m.); (food) relleno

to find out saber, averiguar, descubrir

fine fino; bueno (tiempo, clima); muy bueno, excelente, magnífico; lindo, bello, bonito; **that's fine** ¡de acuerdo! ¡estupendo!

finger dedo

fingertip yema del dedo, punta del dedo

fire lumbre (f.) quemazón (f.)

first aid primeros auxilios

fish pescado

fist puño; **to make a fist** cerrar el puño

fit ataque (m.), convulsión (f.)

to fix arreglar, reparar, componer; **to fix a drink** preparar una bebida

flash llama, chispa, relámpago; brillo en los ojos; **hot flash** acceso repentino de calor durante la menopausia

flask frasco

flatulence flatulencia, gases estomacales

flea pulga

floor piso, suelo, pavimento; **floors of a building** los pisos de un edificio; **the first floor** el primer piso; **to have the floor** tener la palabra; **floor lamp** lámpara de pie; **floor show** atracciones del casino o del cabaret

flour harina

flow flujo, desecho

flower flor (f.)

flu gripe (f.), influenza

fluoroscope fluoroscopia

to fly volar

to fold doblar

to follow seguir

food comida, alimento

foot pie (m.); **foot of the bed** pie de la cama

for por, para, durante, por espacio de

for para; **for + duration of time** hace + tiempo

forceps fórceps (m.), tenazas, pinzas

forearm antebrazo

forehead frente (f.)

foreign body cuerpo extraño, paja

fork tenedor (m.)

fountain fuente (f.)

foyer vetíbulo, salón de entrada

fracture fractura, quebradura

freckle peca

frequent frecuente; **frequently** frecuentemente, con frecuencia

fresh fresco, -a

fried frito, -a

friend amigo, -a

to frighten asustar; **to become frightened** asustarse; **how frightening!** ¡qué susto!

from de

frostbite congelación o helar una parte del cuerpo

frostbitten helado, -a, congelado, -a

fruit fruta; **fruit cocktail** coctel (m.) de fruta

frustration frustración

to fry freír

full lleno, -a; completo, -a

function función (f.); **normal function** función normal

funeral home funeraria

funny gracioso, -a

fuzz vello

fuzzy velloso, -a, velludo, -a

G

to gain ganar, aumentar; **to gain weight** aumentar de peso

gallbladder vesícula

gallon galón (m.)

gallstones cálculos biliares

ganglion ganglio

gangrene gangrena

garbage basura, desperdicio, desecho

to gargle hacer gárgaras

garlic ajo

gastric gástrico; **gastric juice** jugo gástrico

gastroscopy gastroscopia

gauze gasa

gelatin gelatina; **fruit gelatin** gelatina con fruta; **medicinal gelatin** gelatina medicinal

genetics genética

genitals genitales (m., pl.)

geriatrics geriatría

germ germen (m.) microbio

German measles rubéola

germicidal, germicide germicida

gerontology gerontología

gestation gestación

to get conseguir, obtener; **to get over** pasarse

to get up levantarse; **to get up on the table** subir a la mesa; **I get up** me levanto; **you get up, he, she gets up** se levanta

gingivitis gingivitis

girdle faja

girl niña, muchacha

to give dar

glad alegre, feliz, gozoso, -a; **to be glad** alegrarse; **I am glad** me alegro; **glad to know you** mucho gusto; **gladly** con mucho gusto

gland gládula

glass vaso; vidrio, cristal

glasses (eye) anteojos, lentes, espejuelos; **contact lenses** lentes de contacto

glaucoma glaucoma

glucose glucosa

glue goma

to glue pegar

glycosuria glucosuria

gnat jején (m.), mosquito, guasasa

to go ir; **I go, I am going** voy; **you** (sing.) **go, he, she goes** va; **you** (pl.), **they go** van; **we go** vamos; **to go down** bajar; **to go up** subir; **to go to bed** acostarse

gonorrhea gonorrea

good buen, bueno, buena; **good afternoon** buenas tardes; **good evening, good night** buenas noches; **good morning** buenos días

good-bye   adiós
gout   gota
gown   bata
graft   injerto
grain   grano
gram   gramo
granddaughter   nieta
grandfather   abuelo
grand mal   gran mal, ataque epiléptico
grandmother   abuela
grandson   nieto
grapefruit   toronja
gray   gris
gray-headed   canoso, -a
grease   grasa
greasy   grasoso, -a
green   verde; **green beans**   ejotes (m.) habichuelas; **greenstick fracture**   fractura incompleta; **green soap** jabón verde (blando), preparado con alcohol y usado en cirugía
to greet   saludar
greeting   saludo
groceries   comestibles (m.), víveres (m.)
groin   ingle (f.)
group   grupo
to grow   crecer
growth   crecimiento
gums   encías
gun   pistola, carabina, rifle (m.)
gunshot   tiro; **gunshot wound**   herida de bala
gynecology   ginecología

H

hair   pelo, cabello, vello
hairbrush   cepillo de cabello o de pelo, cepillo para la cabeza
hairpin   horquilla
hairy   peludo, velludo
half   medio, -a
halitosis   halitosis (f.)
hall   pasillo, recibidor (m.), vestíbulo
hallucination   alucinación (f.)
hallway   corredor (m.), zaguán
ham   jamón (m.); **ham and eggs**   huevos con jamón
hamburger   hamburguesa

hand   mano (f.); **palm of the hand**   palma de la mano
handbag   bolsa, bolso, cartera
handful   puñado
handle   mango, asa
to handle   manejar
handsome   guapo, -a
to hang   colgar
hanger   percha, perchero, gancho
happen   pasar; **what happened?**   ¿qué pasó?
happy   contento, -a, feliz
hard (difficult)   difícil; (consistency)   duro, -a; **hard-working**   diligente; **hard of hearing**   parcialmente sordo; **hardheaded** (tough-minded)   testarudo
hardness   dureza, endurecimiento
harelip   labio leporino, labio hendido
has: he, she has   tiene; **he, she has had**   ha tenido; **he, she has to** + verb   tiene que + infinitive
hat   sombrero
have   tener; **you have**   tiene; **I have**   tengo; **you have had**   ha tenido; **I have had**   he tenido; **to have to** + verb   tener que + infinitive
hay fever   fiebre del heno
head   cabeza; (of bed and table)   cabecera; **head of household**   jefe de la familia, jefe de la casa; **headboard**   cabecera; **headache**   dolor de cabeza, jaqueca; **head cold**   resfrío, resfriado
heal   sanar
health   salud (f.); **healthy**   saludable, sano, -a; **public health**   salubridad (f.) publica
to hear   oír
hearing   oído; **hearing aid**   audífono, aparato para oir
heart   corazón (m.); **heart attack**   ataque (m.) al corazón; **heart bypass**   derivación del flujo coronario
heart beat   latido
heartburn   hervor (m.)
heat   calor (m.); **heat prostration**   postración del calor
heat therapy   termoterapia
heavy   pesado, -a; grueso, -a
heel   talón (m.)
help   socorro, ayuda, asistencia
to help   ayudar
hemoglobin   hemoglobina
hemorrhage, hemorrhaging   hemorragia
hemorrhoids   hemorroides (f.), almorranas

hepatitis   hepatitis (f.)

her (possessive)   su, sus; (object pronoun)   la, le

here   aquí

hernia   hernia

herpes   herpe; **herpes simplex**   herpe simple

hiccup, hiccough   hipo

high   alto, -a; mucho, -a; **high blood pressure**   presión alta; **high up**   arriba, muy alto, -a

him   lo, le

hip   cadera

his   su, sus

hives   urticaria

hoarseness   ronquera

to hold   tener; (to keep)   guardar; (to fasten)   sujetar; **to take hold of**   coger; **to hold away from**   separar; **to hold one's breath**   sostener la respiración

hole   agujero

home   casa; (to) **home**   a casa; **at home**   en casa

homosexual   homosexual

honey   miel (f.)

hook   gancho, presilla

hope   esperanza

to hope   esperar

hormone   hormona

hose   medias; **panty hose**   medias pantalón, pantimedias

hospital   hospital (m.)

hospitalization insurance   seguro de hospitalización

hot (temperature)   caliente; (spicy)   picante; **hot drink**   bebida caliente; **to be hot**   tener calor

hour   hora

house   casa

housewife   ama de casa

how   cómo; **how long**   desde cuándo; **how much**   cuáto, -a; **how many**   cuántos, -as

hug   abrazo

human   humano, -a

humble   humilde

hunchback   jorobado, -a

humerus   húmero

hungry   hambriento; **to be hungry**   tener hambre

hurt (injured)   lastimado, -a; herido, -a; (a pain)   dolor

to hurt   tener dolor, doler

husband   esposo, marido

hydrogen peroxide   agua oxigenada

hypoglycemia   hipoglucemia

hysterectomy   histerectomía

I

I   yo

ice   hielo

ice cream   helado, nieve (f.), mantecado

ice pack   bolsa de hielo

identical   idéntico, igual; **identical twins**   gemelos o mellizos idénticos

identification   identificación (f.)

idiot   idiota (m., f.)

if   si

ill   enfermo, -a; **seriously ill**   grave, muy grave

illegitimate   ilegítimo

illness   enfermedad

imbecile   imbécil (m., f.)

immediate   inmediato, -a; **immediately**   inmediatamente, en seguida

immersion   inmersión (f.)

immune   inmune

immunization   inmunización (f.)

impacted   impactado, -a

impetigo   impétigo

implant   injerto, implantación (f.); implantar

important   importante

impotence   impotencia

impudent   impudente, descarado, -a, atrevido, -a, fresco, -a

impulse   impulso

in   en

inch   pulgada

incision   incisión, cortadura, herida

incontinence   incontinencia

increase   aumento

to increase   aumentar

incubation period   período de incubación

incubator   incubadora

indicate   indicar

indigestion   indigestión (f.)

infant   infante, criatura, niño, pequeño

infantile paralysis   parálisis infantil

infarct   infarto

to infect   contagiar, infectar

infected   infectado, -a

infection   infección

inflamed   inflamado, -a

influenza   gripe (f.), influenza

ingrown enterrado, -a
inhalation inhalación (f.); **inhalation therapy** terapia de inhalación, aerosol
injection inyección (f.)
injury lesión (f.), herida
inner interior
inoculation inoculación (f.), vacuna
insanity locura
insect insecto; **insect bite** picadura, piquete (m.) de insecto
inside dentro, adentro
insomnia insomnio
instep empeine (del pie)
insulin insulina
insurance seguro
intensive intensivo, -a; intenso, -a; **intensive care** cuidado intensivo
intercourse relaciones sexuales, coito
internal interno, -a; **internal organs** órganos internos
intestine intestino, tripa
intoxicated borracho, -a; embriagado, -a
intrauterine device, IUD dispositivo intrauterino
intravenous intravenoso, -a
to introduce presentar; (to introduce something into) introducir; **I want to introduce you (him, her) to** quiero presentarle a
intubation intubación (f.)
iodine yodo
iritis iritis (f.)
iron hierro; **iron lung** pulmón (m.) de acero, pulmotor (m.)
is: he, she, it is es, está; **there is** hay
to isolate aislar
isolation aislamiento
to itch picar; **it itches** me pica; **does it itch?** ¿le pica?
itching picazón (f.)
I.V. suerofisiológico, suero glucosado

J

jacket chaqueta, saco
jail cárcel (f.)
jam mermelada, conserva
jaundice ictericia

jaw mandíbula, quijada
jelly jalea
jewelry joyas
Jewish judío, -a
jockstrap soporte
to join añadir, unir, atar
joint articulación (f.), coyuntura
jugular yugular
juice jugo
junket leche (f.) cuajada; manjar de leche y azúcar

K

to keep guardar, conservar
keratitis queratitis (f.)
ketosis cetosis (f.)
kettle olla, perol (m.), paila
key (lock) llave (f.); (code) clave (f.); (typewriter and piano) tecla
kid (goat) cabrito
kidney riñón; **kidney stones** cálculos renales
to kill matar
kilogram kilogramo
kind (gentle) amable
kind (type) **of** clase (f.) de
kiss beso
to kiss besar
kit botiquín (m.); **emergency kit** botiquín de emergencia; **first aid kit** botiquín de primeros auxilios
knee rodilla
knife cuchillo
knob manilla, tirador (m.), perilla
knot nudo
to know (know facts, know how to) saber; (know people, places) conocer; **I know** se, conozco; **you know, he, she knows** sabe, conoce
knuckle nudillo, coyuntura, articulación (f.) de los dedos

L

label etiqueta
labor labor (f.); **labor pain** dolor (m.) de parto
labyrinth laberinto, oído interno

lack falta
to lack faltar
lacrimal, lachrymal lagrimal
lactation lactación (f.)
lady dama, señora
lamb cordero
lame cojo, -a
lamp lámpara
laparoscopy laparoscopia
laparotomy laparotomía
large grande
laryngeal laríngeo
laryngitis laringitis (f.)
larynx laringe (f.)
last último, -a
to last durar
late tarde; **later** más tarde, luego, después
latrine excusado, retrete (m.) (en campamento)
to laugh reírse
laughter risa
laundry lavado de ropa; lavandería
lavage lavado (de un órgano); **stomach lavage** lavado del estómago, irrigación del estómago
lavatory lavamanos (m., sing.), lavabo, lavatorio
lawyer abogado
laxative purgante (m.), laxante (m.)
layer capa, estrato
least mínimo, ínfimo; menos; el menor, el mínimo, el más pequeño; **at least** al menos, por lo menos, cuando menos; **not in the least** de ninguna manera; **the least** lo menos
to leave (a place) salir; (an object) dejar
left (abandoned) abandonado, -a; (direction) izquierdo, -a; **to the left** a la izquierda
leg pierna
leggings cubiertas estériles que cubren las piernas del paciente en cirugía
lemon limón (m.); **lemon pie** pastel de limón
less menos
lesson lección (f.)
lethargic aletargado, -a
lethargy aletargamiento, estupor (m.)
lettuce lechuga
leukemia leucemia
leukocytes leucocitos o glóbulos blancos de la sangre
leukoplasia leucoplasia

lever palanca
lice piojos; **crab lice** ladillas
lid tapa
life vida
lifeguard salvavidas (m. or f.)
lifeless exánime, sin vida
ligament ligamento
ligature ligadura
light luz (f.), lámpara; (weight, color) ligero, -a; claro, -a; (not serious) leve
to like (to enjoy) gustar; **I like** me gusta(n); **you like, he, she likes** le gusta(n)
like this así
limb miembro; **artificial limb** miembro artificial
lime lima; cal
limp cojera; (not stiff) flexible; flojo, -a; suelto, -a; blando, -a
to limp cojear
liniment linimento
lip labio
lipstick pintura de labios
liquid líquido
liter litro
litter camilla
little (size) pequeño, -a; (amount) poco, -a
to live vivir
liver hígado
livid lívido, -a; pálido, -a
loan préstamo
to loan prestar
lobe lóbulo
lochia loquios
lock cerradura
to lock cerrar; **lock up, lock in** encerrar; **lock (one) out** dejar a uno en la calle
lockjaw tétano
to look (at) mirar; **look** (imperative) mire; **what does . . . look like?** ¿cómo es . . . ?
loop lazo; **IUD loop** lazo
loose flojo, -a; suelto, -a
to lose perder
loss pérdida
lot lote (m.), porción (f.), cuota; solar de terreno; suerte (f.); **a lot** mucho, -a
lounge sala de fumar; **doctors' lounge** sala de los médicos

love   amor (m.)
to love   amar, querer; **I love it**   me encanta
low   bajo, -a
lower   más bajo, inferior
to lower   bajar
lozenge   pastilla
lucid   lúcido, -a (de la mente)
lucidity   lucidez
lumbago   lumbago, neuralgia en la región lumbar
lump   bulto, protuberancia, hinchazón; **lump in the throat**   nudo en la garganta
lunch   almuerzo, comida, lonche (m.)
lung   pulmón (m.); **iron lung**   pulmón de acero, pulmotor (m.); **collapsed lung**   colapso de pulmon
lye   lejía
lymphatic   lifático

___

M

made   hecho
magazine   revista
maid   sirvienta, criada
maimed   lisiado, -a; manco, -a
main   principal
major   mayor
to make   hacer; **I make**   hago; **you make, he, she makes**   hace; **to make a fist**   cerrar el puño
makeup   maquillaje, cosméticos; **to put on makeup**   maquillarse
malaise   destemplanza, malestar (m.)
malaria   paludismo, malaria
malignant   maligno, -a
mammography   mamografía
man   hombre (m.) señor (m.)
many   muchos, -as; **how many**   cuántos, -as
marble   canica, mármol (m.)
marijuana, marihuana   mariguana
marital   conyugal, marital, matrimonial; **marital status**   estado civil
mark   marca
to mark   marcar
married   casado, -a
marrow   médula, meollo, tuétano
marvelous   maravilloso
mask   mascarilla
masochist   masoquista

mass   masa, montón (m.), bulto
massage   masaje (m.)
mastectomy   mastectomía
mastitis   mastitis (f.)
mastoid   mastoides (f.)
mastoiditis   mastoiditis
matter   asunto, materia; **what's the matter?**   ¿qué tiene?, ¿qué le pasa?
mayonnaise   mayonesa
me   me, mí, a mí; **for me**   para mí; **it's me** (fam.) soy yo; **with me**   conmigo; **to me**   a mí; **do me the favor**   hágame Ud. el favor
meal   comida
mean   tener la intención de, proponerse, intentar
measles   sarampión (m.); **German measles**   rubéola
measure   medida
to measure   medir
measuring cup   taza de medir
meat   carne (f.)
medicine cabinet, chest   botiquín (m.)
medulla   médula
megalomania   megalomanía
melancholia   melancolía
membrane   membrana
memory   memoria
meningitis   meningitis (f.)
menopause   menopausia
menses   menstruación
menstrual period   menstruo, regla, período, menstruación
menu   menú (m.)
Merthiolate   mertiolato
metabolism   metabolismo
metastasis   metástasis (f.)
meter   metro
methadone   metadona
method   método
microbe   microbio
microscope   microscopio
middle   medio, -a; centro
midnight   medianoche (f.)
midwife   partera, comadrona
migraine   jaqueca, migraña
milk   leche (f.); **chocolate milk**   leche con chocolate; **milk of magnesia**   leche de magnesia; **skim milk**   leche descremada; **powdered milk**   leche en polvo

milligram miligramo
milliliter mililitro
mind mente (f.)
mineral mineral (m.)
minimum mínimo
minister ministro, pastor (m.)
minor minor, leve
minus menos
to mix mezclar
moderate moderado, -a
molar muela
mold moho, enmohecerse
mole lunar
molecule molécula
money dinero
mongolism mongolismo
mongoloid mongoloide
month mes; **by the month, monthly** al mes, por meses
more más
morning la mañana; **tomorrow morning** mañana por la mañana; **good morning** buenos días
mosquito mosquito, zancudo
most más, lo más, los más
mother madre (f.)
mother-in-law suegra
motion movimiento, moción (f.)
mouth boca; **mouth-to-mouth resuscitation** resucitación boca a boca
to move mover; mudar
movement movimiento; **bowel movement** evacuación
much mucho, -a; **too much** demasiado
mucous mucoso, -a
mucus mucosidad (f.)
multipara multípara
multiple sclerosis esclerosis (f.) múltiple
mumps paperas, parótida, parotiditis (f.)
murmur murmullo; **heart murmur** soplo
muscle músculo; **muscle tone** tono muscular
muscular dystrophy distrofia muscular
mushroom champiñón (m.) hongo
my mi, mis
myasthenia miastenia
myocarditis miocarditis (f.)
myopia miopía

N

nail uña; **ingrown nail** uña enterrada
name nombre (m.)
to name llamar; **to be named** llamarse; **what is your (his, her) name?** ¿cómo se llama?; **my name is** me llamo; **his (her) name is** se llama
to nap dormitar; **a nap** siesta
nape nuca, cogote, cerviz (f.)
neuron neurona
neurotic neurótico, -a
never nunca
new nuevo, -a
newborn recién nacido, -a
newspaper periódico, diario
next próximo, -a, adyacente, siguiente, venidero, entrante; **next to** al lado de; **next day** el o al día siguiente; **next year** el año entrante
nice simpático, -a; agradable, lindo, -a; **a nice day** un día agradable
niece sobrina
night noche (f.); **at night** de noche, por la noche; **during the night** por la noche; **night clothes** ropa de dormir; **nightmare** pesadilla
nightgown camisa de noche, bata
nightwalker sonámbulo
nipple (of bottle) tetero, -a; teto; (of female) pezón (m.); (pacifier) chupete (m.), chupeta
nit liendre (f.)
nitroglycerin nitroglicerina
no, not no
nodule nódulo, pequeño abultamiento
noise ruido
none ninguno, -a
noodle fideo
napkin servilleta; **sanitary napkin** toalla sanitaria, servilleta sanitaria
narcotic narcótico
nausea náuseas
navel ombligo
navy marina; **navy bean** frijol (m.) blanco
near cerca
neck cuello; **stiff neck** tortícolis
necrosis necrosis (f.), gangrena
need necesidad (f.)
to need necesitar
needle aguja

negative negativo, -a

neighbor vecino, -a

nephew sobrino

nephritis nefritis (f.)

nerve nervio; **a fit of nerves** un ataque de nervios; **to get on one's nerves** irritar o exasperar a uno

nervous nervioso, -a; **nervous breakdown** colapso nervioso; **nervous system** sistema (m.) nervioso

nervousness nerviosidad (f.)

noon mediodía (m.)

nose nariz (f.)

nosebleed hemorragia nasal

nostril fosa nasal

nothing nada

to notify notificar

nourishment alimento, nutrición (f.), alimentación (f.)

now ahora; **right now** ahora mismo

numb entumecido, adormecido, -a; **to numb** entumecer

numbness entumecimiento, adormecimiento

nun monja

nurse enfermera

to nurse (baby) dar de mamar, dar el pecho, amamantar

nursery cuarto de niños; **newborn nursery** sala de los recién nacidos

nursing enfermería

nursing home clínica de reposo

O

oatmeal avena

obese obeso, -a

obesity obesidad (f.), gordura

observe observar, notar

obstetrics obstetricia

obstruction obstrucción (f.); **intestinal obstruction** obstrucción intestinal

occipital occipital

odontology odontología

odor olor (m.)

of de; **of course** claro, desde luego

off: to take off quitar(se); **to turn off** apagar

office oficina; **office hours** horas de consulta

often con frecuencia, muchas veces

oil aceite (m.)

ointment ungüento, crema, pomada

old viejo, -a

olfactory olfatorio, olfativo, olfato

on en

one un, uno, una

onion cebolla

only sólo, solamente

to open abrir

ophthalmologist oftalmólogo

opium opio

opposite opuesto, -a

orange naranja; **orange color** color de naranja; **orange juice** jugo de naranja

order (authorization) orden (f.); **written order** orden escrita; (series) orden (m.)

orderly enfermero; arreglado, metódico, disciplinado, ordenado

organ órgano

orphan huérfano, -a

orphanage hospicio

orthodontist ortodontista (m. or f.); ortopédico dental

osteomyelitis osteomielitis (f.)

osteoporosis osteoporosis (f.)

other otro, -a

ought deber

ounce onza

outside afuera, fuera

ovary ovario

over sobre

overcoat abrigo

overdose dosis (f.) excesiva

ovulation ovulación (f.)

ovum óvulo

to owe deber

oxygen oxígeno

oyster ostra

P

pacemaker marcapaso, marcador (m.) del ritmo del corazón

pacifier chupete (m.), chupeta

pack empacar, rellenar; **pack the wound with gauze** rellenar la herida con gasa; **ice pack** bolsa de hielo

page página

pain dolor (m.); **to be in pain** tener dolor, doler; **referred pain** dolor referido; **bearing-down pain** dolor de pujos; **ghost pain** dolor fantasma

pair, pairs par (m.), pares

pajamas pijamas, piyamas

palate paladar

pale pálido, -a

palm palma de la mano

palpitations palpitaciones (f., pl.)

pancreas páncreas (m.)

to pant acezar

panties pantalón (m.), calzones (m., pl.), pantaletas; **panty hose** medias pantalón, pantimedias

pants pantalones (m.); **pantsuit** traje pantalón (m.)

Pap smear frotis (m.) de Papanicolaou, unto de Papanicolaou

paper papel (m.); **toilet paper** papel de baño

paralysis parálisis (f.); **infantile paralysis** parálisis infantil

paramedic paramédico, practicante de salud de la comunidad

paraplegia paraplejía

parasite parásito

parathyroid paratiroides (f.)

parents padres (m.)

Parkinson's disease enfermedad (f.) de Parkinson

parotid parótida

parsley perejil (m.)

part parte (f.)

partial parcial; **partial plate** dentadura parcial

to pass pasar

pastry pastel (m.)

pathology patología

to pay pagar

payment pago

pea chícharo, guisante (m.)

peach melocotón (m.) durazno

peanut cacahuate, cacahuete (m.), mani (m.); **peanut butter** crema de cacahuate (m.), crema de maní, mantequilla de cacahuete

pear pera

pediatrics pediatría

peel, peeling cáscara, pellejo, hollejo

to peel pelar, deshollejar, descascarar

pelvis pelvis (f.)

pen pluma; corral, encerradero

penis pene (m.)

people gente (f., sing.)

pep energía, fuerza, vigor (m.); **pep pill** estimulante (m.)

pepper pimienta; **bell pepper** pimiento; **hot pepper** chile

peptic péptico, -a; **peptic ulcer** úlcera péptica

per por; **per month** al mes; **per week** a la semana; **per capita** por cabeza; **per cent** por ciento; **per diem** por día

perineum perineo

period período; (menstrual) período, regla; (punctuation) punto

peristalsis peristalsis

permission permiso

permit permiso, autorización (f.)

pernicious pernicioso, -a; **pernicious anemia** anemia perniciosa

peroxide peróxido; **hydrogen peroxide** agua oxigenada, peróxido de hidrógeno

person persona

perspiration sudor (m.)

to perspire sudar

pharmacist farmacéutico

pharmacy farmacia

pharynx faringe (f.)

phlegm flema, mucosidad (f.)

phobia fobia

phthisis tisis (f.), consunción (f.), tuberculosis (f.)

physical físico, -a; **physical examination** reconocimiento médico; **physical therapy** fisioterapia

pickle pepinillo

pie pastel (m.); **apple pie** pastel de manzana; **cherry pie** pastel de cerezas; **lemon pie** pastel de limón

piece pedazo

piles almorranas

pill píldora, pastilla; **sleeping pills** píldoras para dormir

pillow almohada

pillowcase funda

pimple grano

pin alfiler

pineal gland gládula pineal

pineapple piña

pink color de rosa

pint pinta

pitcher jarra

pituitary pituitaria

pity   lástima, pena, piedad, compasión; **what a pity!** ¡qué pena!

placenta   placenta

plague   peste (f.) bubónica

plain (simple)   sencillo, -a

plasma   plasma

plaster   yeso, mezcla; **plaster cast**   vendaje o apósito enyesado

plastic   plástico, -a; **plastic surgery**   cirugía plástica

plate (dish)   plato; (x-ray) placa; **denture plates**   dentadura postiza or placas; **metal plate**   placa de metal; **partial plate**   dentadura parcial

platelet   plaqueta

to play   jugar

playpen   corral, corralito para niños

pleasant, pleasing   agradable, complaciente, simpático, -a

please   por favor; favor de + infinitive

plenty (enough)   suficiente, bastante

pleura   pleura

pleurisy   pleuresía

pliers   pinzas

plum   ciruela

P.M.   de la tarde, de la noche

pneumonia   pulmonía, neumonía; **bronchopneumonia**   bronconeumonía, pulmonía bronquial

poison   veneno; **poison ivy**   hiedra venenosa

point   punto (m.), punta (f.)

policy   poliza

polio, poliomyelitis   poliomielitis (f.)

polyp   pólipo

poor   pobre

popcorn   esquite (m.), rositas de maíz

pork   cerdo, carne de puerco; **pork chop**   chuleta de puerco; **pork ribs**   costillas asadas

portion   porción (f.)

postal zone   zona postal

post office   casa de correos, oficina de correos; **post office box**   apartado postal

postoperative   postoperatorio

postpartum   posparto

to postpone   aplazar, posponer

potassium   potasio

potato   papa, patata; **baked potato**   papa asada; **fried potatoes, French fries**   papas fritas; **mashed potatoes**   puré de papas

poultice   emplaste (m.), cataplasma, sinapismo

pound   libra

powder   polvo; **talcum powder**   polvo talco

power   poder (m.), fuerza, vigor (m.); potencia, fuerza motriz, energía

predelivery, prenatal   prenatal

pregnancy   embarazo; **abdominal pregnancy**   embarazo abdominal; **ectopic** or **extrauterine pregnancy**   embarazo extrauterino; **tubal pregnancy**   embarazo tubárico

pregnant   embarazada, en estado, en estado de gestación, encinta

prescription   receta

pressure   presión (f.); **blood pressure**   presión de sangre

pretty   bonito, -a

to prevent   prevenir, evitar

preventive   preventivo, -a

to prick   pinchar, picar, punzar

priest   cura (m.)

private   privado, -a; **private business**   asunto privado

probe   sonda, canula

to probe   reconocer, sondear, escudriñar, indagar

problem   problema (m.)

procedure   procedimiento

proceed   seguir, proseguir, avanzar, adelante

prognosis   pronóstico, prognosis

prolapse   prolapso; **prolapsed umbilical cord**   prolapso del cordón umbilical

prolonged   prolongado, -a

promise   promesa

prostate   próstata

prosthesis   prótesis, miembro, órgano o parte artificial

to protect (oneself)   proteger(se)

proteins   proteinas

Protestant   protestante (m., f.)

proud   orgulloso, -a

prune   ciruela pasa

pruritus, severe itching   prurito

pseudocyesis   seudociesis (f.), embarazo falso o imaginario

psychiatrist   psiquíatra, psiquiatra

psychologist   psicólogo

psychoneuroimmunology   psiconeuroinmunología

pubic hair   pelo o vello púbico

pudding   flan (m.), pudín (m.); **rice pudding**   arroz (m.) con leche; **tapioca pudding**   tapioca

pulse   pulso

pumpkin   calabaza

pupil   pupila; **dilate the pupils**   dilatar las pupilas

purgative   purgante (m.)

purse   bolsa, bolso, cartera

pus   flujo purulento, pus (m.)

pustule   pústula

to put   poner; **to put away**   guardar; **to put away from** (separate)   separar; **to put on**   ponerse; **put on** (imperative)   póngase

putrid   podrido

pylorus   píloro

pyorrhea   piorrea

Q

quarantine   curentena

quart   cuarto

quarter   cuarto, cuarta parte, moneda de 25 centavos (un cuarto de dólar); **a quarter of an hour**   un cuarto de hora; **to take up quarters at**   alojarse en

queasy   propenso a la náusea

question   pregunta; **to ask a question**   preguntar

quick   rápido, -a; **quickly**   rapidamente, en seguida

quickening   primera señal de vida que da el feto

quicksilver   azogue, mercurio

quiet   estar tranquilo, callarse

quill   pluma de ave

quilt   colcha

quince   membrillo

quinine   quinina

quorum   quórum (m.)

quota   cuota

quotation   citación (f.)

R

rabbit   conejo; **rabbit test**   examen (m.) de conejo para el embarazo

rabies   rabia

rachitic   raquítico, -a

rachitis   raquitis (f.), raquitismo

radish   rábano

radium therapy   radioterapia

radius   radio

to raise   levantar

raisin   pasa

to rape   atacar, violar

rapid   rápido, -a; **rapidly**   rápidamente

rash   erupción (f.), salpullido

raspberry   frambuesa

razor   máquina de afeitar; **razor blade**   cuchilla de afeitar

to reach   alcanzar

reaction   reacción (f.)

ready   listo, -a

receipt   recibo

to receive   recibir

recipe   receta

rectum   recto

red   rojo, -a; colorado, -a

redheaded   pelirrojo, -a

reduce   reducir

regularly   con regularidad

regulations   reglamentos, regulaciones, órdenes

regurgitation   regurgitación (f.)

rehabilitation   rehabilitación (f.), restablecimiento; **rehabilitation of the incapacitated**   rehabilitación de incapacitados

rejuvenation   rejuvenecimiento

relapse   recaída

relationship   parentesco

relatives   parientes

to relax   relajar(se)

relief   ayuda; alivio

to repair   restaurar, reparar, componer

residue   residuo, resto, sobrante (m.)

respirator   respirador (m.)

rest   descanso; **the rest** (remainder)   el resto

to rest   descansar

restroom   baño, cuarto de baño, servicio

result   resultado

resuscitation   resucitación (f.); **mouth-to-mouth resuscitation**   respiración boca a boca

retention   retención (f.)

retina   retina

retinitis   retinitis (f.)

to return   volver

Rh factor   factor Rhesus

rheumatic fever   fiebre (f.) reumática

rhinitis   rinitis (f.), coriza

rhythm ritmo
rib costilla; **cervical ribs** costillas cervicales; **false ribs** costillas falsas; **floating ribs** costillas flotantes; **true ribs** costillas verdaderas
ribbon cinta
rice arroz
rich rico, -a
rickets raquitis (f.), raquitismo (m.)
right (direction) derecho, -a; **to the right** a la derecha; **right away, right now** en seguida, ahora mismo; **to be right** tener razón
rigidity rigidez (f.)
rind cáscara
ring anillo; **IUD ring** anillo; **jeweled ring** sortija
to ring tocar, sonar
to rinse enjuagar(se)
roast asado, -a; **roast beef** carne asada, rosbif (m.)
to roast asar
robe bata
rod varilla; **metal rod** varilla de metal
roll pan (m.); **sweet roll** pan dulce
to roll enrollar, envolver; **to roll up one's sleeve** levantarse la manga
roller, curler rollo
room cuarto; **delivery room** sala de partos; **emergency room** sala de emergencia, sala de urgencia; **labor room** sala prenatal
root raíz (f.); **root canal** canal (m.) de la raíz
roseola roseola, rubéola
rotten podrido, -a
roughage substancia áspera, alimento indigestible, material áspero inabsorbible; **low roughage** residuo bajo
rubber goma, hule (m.)
rubella rubéola
rubeola sarampión (m.) rubéola
rupture ruptura, rotura, rompimiento

S

---

saccharin sacarina
sacrum sacro
sad triste
sadism sadismo
safe seguro, salvo
safety seguridad (f.), protección (f.); **safety belt** salvavidas; **safety deposit box** caja de seguridad

salad ensalada; **salad dressing** salsa para ensalada
saliva saliva, esputo, expectoración (f.)
salivation salivación (f.)
salmon salmón (m.)
salmonella salmonela
salt sal (f.); **salt-free diet** dieta sin sal
salve pomada, ungüento
sample muestra
sanitary sanitario; **sanitary napkin** toalla sanitaria, servilleta sanitaria
sanity lucidez (f.)
sauce salsa
saucer platillo
sausage chorizo, salchicha
to say decir; **I say** digo; **you say, he, she says** dice
scab postilla, costra
scabies sarna
scale escala, balanza, báscula
scalp cuero cabelludo
scalpel escalpelo
scanty escaso, escatimado
scapula escápula, omóplato
scar cicatriz (f.)
scarce escaso, -a
to scare asustar
scarf bufanda
scarlet fever fiebre escarlatina
schizophrenia esquizofrenia
school escuela; **nursing school** escuela de enfermería; **medical school** escuela de medicina
science ciencia
scissors tijeras
scoliosis escoliosis (f.)
scratch arañazo, rasguño, raspón (m.); **to scratch oneself** rascarse; **to scratch out** tachar
scream grito
to scream gritar
scrotum escroto
scrub fregar, restregar, estregar; **scrub nurse** enfermera en cirugía
seal sello
to seal sellar
seasickness mareo, mareamiento
seasoning condimento, especia (spice)
seat asiento
sebaceous sebáceo, -a

secondary stage   estado secundario

security   seguridad (f.), seguro; **Social Security**   seguro social

sedative   sedante (m.), sedativo, calmante (m.)

seldom   raramente, rara vez, pocas veces

to select   seleccionar

to sell   vender

semen   esperma, semen (m.)

semicomatose   semicomatoso, -a, medioazuloso, cianótico, -a

senility   senilidad (f.), vejez (f.)

sense   sentido, razón (f.), juicio, sensación (f.)

sensitive   sensible

separated   separado, -a

sepsis   sepsis (f.), septicemia, infección (f.), séptica

series   serie (f.), orden (f.)

serious   serio, -a; grave

serum   suero

to serve   servir; **it is served**   se sirve

to set (fracture)   componer, reducir; (coagulate) coagular, cuajar

setback   revés (m.), atraso

several   varios, -as

sexual relations   relaciones sexuales, coito

to shake   sacudir; **to shake hands**   dar la mano, saludar

shame   vergüenza, deshonra, humillación, lástima; **it is a shame**   es una vergüenza, es una lástima; **what a shame!**   ¡qué lástima!

to shave   afeitar, rasurar; **to shave oneself**   afeitarse

sheet   sábana

shellfish   marisco

sherbet   nieve (f.), sorbete (m.)

shield (IUD)   escudo

shift   turno; **day shift**   turno de día; **night shift**   turno de noche

to shift   cambiar, mudar

shin   espinilla, canilla; **shinbone**   tibia

shirt   camisa

shock   choque (m.), trauma (m.); **anaphylactic shock**   choque anafiláctico

shoe   zapato

short   bajo, -a

shortness of breath   falta de aire, respiración corta

shorts (men's underwear)   calzoncillos

shot   inyección; gunshot, tiro

should   deber; **one should**   hay que + infinitive, debe + infinitive

shoulder   hombro; **shoulder blade**   paleta, paletilla, omóplato

shower   ducha, baño de regadera

shrimp   camarón (m.)

sick   enfermo, -a

sickness   enfermedad (f.)

side   lado

sight   visión (f.)

sign   signo; **vital signs**   signos vitales

to sign   firmar

signature   firma

simple   sencillo, -a

since   desde

single (not married)   soltero, -a

singular   singular, extraordinario, único, -a

sinus trouble   sinusitis (f.)

sister   hermana

sister-in-law   cuñada

to sit down   sentarse; **sit down** (imperative)   siéntese

sitz bath   baño de asiento

to skim   descremar; **skim milk**   leche descremada

skin   piel (f.), cutis (m.)

skinned (injured)   arañado, -a; raspado, -a; abrasion, raspón (m.)

skinny   flaco, -a

skirt   falda

skull   cráneo

slacks   pantalón (m.), pantalones

to sleep   dormir; **to be sleepy**   tener sueño

sleeve   manga

slice   tajada, rebanada

to slice   cortar en tajadas

slide (photographic)   transparencia

to slide   deslizarse

sling   cabestrillo; honda, tirador

slip (lingerie)   fondo, enagua

to slip   escaparse, escabullirse, deslizarse; resbalar(se); **slipped disk**   disco desplazado

slipper   zapatilla, pantufla

slow   lento, -a; **slowly**   despacio; **more slowly**   más despacio

small (size)   pequeño, -a; (amount)   poco, -a

smallpox   viruela

to smash   aplastar, destrozar, hacer añicos, romper

smear   unto, frotis (m.)
to smear   untar
smell   olor
to smell   oler
smoke   humo; **smoke inhalation, inhalación de humo**
to smoke   fumar
snack   merienda
to snack   merendar
snake   culebra, serpiente (f.), víbora
snakebite   mordedura de serpiente
to sneeze   estornudar
snow   nieve (f.)
to snow   nevar
so   así; **so-so**   así, así
soap   jabón (m.); **germicidal soap**   jabón germicida; **green soap**   jabón verde, jabón blando (preparado especialmente para usarse en cirugía)
Social Security   seguro social
socks   calcetines (m., pl.)
soda cracker   galleta blanca
soda pop   soda
sodium pentothal   pentotal (m.) de sodio
soiled   sucio, -a; manchado, -a
sole (of the foot)   planta; (of the shoe)   suela
some   unos, -as; varios, -as; algunos, -as
something   algo
sometimes   a veces
son   hijo
somnambulism   sonambulismo
son-in-law   yerno
soon   pronto
sore   llaga, úlcera, lastimadura, lesión (f.); dolor (m.), sensitivo, -a, adolorido, -a; **to be sore**   doler, tener dolor
sorry   pesaroso, arrepentido, afligido, apesadumbrado; **to be sorry**   sentir; **I'm sorry**   lo siento
soup   sopa; **soup bowl**   sopero
spasm   espasmo
to speak   hablar
special   especial; **special delivery**   entrega inmediata
specialist   especialista (m. or f.)
specialized   especializado, -a
specimen   muestra
speck   paja
spectacles   anteojos
spell   desmayo, ataque (m.)
to spell   deletrear

sperm   esperma, semilla, espermatozoide (m.)
spermicide   espermicida
sphincter   esfínter (m.)
spice   especia
spinach   espinaca
spinal anesthesia   raquídea
spinal column   columna vertebral, espina dorsal
spiral (IUD)   espiral
spit   saliva
to spit   escupir
spleen   bazo, esplín (m.)
splinter   astilla
spoiled   corrompido, -a; podrido, -a
sponge   esponja
spoon   cuchara
spoonful   cucharada
spore   esporo, -a
spot   mancha; **black spots**   puntos negros
sprain   torcedura, torcimiento
to sprain   torcer
to spread apart, to spread out   separar
sputum   esputo
squash   calabaza
stab   puñalada, estocada
to stab   apuñalar, apuñalear
stage   estado, etapa
stain   mancha
to stain   manchar
stained   manchado, -a
staircase   escalera, escalinata
stamp   sello, estampilla
to stamp out   extirpar, suprimir
stand   estante (m.), puesto
to stand   estar de pie; **to stand up**   levantarse
state   estado, condición (f.)
stationery   papel para escribir
to stay   quedarse, estar
steady   firme, estable, fijo, seguro, juicioso, formal; **steady boyfriend or girlfriend**   novio, -a
steak   biftec (m.), bistec (m.), filete (m.)
steam   vapor (m.); **steam bath**   baño de vapor
step   paso, pisada
stepfather   padrastro
stepmother   madrastra
sterility   esterilidad (f.)
sterilizer   estirilizador (m.)
sternum   esternón (m.)

stethoscope estetoscopio

stew guisado, cocido

stiff tieso, duro

stiff neck tortícolis (m.)

still quieto, inactivo, inmóvil; todavía, aún

stillborn nacido muerto, -a

stimulant estimulante

to stir mezclar

stitch puntada, punto

stocking media

stomach estómago, vientre

stone piedra, cálculo; **gallstones** cálculos biliares; **kidney stones** cálculos renales

stool (bowel movement) excremento, eliminación (f.); (seat) banqueta, banquillo, taburete

stopper tapón (m.)

storage depósito, almacenaje; **in storage** guardado

store tienda

to store guardar

story (floor) piso; (tale) cuento

straight derecho, -a, recto, -a, directo, -a

to straighten enderezar

strap tira, correa

straw paja

strawberry fresa

strep throat infección (f.) de la garganta de streptococo (streptococcus)

stress test electrocardiograma de esfuerzo

stretcher camilla

strict estricto, -a

string cuerda

stroke ataque (m.) al cerebro

strong fuerte

student estudiante (m. or f.)

studious estudioso, -a

stuffed relleno, -a

stuffed-up nose nariz (f.) tapada, nariz tupida

stupendous estupendo

stupid estúpido, -a

stupor estupor (m.)

to stutter tartamudear

stutterer tartamudo, -a

sty orzuelo

success éxito

successive sucesivo, -a; seguido, -a

to suck chupar, mamar

sudden repentino, -a; **suddenly** de repente

to suffer sufrir, padecer; **I suffer** padezco

sufficient bastante, suficiente

to suffocate sofocar(se)

sugar azúcar (m. or f.)

suicide suicidio; **to commit suicide** suicidarse

suit traje (m.)

suitcase maleta

sulfur, sulphur azufre (m.)

sulfuric acid ácido sulfúrico

sunburn quemadura de sol

sunburned quemado, -a del sol

sunstroke insolación (f.)

supermarket supermercado

supper cena

support soporte (m.), base (f.)

suprarenal suprerrenal

sure seguro, -a; **I am sure** estoy seguro, -a

surgeon cirujano

surgery cirugía; **open-heart surgery** cirugía de corazón abiert

surname apellido, sobrenombre

to suspect sospechar

suture sutura

to swallow tragar

sweat sudor (m.)

to sweat sudar

sweater suéter (m.), chamarra

sweet dulce, sabroso, rico; **a candy or a sweet** dulce (m.); **sweets** dulces; **sweet-toothed** aficionado al dulce

to swell hinchar

swelling hinchazón (f.)

swollen hichado, -a

symptom síntoma (m.)

syncope síncope (m.)

syphilis sífilis, lúes

syringe jeringuilla, jeringa

syrup jarabe (m.), almíbar (m.)

system sistema

systole sístole

T

table mesa; **to get up on the table** subir a la mesa **to set the table** poner la mesa

tablespoon cuchara

tablespoonful   cucharada

tablet   tableta

tachycardia   taquicardia

Taenia, tapeworm   tenia, lombriz (f.) solitaria

tail   cola, rabo, apéndice; **tailbone**   coccix, cauda

to take   tomar; (with one)   llevar; (from someone) quitar; **to take out**   sacar; **to take off** (clothing) quitarse; **take off** (imperative)   quítese; **to take** (vaccine)   prender; **it took**   prendió

talcum powder   talco

talipes, clubfoot   talipes, pie zambo y contrahecho

tall   alto, -a

tampon   tapón (m.), tampón (m.)

to tangle   enredar

tangled   enredado, -a

tape (adhesive)   tela adhesiva; (magnetic)   cinta, cinta magnética

tapeworm   tenia, lombriz (f.) solitaria

tapioca   tapioca

taste   sabor (m.), gusto

to taste   probar

TB   tuberculosis (f.)

tea   té (m.); **iced tea**   té helado

teacher   maestro, -a; profesor, -a

tear (from crying)   lágrima

teaspoon   cucharilla, cucharita

teaspoonful   cucharadilla, cucharadita

technician   técnico

teeth   dientes (m., pl.), dentadura

telephone   teléfono

television   televisor (m.), televisión (f.)

to tell   decir, avisar; **tell me** (imperative)   dígame

temperament   temperament

temperature   temperatura, fiebre (f.)

temple   sien (f.); templo, iglesia

tepid   tibio, -a

term   plazo; término, duración (f.), período; vocablo, palabra; **on terms**   a plazos

test   examen (m.) análisis (m.)

to test   probar, examinar

testicle   testículo

testosterone   testosterona

tetanus   tétano

thanks   gracias, muchas gracias

the   el (m., sing.), la (f., sing.), los (m., pl.), las (f., pl.)

their   su, sus

then   entonces, luego

therapeutic   terapéutico, -a

therapy   terapia; **inhalation therapy**   terapia inhalatoria; **vocational therapy**   terapeutica vocacional

there   allí, ahí; **there is, there are**   hay

thermal   termal

thermometer   termómetro

these   estos, -as

they   ellos, -as

thick   espeso, -a

thigh   muslo

thin   delgado, -a

thing   cosa

to think   creer, pensar

thirsty   sediento; **to be thirsty**   tener sed

this   esto (n.), este (m.), esta (f.)

thorax   tórax (m.)

threshold   umbral (m.), entrada

throat   garganta

throb   latido, pulso

to throb   latir, pulsar

thrombophlebitis   tromboflebitis (f.)

thrombosis   trombosis (f.)

thymus   timo

thyroid   tiroides (m.)

thyroxine   tiroxina

tibia   tibia

tic   tic (m.), movimiento espasmódico, contracción nerviosa

tick (insect)   garrapata

tie   corbata

to tie   atar; **to tie together**   ligar

tight   apretado, -a

to tighten   apretar

time (clock)   hora; (number of times)   vez (f.); **the first time**   la primera vez; **one time**   una vez; **another time**   otra vez

tincture   tintura; **tincture iodine**   tintura de yodo

tinea, ringworm   tiña

tingling   hormigueo

tip   punta; **fingertip**   punta del dedo, yema del dedo

tired   cansado, -a

tiredness   cansancio, fatiga

tissue   tejido; **facial tissue**   papel (m.) para la cara, Kleenex (m.)

to   a, en

toast pan (m.) tostado; **toaster** tostador, -a; tostar; tostado, -a; brindis

today hoy

toe dedo del pie

toilet excusado, inodoro; **toilet tissue** papel (m.) de baño

tolerance tolerancia; **tolerance to a medicine without any pernicious effects** tolerancia a una medicina sin efectos perniciosos

tomato tomate (m.); **tomato juice** jugo de tomate

tomography planografía, radiografía por planos

tomorrow mañana; **day after tomorrow** pasado mañana

tongs tenazas

tongue lengua

tonsillitis tonsilitis (f.), amigdalitis (f.)

tonsils tonsilas, amígdalas, anginas

too también; **too much** demasiado, -a

tooth diente (m.), muela; **eyetooth** colmillo; **toothbrush** cepillo de dientes; **toothpaste** pasta de dientes, pasta dentífrica

top (lid) tapa; (direction) cima, arriba; **on top** encima

touch tacto

to touch tocar

touchy susceptible, delicado, -a, irritable

tourniquet toniquete (m.)

towel toalla

toxemia toxemia, toxinas en la sangre

toxic shock syndrome síndrome de choque tóxico

toy juguete (m.)

trachea tráquea

tranquilizer tranquilizante (m.), calmante (m.), apaciguador (m.)

transfusion transfusión

trash basura

trauma trauma (m.)

to travel viajar

tray bandeja, charola

tremor temblor (m.), convulsión (f.)

trip viaje (m.); **to take a trip** hacer un viaje

to trip tropezar

trousers pantalón (m.), pantalones

true verdadero, -a

trunk tronco (del árbol, del cuerpo); baúl (m.); trompa de elefante; valija o baúl del automóvil

truth verdad (f.)

to try probar, ensayar, procurar, pretender, poner a prueba; **to try to** tratar de + infinitive; **to try on** probarse (ropa)

tub bañadera, tina; **tub bath** baño de tina, baño de inmersión

tubal pregnancy embarazo tubárico

tube tubo; **eustachian tube** trompa de Eustaquio; **fallopian tube** trompa de Falopio

tuna atún (m.)

turkey pavo, guajalote, guajolote (m.)

turn turno, vuelta, revolución, rotación

to turn dar vueltas, hacer girar; **to turn on** encender, poner, prender; **to turn off** apagar; **to turn on one's side** ponerse de lado; **to turn over** voltearse

turpentine trementina

tweezers pinzas

twin gemelo, -a, mellizo, -a; **twins** gemelos, -as, mellizos, -as

twisted torcido, -a

type tipo, grupo

to type escribir a máquina, mecanografiar

to type blood clasificar la sangre

typhoid tifoidea

typhus tifus

U

ugly feo, -a

ulcer úlcera

ulceration ulceración (f.)

ulna ulna, cúbito

ultrasonic ultrasónico, -a

ultraviolet ultravioleta, ultraviolado

umbilical cord ombligo, cordón umbilical

umbilicus ombligo, cordón umbilical

uncle tío

underneath abajo, debajo

undershirt camiseta

to understand comprender, entender

United States Estados Unidos

unofficial extraoficial, no oficial

unpleasant desagradable; antipático, -a

unsaturated no saturado, -a

until hasta

unwell sick, ill, indisposed

up arriba

upper   superior; más alto, -a; más elevado, -a; de arriba

upset (emotional)   mortificado, -a; **upset stomach** estómago revuelto

to upset   volcar, tumbar, derribar

uranium   uranio

ureter   uréter (m.)

urethra   uretra

urinal   orinal (m.)

urinalysis   uranálisis (m.)

to urinate   orinar, mear

urine   orina, orines (m., pl.)

urticaria   urticaria

to use   usar

used to   acostumbrado, -a

useful   útil

utensil   utensilio

uterine   uterino, -a

uterus   útero, matriz (f.)

uvula   úvula

V

vacant   vacante

vaccination   vacunación (f.), inoculación (f.)

vaccine   vacuna

vacuum   vacío

vagina   vagina

vaginitis   vaginitis (f.)

vagus   vago

varicella   varicela

varices   várices (f.)

varicose   varicoso, -a; **varicose veins**   venas varicosas, várices

vascular   vascular

vase   florero

vasoconstriction   vasoconstricción (f.)

vasoconstrictor   vasoconstrictor

vasodilation   vasodilatación (f.)

vasodilator   vasodilatador

veal   ternera; **veal cutlet**   chuleta de ternera

vegetable   vegetal (m.), verdura, legumbre (f.)

vein   vena

venereal   venéreo, -a; **venereal disease**   enfermedad (f.) venérea

ventral   ventral, abdominal; **ventral hernia**   hernia abdominal

vertebra   vértebra

vertex, crown, top of head   vértice

vertigo   vértigo

very   muy

vesicle   ampolla, vejiga

viability   viabilidad (f.)

viable   viable, capaz de vivir

vial   frasco pequeño o ampolleta de vidrio

to vibrate   vibrar

vibration   vibración (f.)

victim   víctima

vinegar   vinagre (m.)

virus   virus (m.)

vision   visión, vista

visit, visitor   visita, visitante

vital   vital; **vital signs**   signos vitales; **vital capacity**   capacidad (f.) vital

vitality   vitalidad (f.)

vitamin   vitamina

vocal   vocal

volunteer   voluntario, -a

vomit   vómito; **vomiting blood**   vómitos de sangre

to vomit   vomitar

vulva   vulva

vulvitis   vulvitis (f.)

W

waist   cintura

to wait   esperar

waiting room   sala de espera

to wake up   despertarse; **wake up** (imperative)   despiértese

to walk   caminar

walker   andador (m.)

wall   pared (f.)

to want   querer, desear; **I want**   quiero; **you want, he, she wants**   quiere

ward   pabellón de un hospital

warm   tibio, -a; **warmer**   más caliente

wart   verruga

to wash   lavarse

washbowl   palangana, tina

washcloth   toallita
wasp sting   picada de avispa
Wassermann's test   examen para sífilis
watch (timepiece)   reloj (m.)
to watch   vigilar
watchman   vigilante (m.), policía
water   agua; **drinking water**   agua potable
watermelon   sandía, melón de agua
weak   débil
weakness   debilidad (f.)
wean   destetar
to wear   usar, vestir, llevar o traer puesto (un traje, etc.)
weather   tiempo, clima (m.)
week   semana
to weigh   pesar; **to get weighed**   pesarse
weight   peso
welcome   bienvenido; **you are welcome**   sea Ud. bienvenido; de nada, no hay de qué (cuando se dan las gracias)
well   bien
wellness   bienestar físico
welt   roncha
what   qué, cuál, cuáles
wheat   trigo
wheelchair   silla de ruedas
wheezing   respiración con dificultad (f.) o silbido; respirar asmáticamente
when   cuándo; al tiempo que; mientra que; al + infinitive, al entrar me abrazó
whenever you want   cuando Ud. quiera
where   dónde; (to where)   a dónde; (from where)   de dónde
whether   si
which   cuál, cuáles; **that which**   lo que
white   blanco, -a
who   quién, quiénes; **whom**   a quién, a quiénes
whooping cough   tos ferina
why   por qué
widow   viuda
widower   viudo
wife   esposa, mujer
wig   peluca
wine   vino
wink   pestañeo, parpadeo, guiño, guiñada
wisdom tooth   cordal (m.), muela del juicio

wise   sabio, -a
with   con
to withdraw   sacar, retirar
withdrawal   retirada
without   sin
witness   testigo (m., f.)
woman   mujer (f.), señora
womb   útero, matriz (f.), seno
work   trabajo
to work   trabajar
workman   trabajador
worms   lombrices (f., pl.)
worried   preocupado, -a
worse   peor
wound (injury)   herida
to wrap   envolver, arropar, cubrir; **to wrap up**   abrigarse
wrist   muñeca
to write   escribir
wrong   injuria, agravio, sinrazón, mal, daño, error, falsedad; **to be wrong**   estar equivocado, -a; **what's wrong?**   ¿qué (le) pasa?
wryneck   tortícolis (m.)

X

---

x-ray   radiografía
x-ray therapy   radioterapia

Y

---

yard   yarda (measure)
to yawn   bostezar
year   año
yeast   levadura, fermento
yell   grito
yellow   amarillo, -a
yes   sí
yesterday   ayer
yet   todavía, aún; **not yet**   todavía no
yolk (egg)   yema (de huevo)
you (formal)   usted; (familiar)   tú
young   joven
your (formal)   su, sus; (familiar)   tu, tus

you're welcome   de nada, por nada
youth   juventud (f.)

Z

zero   cero
zinc   cinc o zinc (m.)
zip code   zona postal
zone   zona
zoology   zoología

DATE DUE

PC4120.M3 .3 1984   c.1
Tabery, Julia Jordan   100106 000
Communicating in Spanish for m

3 9310 00049433 4
GOSHEN COLLEGE-GOOD LIBRARY